Das Buch der Wächter
Der Henochische Orden

I. Buch des Heptalogos

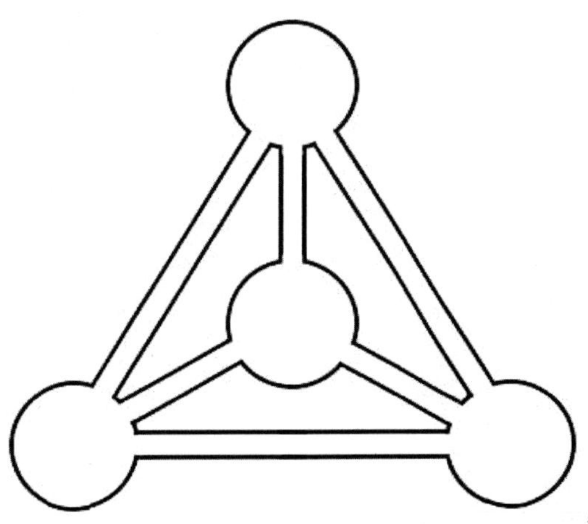

Alles in der Schöpfung bewegt sich im Rahmen der Gesetze Gottes. Und die Symbolzahl der endgültigen Wandlung ist die Elf, denn die elfte Sephirah ist das Allumfassende Gefäß.

Giovanni Grippo

Das Buch der Wächter

Der Henochische Orden

Giovanni Grippo Verlag, Postfach 51 64, 61422 Oberursel (Taunus)
Covergestaltung durch ZeBARRA®, Hamburg

4. Auflage

ISBN 978-3-942187-00-8

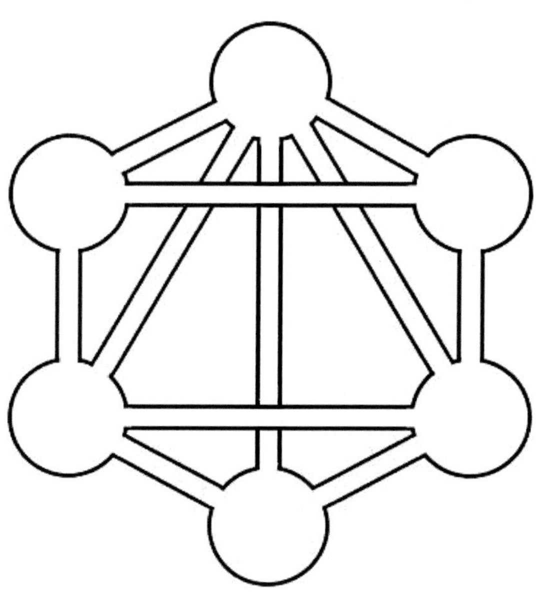

Inhaltsverzeichnis

Einleitung S. 9

Geschichtliche Kapitel:

Kapitel I: Die Zeitalter S. 19
Kapitel II: Zwei Stammbäume vor der Sintflut S. 31
Kapitel III: Henochs Vermächtnis S. 37
Kapitel IV: Die Lehre der Nephilim S. 47
Kapitel V: Orpheotelesten und Mithras-Kult S. 61
Kapitel VI: Der Orden des Propheten Henoch S. 71
Kapitel VII: Der Schlangenträger (Ophiuchus) S. 81
Kapitel VIII: Die Verfasser der Bibel S. 91
Kapitel IX: Die gemeinsame Verbindung S. 97

Kabbalistische Kapitel:

Kapitel X: Die Kabbalah S. 117
Kapitel XI: Was vor der Schöpfung war S. 133
Kapitel XII: Der wahre Name Gottes S. 151
Kapitel XIII: Gottes Weiblichkeit S. 171
Kapitel XIV: Wie der Kosmos entstand S. 179
Kapitel XV: Der kabbalistische Baum des Lebens S. 189
Kapitel XVI: Die 13 Stämme Israels S. 201
Kapitel XVII: In allen Kulturen der Antike S. 211
Kapitel XVIII: Asasel der Sündenbock S. 221

Christliche Kapitel:

Kapitel XIX: 10.000 Jahre vergehen S. 237
Kapitel XX: Das sündensühnende Opfer Christi S. 247
Kapitel XXI: Der Menschensohn S. 261
Kapitel XXII: Der Kubus S. 271
Kapitel XXIII: Die Schriften der Weisheit S. 281
Kapitel XXIV: Der Prophet Henoch S. 299
Kapitel XXV: Das trennende Ego S. 317
Kapitel XXVI: Der Baum der Erlös(ch)ung S. 329
Kapitel XXVII: Der Weg des Eingeweihten S. 349

Zusammenfassung S. 367

Zeittabelle S. 377

Appendix S. 379

A1. Kabbalah und Freimaurerei S. 379
A2. Rosenkreuzertum und Freimaurerei S. 383
A3. Freimaurer-Examine (18. Jahrhundert) S. 389
A4. Esoterik in der Freimaurerei S. 395
A5. Auszug aus dem Buch Jaschar - Kapitel 3 S. 404
A6. Die mystische und jetzige Zeitrechnung S. 408

Literaturverzeichnis S. 413

Einleitung

Alles begann mit einem Wort, das in das Endlose Nichts (alias *Chaos* alias *Ain Soph*) geflüstert wurde. In die geistige Welt der begrenzten Unmöglichkeiten. Mit einem Wort ist alle göttliche Weisheit fassbar; nämlich mit dem Namen Gottes.[1] Andere wiederum glauben, dass es der Name des Messias[2] gewesen ist. Als Zeichen dafür, dass alles im Kosmos auf seine Ankunft ausgerichtet ist.[3]
Henoch, der redliche Prophet, schreibt in seinem Bericht der Interaktion zwischen ihm, Gott und den Engelscharen, dass der Name der Eckstein[4] der realen und materiellen Welt ist. Wer den Eckstein zu erkennen vermag, der ist in der Lage die Schöpfung zu begreifen. Dieses vorliegende Buch gibt die Stelle an, in der sich der Name oder das von Johannes dem Evangelisten so hoch gepriesene Wort befindet.

Im Anfang war das Wort, und das Wort war bei Gott, und Gott war das Wort. Dasselbe war im Anfang bei Gott. Alle Dinge sind durch dasselbe gemacht, und ohne dasselbe ist nichts gemacht, was gemacht ist. In ihm war das Leben, und das Leben war das Licht der Menschen. Und das Licht scheint in der Finsternis, und die Finsternis hat´s nicht begriffen. [5]

Viele Gruppen oder Orden oder Gemeinschaften berufen sich auf Adam oder auf Seth, dem dritten Sohn Adams und Evas, oder auf Henoch, dem redlichen Propheten oder auf Noah und seine Arche. Allen ist der feste Glaube an ein höheres Wesen (Gott) oder Prinzip gemeinsam. Jeder Suchende ist eingeladen den Eckstein zu finden, aber um zu verstehen und das Wort, den Namen Gottes oder des Messias, richtig aussprechen zu können, bedarf es eines lebenslangen Studiums. Wer sich den Lehren Henochs annimmt, der erkennt, dass er durch dieses alle Wahrheit enthaltende Wort zu mehr befähigt ist als zum Begreifen oder zum Verstehen oder gar zum Zerstören der Schöpfung. Er wird dadurch seine Erlösung finden. Henoch ist der erste Mensch, der durch Gott Unsterblichkeit erlangt hat. Er wurde in das himmlische Jerusalem entrückt und begegnet bis zum heutigen Tage dem Tode nicht. Henoch starb nie.

---

[1] siehe: Hebräer 11,3 (Luther-Bibel)

[2] Messias (hebr. **משיח** *Maschiach* und gr. Χριστός – *Christos*) bedeutet *Gesalbter*.

[3] siehe in diesem Buch: *Wie der Kosmos Entstand* – Kapitel XIV.

[4] siehe: Psalm 118; Matthäus 21,42; Markus 12,12 (Luther-Bibel)

[5] Zitat: Johannes 1,1-5 (Luther-Bibel)

Mithilfe der Henochischen Matrix lässt sich die Thora, das Neue Testament und das Buch Henoch, sowie andere Apokryphen und heilige Schriften neu übersetzen. Alles das hilft zum besseren Verständnis dieser illusionären Welt. Diese unsere Welt besteht aus vier Schalen[6], wovon drei geistiger Art sind und eine materiell-physischer Art ist. Mit den vier Welten sind auch vier Zustände der menschlichen Bedürfnisse gemeint. Auf der ersten Stufe hat der Mensch Gelüste nach einfachen, animalischen Freuden. Wenn sich seine Wünsche weiterentwickeln, strebt er nach Reichtum und Ansehen und ein weiteres Wachstum seines Bedürfnisses verursacht im Menschen ein Streben nach Macht. Nur manchmal entwickelt sich in ihm ein noch stärkeres Bedürfnis zu empfangen und dieser Wunsch stellt die oberste Welt dar, und ist ein reines geistiges Bedürfnis nach Spiritualität. Menschen, die ihren Wunsch nach Spiritualität wahrgenommen haben, beginnen beinahe schon automatisch mit der Suche danach …
Der Prophet Henoch ist eines von neun Indizien[7], die unter der Oberfläche der Geschichte pulsieren. Sein Name verbirgt ein riesiges Vermächtnis in sich. Um aber die Idee hinter Henochs Vermächtnis und das daraus entstandene Manifest verstehen oder wahrnehmen zu können, gelten allein sieben Prinzipien, ohne die die Lehre Henochs oder sein Vermächtnis nicht greifen können:

1. Der Glaube an ein höheres, lebendiges und aktives Prinzip,
2. das zugleich die höchste Form von Liebe ist,
3. an die göttliche Hierarchie der Ordnung,
4. an die Unsterblichkeit der Seele des Menschen,
5. an ihre Wiedergeburt oder Seelenwanderung,
6. an den himmlischen Ursprung des Bösen,
7. und an das vorherbestimmende Schicksal.

Wer sich in diesen sieben Prinzipien selbst wieder findet, der wird auch nicht mehr aus dem Buch des Lebens[8] getilgt werden. Er wird zu einem Eingeweihten. Henoch ist der siebente nach Adam und er steht in direkter Blutlinie mit dem Messias, der nach 10.000 Jahren als

---

[6] Auch kabbalistische Welten genannt: Azilut, Beria, Jetzira und Asija.
[7] Die Indizien sind: Der Prophet Henoch, der Baum des Lebens, die Schlange, der vierbuchstabige Name Gottes, der Thronwagen Gottes, die zwei vorsintflutlichen Säulen, das Pentagramm, die Lebenszahl *phi* und die Kabbalah.
[8] siehe: Offenbarung 3,5 (Luther-Bibel)

Richter und Vollstrecker des „Buches des Lebens“ auf die Bühne der Welt treten wird. Gott gewann den ersten Himmelskrieg gegen den hochmütigen Erzengel Asasel (alias *Satan*) und verbannte ihn auf die Erde. Asasel kann genauso wenig, wie das Böse selbst zerstört werden, weil das Böse Teil Gottes ist. Da Gott unzerstörbar ist, kann er auch nicht teilweise zerstört werden. Das ist ein kabbalistischer Grundsatz. Er findet sich auch im Christentum wieder, wenn man die unterschiedlichen Formulierungen des „Vater Unser“ betrachtet. Das deutsche „Vater Unser“ endet mit dem Satz „Und führe uns nicht in Versuchung, sondern erlöse uns von dem Übel.“ Und nicht „befreie uns von dem Bösen“. Es liegen zwei leicht unterschiedliche Versionen vor. Einmal eine Version im Matthäus-Evangelium[9] und im Lukasevangelium[10]. In der griechischen Version des „Vater Unser“ steht übersetzt: „und zerstreue das Böse“. In der Ursprache des Neuen Testaments[11] wird der Unzerstörbarkeit des Bösen damit Rechnung getragen.
Es gab einen weiteren Krieg. Nach dem ersten Himmelskrieg gab Asasel nicht auf. Er wurde aus dem himmlischen Jerusalem verbannt und wandte sich im zweiten himmlischen Krieg gegen die Erde. Die Engel hatten sich am Fleisch der Menschentöchter versündigt. Aus einem zuvor aus Geisterwesen bestehenden Kosmos wurde der fleischliche Mensch erschaffen. Dies geschah kurz vor dem ersten Krieg. Asasel, das gleichwertige Pendant zum Messias, und seine Heere verwüsteten die Erde. Die damalige Verwüstung bezeichnen wir heute als Sintflut. Der nun folgende Bibeltext wurde durch die Henochische Matrix (neu) übersetzt:

Da sich aber die Menschen begannen zu mehren auf Erden und ihnen Töchter geboren wurden, da sahen die Engel, die B´nej Elohim, nach den Töchtern der Menschen, wie sie schön waren, und nahmen zu Weibern, welche sie wollten. Da sprach der Herr: „Die Engel, Nephilim und Menschen wollen sich von meinem Geist nicht mehr strafen lassen; denn sie sind unreines Fleisch geworden. Ich will ihnen noch Frist geben hundertundzwanzig Jahre.“ Es waren auch zu den Zeiten die Nephilim auf Erden, die schon vor Adam auf Erden wohnten. Da die Engel zu den Töchtern der Menschen eingingen und sie ihnen Kinder gebaren, wurden daraus Gewaltige in der Welt, die Haggibborim. Da aber der Herr sah, dass der Bosheit auf Erden groß war und alles Dichten und Trachten ihrer Bewohner nur

---

[9] siehe: Matthäus 6,9-13 (Luther-Bibel)

[10] siehe: Lukas 11,2-4 (Luther-Bibel)

[11] Alt-Griechisch ist die ursprüngliche Sprache des Neuen Testaments.

böse war immerdar, da reute es ihn, dass er die Menschen mit seinem Geist gemacht hatte auf Erden, und es bekümmerte ihn in seinem Herzen, und er sprach: „Ich will die Bewohner der Erde, die nur nach Bösem dichten und trachten, vertilgen von der Erde, vom Menschen an bis auf das Vieh und bis auf das Gewürm und bis auf die Vögel unter dem Himmel; denn es reut mich, dass ich all dies zuließ. [12]

Gott und seine Heerscharen gewannen auch den zweiten Krieg. Er konnte durch die Sintflut die *Nephilim*, nicht aber die *Haggibborim* und die Menschen vernichten. Die *Nephilim* waren bereits vor Adam, also vor den Menschen des Westens, im Nahen Osten. Die gefallenen Engel, die sich am Fleisch der Menschentöchter versündigten, werden *B´nej Elohim* genannt. Die *Haggibborim* hingegen sind die daraus resultierenden Nachkommen. Das wird meistens verwechselt, weil sich das Wort *nephil* aus dem aramäischen Wortstamm *naphal*, was „fallen" bedeutet, ableitet.

Nun stehen wir an der Schwelle des dritten Krieges[13] und Gott nutzt die menschlichen Soldaten, um diesen letzten Krieg gegen das Böse auszufechten. Seit der biblischen Sintflut rekrutiert Gott in der Zwischenzeit[14] seine menschlichen Mitstreiter.

Im Laufe der Geschichte wurden Bibel, Apokryphen und heilige Traditionen nicht nur verzerrt, sondern auch lächerlich gemacht. Wir sind blind und faul geworden gegen die Wahrheit oder wie es der Kabbalist Baal-Schem[15] ausdrückte:

Wenn es richtig ist, was die Schrift (Ps 85,12) sagt: Die Wahrheit wächst aus der Erde, warum hebt sie also niemand auf? Sie ist doch ein so rarer Gegenstand? Die Antwort aber ist: Es will sich niemand so tief bücken.[16]

Diese blinde Faulheit oder faule Blindheit hat dazu geführt, dass das innere Wissen[17] und das äußere Wissen[18] getrennte Wege gehen. Ein materialistisches und rationalistisches Jahrhundert hat eine harte und starre Front gegen alles Übernatürliche aufgetürmt.

---

12 Zitat: 1. Buch Mose 6,1-7 (Luther-Bibel)

13 Der dritte Krieg ist nicht nur auf Erden sondern zeitgleich in den Himmeln.

14 Als „Zwischenzeit" wird die Zeit zwischen der göttlichen Schöpfung und dem Ende allen Seins verstanden.

15 Israel ben Elieser (1700-1760), Begründer des Chassidismus.

16 Zitat: M. D. Georg Langer: *Liebesmystik der Kabbala.* München 1956. S. 22

17 Als „inneres Wissen" wird heute die „Esoterik" verstanden.

18 Als „äußeres Wissen" werden alle „Wissenschaften" verstanden.

Alles nicht wissenschaftlich Beweisbare wird kritisiert, belächelt und ignoriert. Doch die Zeiten ändern sich und die monopolistische Wissenschaft stirbt. Die Vertreter der Wissenschaft versuchen durch unzählige Unterteilungen in Fachgebiete den „Tot der Wissenschaft" zu vertuschen. Am Beispiel der Biologie sieht man, dass es die Molekular- und die Zellbiologie, die Botanik und Zoologie, sowie Entwicklungs-, Verhaltens- und Evolutionsbiologie gibt. Alles wissenschaftliche Fachgebiete, die sich aus der Biologie herleiten. Anstatt sich einen Überblick über das Ganze zu verschaffen, verzetteln sich die Wissenschaftler im Detail.

Wenn man ein großes Bild betrachtet, geht man doch auch nicht so nahe heran, dass man nur eine Ecke oder ein Teil des Bildes erfassen kann. Sondern man geht einen Schritt oder zwei Schritte zurück, um das ganze Bild sehen zu können. Wir leben in einer außerordentlich katastrophenträchtigen Zeit, vielleicht sogar in einer finsteren Endzeit. Wir sind äußerlich und innerlich bedroht.

Warum unterbrachen die Wissenschaften den Dialog mit ihrer metaphysischen Hälfte, der Esoterik?

Wenn wir – beispielsweise – überlegen, dass Wissenschaftler fähig sind Engel zu erschaffen. Die Gentechnik ermöglicht es, einen Menschen mit zwei Flügeln zu generieren. Ein Engel ist zwar sicherlich mehr als ein Mensch mit zwei Flügeln, aber es wäre möglich. Die aus der Offenbarung gefürchteten Monster, die Johannes beschreibt, sind heute im Labor herstellbar. Erinnern wir uns daran, dass man die Dinosaurier wieder auferstehen lassen möchte. Wir sind sogar in der Lage Gold herzustellen, sowie es sich manch ein Alchemist vorgestellt und innigst gewünscht hatte.

Sind die Astrophysiker nicht zu dem Ergebnis gelangt, dass alle Materie im Universum von einem Urknall ausging?

Ist denn diese Aussage[19] nicht schon vor Tausenden von Jahren getroffen worden. Dieselbe Wissenschaft hat im letzten Jahrhundert entdeckt, dass alles auf der Erde alleine durch die Kombination von zwei Buchstabenpaaren oder vier Buchstaben ermöglicht wurde.

Den Buchstaben Adenin (A), Thymin (T), Cytosin (C) und Guanin (G) und sagt nicht Gott selbst über sich, dass er Jahwe genannt

[19] siehe: Dilmun-Schöpfungserzählung der Sumerer (4. Jahrtausend v.u.Z.)

werden möchte[20], nämlich יהוה (JHWH)? Der vierbuchstabige Name Gottes JHWH (יהוה) hat den Zahlenwert 26. Die Buchstaben J (י) = 10, H (ה) = 5 (2x) und V (ו) = 6 haben einen Gesamtwert von 26.
Die Hebräischen Buchstaben G (Gimel ג = 3), C (Chet ח = 8), T (Tet ט = 9), A (Aleph א = 1) zuzüglich den chemischen Verbindungen, es sind fünf, ergeben insgesamt den Zahlenwert 26. Zählt man nun die Zahl Fünf, für die fünf Verbindungsstränge, zu den Zahlenwerten der Buchstaben C (Chet ח = 8), G (Gimel ג = 3), T (Tet ט = 9) und A (Aleph א = 1), so ergibt sich ein Gesamtwert von 26.
Jeder Buchstabe des Hebräischen Alphabets hat einen Zahlenwert. Dies tritt im Morgen- und Abendland nur bei insgesamt drei Alphabeten auf: bei dem Hebräischen, bei dem Griechischen und bei dem Arabischen. Dieser Name, den kein Mensch auszusprechen vermag, den Gott wohl ins Chaos (alias *Endloses Nichts* alias *Ain Soph*) geflüstert hat, besteht aus vier Buchstaben und hat den Zahlenwert 26. Dies spiegelt sich alles bereits in unseren Genen wieder.
Sind die Astrophysiker nicht zu dem Ergebnis gelangt, dass alle Materie im Universum von einem Urknall ausging? Ist denn diese Aussage nicht schon vor Tausenden von Jahren getroffen und niedergeschrieben worden?
Der Mensch erhielt durch einen Biss in den Apfel[21] alle Weisheit, nur seine größte Verderbnis ist es, dass er vergisst. Es werden sich durch die Geschichte hinweg immer wieder Menschen finden, die sich auf die Suche nach der verlorenen gegangenen Wahrheit aufmachen.

Ohne Glauben führt die Wissenschaft zum Zweifel; ohne Wissenschaft wird der Glaube zum Aberglauben. Aber Wissenschaft und Glaube vereint geben Gewissheit, und um sie zu vereinigen, darf man sie nicht vermengen. [22]

Henoch trug nicht nur auf, den Urvätern und Nachkommen sein Wissen und Vermächtnis weiterzureichen, sondern befahl, die – durch mehrere Mächte immer wieder verschüttete – Wahrheit auszugraben und neu zu entdecken.

[20] siehe: 2. Buch Moses 3,1-15 (Luther-Bibel)
[21] lat. „malum“ bedeutet „Apfel“ und „schlecht“ zugleich.
[22] Zitat: Gerard Encausse (Papus): *Die Kabbala - Einführung in die jüdische Geheimlehre*. Fourier Verlag GmbH. Wiesbaden 2002. Seite 27.

Die Esoterik muss wieder zu Studienfächern an Akademien, Fachhochschulen und Universitäten werden, damit jeder Mensch, der sich berufen fühlt, sich selbst aus seiner unmündigen Blindheit befreien kann.[23] Es ist die Wahrheit derer wir bedürfen.
In diesem Buch wird der Weg des Eingeweihten vorgestellt, der einen wahren Suchenden zu einem Kind des Lichts werden lassen kann. Der Weg des Eingeweihten ist die Suche und der gerechte, richtige und rechte Lebenswandel. Eine Einweihung kann Menschen teils körperlich, aber auch teils geistig an Gott so nahe wie möglich heranführen. Das Ende der Schöpfung oder die Rückkehr zu Gott ist kein Weg der Bestrafung oder des Marters, sondern eine Heimkehr nach Hause. Der hier beschriebene Weg ist eine Selbstaufrichtung des Menschen durch Einweihung und Suche.

Oberursel, den 8. Reham 5776

Giovanni Grippo

---

[23] siehe: Johannes 9,1-7 (Luther-Bibel)

Das Buch der Wächter
Der Henochische Orden

<u>Geschichtliche Kapitel</u>

I. Die Zeitalter

Das österreichische Geologenpaar Edith und Alexander Tollmann haben 1993 eine sensationelle Hypothese aufgestellt. Sie behaupten, dass den Mythen über eine Sintflut ein tatsächliches Ereignis zugrunde liegt. Der Einschlag eines riesigen Kometen im Jahre 7552 v.u.Z.[24], der in sieben Teile zerbarst bevor er auf die Erde einschlug, soll Ursache für die Gemeinsamkeiten der Sintflutmythen auf der ganzen Welt sein. Die sieben Teile des Kometen schlugen laut Tollmann südöstlich Australiens in den Tasmansee, im Nordatlantik, im südchinesischen Meer, im Westen des indischen Ozeans, im Ostpazifik und im mittleren Atlantik südlich der Azoren, vor der mittelamerikanischen Küste und im Südpazifik westlich Feuerlands ein (siehe Abbildung unten). Zwar schlugen die sieben Kometenteile hauptsächlich in die Meere ein, aber neben den großen Einschlägen sind zahlreiche kleinere Einschläge auch auf dem Land nachweisbar. Das Geologenpaar fand dies durch Analysen von Gesteinsschichten in Australien, Österreich und Vietnam bestätigt.

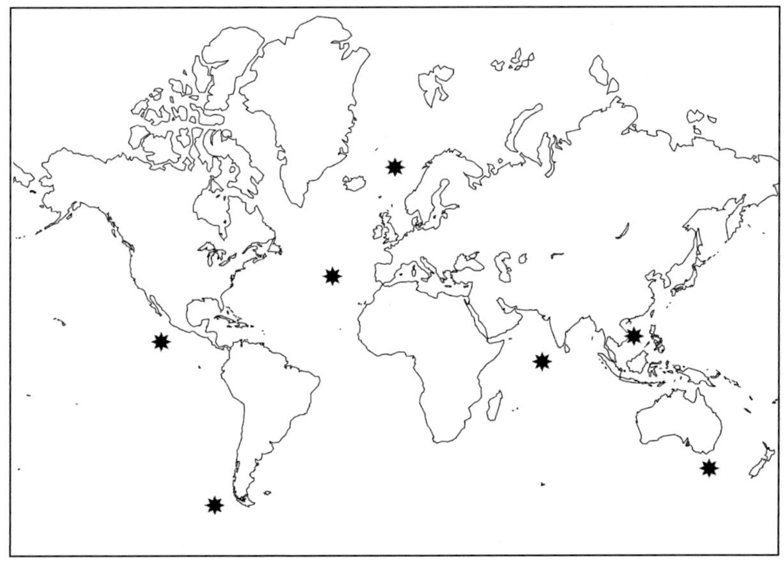

[24] Die Zeitangaben, wie *nach Christus* und *vor Christus* wurden ersetzt. Die zeitlichen Angaben wurden durch *vor unserer Zeitrechnung* anstatt *vor Christus* oder *vor Christi Geburt* und *nach unserer Zeitrechnung*, was gemäß unserer Zeitrechnung bedeutet, ersetzt. Sie werden als Abkürzungen *v.u.*Z. und *n.u.*Z. benutzt.

Viele der Sintflutüberlieferungen haben ihren wahren Kern in der Beschreibung verheerender regionaler Überschwemmungen. In Mesopotamien hat sich eine solche, kleinere Sintflut ereignet, die der englische Archäologe Leonard Woolley bereits 1929 n.u.Z. anhand ihrer Ablagerungen in einer Schicht der alten Stadt Ur (im heutigen Irak) geologisch nachweisen konnte. Die Altertumsforscher sind zu dem Schluss gelangt, dass die weltweiten Sagen und Mythen der Völker über Sintfluten auf dieses Ereignis zurückführbar sind. Zudem sehen sie im Sintflutbericht der Bibel eine Vermischung von zwei sintflutartigen Ereignissen. Die besagte und eine kleinere um das Jahr 3150 v.u.Z.; dabei gibt es auffällige Gemeinsamkeiten zwischen den einzelnen Sagen und Mythen. Eine weitere lokale Flutkatastrophe ereignete sich im Mittelmeer als Folge eines gigantischen Vulkanausbruchs auf der Mittelmeerinsel Santorini (1500 v.u.Z.).
Die erste Sintflut (7552 v.u.Z.), die größere Auswirkungen hatte, löscht viele Kulturen aus und reduziert höchstwahrscheinlich die Menschengenome (die Gene) auf wenige in der damals bekannten Welt. Das legt eine Genanalyse des amerikanischen Instituts für Technologie in Massachusetts nahe, die das Magazin „Nature“ veröffentlichte. Der Biologe Eric Lander und seine Arbeitsgemeinschaft haben untersucht, wie viele chemische Buchstaben im genetischen Vermächtnis eines Europäers von den Buchstaben anderer Europäer abweichen. Solche Abweichungen sammeln sich im Laufe der Evolution im genetischen Vermächtnis an. Umso stärker sich die genetische Buchstabenfolge zweier Individuen unterscheidet, desto entfernter verwandt sind sie miteinander. Die heute lebenden 500 Millionen Europäer stammen von weniger als 50 Menschen ab. Die indo-europäischen Völker, wie der Name schon sagt, stammen aus Asien und kamen teilweise über den Nahen Osten nach Europa.
Diese Ausführungen sollen dazu dienen die Geschichte des ersten Menschen – Adam – aus der Bibel und den sich daraus ergebenden Folgen plausibel zu machen. Wenn die Europäer nur von 50 Menschen abstammen, erscheint die Aussage aus der Bibel, dass alle Menschen des westlichen Kulturkreises nur von einem Menschen abstammen sollen, nämlich Adam, in einem ganz anderen Licht. Aus der Bibel (wenn man den dortigen Zeitangaben folgt) kann das Geburtsjahr Adams auf das Jahr 3761 v.u.Z. eruiert werden. Vor der ersten Sintflut bzw. Naturkatastrophe im Jahre 7552 v.u.Z. gibt es in unserem Kulturkreis keine Belege für Bauwerke. Selbst die erste Bauphase von Stonehenge begann erst um das Jahr 3100. Zwischen der ersten Sintflut und dem biblischen Datum der Erschaffung der

Welt stehen 3.791 Jahre. Zwischen erster und zweiter Sintflut sind – aus archäologischer Sicht – 4.402 Jahre vergangen. Im Zeitraum von 3.791 Jahren waren in Europa, im Nahen und Mittleren Osten die Mutterkulte weit verbreitet. Die Herrschaft der Frau - das Matriarchat - war vorherrschend. Im verbleibenden Zeitraum zwischen biblischer Erschaffung der Welt und der biblischen Sintflut – 611 Jahre – ging die Herrschaft an den Mann über – das Patriarchat entstand.
Zwischen 7552 v.u.Z. und 3761 v.u.Z. war das Matriarchat vorherrschend. Der Krebs ist ein weibliches Symbol und wird dem Mond zugeordnet. Der Mond benötigt 27,3 Tage um die Erde zu umkreisen, die Periode der Frau verläuft ebenfalls in einem Zeitraum von ca. 27,3 Tagen und die Dauer einer Schwangerschaft beträgt durchschnittlich 273 Tage. Der Radius des Mondes ist 0,273 vom Radius der Erde und seine Schwerkraft beträgt 0,273 cm/s^2. Die Absolute Temperatur beträgt -273 °C usw. Das Zeitalter des Krebses war an das Weibliche gebunden. Vergleichen wir die Angaben mit Quellen der älteren Rosenkreuzer, so ergibt sich folgende Tabelle:

Jahr	**Zeitalter**	**Naturkatastrophe/ Sintflut**
10804 v.u.Z.	Löwe	
8644 v.u.Z.	Krebs	
7552 v.u.Z.		laut Tollmann
6484 v.u.Z.	Zwillinge	
4324 v.u.Z.	Stier	
3150 v.u.Z.		laut Eldrige und Gould
2164 v.u.Z.	Widder	
1500 v.u.Z.		auf Santorini
6 v.u.Z.	Fische	
2156 n.u.Z.	Wassermann	
4316 n.u.Z.	Steinbock	
6476 n.u.Z.	Schütze	
8636 n.u.Z.	Skorpion	
10796 n.u.Z.	Waage	
12956 n.u.Z.	Jungfrau	

Die Tabelle gibt die Zeitalter an und wird dadurch überprüfbar. Die biblische Erschaffung der Welt und die biblische Sintflut ereigneten sich im Zeitalter des Stiers. Als die menschliche Hochkultur begann, fiel der Frühlingspunkt in das Tierkreiszeichen des zeugenden Stieres;

Symbol der Sonnenkraft. John Dee[25] schreibt im 15. Lehrsatz seiner Monas Hieroglyphica[26]:

Wir schlagen deshalb vor, dass Philosophen die Wirkung der Sonne und des Mondes auf die Erde berücksichtigen sollten. Sie werden bemerken, wenn die Sonne im Widder, der Mond dann ins nächste Zeichen eintritt, das wäre der Stier, erhält das Licht eine neue Stellung und es wird in Bezug auf den Stier die natürliche Wirkung des Mondes verstärkt. Die Menschen der Antike erklärten diese Lichtnähe - den bemerkenswertesten Lichtern von allen - durch ein bestimmtes mystisches Sinnbild mit dem Namen „Stier". Es ist äußerst sicher, dass diese Erhebung des Mondes, die sich in den Abhandlungen der Astronomen wieder findet, aus alten Zeiten verbürgt ist. Dieses Mysterium kann nur von denjenigen verstanden werden, welche zu vollkommenen Hohepriestern der Mysterien geworden sind.

Jedes Zeitalter verläuft innerhalb von 2.160 Jahren. Es beginnt mit der Verkündigung durch einen Propheten des alten und endet mit der Verkündigung eines Propheten des neuen Zeitalters. Es ist zudem stark an das Symbol des jeweiligen Zeitalters gebunden. Das Zeitalter der Fische wurde durch Johannes den Täufer eingeleitet und findet darin Hervorhebung, dass das geheime Zeichen der Christen der Fisch war. Warum ausgerechnet der Fisch? Heute finden wir ihn vielfach als Aufkleber auf Autos. Im Zeitalter der Fische begann die Herrschaft des Christentums und vielleicht endet sie im selben Zeitalter wieder.

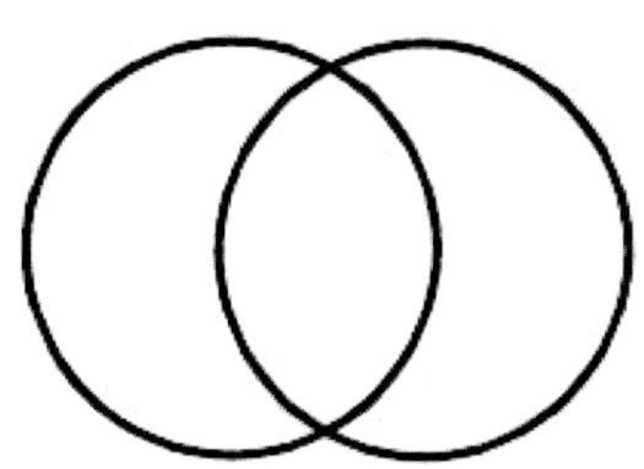

Es gibt noch eine zusätzliche Komponente, warum der Fisch zum „Markenzeichen" der Christen wurde. Es gibt eine geometrische Figur, die *vesica piscis* (Fischblase) genannt wird. Die Fischblase

---

[25] John Dee (1527-1608), englischer Astronom, Astrologe, Alchemist, Geologe, Mathematiker und Mystiker.

[26] siehe: *Monas Hieroglyphica von John Dee* - Übersetzt und herausgegeben von Giovanni Grippo nach dem lateinischen Text der Ausgabe von 1564 zu Antwerpen. G. Grippo Verlag. Oberursel 2011.

bezeichnet eine Figur, die durch die Überschneidung zweier Kreise gebildet wird (siehe obige Abbildung). Dabei liegt der Mittelpunkt des zweiten Kreises auf der Kreislinie des ersten. Das Fischsymbol wird Ichthys genannt, was aus dem Griechischen „Fisch“ bedeutet. Neben dem Symbol des Fisches gibt es noch die Zahl 153, die mit diesem Symbol mathematisch in Verbindung steht:

Simon Petrus stieg hinein und zog das Netz auf das Land voll großer Fische, hundert und dreiundfünfzig. Und wiewohl ihrer so viel waren, zerriß das Netz nicht. [27]

Der Evangelist Johannes, der Fischer war, könnte von diesem Symbol Kenntnis gehabt haben. Die antike Zoologie kannte zudem nur 153 Fischarten, wahrscheinlich aufgrund dieses Symbols. So ergibt sich eine schlüssige Abfolge der einzelnen Zeitalter durch das ihm entsprechende Symbol.
Die erste, größere Sintflut ereignete sich während des Zeitalters des Krebses, worin das Matriarchat und die Mutterkulte vorherrschend waren. Das Zeitalter des Krebses blieb nach der ersten Sintflut noch weitere 1.010 Jahre bestehen bis das Zeitalter der Zwillinge kam. Dieses Zeitalter stand für die Emanzipation des Mannes, denn „Zwillinge“ stehen für das Weibliche und Männliche zugleich.
Die Sintflut aus der Bibel (3150 v.u.Z.) ereignete sich im Zeitalter des Stieres, worin die Stierkulte stark vertreten waren. Sein Ende trat - laut der rosenkreuzerischen Tabelle - im Jahre 2164 v.u.Z. ein. Ein Zeitalter endet aber nicht abrupt, sondern es bleibt ein fortlaufender Übergang bestehen. Dies zeigt folgende Bibelstelle:

Als Mose aber nahe zum Lager kam und das Kalb und das Tanzen sah, entbrannte sein Zorn, und er warf die Gesetzestafeln aus der Hand und zerbrach sie unten am Berge und nahm das Kalb, dass sie gemacht hatten, und ließ es im Feuer zerschmelzen und zermahlte es zu Pulver und streute es aufs Wasser und gab´s den Israeliten zu trinken. [28]

Moses leitete symbolisch damit das endgültige Ende des Zeitalters des Stieres für das jüdische Volk ein. In Ägypten war es der Gott Apis (siehe nächste Abbildung), der in Stiergestalt die Potenz des Mannes darstellte. Er war der zeugende Stier.

---

[27] Zitat: Johannes 21,11 (Luther-Bibel)
[28] Zitat: 2. Buch Moses 32,19-20 (Luther-Bibel)

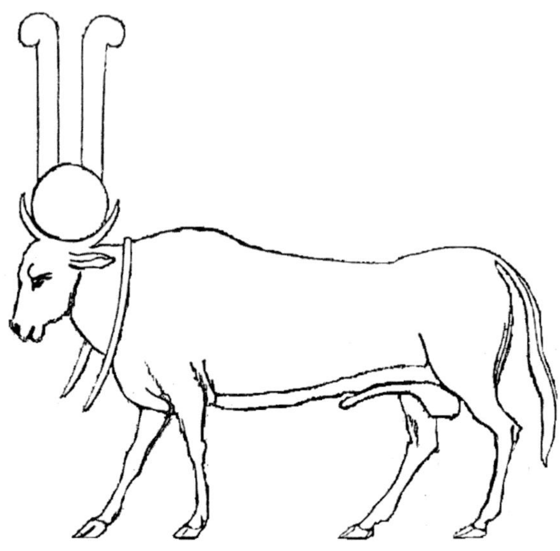

Auf der Insel Kreta drehte sich alles um den Stierkult des Minos. Er entstand dort im Zeitalter des Stieres und blieb weit darüber hinaus bestehen. Ein weiteres Indiz für das Überlappen der Zeitalter ist auch im Christentum erkennbar. Für die Juden war das Zeitalter des Widders (Beginn 2164 v.u.Z.) ein neuer Anfang, denn in diesem Zeitalter eroberten sie das verheißene Land. Im Christentum, dessen Zeitalter das der Fische (6 v.u.Z.) ist, werden die Gemeinden der Gläubigen als Herden und nichts als (Fisch-)Schwärme bezeichnet.

„So habt nun acht auf euch selbst und auf die ganze Herde, unter welche euch der heilige Geist gesetzt hat zu Bischöfen, zu weiden die Gemeinde Gottes, welche er durch sein eigen Blut erworben hat.“ [29]

Das geheime Symbol der Christen ist der Fisch. Die Übergänge sind zwischen den Zeitaltern teilweise fließend, aber man kann sie zeitlich eingrenzen, auch wenn Überbleibsel des vorangegangenen Zeitalters weiterhin in den folgenden Zeitaltern zu finden sind.

Archäologische Befunde besagen, dass die Hieroglyphen seit 3200 v.u.Z. in Ägypten benutzt wurden. Um das Jahr 3000 v.u.Z. trat die Keilschrift in Mesopotamien (Sumer) auf. Hieraus können zwei

---

[29] Zitat: Apostelgeschichte 20,28 (Luther-Bibel)

Annahmen abgeleitet werden. Die eine ist, dass die regionale Sintflut im Jahre 3150 v.u.Z. keinen großen Einfluss auf Ägypten genommen hat. Denn die Hieroglyphen wurden ab 3200 benutzt und blieben nahtlos während der biblischen Sintflut und weit danach in Benutzung. Die andere Annahme ist, dass die Sintflut im mesopotamischen Raum verheerende Auswirkungen gehabt haben muss. Es handelte sich also um eine regionale Sintflut.
Man fing erst 150 Jahre nach der Sintflut wieder mit der Niederschrift von sumerischen Keilschrifttexten an. Eine Entstehungsgeschichte der Keilschrift lässt sich aber nicht nachweisen, was wiederum dafür spricht, dass es schon vor der biblischen Sintflut wohl eine fortgeschrittene Hochkultur in Mesopotamien gab, die die Keilschrift entwickelt hatte.
Die erste Stadt, die in der Bibel erwähnt wird, ist die Stadt des Eingeweihten (Hebr. „henoch“)[30]. Kain ist der erste Sohn Adams und Evas außerhalb des Paradieses. Kain wurde von Gott gebrandmarkt[31], verflucht und verbannt, weil er seinen jüngeren Bruder Abel aus Neid getötet hatte. Kains Verbannung führte ihn weit östlich von Kanaan ins Land Nod. Nod bedeutet im Hebräischen „Flucht“ oder „Flüchtling“. Kain war ein Ackerbauer, aber Gott verfluchte ihn nach dem Brudermord zu einem unsteten und flüchtigen Leben:

Wenn du den Acker bauen wirst, soll er dir hinfort sein Vermögen nicht geben. Unstet und flüchtig sollst du sein auf Erden. [32]

Hieraus könnte man nun ableiten, dass Kain vom Bauern zum Nomaden wurde. Wenn wir die Patriarchennamen der Bibel nicht als Einzelpersonen, sondern als Verweise auf Gruppen verstehen, so wurde hier der Versuch unternommen zu erklären, woher die Nomaden kamen. Das widerspricht aber der gegenwärtigen Meinung. Heute geht man allgemein davon aus, dass Nomaden zu sesshaften Ackerbauern werden. Die biblischen Patriarchennamen, wie zum Beispiel von Adam bis zu Noah, sind eher als Gruppe oder Volk zu verstehen, denn als biblische Einzelpersonen. Das beste Beispiel finden wir bei dem Namen „Adam“. Adam bedeutet im Hebräischen zugleich *Land*, *Erde* oder *Menschheit.* In den Enkeln Kains findet sich diese Annahme bestätigt. Denn es wird explizit erwähnt, dass Jabal

---

[30] siehe: 1. Buch Moses 4,17 (Luther-Bibel)
[31] siehe in diesem Buch: *Die Schriften der Weisheit* – Kapitel XXIII.
[32] Zitat: 1. Buch Moses 4,12 (Luther-Bibel)

ein Großurenkel Kains, für jene Gruppe Menschen stand, „die in Hütten wohnten und Vieh zogen". Der Fluch gegen Kain wurde wieder aufgehoben, was wiederum numerologisch passt. Denn Jabal ist die siebte Generation nach Kain. Gott hatte Kain für sieben Generationen lang verflucht. Aus den Kindern des Ackerbauers Kain wurden Nomaden und in der siebten Generation wieder Ackerbauer und Viehzüchter. Der Fluch war aufgehoben. Alles das geschah im Lande Nod, das sich jenseits von Eden und gegen Morgen befand.

Also ging Kain von dem Angesicht des Herrn und wohnte im Lande Nod, jenseits Eden, gegen Morgen. [33]

In diesem Zitat finden sich zwei Hinweise versteckt. Die Bibel setzt das Paradies, also den Garten Eden, in das Land Kanaan. Kanaan befindet sich im Gebiet des heutigen Israels. Die zweifache Betonung „jenseits Eden" und „gegen Morgen" bedeutet übersetzt, „weit östlich". Weit östlich von Israel befindet sich heute der Irak. Vor mehr als 5.000 Jahren befanden sich weit östlich von Kanaan die mesopotamischen Reiche. Der zweite Hinweis kann aus der Bezeichnung des Landes „Nod" abgeleitet werden. Einerseits wird Babylonien als das „Land der Flucht" bezeichnet und andererseits kann man aus dem Hebräischen Wort „Nod" eine Verbindung mit Mesopotamien herstellen. Nod schreibt sich auf Hebräisch mit drei Buchstaben: N, V und D. In der hebräischen Sprache kann man Buchstaben mit Zahlenwerten ersetzen. Diese Kunst nennt man Gematria. Dem Buchstaben N (נ) wird der Zahlenwert 50, den Buchstaben V (ו) der Zahlenwert 6 und dem Buchstaben D (ד) der Zahlenwert 4 zugeordnet. Die Summe des Wortes Nod ist 60. Das Zahlensystem der Babylonier beruhte auf der Zahl 60. Das Zahlensystem der Babylonier wird deshalb Sexagesimalsystem genannt. In diesem Zahlensystem wird mit einem Vielfachen von 6 und 10 gerechnet: 1, 10, 60, 600, 3.600 usw. 60 ist zudem die Zahl des obersten sumerisch-babylonischen Himmelsgottes Anu[34]. Es gibt also versteckte Hinweise, wohin Kain floh. Beide Hinweise zeigen an, dass er mit seiner Gefolgschaft nach Mesopotamien floh. Vermutlich wird er nach Uruk gegangen sein. Dort findet ab 3500 v.u.Z. eine starke Besiedlung statt. Zwischen 3400 und 3200 erreicht die Stadt ihren städtetechnischen Höhepunkt. Die Stadt Uruk wird heute als

[33] Zitat: 1. Buch Moses 4,16 (Luther-Bibel)

[34] *Anu* (akkadisch *An*) ist der Hauptgott der antiken Städte Uruk und Der.

Wiege der sumerischen Kultur angesehen. Ab 3100 wird ein Neubebauungsplan umgesetzt und die Stadt nimmt riesige Ausmaße an. Die Archäologen gehen davon aus, dass es sich um eine kontrollierte Bebauung und Planierung handelt. Doch zwei Fragen bleiben offen: Warum sollten die Bewohner Uruks plötzlich ihre Stadt planieren? Und woher kamen die Menschenmassen, die eine Vergrößerung des Stadtvolumens notwendig machten? Beides kann mit der biblischen Sintflut im Jahre 3150 erklärt werden. Die Stadt wurde von den Fluten zerstört. Es handelt sich also nicht um eine kontrollierte Bebauung und Planierung, sondern um eine notwendige Rekonstruktionsmaßnahme. Die Menschenmassen waren jene, die vor der Sintflut geflohen waren und danach wieder zurückkamen.
Der Neubebauungsplan und die Rekonstruktionsmaßnahmen erforderten nicht nur eine gute Logistik, sondern Fachleute, die als Baumeister und Architekten den Bau einer kompletten Stadt umsetzen konnten. Es ist nicht verwunderlich, dass in archäologischen Animationen die Städte der Babylonier und Sumerer geradwinklig und geplant wirken. Es sind Jahrtausende alte Städte, die komplett auf dem Reißbrett entstanden sind. Hier finden wir den ersten Hinweis auf eine Gruppe Eingeweihter. Sie hatten das Wissen eine Stadt zu bauen. In der Bibel wird dieses Ereignis mit folgenden Worten wiedergegeben:

Und Kain erkannte sein Weib, die ward schwanger und gebar den Henoch. Und er baute eine Stadt, die nannte er nach seines Sohnes Namen Henoch. [35]

Henoch bedeutet im Hebräischen „Eingeweihter". Kain nannte seine Stadt: Stadt des Eingeweihten. Obwohl sie laut der Bibel das einzige Menschenwerk ist, das vor der Sintflut erbaut wurde, so wurde sie sicherlich aus archäologischer Sicht erst nach der Naturkatastrophe von 3150 erbaut. Wenn wir die oben genannten Annahmen und die Befunde der Archäologie verbinden, handelt es sich bei der Stadt des Eingeweihten im Land Nod wahrscheinlich um die Stadt Uruk. Die Stadt des Eingeweihten wurde von einer Gruppe erbaut, die schon kurz nach der Sintflut über ein immenses architektonisches Wissen verfügte. Das Land Nod ist Mesopotamien. Mesopotamien wird auch

[35] Zitat: 1. Buch Moses 4,17 (Luther-Bibel)

als das Zweistromland bezeichnet, weil es zwei Flüsse durchfließen: Euphrat und Hiddekel (Tigris).[36]
Wenn wir als Ausgangszeitpunkt das Jahr 3761 v.u.Z. nehmen, so kann errechnet werden, wann sich die biblische Sintflut laut den biblischen Zeitangaben ereignet hat. Sie kam im Jahre 2104 über Kanaan und Mesopotamien. Kurz danach sprachen die Völker Mesopotamiens eine einzige Sprache. Die Frage, warum die Sintflut kam, wird in der Bibel etwas mysteriös begründet:

Da sich aber die Menschen begannen zu mehren auf Erden und ihnen Töchter geboren wurden, da sahen die Kinder Gottes nach den Töchtern der Menschen, wie sie schön waren, und nahmen zu Weibern, welche sie wollten. Da sprach der Herr: „Die Menschen wollen sich von meinem Geist nicht mehr strafen lassen; denn sie sind Fleisch. Ich will ihnen noch Frist geben hundertundzwanzig Jahre." Es waren auch zu den Zeiten Tyrannen auf Erden; denn da die Kinder Gottes zu den Töchtern der Menschen eingingen und sie ihnen Kinder gebaren, wurden daraus Gewaltige in der Welt und berühmte Männer. [37]

Gott gewährt den Menschen eine Frist von 120 Jahren. Dies ist eine kurze Frist, wenn man die Lebensalter der einzelnen Patriarchen vergleicht. Adam lebte 930 Jahre. Der dritte Sohn von Adam und Eva war Seth. Adam hatte ihn mit 130 Jahren gezeugt. Seth zeugte mit 105 Jahren Enosch und lebte insgesamt 912 Jahre. Enosch zeugte mit 90 Jahren Kenan. Kenan lebte ganze 905 Jahre. Kenan zeugte mit 70 Jahren Mehalalel und lebte insgesamt 910 Jahre. Mehalalel zeugte mit 65 Jahren seinen Sohn Jared. Er lebte insgesamt 895 Jahre auf der Erde. Jared zeugte mit 162 Jahren Henoch. Henoch zeugte mit 65 Jahren Methusalah. Mit 365 Jahren wurde Henoch vom Angesicht der Erde hinweg genommen. Methusalah zeugte mit 187 Jahren seinen Sohn Lamech. Methusalah, den wir auch als Methusalem kennen, wurde 969 Jahre alt. Lamech zeugte wiederum mit 182 Jahren Noah. Er wurde insgesamt 777 Jahre alt. Mit 500 Jahren zeugte Noah seine drei Söhne Sem, Ham und Japhet.
Die Sintflut ereignete sich laut der biblischen Zeitrechnung im Jahre 2104. Rechnet man 120 Jahre hinzu, befinden wir uns im Jahre 2224. Rechnet man zur Sintflutberechnung von Woolley (3150 v.u.Z.) ebenfalls 120 Jahre hinzu, so erhält man das Jahr 3270. In der Bibel

[36] In der Schöpfungserzählung der Bibel (2. Kapitel) werden neben den beiden Flüssen Euphrat und Hiddekel (Tigris) noch Pison und Gihon erwähnt.
[37] Zitat: 1. Buch Moses 6,1-4 (Luther-Bibel)

steht, dass zu diesem Zeitpunkt, also im biblischen Jahr 2224, sich etwas ereignet hat, was Gottes Zorn hervorrief. Die biblische Zeitrechnung spiegelt sich rechnerisch in der Archäologie im Jahre 3270 v.u.Z. wieder. Was hat Gottes Zorn auf sich gezogen?
Um das Jahr 3270 wandern die Sumerer aus Zentralasien in das Zweistromland (Mesopotamien) ein. Die ersten geschichtlichen Hochkulturen entwickeln sich dort. Städtische Lebensweise und organisierte Handelsstaaten, die von Beamten verwaltet werden, entstehen. Die Kanaaniter sind zu dieser Zeit Monotheisten. Sie glauben an den Gott Jahu (bzw. Jehu). Vielleicht bringt die Bibel hier zum Ausdruck, dass Gottes Alleinherrschaft[38] ein Ende nahm durch die Einwanderung der Sumerer. Das würde sich mit der oben erwähnten mysteriösen Begründung aus der Bibel decken.
Der erste Satz[39] kann mehrdeutig verstanden werden. Ein Hinweis darauf, dass Menschen hinzugewandert sind. Dies würde zeitlich mit der Einwanderung der Sumerer übereinstimmen. Die zweite Deutung wäre, dass sich die semitischen Völker Kanaans und Mesopotamiens mit den Sumerern vermischten. Die Sumerer brachten eigene Götter mit nach Mesopotamien und Kanaan. Sie waren Polytheisten[40] und glaubten an unzählige Götter und Dämonen. Der Ausdruck „Kinder Gottes" könnte als Glaube oder Religion verstanden werden, in der sich die Anhänger selbst als Kinder Gottes bezeichneten. Die Aussage, dass sich die Menschen nicht mehr von Gottes Geist strafen lassen, passt ebenfalls in das Erklärungsmuster. Viele Völker Kanaans und Mesopotamiens nahmen den Glauben der Sumerer an oder tolerierten ihn gleichermaßen wie ihren eigenen. Dadurch schwindete Gottes Alleinherrschaft und sein Glaube verlor immer mehr an Einfluss. Die Menschen fürchteten weder den einen Gott noch seine Strafandrohungen. Gott wurde deshalb zornig und sandte laut der Bibel die Sintflut.

---

38 Anmerkung: Es könnte ein Verweis auf die Jesiden sein. Der irakische Historiker Georg Habib geht bei seinen Annahmen bis zur Zeit der Sumerer zurück. Somit wäre die jesidische Religion die älteste monotheistische Religion.

39 siehe: 1. Buch Moses 6,1 (Luther-Bibel)

40 *Polytheisten* sind Menschen, die an mehr als einen Gott glauben.

Die heute lebenden 500 Millionen Europäer stammen von weniger als 50 Menschen ab. Die indo-europäischen Völker, wie der Name schon sagt, stammen aus Asien und kamen teilweise über den Nahen Osten nach Europa.

II. Zwei Stammbäume vor der Sintflut

Lesen wir die Bibel oberflächlich, so trennen sich die Nachkommen Adams in die Gruppe „Seth“ und in die Gruppe „Kain“ auf. Seth bleibt in Kanaan und Kain flüchtete mit seiner Sippschaft in das Land Nod. Beide Stammbäume werden bis zur Sintflut aufgeführt.

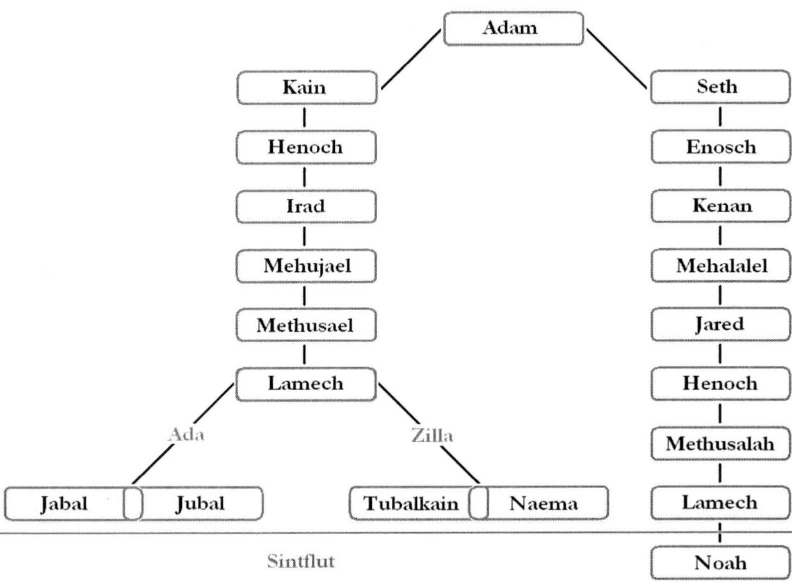

Doch es gibt mehrere Möglichkeiten die versteckten Hinweise der Bibel zu entdecken. In beiden Stammbäumen erkennt man ähnliche und gleiche Namen. Kain (קין) und Kenan (קינן) haben die gleiche Wurzel und unterscheiden sich nur um einen Buchstaben. Die Namen Henoch und Lamech sind in beiden Stammbäumen zu finden. Irad (עירד) und Jared (ירד) haben die gleiche Wurzel und unterscheiden sich ebenfalls nur um einen Buchstaben.

Wenn man die Gematria, die kabbalistische Kunst der Zahlenbuchstaben, zu Rate zieht, dann ergibt sich Erstaunliches. Ordnet man die Namen der Seth-Sippschaft von Kenan bis Lamech, so ergeben die sechs Namen – Kenan, Mehalalel, Jared, Henoch, Methusalah und Lamech – einen Gesamtwert von 1.518. Ordnet man die Namen der Kain-Erblinie von Kain bis Lamech, so ergeben die sechs Namen – Kain, Henoch, Irad, Mehujael, Methusael, Lamech – einen Gesamtwert von 1.490.

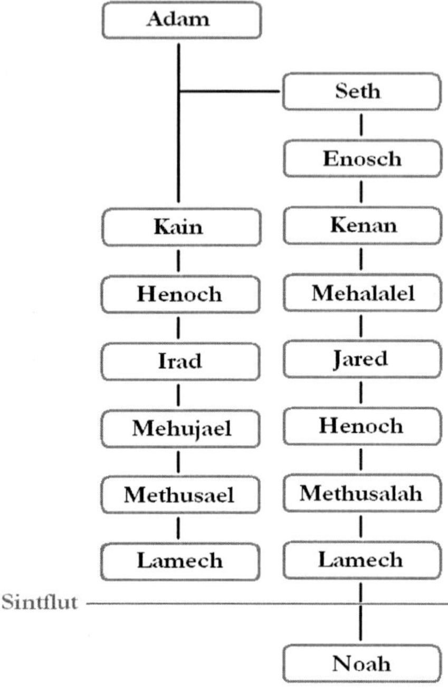

Die verbleibende Differenz von 28 (=1518-1490) ist „Der Fluch“ oder „Das Verderben“, das sich Kain durch den Mord an seinem Bruder Abel aufgeladen hat. Dieser Fluch war dafür verantwortlich, dass es zu einer Trennung der beiden Sippschaften kam. Gott hat Kain verflucht, dass er als Ackerbauer keine Zukunft haben würde, für die nächsten sieben Generationen. „Das Verderben“ wird auf Hebräisch „Ha-Ke´eb“ genannt und ergibt den verbleibenden Differenzwert von 28. Es gibt sogar ein Bibelzitat, das auf den verfluchten Ackerboden verweist, indem genau dasselbe Wort „verderben“ benutzt wird:

[...] daß ihr schlagen werdet alle festen Städte und alle auserwählten Städte und werdet fällen alle guten Bäume und werdet verstopfen alle Wasserbrunnen und werdet allen guten Acker mit Steinen verderben. [41]

Die Gematria ist eine alte kabbalistische Kunst der Vertauschung von Buchstaben durch Zahlen. Sie basiert darauf, dass bestimmte Hinweise in der Bibel verschlüsselt wurden. Sie sollen gefunden

[41] Zitat: 2. Buch Könige 3,19 (Luther-Bibel)

werden, aber nicht auf Anhieb und nicht von jedem. Sie hat feste Regeln, wovon zwei sehr wichtig sind. Die eine Regel besagt, dass die Thora, also die ersten fünf Bücher des Alten Testaments, Vorrang vor allen anderen Argumenten haben. Die zweite Regel besagt, dass jede Vertauschung und jeder neue Gedanke durch mindestens ein Zitat aus den Heiligen Schriften untermauert werden muss. In diesem Fall haben wir beide Regeln eingehalten, denn das Zitat zu unserem neuen Gedanken wurde argumentativ, mit einem passenden Beweiszitat aus den Heiligen Schriften, bestätigt.

Was besagt dieses Ergebnis? Die Gematria eröffnet uns den Gedanken, dass es sich nicht um zwei Stammbäume handelt, sondern um einen Stammbaum. Die Bibel möchte uns etwas sagen, dass wir bis zu diesem Zeitpunkt noch nicht ganz verstehen. Wir haben zuvor erklärt, dass Kains Verbannung ihn weit östlich von Kanaan ins Land Nod führte. Das Land Nod steht für Mesopotamien. Kain war ein Ackerbauer, aber Gott verfluchte ihn nach dem Brudermord zu einem unsteten und flüchtigen Leben. Hieraus könnte man nun ableiten, dass Kain vom Bauern zum Nomaden wurde. Jabal war ein Großurenkel Kains. Jabal ist die siebte Generation nach Kain. Gott hatte Kain für sieben Generationen lang verflucht. „Das Verderben" (hebr. „Ha-Ke´eb") war wieder aufgehoben. Die Zahl Sieben ist für die Bibel wichtig, insbesondere die siebte Generation (7x4=28).

Von Adam bis zu Noah sind es zehn Generationen. Gott entschied in der zehnten Generation die Sintflut über die Menschheit zu senden. Wenn wir den Lebensaltern der Patriarchen folgen, so hat Adam seinen Sohn Seth, seinen Enkel Enosch, seinen Urenkel Kenan, seinen Ururenkel Mehalalel und noch seinen Großurenkel Jared persönlich gekannt. Erst ab der zehnten Generation (Noah) gab es keinen direkten Bezug mehr zu Adam.

Noah symbolisierte die zehnte Generation nach Adam und war mit sieben Menschen in der Arche. Sieben Gebote gab Gott an Noah nach der Sintflut.

Die Namen der biblischen Patriarchen sind keine Einzelnamen oder Einzelpersonen, sondern Verweise auf Gruppen. Mit Adam ist die gesamte Menschheit gemeint, denn sein Name bedeutet *Land*, *Erde* oder *Menschheit.*

Kain, der erste Sohn Adams und Evas, wurde mit folgenden Worten geboren: „Ich habe einen Mann gewonnen mit dem Herrn." Seth, der dritte Sohn Adams und Evas, wurde mit folgenden Worten seiner Mutter Eva geboren: „Gott hat mir einen andern Samen gesetzt für

Abel, den Kain erwürgt hat.“ Enosch, der Sohn Seths, wurde geboren, als man anfing dem Namen des Herrn zu huldigen.[42]

Jahre	Adam	Seth	Enosch	Kenan	Mahalaleel	Jared	Henoch	Methusalem	Lamech	Noah
0	0									
130	130	0								
235		105	0							
325			90	0						
395				70	0					
460					65	0				
622						162	0			
635	**635**						**13**			
687							65	0		
874								187	0	
930	**930**	**800**	**695**	**605**	**535**	**470**	**308**	**243**	**56**	
1052							365			
1056									182	0
1147		912								
1230			905							
1305				910						
1355					895					
1422						962				
1656										600
1833									777	
1843								969		
2006										950

Der Name Kenan, den der Sohn des Enosch trug, bedeutet *hervorbringen*, *erwerben* oder *kaufen*. Er hat dieselbe Wurzel, wie der Name Kain. Der Name Mehalalel, den der Sohn Kenans trug, bedeutet *Gottes Lobpreis*. Der Name Jared, den der Sohn Mehalalel trug, bedeutet *hinabsteigen* oder *hinabführen*. Mehalalels Sohn, Henoch, führte ein göttliches Leben und wurde mit 365 Jahren von Gott

[42] Der Name Enosch bedeutet aus dem Hebräischen „sterblicher Mensch“.

hinweg genommen; „und ward nicht mehr gesehen". Sein Name bedeutet *Eingeweihter*. Der Name Methusalah, den der Sohn Henochs trug, bedeutet *Mann des Wurfgeschosses*. Er starb im gleichen Jahr indem die Sintflut ausbrach. Lamech war der erste Poligamist[43]. Er hatte zwei Ehefrauen. Noah, der Sohn Lamechs, wurde mit folgenden Worten seines Vaters geboren: „Der wird uns trösten in unsrer Mühe und Arbeit auf der Erde, die der Herr verflucht hat."

Die Verfasser[44] der Thora haben peinlichst genau darauf geachtet, dass zu jedem Namen bzw. zu jeder Gruppe eine Aussage getroffen wurde. Wenn nicht durch die Verse selbst, dann durch den Namen des Patriarchen bzw. die Bezeichnung der Gruppe. Adam steht für die gesamte Menschheit des Westens. Hierbei ist das Zweistromland gemeint. Seth steht für jene Gruppe, die Abels Platz einnehmen sollte, weil diese verstorben sei. Enosch wird in Verbindung gebracht mit der Entstehung des jüdischen Glaubens, denn zu seiner Zeit fing man an den Namen Gottes zu huldigen. Es könnte auch ein Verweis auf die Jesiden sein. Die jesidische Religion scheint die älteste monotheistische Religion der Welt zu sein. Sie haben sich im Gebiet des heutigen Irak angesiedelt. Wenn wir ermitteln wollen in welchem archäologischen Jahr der Monotheismus laut der Bibel entstand, so müssen wir zurückrechnen. Das biblische Jahr der Sintflut ist 2104 und es korrespondiert mit dem geologischen Nachweis von Gould, Eldrige und Woolley im Jahre 3150. Noah starb 350 Jahre nach der Sintflut mit 950 Jahren. Adam wurde im Jahr 3761 v.u.Z. erschaffen. Adam zeugte Seth mit 130 Jahren, d. h. im Jahr 3631. Seth zeugte mit 105 Jahren Enosch, d.h. im Jahr 3526. Enosch wird in Verbindung gebracht mit der Entstehung des monotheistischen Glaubens, denn zu seiner Zeit fing man an den Namen Gottes zu huldigen. Der monotheistische Glaube entstand laut der Bibel im Jahre 3526. Wenn das biblische Jahr der Sintflut 2104 mit dem geologischen Nachweis von Gould, Eldrige und Woolley im Jahre 3150 korrespondiert, so wäre aus archäologischer Sicht die Geburtsstunde des monotheistischen Glaubens im Jahre 4571 v.u.Z. zu suchen. Genau in dieser Zeit – zwischen den Jahren 4581 und 4561 v.u.Z. – endet das Monsunklima im Mittelmeerraum und das Klima wird trockener. Die Menschen wurden zu jener Zeit sesshaft …

---

43 *Polygamist* ist ein Mensch, der in mehr als einer eheähnlichen Beziehung lebt.

44 siehe in diesem Buch: *Die Verfasser der Bibel* – Kapitel VIII.

Die Namen der biblischen Patriarchen sind keine Einzelnamen oder Einzelpersonen, sondern Verweise auf Gruppen. Mit Adam ist die gesamte Menschheit gemeint, denn sein Name bedeutet *Land*, *Erde* oder *Menschheit.*

III. Henochs Vermächtnis

Überall, wo der Prophet Henoch (hebr. „Eingeweihter“) erwähnt wird, überall dort ist ein Hinweis auf Wächter, Hüter oder Bewahrer eines geheimen, heiligen Wissens zu finden. Es ist deshalb nicht verwunderlich, dass er und Lamech in beiden vorsintflutlichen Stammbäumen erwähnt werden. Adam war der erste Mensch im Westen. Kain baute eine Stadt und Lamech war Poligamist. Der siebte Stammvater der Menschheit - Henoch - fand durch seine Studien und durch sein redliches Betragen den Weg zurück zu Gott. Er wurde in Kanaan (östlich von Eden) geboren. In alt-ägyptischen Legenden wird Henoch mit Thot in Verbindung gebracht.

Allein auf Thots Gotteswort hin wurde die Welt, deshalb war er ›Herr der göttlichen Worte‹. Dazu erfand er die Hieroglyphen (heilige Schrift; zu griechisch hieros »heilig« und glyphein einritzen), den Schlüssel zu allen Geheimlehren, und somit war er ›der zweimal Große‹. Die Schriftzeichen enthielten das Geheimnis der Schöpfung und waren nur einer Handvoll Auserwählten zugänglich. Er war Berechner der Zeit, Erfinder von Mathematik, Astronomie, Technik, Heilkunde, Zauberkunst und Weissagung. Mit eigener Hand soll Thot ein Zauberbuch und die 42 Bände, die alle Weisheit der Welt enthielten, geschrieben haben: 36 kultische und theologische, einschließlich der astronomischen, und 6 medizinische.
Durch Reichseinigung verschmolzen die Kosmogonien der drei Hauptstädte Memphis, Heliopolis und Hermopolis: Rê wurde zum Reichsgott, Ptah, ›der sehr Große‹, zum Weltenschöpfer und Thot, ›der zweimal Große‹, zu dessen Zunge und somit zum Sprechorgan; denn allein durch das Wort schuf er, während Ptah durch Denken und Benennung aller Dinge die Schöpfung vollzog. Bis zum Ende des Alten Reiches (um 2263 v.Z.) gab es in Ägypten nur eine Standesreligion, und diese war dem Volk nicht zugänglich. Erst dann wurden Auserwählte aus dem Volk zu den Mysterien (Geheimlehre; Geheimkult; lateinisch mysterium aus griechisch mysterion »Geheimnis; Geheimlehre; Geheimkult«; zu griechisch mystes »der [in die Geheimlehre] Eingeweihte«) zugelassen. Unter der 18. Dynastie (1552-1306 v.Z.) bezog man sich auf die 42 Bände des Thot vor Gericht. Damals gab es noch eine Stadt im Deltagebiet mit dem Thot-Kult. Einer der Eingeweihten in den Mysterien des Thot war kein geringerer als Moses, der Adoptivsohn der Tochter des Pharaos. Und das ägyptische Erbe begegnet uns bereits im Schöpfungsbericht der Bibel. [45]

---

45 Zitat: *Die Geheimlehre der Tempelritter: Geschichte und Legende.* Allan Oslo. 3. Aufl. Patmos-Verlag. Düsseldorf 2000. Seiten 30-31.

Im Bewusstsein der Menschen gibt es unzählige Assoziationen zu Henoch. Im antiken Chaldäa wird er Utârid und im antiken Sumer Nabu genannt. Thot, der Gott der Weisheit, Astronomie und des Schreibens wurde bereits vor über 5.000 Jahren in Ägypten verehrt. Beide haben in den ägyptischen, jüdischen, alchemistischen und freimaurerischen Überlieferungen ähnliche Eigenschaften, denn auch Henoch brachte den Menschen das Schreiben und die Astronomie bei. Für die Griechen war Thot ein anderer Name für Hermes Trismegistos (gr. „dreifach großer Hermes"); Urvater der Alchemie.
Neben den 42 Bänden bzw. esoterischen Traktaten des Thot findet sich in Überlieferungen eine Legende über zwei Säulen, die Thot bzw. Henoch eigenhändig gemacht haben soll. In der Alchemie wird genau die gleiche Legende überliefert, dort heißt der Handwerker aber Hermes Trismegistos. Thot bzw. Henoch machte zwei Säulen auf denen er das gesamte Wissen der Menschheit anbrachte. Die Sintflut stand an. Die eine Säule war aus Ton und die andere aus Stein. Eine Säule war feuerresistent und die andere wasserfest. Die Eigenschaften dieser Säulen sind bei beiden Legenden identisch. Die eine war aus Ziegeln für den Fall einer Feuersbrunst, die andere aus Stein für den Fall einer Flutkatastrophe.

Denn wir finden unter den Gedächtniswerken des Altertums eines, aus dem wir Nachricht haben, dass der fromme Enoch, (welcher nicht gestorben, sondern lebendig in den Himmel aufgenommen worden) geweissagt habe: es würde die Welt am jüngsten Tage mit Feuer (wie uns solches St. Judas berichtet) eben sowohl, als wie durch die allgemeine Sündflut untergehen. Dahero richtete er (wiewohl es andere dem Seth zuschreiben wollen) zwei große Säulen auf, deren eine von Stein, die andere aber von Thon gewesen, in welche er die Grundlehren der freien Künste gegraben. Die steinerne Säule ist noch in Syrien zur Zeit des Kaisers Vespasiani vorhanden gewesen. [46]

Henoch, Thot bzw. Hermes Trismegistos werden meistens mit der Sintflut in Verbindung gebracht. Flavius Josephus schreibt hingegen, dass die Enkel Adams und die Söhne Seths das Urwissen auf zwei Säulen geschrieben hätten. Er benennt keine Urheber namentlich. Im obigen Zitat wird mit dem Verweis „*Gedächtniswerken des Altertums*"

---

[46] *Des verbesserten Konstitutionenbuchs der alten ehrwürdigen Brüderschaft der Freimaurer - zweiter Theil - Verordnungen, Gesetze, Pflichten, Satzungen und Gebräuche nebst historischer Nachricht von dem Ursprung des Ordens* – 1784.

auf Josephus´ Geschichtswerk „*Jüdische Altertümer*"[47] angespielt. Von dort stammt der Verweis auf Syrien.
Die mystische Tradition des Judentums (alias *Kabbalah*) machte aus Henoch den höchsten aller Engel, nämlich Metatron. Im hebräischen Henoch-Buch erfährt der Leser, wie Henoch durch die Himmelsabteilungen aufstieg und im siebten Himmel zum Metatron wurde. Im Koran wird er Idris genannt. Idris wird zweimal dort erwähnt. Islamische Mythen überliefern uns, dass er mit einem fliegenden Pferd den siebten Himmel erreichte, wie Mohammed es später auch tat. In der Kabbalah wird ausführlich über den ständigen Kontakt Henochs mit Engeln berichtet. Als Metatron, erzählt eine jüdische Sage, stand er mit Moses in Verbindung. Metatron bedeutet entweder „Sprechorgan Gottes" oder „der Gott am Nächsten steht". Er übermittelte Moses die Thora auf dem Berg Sinai.
Obwohl er in der Bibel nur wenige Male thematisiert wird, hat sich eine enorme Mythologie um ihn entwickelt. Dabei werden sich die Verfasser der Bibel auf bereits existierende Legenden und Literatur über den Gott Thot gestützt haben. Henoch, Sinnbild für die siebte Generation, kehrte als erster Mensch wieder zu Gott zurück:

Durch Glauben ward Henoch entrückt, damit er den Tod nicht sehen sollte, und er wurde nicht gefunden, weil Gott ihn entrückt hatte; denn vor der Entrückung hat er das Zeugnis gehabt, daß er Gott wohlgefallen habe. [48]

Im 1. Buch Moses[49] wird Henoch auch als Sohn von Kain erwähnt. Kain war der älteste, Abel der mittlere und Seth der jüngste Sohn von Adam und Eva. Nach der Ermordung seines Bruders Abels wurde Kain gebrandmarkt. Dass es sich um denselben Henoch handelt, wird dadurch erklärt, dass in derselben Nacht Kain die Mutter Henochs vergewaltigte und Jared, der angebliche biologische Vater Henochs, ebenfalls mit seiner Mutter am gleichen Abend schlief. Die Theologen streiten bis heute, ob es sich um dieselbe Person handelt. Dabei sind beide Figuren der Bibel mit mystischen Andeutungen verbunden. Der eine wird durch Gott entrückt. Er wandelte sogar mit Gott, wie es einst Adam im Paradies tat. Nach dem anderen Henoch wird „grundlos" eine Stadt benannt. Nicht zu verachten ist, dass jene Stadt zugleich die erste in der Bibel erwähnte Stadt ist.

---

[47] siehe: *Flavius Josephus. Jüdische Altertümer.* Fourier. 12. Auflage. Wiesbaden 1983.
[48] Zitat: Hebräer 11,5 (Luther-Bibel)
[49] siehe: 1. Buch Moses 4,17

Henoch wird der Eingeweihte, Gerechte oder Redliche genannt. Im 7. und 8. Kapitel des mormonischen *Buches Mose* aus dem Werk: *Die Köstliche Perle* [50] wird die biblische Geschichte von Henoch etwas ausgeschmückt. Die dort gemachten Angaben und Schmückungen entsprechen dem äthiopischen Henoch-Buch. Diese beiden Kapitel wurden laut Angaben der Mormonen im Jahr 1830 geschrieben. Das äthiopische Henoch-Buch ist seit 1773 in der westlichen Hemisphäre bekannt und kann Vorlage dafür gewesen sein. Ein Teil des äthiopischen Henoch-Buchs weist Parallelen zum Buch Tobit auf.

Zu Kain und Henoch gibt es eine weitere Geschichte, die durch Jakob Lorber[51] im 19. Jahrhundert übermittelt worden ist. Seine Neu-Offenbarung beginnt mit der ersten Stadt, die in der Bibel erwähnt wird, der Stadt Henoch im Land Nod (Mesopotamien). Nachdem sich Henoch mit dem Buch des Gerechten (Sepher Ha-Jaschar)[52,53] 65 Jahre lang beschäftigt hatte, ging er mit einer kleinen Gruppe von Jüngern nach Nod. Im Buch Josua 10,12-13 und im 2. Buch Samuel 1,18-27 wird genau auf dasselbe Buch Jaschar verwiesen. Das Buch Josua wurde angeblich um 1450 v.u.Z. und das 2. Buch Samuel um 1040 v.u.Z. geschrieben. Das Buch Jaschar könnte zwischen 3.461 und 3.051 Jahre alt sein.

Die Widersprüche, die einerseits Jared und andererseits Kain zu Henochs Vater machen, sind leicht geklärt. Entweder wurde seine Mutter von beiden in derselben Nacht geschwängert oder es ist nur eine metaphorische Vaterschaft. Denn Henoch könnte dem gebrandmarkten Kain nach Nod gefolgt sein. Er verbrachte dort die restlichen 300 Jahre seines Lebens auf Erden, bevor ihn Gott hinweg nahm. Henoch wurde auch als erster Baumeister der Menschheit angesehen, weil eine Stadt nach ihm benannt wurde. Henochs Großurenkel Thubalkain war der erste Mensch, der aus Erz Werkzeuge, um Stein und Holz zu bearbeiten, herstellen konnte.

Jakob Lorber sagt in seiner Neu-Offenbarung, dass Kain und seine Nachkommen sechzig erfolglose Jahre mit dem Bau der Stadt verbrachten.[54] Sie waren dabei sehr ungeschickt. Erst als Henoch zu

---

50 Das Buch *Die Köstliche Perle* zählt zu den heiligen Schriften der Mormonen. Es besteht u.a. aus dem *Buch Mose* (nicht mit dem Pentateuch zu verwechseln).

51 Jakob Lorber (1800-1864), christlicher Schriftsteller aus Österreich.

52 Auf Hebräisch heißt das Buch des Gerechten „Sepher Ha-Jaschar" – siehe 2. Samuel 1,18 und Josua 10,13 (Luther-Bibel).

53 siehe: *Buch Jaschar - Das Buch, auf welches in Josua und 2. Samuel hingewiesen wird.* Herausgegeben von Holger Grimme. Inspire International 2006.

54 Jakob Lorber bezeichnet die Nachkommen Kains als *Hanochiten.*

ihnen stieß, wurden sie eine große Nation von Baumeistern. Der redliche Prophet Henoch wird überall in den antiken Überlieferungen dort erwähnt, wo ein Hinweis auf Eingeweihte, Wächter oder Bewahrer eines geheimen, heiligen Wissens zu finden ist. Henoch wurde 3139 v.u.Z.[55] in Kanaan geboren. Henoch prophezeite nicht nur das Kommen des jüngsten Gerichts, sondern auch das Kommen des Gottesreiches. Und wie er in seinen Bilderreden auffordert, nicht nur den Urvätern die Wahrheit kund zu tun, sondern auch den Nachkommen, erfüllen noch heute Eingeweihte diese Pflicht, die er allen auferlegt hat.
Im äthiopischen Henoch-Buch sind ein Teil der Visionen Henochs wiedergegeben. Das äthiopische Henoch-Buch dürfte aus dem 3. Jahrhundert v.u.Z. stammen. Es wurde durch James Bruce 1773 wieder entdeckt. Darin finden sich Schilderungen vom Ende der Welt. Das äthiopische Henoch-Buch ist die älteste, uns bekannte apokryphe Schrift, die vom Ende der Welt berichtet. Das liegt einerseits daran, weil es ein Teil der Textesammlung der äthiopischen Kirche ist, und andererseits ist das auch der Grund, warum das äthiopische Henoch-Buch das vollständigste ist. In die jüdische oder christliche Textesammlung wurde es nicht aufgenommen.

Das Gesicht, das schaute, das zweite Gesicht der Weisheit, das schaute Henoch, der Sohn Jareds, des Sohnes Mahalalels, des Sohnes Kenans, des Sohnes Enoschs, des Sohnes Sets, des Sohnes Adams. Dies aber ist der Anfang der Weisheitsreden, die ich die Stimme erhebend den Bewohnern des Festlandes mitteilen und erzählen will. Hört, ihr Urväter, und vernehmt, ihr Nachkommen, die heiligen Reden, die ich vor dem Herrn der Geister vortragen werde. Es wäre besser, sie nur den Urvätern zu erzählen; aber auch den Nachkommen wollen wir die wahre Weisheit nicht vorenthalten. Bis jetzt ist niemals von dem Herrn der Heerscharen solche Weisheit einem Menschen verliehen worden, wie ich sie nach meiner Einsicht und nach dem Wohlgefallen des Herrn der Heerscharen empfangen habe, von dem mir das Los des ewigen Lebens beschieden worden ist. Drei Bilderreden wurden mir zuteil, und ich habe meine Stimme erhoben, sie den Bewohnern des Festlandes zu erzählen. [56]

Als der Mensch sich seiner selbst bewusst wurde, begann er alles in seiner Umgebung zu ergründen, aber er vernachlässigte sich selbst.

[55] Die Geburtszahl wird aus Angaben der Bibel errechnet. Das Zurückrechnen beruht auf dem Glauben, dass die Bibel wörtlich zu verstehen ist.
[56] Zitat: äthiop. Buch Henoch, Kapitel 37: *Einleitungsrede*

Diese heutige Welt ist die Oberfläche eines verschütteten Vulkans, der unaufhaltsam auf seinen Ausbruch hinarbeitet.

Diese heutige, vierteilige Welt ist eine Illusion, die uns verführt, um uns von Gott und uns selbst zu entfremden. Sei von vornherein erklärt, dass der Begriff „Gott" und Umschreibungen ohne jegliche konfessionelle Beschränkung hier stehen sollen.

Der gesamte Kosmos ist Leben und dort wo Gott ausströmt, eben dort kehren Emanationen[57] unumgänglich wieder zu ihm zurück. Die Menschheit ist ein Teil des göttlichen Bewusstseins. Wir befinden uns noch immer in der Zwischenzeit, die ein Ende finden wird, wenn die erste Posaune erschallt.[58] Henoch zeugte mit 65 seinen Sohn Methusalem und im selben Jahr gründete er eine Gemeinschaft von Eingeweihten, die sich „Söhne des Lichts" oder „Kinder des Lichts" nannten. So berichten es die Überlieferungen.

Henoch trug der Menschheit auf, über die Geheimnisse Gottes zu wachen und sie niederzuschreiben, damit die Urväter, aber auch alle Nachkommen davon erfahren würden. Die Mitglieder dieser Gruppe wurden auch Schamaraeliter genannt, was sich vom hebräischen Wort „schamar", was „wachen" bedeutet, herleitet und mit dem Zusatz der Gottesendung „El" ergibt sich die Bezeichnung „Heilige Wächter" oder die „Wächter des Heiligen". Die Söhne des Lichts oder die Schamaraeliter werden unter Moses Teil der Benjaminiten und zu deren Stamm gezählt. Die Nephilim standen in regem Kontakt mit Henoch und den Schamaraelitern. Von ihnen erfuhr er ihre Lehre, die über das Schicksal des Menschen, der Welt und des Kosmos´ zu berichten wussten. Das Buch des Gerechten (Sepher ha-Jaschar) soll von ihnen stammen. Es waren die Nephilim[59] die Adam einweihten. Sie waren es, die an die Fähigkeit des Menschen glaubten gottähnlich zu werden. Sie waren die Lehrmeister der Menschen im Westen. Einst übermittelten sie ihr Wissen auch anderen Menschen. Manche sagen, dass sie vom Gürtel des Orion stammen und es sich um Außerirdische handelt. Andere hingegen glauben, dass sie den Orion anbeteten. Das Sternbild des Orion, nach dem auch die Pyramiden in Ägypten ausgerichtet sein sollen, spielt bereits bei den

---

[57] Als Emanationen werden die Sephiroth des Lebensbaums bezeichnet.

[58] siehe: Jesaja 27,13: *Zu der Zeit wird man mit einer großen Posaune blasen; so werden kommen die Verlorenen im Lande Assur und die Verstoßenen im Lande Ägypten und werden den Herrn anbeten auf dem heiligen Berge zu Jerusalem.*

[59] Die Nephilim sind wahrscheinlich eine antike Sekte des Nahen Ostens.

Indern (als Gazelle) und bei den Sumerern (als Gilgamesch) eine äußerst wichtige Rolle in ihrer Mythologie.
Als die Menschen das Wissen, welches sie unter Weihung und Salbung durch die Nephilim, erhalten hatten, missbrauchten anstatt es zum Guten zu nutzen, machten sie Krieg. So wandten sie sich nur einer kleinen Gruppe von Auserwählten zu. Sie nannten sich daraufhin Söhne des Lichts und untereinander Brüder. Es wurden vorerst nur Männer eingeweiht. Die Nephilim weihten diese Gruppe durch Rituale, Mysterien und Weihehandlungen ein. Sie gründeten durch Henoch die erste Mysterienschule. Die ägyptischen Mysterienschulen und genauso die griechischen Mysterienspiele finden in diesen Ritualen, Mysterien und Weihehandlungen Widerhall und verehrten ihn unter dem Namen Hermes Trismegistos.

Die ägyptischen Priester verehrten den Mondgott Thot auch als Gott aller Wissenschaft und heiligen Bücher. Er trug die Bezeichnung ›der zweimal Große‹, während während Ptah, dessen Zunge er sein soll, ›der sehr Große‹ hieß. Doch Thot schuf mit dem bloßen göttlichen Wort, auch als Zunge Ptahs. Wenn einer ›der sehr Große‹ heißen sollte, dann Thot. Damit vereinten sie die beiden Titel zu ›der dreimal Große‹. Die Griechen in Alexandreia setzten Thot dem Hermes gleich, da dieser der Schutzherr des Weissagens, der Literatur und der Künste war. Und so entstand die griechische Übersetzung des Namen Hermes Trismegistos (= der dreimal Große). Nun bezeichneten sie alle unter den Verschluß gehaltenen Wissenschaften als »hermetische Kunst«. Jetzt wurden die 42 Bände des Thot ins Griechische übersetzt, die man als Poimandres bezeichnete nach dem Titel des ersten Bandes/Traktas. [60]

Henoch ging danach ins Land Nod zu Kain. Es folgten ihm einige Söhne des Lichts, aber nicht alle. Henoch, der mit 65 Jahren nach Nod zog, war für sie nur noch über Visionen, Meditationen und anderen geistigen Übungen zu erreichen. Sie spalteten sich, aber sie verehrten weiterhin ihren Gründer. Die Mitglieder der zweiten Gruppe nannten sich lautere Brüder. Jenes 42bändige Zauberbuch, das der ägyptische Gott Thot mit eigener Hand geschrieben haben soll, nannten sie fortan „Episteln der lauteren Brüder". Diese Gruppe war entstanden um die negativen Mächte, die im Land Nod immer stärker wurden, zu bekehren und zum Licht zurückzuführen. Als nun die Sintflut vorüber war, so wurden die Gruppen wieder vereinigt.

---

60 Zitat: *Die Geheimlehre der Tempelritter: Geschichte und Legende.* Allan Oslo. 3. Aufl. Patmos-Verlag. Düsseldorf 2000. Seiten 50-51.

Es überlebten nur wenige in der Erblinie Seths. Noah ist der bekannteste unter ihnen. Große Verluste gab es auch bei den Bewohnern des Landes Nod. Wenige Hanochiten hatten die Sintflut überlebt, weil sie sich in einem riesigen Turm und einer festen Stadt, die sie selbst gebaut hatten, verschanzt hatten. Sie konnten im Turm überleben, aber nach der Sintflut fiel er wie ein Kartenhaus in sich zusammen. Als Hanochiten werden die Bewohner des Landes Nod bezeichnet, die von der Kain-Erblinie abstammten.
Die Sintflut trieb mit ihrer Wucht einen riesigen Keil durch den mesopotamischen Raum. Kanaan, das Gebiet des heutigen Nahen und Mittleren Ostens, das Gebiet um Ur und Uruk und der vermeintliche Geburtsort Henochs, wurden von der Wucht der Wassermassen überrannt. Wenn wir den Angaben der Bibel folgen, so ist Nimrod der erste Herrscher des sumerischen Reiches. Nimrods Geschlecht herrschte von 3100 bis 2800 v.u.Z. (50 Jahre nach der Sintflut). Er steht für die erste sumerische Herrscherdynastie:

Chus aber zeugte den Nimrod. Der fing an ein gewaltiger Herr zu sein auf Erden, und war ein gewaltiger Jäger vor dem Herrn. Daher spricht man: »Das ist ein gewaltiger Jäger vor dem Herrn, wie Nimrod.« Und der Anfang seines Reiches war Babel, Erech, Akkad und Chalne im Lande Sinear. Von dem Land ist er gekommen nach Assur und baute Ninive und Rehoboth-Ir und Kalah, dazu Resen zwischen Ninive und Kalah. Dies ist die große Stadt. [61]

Sie gründeten Städte verteilt über den ganzen mesopotamischen Raum. Er gilt auch als Widersacher Gottes auf Erden. Unter Nimrod wurde versucht den Glanz des Hanochiten-Reichs (der alten Welt vor der Sintflut) wieder aufzubauen. Sie bauten wieder einen Turm und eine Stadt. Zu dieser Zeit tritt das biblische Ereignis ein, dass man heute noch die „Sprachverwirrung zu Babel" nennt. Es kam zur Teilung der Völker und zur Entstehung verschiedener Dialekte, die man heute als Sprachen bezeichnet. Die „Sprachverwirrung zu Babel" führte laut Legenden der älteren Rosenkreuzer zum Verlust des vorsintflutlichen Erbes. Es sollen 72 Sprachen entstanden sein und keiner verstand mehr den anderen. Diese Geschichte soll auch erklären, dass sich Jahrhunderte später Abraham dieses Wissen wieder aneignen musste. Es war zeitweise nicht mehr allen Menschen zugänglich. Abraham wurde durch ein Mitglied der Söhne des Lichts eingeweiht, nämlich durch den Priesterkönig Melchizedek.

---

[61] Zitat: 1. Buch Moses 10,8-12 (Luther-Bibel)

Nach der Sintflut gab es drei Mächte, die sich innerhalb von 50 Jahren im gegenseitigen Kampf behaupten mussten. Nimrod nahm den ganzen mesopotamischen Raum ein. Er unterjochte die Urväter der Hethiter, der Churriter, der Gutäer, der Kassiten, der Chaldäer, der Aramäer und der Israeliten. Seine Armee wurde *Heka Chasut*[62] genannt, was *Herrscher fremder Länder* bedeutet. Seine Söldnerarmee war von allerlei Krieger aus den unterschiedlichsten Stämmen zusammengesetzt und sie verband Söldner und Handwerker. So wie Alexander der Große[63] fast anderthalb Jahrtausende später Nimrods Beispiel folgte. Überall dort, wo ein Dorf oder ein Stamm erobert wurde, wurden sie befestigt oder zu Städten ausbaut. Das Land Nod wurde ab nun Sinear genannt und die Stadt Resen wurde zur Hauptstadt des Reichs von Nimrod. Das zweite Reich, das sich behaupten konnte, bestand aus Reiternomaden. Sie kamen aus dem heutigen Gebiet der Mongolei – Zentralasien. Das dritte Reich, das sich nach der Sintflut behaupten konnte, war Ägypten. Es gab dort noch keine großen Bauten.

---

[62] Die heutige gebräuchliche Bezeichnung für *Heka Chasut* ist *Hyksos*. Dieser Begriff bezeichnet eine Gruppe von Reiternomaden, die mehrmals über längere Zeiträume über Ägypten und ägyptische Hoheitsgebiete herfielen.

[63] Alexander der Große (356-323), ab 336 v.u.Z. König von Makedonien.

Der redliche Prophet Henoch wird überall in den antiken Überlieferungen dort erwähnt, wo ein Hinweis auf Eingeweihte, Wächter oder Bewahrer eines geheimen, heiligen Wissens zu finden ist.

IV. Die Lehre der Nephilim

Henoch hatte nicht nur Kontakt mit Gott und seinen Engeln, sondern auch mit den Nephilim. Die Nephilim gab es bereits vor den Menschen des Westens im Nahen Osten. Vielleicht möchten uns die Verfasser der Bibel zeigen, dass es sich um Polytheisten aus dem indischen Raum handelt. Es waren vielleicht Anhänger des Mithras-Kultes, wie wir später erläutern werden. Die Mithräen (Anhänger des Mithras-Kultes) waren ausschließlich Männer. Die Kinder Gottes (alias *B´nej Elohim*) werden als männliche Engel dargestellt, weil es sie explizit nach den Töchtern der Menschen gelüstete.

Wenn es sich hingegen um Außerirdische oder um tatsächliche Engel handelte, dann kamen sie vor Adam auf die Erde. Am fünften Schöpfungstag klang der verborgene Name des Messias (alias *Gesalbter* alias *Christos*), dem alles in der Schöpfung zugrunde liegt, aus. Gott flüsterte ins Endlose Nichts zu Beginn des Seins und dieses Flüstern klang bis zum fünften Schöpfungstag nach, bis es nur noch zu einem kosmischen Hintergrundgeräusch verblasste.

Henoch ist nicht nur wegen des in diesem Buch beschriebenen Vermächtnisses ein Archetyp, sondern im äthiopischen Henoch-Buch erscheint erstmals im jüdischen Kulturraum eine ausführliche Beschreibung des Himmels sowie des Totenreichs - nicht zu verwechseln mit er Hölle.

Da sich aber die Menschen begannen zu mehren auf Erden und ihnen Töchter geboren wurden, da sahen die Kinder Gottes nach den Töchtern der Menschen, wie sie schön waren, und nahmen zu Weibern, welche sie wollten. Da sprach der Herr: „Die Menschen wollen sich von meinem Geist nicht mehr strafen lassen; denn sie sind Fleisch. Ich will ihnen noch Frist geben hundertundzwanzig Jahre." Zu der Zeit und auch später noch, als die Kinder Gottes zu den Töchtern der Menschen eingingen und sie ihnen Kinder gebaren, wurden daraus Gewaltige in der Welt und berühmte Männer. Da aber der Herr sah, dass der Menschen Bosheit groß war auf Erden und alles Dichten und Trachten ihres Herzens nur böse war immerdar, da reute es ihn, dass er die Menschen gemacht hatte auf Erden, und es bekümmerte ihn in seinem Herzen, und er sprach: „Ich will die Menschen, die ich gemacht habe, vertilgen von der Erde, vom Menschen an bis auf das Vieh und bis auf das Gewürm und bis auf die Vögel unter dem Himmel; denn es reut mich, dass ich sie gemacht habe." **[64]**

[64] Zitat: 1. Buch Moses 6,1-7 (Luther-Bibel)

Die Nephilim traten manchen Überlieferungen zufolge in einen freundschaftlichen Kontakt mit den Menschen, weil sie bemerkt hatten, dass sich nach ihrem Tode ihre Seelen in menschliche Körper manifestierten. Die erste Manifestation ist in der Bibel dokumentiert, nämlich mit der Geburt Kains, dem fünften Kind Adams und Evas.[65]
Das Böse, das für Henoch himmlischen Ursprungs ist, lässt sich nicht von der Erde tilgen. Die Nephilim übertrugen durch Reinkarnationen ihre eigenen negativen Eigenschaften auf die Menschheit. Henoch war der Überzeugung, dass Gott durch die erste und zweite Sintflut es nicht auf die Menschheit abgesehen hatte, sondern auf das immer stärker werdende Böse. Es spiegeln sich hier zwei Grundfesten der Henochischen Lehre wider. Die Reinkarnation (hebr. „Gilgul") und der himmlische Ursprung allen Bösen.
Was möchte uns die Thora mit den Nephilim sagen? Sind das Außerirdische, wie manch einer glaubt oder versteckt sich ein Hinweis auf ein verstecktes Erbe bzw. Vermächtnis?
Im vierten Vers des oben zitierten Kapitels 6 des 1. Buch Moses steht folgender Satzanfang: „Zu der Zeit und auch später noch...", dieser Satz bezieht sich auf die Nephilim. Da das Wort Nephilim im Hebräischen von einer Wortwurzel von „fallen" stammt, wird verständlich warum man sie mit den gefallenen Engel in Verbindung bringt. Die aramäische Wurzel des Wortes „Nephilim" hingegen ist „nephilá", was Orion bedeutet. Dies erklärt die Verwirrung, die Exegeten mit der Herkunft des Wortes Nephilim, den Wächtern und den Söhnen der gefallenen Engel haben. Die gefallenen Engel stammen der Bibel nach vom Himmel. Die Nephilim oder ihre Lehre haben etwas mit dem Orion zu tun. Wenn wir nun davon ausgehen, dass es sich um keine Außerirdischen handelt, sondern um Wissende öffnet uns der Hinweis „Orion" eine andere Perspektive.
Beide Gruppen fielen laut der Thora von den Himmeln, die einen stammen aber vom Orion, die anderen von Gott. Die Söhne der gefallenen Engel, werden im Kapitel sechs nicht „Nephilim" genannt, sondern aufgrund ihrer ungewöhnlichen Größe werden sie als „die Starken" bezeichnet, was das hebräische Wort „Haggibborim" bedeutet. Sie werden im gleichen Kapitel auch als „Gewaltige in der Welt und berühmte Männer" bezeichnet.
In Babylon hat man in dem Sternbild des Orion den Städtegründer Gilgamesch gesehen. Dieser bedrohte mit seiner ehernen Keule den

---

65 Laut Henochischer Matrix war Kain das fünfte Kind Adams; zuvor wurden ihm im Paradies vor dem Sündenfall vier Töchter geboren.

rechts von ihm stehenden Himmelsstier, der sich anschickte, die neu gegründete Stadt Uruk verwüsten zu wollen. Noch heute wird Orion meist mit einer in Richtung des Stieres erhobenen Keule dargestellt. Diese Geste finden wir beim Mithras-Kult (1400 v.u.Z. - 300 n.u.Z.) wieder.
Mithras wurde meistens als jugendlicher und schöner Mann, der den Himmelstier opfert, dargestellt. Durch das Blut des Stieres sollte die Erde befruchtet werden. Oft finden sich auf Denkmälern neben Mithras und dem Stier auch ein Hund, der das Blut des Stieres trinkt und ein Krug mit einer Schlange, in dem das Blut aufgefangen werden soll.
Mithras hält auf manchen Darstellungen eine Ähre in der Hand und neben ihm steht der Lebensbaum. Diese Attribute zeigen, dass Mithras nicht nur als Sieger über das Böse, sondern auch als Kulturbringer verehrt wurde. Der Tod des Stieres versinnbildlicht auch im Mithras-Kult das Ende des Zeitalters des Stieres.

Das Photo eines Ausstellungsstücks im Louvre, stammt aus Rom (2. - 3. Jahrhundert n.u.Z.). Mithras tötet den Stier, während der Sonnengott (links) und die Mondgöttin (rechts) ihm dabei zusehen.
Mithras war ein persischer Gott, der zumeist von römischen Soldaten verehrt wurde. Der Name Mithras geht auf den iranischen Gott Mithra zurück. Er bedeutet im Persischen „Vertrag". Im Altindischen (Sanskrit) bedeutet Mitra „Vertrag" oder „Freund". Im Perserreich ist die Figur des Mithra bereits seit dem 14. Jahrhundert v.u.Z. belegt und vermutlich identisch mit dem altindischen (vedischen) Gott Mitra. Im Perserreich und in Indien war Mithra ein Gott des Rechtes und des Bündnisses. Er war ein Wächter der Wahrheit, der Treue, des Rechts und der Pflichten gegen die Götter. Er pflegte die Tugend und Gerechtigkeit, schützte die Gläubigen und bestrafte die Ungläubigen. Er wurde auf einem Streitwagen dargestellt.
Die Parallelen sind verblüffend. Das Volk Israel ging Bündnisse (oder Verträge) mit ihren Gott ein. Das 6. Kapitel der Bibel möchte uns vielleicht sagen, dass die vom Orion stammenden, also die Nephilim, nichts anderes waren als Anhänger des Mithras-Kultes. Ein Hinweis darauf, dass andersgläubige Menschen hinzugewandert sind. Die semitischen Völker Kanaans mischten sich mit den Sumerern und Persern. Die Sumerer und Perser brachten eigene Götter mit nach Mesopotamien. Der Ausdruck „Kinder Gottes" könnte als Glaube oder Religion verstanden werden, in der sich die Anhänger selbst als „Kinder Gottes" bezeichneten. Diese Religion ließ keine Frauen zu. Es bleibt fortan im Judentum bestehen, dass die Frauen keine Priesterinnen werden oder an sakralen Opferungen teilhaben durften. Die Aussage, dass sich die Menschen nicht mehr von Gottes Geist strafen lassen, passt ebenfalls in das Erklärungsmuster. Die Altertumsforschung besagt, dass die Thora zwischen dem 8. bis 6. Jahrhundert v.u.Z. verfasst wurde. Sie ist ein schriftstellerisches Produkt einer Autorengruppe von Rabbinern in Israel. Sie sei also 800 Jahre nach der Wanderung durch die Wüste Sinai geschrieben worden. Auch bezweifelt die Altertumsforschung, dass es überhaupt solch eine Auswanderungswelle gab. Weder in Ägypten noch in Israel finden sich Indizien dafür. Vor der Niederschrift der Thora war das Judentum nicht einheitlich und die Israeliten glaubten sogar an mehrere oder andere Götter. Vielleicht versuchten die Verfasser der Thora diese Ereignisse im 6. Kapitel darzustellen und begründeten damit zumindest den Grundgedanken eines sündhaften Verhaltens von himmlischen Wesen, Straforts und von „Söhnen Gottes".

Die vierteilige Unterwelt, wie sie Henoch auf seinen Himmelsreisen sah, wurde erst Realität wegen der himmlischen Wesen, gefallenen Engel bzw. Söhne des Lichts. Zuvor war sie ein Schatten, verborgen hinter dem Paradies und wurde dann auch zu einem Strafort für die Geister (bzw. Seelen) der Menschen. Es waren sexuelle Wirrnisse, zügellose Ausschweifungen und der Polytheismus, die dazu führten, dass ein Endgericht notwendig wurde.

Da sagte zu mir Uriel: Hier werden die Engel stehen, die sich mit den Weibern vermischt haben; und ihre Geister verunreinigten, vielerlei Gestalten annehmend, die Menschen und verführen sie, den Dämonen wie Göttern zu opfern; sie werden hier stehen bis zum Tage des großen Gerichts, an dem sie bis zu ihrer völligen Vernichtung gerichtet werden. Aber die Weiber der abgefallenen Engel werden zu Sirenen werden. Ich, Henoch, habe allein das Geschaute, den Anblick der Enden von allen Dingen, gesehen, und kein Mensch hat sie so gesehen, wie ich sie gesehen habe. Dies sind die Namen der heiligen Engel, welche wachen: Uriel ist einer der heiligen Engel, nämlich der über das Engel-Heer und den Tartaros gesetzte Engel. Raphael, heißt ein zweiter der heiligen Engel, der über die Geister der Menschen gesetzt ist; Raguel heißt ein dritter der heiligen Engel, der Rache übt an der Welt der Lichter; Michael heißt ein vierter der heiligen Engel, nämlich über den besten Teil der Menschen gesetzt, über das Volk Israel; Sariel heißt ein fünfter der heiligen Engel, der über die Geister, die gegen den Geist sündigen, gesetzt ist; Gabriel heißt ein sechster der heiligen Engel, der über das Paradies, die Schlangen und die Cherubim gesetzt ist.
Ich wanderte ringsherum, bis ich an einen Ort kam, wo kein Ding war. Dort sah ich etwas Fürchterliches: ich sah keinen Himmel oben und kein festgegründetes Land unten, sondern einen öden und grausigen Ort. Dort sah ich sieben Sterne des Himmels gefesselt und in ihn hineingestoßen, wie große Berge, und brennend im Feuer. Darauf sprach ich: Um welcher Sünde willen sind sie gebunden, und weshalb sind sie hierher verstoßen? Da sagte zu mir Uriel, einer von den heiligen Engeln, der bei mir war und ihr Führer ist, und sprach: Henoch, weshalb fragst du und weshalb bekümmerst du dich eifrig, die Wahrheit zu erfahren? Dies sind diejenigen Sterne des Himmels, die den Befehl Gottes übertreten haben, und sie sind hier gebunden, bis 10.000 Jahre, die Zeit ihrer Sünde, vollendet sind. Von da ging ich weiter an einen anderen Ort, der noch grausiger als jener war. Ich sah dort etwas Schreckliches: ein großes Feuer war dort, das loderte und flammte; der Ort hatte Einschnitte bis zum Abgrund und war ganz voll von großen herabfahrenden Feuersäulen. Seine Ausdehnung und Breite konnte ich nicht erblicken, noch war ich imstande, sie zu ermitteln. Da sagte ich: Wie schrecklich ist dieser Ort und wie fürchterlich, ihn anzuschauen! Da antwortete mir Uriel, einer von den heiligen Engeln, der mit mir war, und sagte zu mir: Henoch,

warum fürchtest du dich und erschrickst du so? Ich antwortete: Wegen dieses schrecklichen Orts und wegen dieses grässlichen Anblicks. Da sprach er zu mir: Dieser Ort ist das Gefängnis der Engel, und hier werden sie bis in Ewigkeit gefangen gehalten.

Von hier ging ich weiter an einen anderen Ort, und er zeigte mir im Westen ein großes und hohes Gebirge und starre Felsen. Vier geräumige Plätze befanden sich in ihm dem Gebirge, in die Tiefe und Breite sich erstreckend und sehr glatt; drei von ihnen waren dunkel und einer hell, und eine Wasserquelle befand sich in seiner Mitte. Da sagte ich: Wie glatt sind diese Hohlräume, wie tief und dunkel für den Anblick! Da antwortete mir Raphael, einer von den heiligen Engeln, der bei mir war, und sagte zu mir: Diese hohlen Räume sind dazu bestimmt, dass sich zu ihnen die Geister der Seelen der Verstorbenen versammeln. Dafür sind sie geschaffen, damit sich hier alle Seelen der Menschenkinder versammeln. Diese Plätze hat man zu Aufenthaltsorten für sie gemacht bis zum Tag ihres Gerichts, bis zu einer gewissen Frist und festgesetzten Zeit, zu der das große Gericht über sie stattfinden wird. Ich sah den Geist eines verstorbenen Menschenkindes klagen, und seine Stimme drang bis zum Himmel und klagte. Da fragte ich den Engel Raphael, der bei mir war, und sagte zu ihm: Wem gehört dieser klagende Geist an? Wessen ist die Stimme da, die bis zum Himmel dringt und klagt? Da antwortete er mir und sagte: Dieser Geist ist der, der von Abel ausging, den sein Bruder Kain erschlug, und er Abel klagt über ihn, bis seine Nachkommenschaft von der Oberfläche der Erde hinweggetilgt ist, und seine Nachkommen unter den Nachkommen der Menschen verschwunden sind. Da fragte ich den Engel in Betreff all der Hohlräume und sagte: Weshalb ist einer vom andern getrennt? Er antwortete mir und sagte: Diese drei Räume sind gemacht, um die Geister der Toten zu trennen; und so ist eine besondere Abteilung gemacht für die Geister der Gerechten da, wo eine helle Wasserquelle ist. Ebenso ist ein besonderer Raum für die Sünder geschaffen, wann sie sterben und in die Erde begraben werden, und ein Gericht bei ihren Lebzeiten über sie nicht eingetroffen ist. Hier werden ihre Geister für diese große Pein abgesondert bis zum großen Tage des Gerichts, der Strafen und der Pein für die bis in Ewigkeit Verdammten, und der Vergeltung für ihre Geister; dort bindet er sie bis in Ewigkeit. Ebenso ist eine besondere Abteilung für die Geister der Klagenden, die über ihren Untergang Kunde geben, da sie in den Tagen der Sünder umgebracht wurden. Diese Abteilung ist so geschaffen für die Geister der Menschen, die nicht gerecht, sondern Sünder, oder ganz und gar gottlos und Genossen der Bösen waren; ihre Geister werden am Tage des Gerichts nicht bestraft werden, aber sie werden auch nicht von hier mit auferweckt werden. Da pries ich den Herrn der Herrlichkeit und sagte: Gepriesen bist du, O Herr, du gerechter Herrscher der Welt! [66]

---

[66] Zitat: äthiop. Buch Henoch, Kapitel 19-22: *Die vierteilige Unterwelt im Westen*

Für diese Vergehen musste ein Strafort erschaffen werden, der die Geister (bzw. Seelen) der Getöteten aufnahm. Dieser Ort war anfänglich im Himmel und der direkten Verfügungsgewalt Gottes unterstellt; später übernahm der Erzengel Uriel die Aufsicht.
Das Totenreich des äthiopischen Henoch-Buch ist teilweise vergleichbar mit dem Tartaros der Griechen. Henoch sieht bei seiner Himmelsreise schreckliche Orte, wo die gefallenen Engel gefangen gehalten werden. Diese Beschreibungen haben im Christentum und Islam die Vorstellung über Himmel und Hölle stark beeinflusst. Im jüdischen Kanon (Tanach) ist die Lehre der Hölle bzw. Unterwelt noch nicht vorhanden. War der Strafort anfänglich im Himmel, so übernahmen später die Christen die Vorstellung des griechischen Tartaros (auch Hades genannt) unterhalb der Erdoberfläche.
Manche meinen, dass das Böse von den Nephilim, also den Andersgläubigen stammt und von diesen auf die Erde und unter die Menschen gebracht wurde. Andere meinen, dass das Böse von Gott selbst stammt und die gesamte Schöpfung einem dualistischen Prinzip unterworfen sei. Da das Böse von Gott stammt, ist es somit ebenfalls himmlischen Ursprungs. Die zweite Lehrmeinung wird im 11. Jahrhundert n.u.Z. auf dem Balkan[67] und dann im 12. Jahrhundert in Frankreich Abspaltungen/Sekten zur Folge haben. Die Bogomilen und Katharer (und viele andere Sekten dieser Zeit) werden diese zweite Lehrmeinung soweit zurückführen, dass sie die Existenz von zwei mehr oder minder ebenbürtigen Gottheiten anerkennen. Der eine dieser Götter – der Gute – besitzt keinen menschlichen Leib, sondern ist nur ein rein geistiges Axiom oder Prinzip (vergleichbar mit dem Schicksal), frei von jedem irdischen Makel. Somit ist der gute Gott die Liebe oder der Gott der Liebe.[68]
Die Katharer (gr. „die Reinen") können diese duale Vorstellung aus einer neu übersetzen Version der Thora bzw. der Bibel übernommen haben, denn wenn man durch die Henochische Matrix z.B. nur den ersten Satz der Thora nimmt, tritt schon dort die Dualität auf. Aus dem Satz „Am Anfang schuf Gott Himmel und Erde." wird durch Veränderung der masoretischen Punkte folgender Satz: „Aus der ewig fließenden Essenz bildete die zwiefältige Kraft den doppelten Himmel."

---

[67] Die Sprache der Engel (*Henochisch*) und die slawischen Sprachen scheinen viele verwandte Worte zu haben. Das kann aber nicht mit absoluter Sicherheit gesagt werden, da man noch am Entschlüsseln der Sprache der Engel (*Henochisch*) ist.
[68] siehe: 2. Korinther 13,11 und 1. Johannes 4,8 und 4,16 (Luther-Bibel)

Nach der Zerstörung des zweiten Tempels Gottes durch die Römer 70 n.u.Z. wurde der Hohe Rat, der Sanhedrin genannt wird, durch Rabbi Jochanan ben Sakkai (40-80 n.u.Z.) nach Jawne (30 km südlich von Tel Aviv) verlagert. Dieser Hohe Rat ist im Abendland durch die Geschichte Jesu Christi (NT) bekannt geworden. Er bewirkte die Hinrichtung Jesu Christi durch die Römer. Diese Bewirkung war erforderlich, da die Römer dem Sanhedrin das Recht, Todesurteile auszusprechen und auszuführen, entzogen hatten.

Da es damals keine starke zentrale Anlaufstelle mehr gab und die Juden sich in alle Richtungen zerstreuten, wurden die masoretischen Zeichen eingeführt. Sie sollten gewährleisten, dass der Tanach[69] überall gleich gelesen wurde. Im 1. Jahrhundert begannen die Masoreten, eine Gruppe von auserwählten Rabbinern, durch ein bestimmtes Zeichensystem die Vokale in den Tanach einzusetzen. Dieses Einsetzen erfolgte nicht durch Zusatzbuchstaben, denn der Tanach besitzt 304.805 Buchstaben[70], sondern durch Punkte und Striche. Die Anzahl der Buchstaben darf bis heute nicht verändert werden. Die masoretischen Zeichen (Punkte und Striche) werden folgendermaßen dargestellt und erfüllen beispielsweise folgende Funktionen (das **א** steht für einen beliebigen Buchstaben):

Vokale	**Zeichen**	**Beschreibung**
a	אַ אֲ אָ	Ein Strich unter dem Buchstaben
e	אֶ אֵ אֱ אְ	Mehre Punkte unter dem Buchstaben
i	אִ	Ein Punkt unter dem Buchstaben
o	אֹ	Ein Punkt links schräg über dem Buchstaben
u	·א אֻ	Ein Punkt links neben dem Buchstaben

Durch die Arbeit der Masoreten entstand etwa zwischen dem 6. und 8. Jahrhundert n.u.Z der *masoretische Text.* Eine seitdem weithin einheitliche und mit nur geringen Textschwankungen überlieferte Fassung des Tanach. Ohne die masoretischen Zeichen kann der Text des Tanach vollkommen anders ausgesprochen und dadurch vollkommen anders übersetzt werden.

---

[69] Der Tanach besteht aus der Thora (die Fünf Bücher Moses), den Prophetenbüchern (Nebim) und den Schriften (Chetubim). Daher auch der Name; **T** für Thora, **N** für Nebim und **Ch** für Chetubim - TaNaCh (**ת־נ־כ**).

[70] Die Masoreten, eine Gruppe von Rabbinern, haben strengstens darauf geachtet, dass die Thora unverändert blieb. Deshalb wurde bekannt gemacht, dass sie nur eine bestimmte Anzahl Buchstaben hat.

Die Katharer (gr. „die Reinen") können ihre duale Vorstellung aus einer neu übersetzen Version der Thora bzw. der Bibel übernommen haben. Den Katharern galt die stoffliche Schöpfung als Ausfluss des Bösen, also Satans, dem sie den Namen „Rex Mundi" (lat. „König der Welt") verliehen hatten.[71] Das Universum ist das Werk des Gottes des Bösen und deshalb von Grund auf böse. Da den Katharern alle Materie als böse galt, leugneten sie, dass der Messias (hebr. „Maschiach") Menschengestalt angenommen habe und Gottes Sohn gewesen sei. Jesus Christus wurde nur als Prophet und nicht als des guten Gottes Manifestation auf Erden angesehen. Diese Vorstellung ging soweit, dass manche Kreise dieser Abspaltung sich den Messias als völlig körperlos als Phantom vorstellten und deshalb nicht gekreuzigt werden konnte.
Die Frage, ob Jesus gekreuzigt wurde und Gottes Sohn sei, wird dadurch irrelevant, dass sein königliches Blut (alt-fr. „Sang Real") noch heute existiert und gehütet wird. Damit ist aber keine Reliquie gemeint, sondern ein lebender Mensch, ein Nachkomme der Blutlinie des Messias.[72] Wie mächtig diese Häresie im Sinne des Vatikans war, wird dadurch deutlich, dass im Jahre 1209 ein 30.000 Mann starkes Heer aus Nordfrankreich in das Languedoc einfiel.
Es wird deutlich, dass es mehr nicht dogmatische Traditionen gab, als das Jesus nicht Gottes Sohn ist und das er nicht gekreuzigt wurde. Obwohl die Obersten der Katharer, die *Parfaits* ein zölibatäres Leben führten, so waren die meisten Katharer verheiratet.
Und hier kann eine Parallele zu Jesus Christus gezogen werden. Die Kirche stellt ihn als unverheirateten Wanderprediger dar. Doch die Aussage aus Matthäus 26,49: „*Und sogleich trat er zu Jesus und sprach: »Sei gegrüßt, Rabbi« und küsste ihn.*" zeugt von einer anderen Version. Im Talmud, einer jüdischen Schriftensammlung nach Abschluss des Kanons des Alten Testaments, steht:

Rabbi Eleasar sagte: Jeder Mensch, der keine Frau hat, ist eigentlich kein Mensch, denn es heißt: Und Gott schuf den Menschen ... und schuf einen Mann und ein Weib. [73]

Da Jesus anerkannter Rabbi war oder zumindest so auftrat, müsste er zwangsläufig verheiratet sein, denn sonst hätte man ihn im damaligen

---

[71] In Johannes 12,31 wird bspw. Satan als „Fürst der Welt" bezeichnet.
[72] siehe: 3. Buch Moses 17,11 (Luther-Bibel)
[73] Zitat: Jewamot 63 a (Talmud-Bavli)

Kulturkreis nicht Rabbi genannt. Die Ehefrau von Jesus Christus soll Maria Magdalena gewesen sein.[74] Dies kann nicht nur aus Hinweisen aus dem Neuen Testament abgelesen werden, sondern auch aufgrund ihrer Flucht aus Palästina nach Frankreich nach dem möglichen Tode ihres Ehegatten. Die Legenden über den heiligen Gral beginnen gleichzeitig mit der Ankunft Maria Magdalenas in Südfrankreich. Dort wird zwar der Gral noch nicht als Gefäß, das das Blut Christi empfing, beschrieben, sondern er wird zwar mit dem Blut des Messias in Verbindung gebracht, aber er ist noch kein Gefäß...

Das königliche Blut floss in den Adern der Kinder Jesu und Maria Magdalenas. Ihre Flucht führte sie nach Marseille und dort ist auch der Anfang aller Gralssagen zu suchen. Marseille ist eine Gründung der Griechen und diese sind in einer engen Verbindung mit dem Stamm Benjamin zu sehen, auf die später näher eingegangen wird.

Interessant an dieser Stelle ist der unvollendete Roman von Chretien de Troyes (1188), den der Autor dem Philippe d´Alsace, Graf von Flandern, widmete. Der Held seines Romans ist Percival (bzw. Parzival) und wird als Sohn einer Witwe[75] vorgestellt. Parzival wird auf seiner abenteuerlichen Wanderschaft von einem mysteriösen Fischerkönig auf seine Burg eingeladen, um dort eine Nacht zu verbringen. An diesem Abend erscheint der Gral, der von einer Jungfrau hereingetragen wird. Am nächsten Morgen verlässt Parzival die Burg und ist Mitglied der Gralsfamilie oder ein Hüter des Grals, ohne es selbst zu wissen.

Freimaurer sollten ihren Hilferuf, der auf Französisch wiedergegeben wird, unter einem neuen Aspekt sehen. Wahrscheinlich ist nicht Hiram[76] mit dem Hilferuf gemeint, sondern Parzival der Sohn einer Witwe. Parzival wurde zu einem Hüter des heiligen Grals, als er ihn am Abend erblickte. Nur dadurch konnte er zum Gralsritter initiiert werden. Freimaurer sollten sich bewusst werden, dass sie in der traditionellen Nachfolge Parzivals stehen und verpflichtet sind den Gral zu schützen. Wenn ein Gralshüter um Hilfe bittet, dann darf kein anderer Gralshüter ihm diese verwehren.

Wenn der Gral solch eine immense Rolle im Plan Gottes spielt, so muss erläutert werden, was er überhaupt bedeutet. Bevor der Gral zu einem Gefäß mit Zauberfähigkeiten degradiert wurde, leitete sich sein

---

[74] siehe: *Der heilige Gral und seine Erben, Ursprung und Gegenwart eines geheimen Ordens.* Lincoln, Baigent, Leigh, RMBM Vertrieb GmbH, Bergisch Gladbach 1982.

[75] Auch Freimaurer bezeichnen sich noch heute als Söhne der Witwe.

[76] siehe: 1. Buch Könige 7,13-14 (Luther-Bibel)

Name aus dem Altfranzösischen ab. Blut bedeutet „sang" und königlich heißt auf Altfranzösisch „real" (oder „royal") und wie in lateinischen Sprachen üblich wird das Adjektiv nach dem Subjektiv genannt: „sang real". Im Laufe der Jahre wurde aus „sang real" „san greal" und schließlich „san graal". Da das Wort „san" heilig bedeutet und „Graal" eigentlich keine Bedeutung hatte, wurde endlich aus dem königlichen Blut der „heilige Gral". Somit ist der heilige Gral das königliche Blut Jesu Christi bzw. des Messias, das für das jüngste Gericht eine wesentliche Rolle spielen wird.
Die Assasinen, dann die Bogomilen, die Katharer und eben auch die Tempelritter waren alle mit diesem Wissen vertraut. Das geheime und heilige Wissen werden als die Schriften der Weisheit oder das Vermächtnis Henochs bezeichnet. Die Urchristen Roms hatten von Anfang an die Aufgabe es zu hüten. Damit keiner sich auf die Suche nach dem heiligen Gral machte und den letzten Nachkommen oder die gesamte Blutlinie des Messias vernichtet. Jeder der hinter das Geheimnis kam, wurde entweder getötet oder zu einem Mitglied der Gralsfamilie, deshalb war sich Parzival gar nicht bewusst, als er die Burg verließ, dass er nun ein Teil des Ganzen geworden war. Jeder der in die Burg des mysteriösen Fischerkönigs ging, kam nicht wieder heraus und weil Parzival die Burg seines Oheims wieder verlassen konnte, erkannten die Menschen auf der Straße (und nicht er selbst), dass er zu einem Hüter des Grals geworden war. So wird man durch Suche und Einweihung zu einem Hüter. Auch heute noch finden wir Menschen, die zu Gralshütern werden.
Die verborgene Wahrheit, die Schriften der Weisheit oder die Henochische Lehre basiert auf folgenden Grundfesten, die im Laufe der Geschichte immer wieder aufflammen werden:

1. Der Glaube an ein höheres, lebendiges und aktives Prinzip,
2. das zugleich die höchste Form von Liebe ist,
3. an die göttliche Hierarchie der Ordnung,
4. an die Unsterblichkeit der Seele des Menschen,
5. an ihre Wiedergeburt oder Seelenwanderung,
6. an den himmlischen Ursprung des Bösen,
7. und an das vorherbestimmende Schicksal.

Diese sieben Grundfesten werden in unzähligen Abspaltungen dem Menschen die Augen zu öffnen versuchen. Leider sind Schmerz und Wahrheit eng miteinander verwoben. Kehren wir zurück zum

himmlischen Ursprung des Bösen. Nur ein Gott, der Liebe ist, kann das Böse verdrängen (aber noch nicht vernichten).
Von der Zeit der Nephilim über Adam und Noah waren es die Ägypter, die mithilfe der Lehren der Nephilim zu den größten Eingeweihten der Weltgeschichte wurden. Nachdem Echnaton im Jahre 1310 v.u.Z. starb, wurden alle Priester des Aton verbannt. Die Priester Atons waren nicht nur Streiter für einen Gott, sondern auch Baumeister, die eine Stadt (Armana) aus der Wüste stampften. Viele flohen nach Thrakien und begründeten dort die Orphik[77], die sich auf einen liebenden Gott berief, nämlich auf „Eros". Der Prophet dieser neuen Lehre war Orpheus. Henoch lehrt, dass Gott die reinste Art von Liebe ist. Die Orpheotelesten, die orphischen Priester, nannten ihn Agape (alt-gr. für „göttliche Liebe"). Die Flucht nach Griechenland war zur damaligen Zeit ein Leichtes und auch der Stamm Benjamin wird nach seinem Kampf gegen die anderen Stämme notgedrungen dorthin fliehen und nur ein kleiner Teil bleibt im gelobten Land. Im 20. und 21. Kapitel des Buches der Richter[78] wird ein Levit, der sich auf dem Heimweg befindet und in der Stadt Gibea übernachtet, überfallen und seine Nebenfrau von den Angreifern so lange missbraucht, bis sie stirbt. Daraufhin fordern die Abgesandten des hohen Rates die Übeltäter zur Rechenschaft zu ziehen, doch der Stamm Benjamin weigert sich und schützt sie mit Waffengewalt. Ein Stammeskrieg bricht aus.
Während der Ausrottungskämpfe fliehen viele Benjaminiter (die als Stamm in der Minderheit waren) nach Arkadien zu ihren Verwandten den Spartanern. Die apokryphen Schriften der Makkabäer[79] weisen auf die Verbindung zwischen Spartanern und Juden hin. Im ersten Buch der Makkabäer wird von Auréus, dem König der Spartaner, ausdrücklich festgestellt:

Wir finden in unsern alten Schriften, dass die Spartaner und die Juden Brüder sind, weil beide Völker von Abraham herkommen. [80]

---

[77] Herodot, Euripides und Platon erwähnen bereits die Ansichten der Orphiker.
[78] Das „Buch der Richter" ist das erste biblische Buch, das von den Templern übersetzt und näher inspiziert wurde. Man vermutete in diesem Buch die Verbindung zwischen den jüdischen und christlichen Reliquien, wie z.B. den Aufenthaltsort Asasels oder der verloren gegangenen Bundeslade zu finden.
[79] Die Makkabäer waren jüdische Freiheitskämpfer. Sie begründeten das königliche und hohepriesterliche Geschlecht der Hasmonäer. Fast einhundert Jahre (165-63 v.u.Z.) vermochten sie mit Gewalt über Israel zu herrschen.
[80] siehe: 1. Buch Makkabäer 12,21 (Luther-Bibel)

Dass die Orphik nicht in Griechenland selbst entstanden ist, sondern tatsächlich ein Fremdeinfluss war, leitet sich schon allein aus den Hauptunterschieden zwischen dem Glauben der Orphiker und dem polytheistischen Glauben Griechenlands ab. Die Seele ist göttlich und unsterblich. Sie muss zeitweilig durch Wiedergeburt einen Kreislauf von Leben und Tod durchmachen. Ein orphischer (asketischer) Lebenswandel und die Einweihung durch orphische Riten kann die Seele vom Kreislauf von Leben und Tod befreien und den Weg mit den Göttern in Verbindung zu treten freimachen.[81]

[81] Die Bundeslade vermochte diese Verbindung für den Hohepriester herzustellen. Später kam man zur Überzeugung, dass eine ganze Gruppe (vielleicht sogar ein ganzes Volk) eingeweiht werden sollte. Manche Historiker glauben, dass Moses diese Einweihungen mit dem Volk Israel vorhatte.

Das geheime und heilige Wissen werden als die Schriften der Weisheit oder das Vermächtnis Henochs bezeichnet. Die Urchristen Roms hatten von Anfang an die Aufgabe es zu hüten.

V. Orpheotelesten und Mithras-Kult

Zwei Strömungen spielen fortan für das Vermächtnis Henochs (alias *Schriften der Weisheit*) eine wichtige Rolle: Die Orphik-Mysterien und der Mithras-Kult. Durch Kaiser Konstantin (272-337 n.u.Z.), der Mitglied des Mithras-Kultes war, kamen viele Einflüsse von dort hinzu. Die Orphiker (auch *Orpheotelesten* genannt) brachten die mystische Interpretation ägyptischer Tradition durch griechische Mysterien hinzu. In diesem Zusammenhang stehen auch die Mysterien von Eleusis. Wann man mit den Feiern dieser Mysterien begann, kann man heute nicht mit Sicherheit sagen. Man vermutet, dass der Ursprung im 16. Jahrhundert v.u.Z. liegt. Die Feiern in Eleusis wurden aber 392 n.u.Z. durch Kaiser Theodosius I (347-395 n.u.Z.) per Dekret verboten. Nach der Zerstörung des Tempels durch Alarich (370-410 n.u.Z.) geriet Eleusis in Vergessenheit. In Alarichs Gefolge waren arianische Christen. Arianische Christen glaubten an Jesus als Propheten und nicht als fleischlichen Sohn Gottes. Die erste Strömung, die zu besprechen ist, sind die Orphik-Mysterien.

Die Israeliten lebten ab Pharao Raneb (Nachfolger Nimrods) als geduldete Fremde in Ägypten. Unter Sesostris III wurde Ägypten zum zweiten Male geeinigt und im Jahre 1871 v.u.Z. wurden die Israeliten versklavt, weil sie den Hyksos (alias *Heka Chasut*) in ihren Putschversuchen geholfen hatten Ägypten einzunehmen. Die Hyksos waren Reiternomaden, die zwischen 1719 und 1692 v.u.Z. in das Nildelta vorrückten. Als die Hyksos im Jahre 1650 v.u.Z. weite Gebiete Ägyptens eroberten, waren die Israeliten unter deren Herrschaft mächtig geworden. Als Ahmosis 1542 v.u.Z. die Hyksos wieder vertrieben hatte, wurde das Volk Israel in die Knechtschaft versetzt und diese wurde bis zum Jahre 1471 v.u.Z. aufrechterhalten, bis Thutmosis II sie gezwungenermaßen ziehen ließ.

Die Knechtschaft dauerte somit von 1871 bis 1471 v.u.Z. an.[82] Das Vermächtnis Henochs verhalf Ägypten ein religiöses und mächtiges, aber dennoch ein polytheistisches Weltreich zu werden. Weil sich die Söhne des Lichts weigerten einer Bruderschaft alle Geheimnisse anzuvertrauen befassten sich mehrere ägyptische Mysterienschulen mit den vielen unterschiedlichen Themen des Erbes aus der alten, vorsintflutlichen Welt.

---

[82] siehe: 1. Buch Moses 15,13 (Luther-Bibel)

Pharao Thutmosis III (1471-1417 v.u.Z.) verband nach dem Auszug der Israeliten aus Ägypten durch seinen Vorgänger alle Eingeweihten Ägyptens zu einer einzigen Bruderschaft. Sie war unter dem Namen „Große Weiße Bruderschaft" bekannt und wurde mit der Aufgabe betraut das von den Versklavten stückchenweise weitergegebene Vermächtnis einer Periode von fast 1.000 Jahren Exilaufenthalt (2470-1471 v.u.Z.) nun als ein Ganzes wieder zusammenzuführen.
Laut rosenkreuzerischen Schriften waren die von ihm eingeführten Regeln dafür verantwortlich, dass diese Bruderschaft ein wirklicher mystischer Orden wurde, der einzig durch die Gesetze der Mystik gelenkt war. Die Mitglieder arbeiteten damals in verschiedenen Mysterienschulen nach ihren eigenen Bestimmungen. Die Israeliten waren kaum von den Ägyptern zu unterscheiden. Sie hatten viele Gebräuche übernommen. Die meisten von ihnen waren nicht mit dem alten Erbe vertraut. Wie gesagt, sie waren in vielerlei Hinsicht kaum von den Ägyptern zu unterscheiden.
Über 100 Jahre nach deren Auszug aus Ägypten wurde Pharao Amenophis IV (1328-1310) in die „Große Weiße Bruderschaft" des Thutmosis III aufgenommen, wie es einst auch Moses widerfahren ist. Er wurde von dessen Lehren so durchdrungen, dass er sich von Echn-Amun in Echn-Aton umbenannte. Echnaton ließ im ganzen Reich den Monotheismus ausrufen und provozierte damit viele Anhänger des Polytheismus´. Der Polytheismus war zu seiner Zeit auf der ganzen weiten Welt verbreiteter als der Monotheismus.
Im Jahre 1310 v.u.Z. verstarb Echnaton, dessen Ansehen aufgrund der Hetzkampagnen der polytheistischen Priesterschaft bis heute stark beschädigt ist. Er vertrat den Monotheismus, aber erst als er in die „Große Weiße Bruderschaft" aufgenommen und zu Echnaton wurde. Er war der ägyptische Pharao, der das Vermächtnis Henochs richtig verstanden und gedeutet hatte. Echnaton war der unbequeme aber auch missverstandene „Philosoph" seiner Zeit, denn er hatte deren bestes Wissen und zog die richtigen Schlüsse daraus.
Als nun die Priester Atons, die Anhänger des Monotheismus´, nach seinem Tode nicht konvertieren wollten, flohen sie nach Thrakien. Zur damaligen Zeit war Griechenland (besonders Thrakien und Sparta) eine Anlaufstelle für viele Flüchtlinge im Mittelmeerraum. Im Gegenzug waren die Griechen als Touristen fast in der ganzen damals bekannten Welt unterwegs. Die Verbindung zwischen den ägyptischen Priestern und Griechenland kann durch die bis heute erhaltenen Schriften des Sophokles (497-406 v.u.Z.) indiziert werden. Die Orpheotelesten, wie die nach Griechenland immigrierten Priester

des Aton genannt wurden, waren Monotheisten. Eben diese Religion wird ein Wegbereiter des Christentums sein, das sich auf den Weg die ganze Welt einzunehmen machen wird. Orpheus ist der Prophet der Orpheus-Mysterien (auch Orphik genannt). Sein Leben weist bemerkenswerte Parallelen zu dem von Jesus Christus auf. Die Orpheus-Mysterien beriefen sich auf einen liebenden Gott, nämlich „Eros". Der Prophet dieser neuen Lehre war Orpheus. Ein weiterer Teil des Henochischen Vermächtnisses ist, dass Gott die reinste Art von Liebe ist (siehe die 2. Grundfeste). Die orphischen Priester bzw. die Orpheotelesten nannten sie „agape"[83].

Orpheus, Sohn des thrakischen Königs Oiagros und der Muse Kaliope, ist der berühmteste Poet und Musiker der griechischen Sage. Apollon schenkte ihm eine Leier und die Musen lehrten ihn darauf zu spielen. Sein Gesang zähmte nicht nur die wilden Tiere, sondern entzückte auch die Bäume und Felsen, die ihre Plätze verließen, um seiner Stimme und Musik zu folgen. In Zone (Thrakien) stehen noch immer alte Bergeichen in der Stellung von Tänzern, so wie er sie damals verließ. Nach einem Aufenthalt in Ägypten schloss sich Orpheus den Argonauten[84] an. Er segelte mit nach Kolchis und half ihnen mit seiner Musik viele Schwierigkeiten zu überwinden. Bei seiner Rückkehr heiratete er Eurydike, die manche auch Agriope nennen, und ließ sich unter den wilden Kikonen Thrakiens nieder.[85]

Eines Tages begegnete Eurydike in der Nähe von Tempe im Tal des Flusses Peneius dem Aristaios. Er versuchte sie zu vergewaltigen. Sie floh und trat dabei auf eine Schlange, an deren Biss sie starb. Orpheus stieg kühn in den Tartaros hinab, um sie zurückzuholen. Er benutzte den Durchlass, der in Aornon bei Thesprotis offen stand. Bei seiner Ankunft im Totenreich rührte er nicht nur den Fährmann Charon, den Höllenhund Kerberos und die drei Totenrichter mit seiner Musik, sondern linderte auch für eine Weile die Qualen der Verdammten. Selbst der wilde Hades[86] ließ sich erweichen und erlaubte Eurydike, in die Oberwelt zurückzukehren. Hades stellte nur eine Bedingung: Orpheus dürfe nicht zurückschauen bis sie im Lichte

---

[83] Die antiken Griechen kannten vier Bezeichnungen für die Liebe, wobei die höchste Form, die göttliche Liebe, *„agape"* genannt wurde.

[84] Die Argonauten sind Helden der griechischen Argonautensage.

[85] Quelle für diese Auszüge und Interpretationen ist das Buch: *Griechische Mythologie – Quellen und Deutung* von Robert von Ranke-Graves im Rowohlt Taschenbuch Verlag GmbH, Reinbek bei Hamburg, April 1984.

[86] *Hades* ist der Herrscher der Unterwelt (Tartaros). Deshalb wird manchmal die Unterwelt auch Hades genannt. Er ist der Bruder des Zeus und des Poseidon.

der Sonne stünde. Eurydike folgte Orpheus durch den dunklen Gang, geführt von den Klängen seiner Leier. Als er das Sonnenlicht erreicht hatte, drehte er sich zu früh nach ihr um und verlor sie für immer. Auch Jesus ging in die Unterwelt. Jesus soll während der drei Tage bis zu seiner Auferstehung in das Reich des Todes bzw. in die Hölle abgestiegen sein. Die so genannte „Höllenfahrt Christi" wird im Nikodemus-Evangelium erzählt. Dieses Evangelium zählt zu den apokryphen Schriften des Neuen Testaments.

Als Dionysos in Thrakien einfiel, lehnte Orpheus es ab, ihm Ehre zu erweisen. Stattdessen führte er andere, frommere Mysterien ein und predigte gegen das Übel der Menschenopfer. Die Männer von Thrakien hörten ihm voll Ehrfurcht zu. Jeden Morgen stellte er sich auf den Gipfel des Berges Pangaion, um die Sonne zu grüßen und verkündete, dass Helios, den er Apollon nannte, der größte aller Götter sei. Voll Zorn darüber hetzte Dionysos die Mänaden auf ihn. Sie warteten bis ihre Männer die Waffen abgelegt und Apollos Tempel betreten hatten, wo Orpheus als Priester diente. Dann ergriffen sie die Waffen, brachen in den Tempel ein, töteten ihre Männer und zerrissen Orpheus Glied um Glied. Sein Haupt warfen sie in den Fluss Hebros, aber es schwamm, immer noch singend, aufs Meer hinaus und wurde zur Insel Lesbos getragen. Weinend sammelten die Musen seine Glieder und begruben sie in Leibethra, am Fuße des Berges Olympos, wo seither die Nachtigallen süßer als sonst wo auf der Welt singen. Die Mänaden reinigten sich im Flusse Helikon von Orpheus´ Blut. Der Flussgott tauchte auf eine Länge von vier Meilen unter und kam mit einem anderen Namen, Baphyra, zurück. So vermied er es, Mitschuldiger an dem Mord zu werden. Es heißt, dass Orpheus die Zügellosigkeit der Mänaden verdammte und der Knabenliebe das Wort redete. Daher war Aphrodite über ihn nicht weniger erzürnt als Dionysos. Dennoch konnten ihre Gefährten im Olymp den Mord nicht gutheißen. Dionysos vermochte das Leben der Mänaden nur zu retten, indem er sie in Eichenbäume verwandelte. Die thrakischen Männer, die das Massaker überlebt hatten, beschlossen, zur Warnung ihre Frauen zu tätowieren. Die Sitte besteht noch heute.

Das Haupt des Orpheus wurde in einer dem Dionysos geweihten Höhle zu Antissa aufgebahrt. Den Angriff einer eifersüchtigen lemnischen Schlange wehrte Apollon ab, indem er sie in Stein verwandelte. Auch in der Höhle prophezeite Orpheus´ Mund Tag und Nacht, bis Apollon herausfand, dass seine Orakel in Delphi, Gryneion und Klaros vernachlässigt wurden. Er eilte zu der Höhle und rief: „Störe meine Kreise nicht; lange genug habe ich dich und dein Singen ertragen!“ Darauf verstummte der Mund. Auch Orpheus´ Leier war nach Lesbos getrieben und in einem Tempel des Apollon aufbewahrt worden. Auf Fürsprache Apollos und der Musen setzte Zeus die Leier unter die Sternbilder.

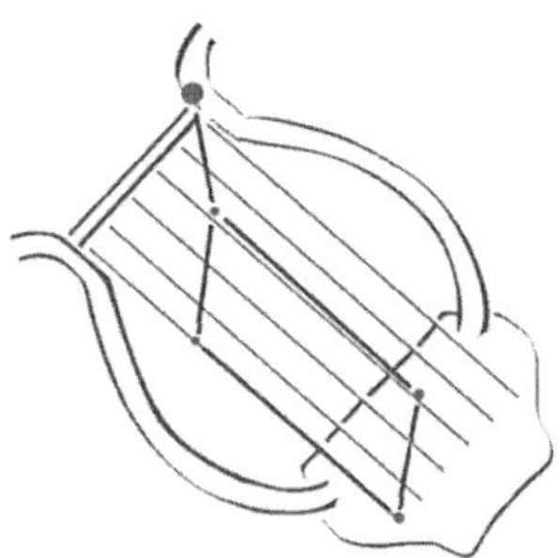

Es gibt aber auch eine ganz andere Geschichte vom Tode Orpheus´. Danach wurde er von Zeus mit einem Blitz erschlagen, weil er göttliche Geheimnisse verraten haben soll. Tatsächlich hatte er in Thrakien die Mysterien des Apollon, in Aigina die der Hekate und in Sparta die der Demeter eingeführt. Dabei hatte er wohl geheimes, göttliches Wissen verraten. Der Name Orpheus könnte, wenn er sich von ophruoeis = „am Flussufer“ ableitet, ein Name für Phoroneus oder Kronos sein und sich auf die Erle, die „an den Ufern“ des Peneios und anderer Flüsse wächst, beziehen. Der Name seines Vaters, Oiagros = „von der wilden Vogelbeere“, verweist gleichfalls darauf. Die Vogelbeere (französisch „alisier“) und die Erle (spanisch „aliso“) tragen den Namen der prähellenischen Flussgöttin Halys, auch Alys oder Elis, der Königin der elysischen Inseln.

Auf diese Inseln kamen Phoroneus, Kronos und Orpheus nach ihrem Tode. Ein Verweis auf das Gedicht von Friedrich Hölderlin[87] „Friedensfeier“ sei nicht unerwähnt geblieben. Dort wird auf den „Fürsten des Festes“ gewartet. Damit wird die Sehnsucht nach dem kronos´schen Zeitalter bzw. dem goldenen Zeitalter symbolisiert. Dieser Gott erließ keine Gesetze, denn es war die friedvollste Menschheitsepoche. Wenn nun Kronos durch die Namensanalyse mit Orpheus in Verbindung steht, ist die Aufgabe des Orpheus unmissverständlich. Als heiliger König wurde Orpheus zur Zeit der Sommersonnenwende in einem Eichenhain vom Blitz erschlagen –

87 Friedrich Hölderlin (1770-1843), deutscher Dichter und Schriftsteller.

d.h. mit einer Doppelaxt[88] getötet. Dann wurden ihm von den Mänaden des Stierkultes die Glieder ausgerissen, so wie Zagreus oder Aktaion von den Mänaden des Hirschkults zerfleischt wurden. Die Mänaden aber sind nichts anderes als die Musen. Zerstückelt werden, war für jeden heiligen König die bittere Konsequenz seines Amtes. Damit soll aber nicht etwa die Meinung vertreten werden, dass die Enthauptung des Orpheus nie mehr war als eine Metapher.

Hingegen sind Eurydikes Tod durch einen Schlangenbiss und der misslungene Versuch des Orpheus, sie in die Welt der Lebenden zurückzubringen, Erscheinungen eines späteren Mythos. Vermutlich ist diese Sage irrtümlich von Bildern abgeleitet worden, die die Ankunft des Orpheus im Tartaros zeigen.

Seine Musik bezauberte die Schlangenkönigin Hekate/Agriope[89] so sehr, dass sie allen Seelen, die in die orphischen Mysterien eingeweiht waren, besondere Vorrechte im Tod gewährte.

Die Anbetung der Sonne als Allvater war den Frühhellenen im 14. Jahrhundert v.u.Z. durch entflohene Priester des Echnaton bekannt und den einheimischen Kulten aufgepflanzt worden. Daher auch die Erwähnung von Orpheus´ (und Dionysos´) Reise nach Ägypten. Berichte über den Sonnenkult finden sich bei Sophokles (Fragmente 523 und 1017), wo die Sonne als „älteste Flamme, den thrakischen Pferdemenschen teuer“ und als „Vater aller Götter und aller Dinge“ bezeichnet wird. Es scheint, dass die konservativen Thraker sich diesem Kult entgegengestellt und ihn in manchen Teilen des Landes blutig unterdrückt haben. Ein Konflikt zwischen dem orphischen und dionysischen Kult. Später jedoch nannten orphische Priester, in ägyptischer Kleidung, den Sonnengott Dionysos, zu dessen Ehren sie rohes Stierfleisch aßen, und verwendeten den Namen Apollon[90] nur für die unsterbliche Sonne. Sie unterschieden zwischen Dionysos, dem Gott der Sinne, und Apollon, dem Gott des Geistes. Daher wurde das Haupt des Orpheus im Heiligtum des Dionysos aufgehoben, die Leier hingegen im Tempel Apollos. Weil das Haupt und die Leier nach Lesbos gelangt sein sollen, wurde Lesbos als Hauptsitz der lyrischen Musik verstanden.

---

[88] „Doppelaxt“ ist die korrekte Übersetzung des minoisch-griechischen Wortes für „Labyrinth“. „Irrgarten“ ist eine archäologische Fehlübersetzung.

[89] Persephone und Eurydike wurden beide Agriope genannt (griech. „grausames Antlitz“), dadurch wird das Verhältnis zwischen Orpheus und Persephone verdeutlicht. Orpheotelesten hatten in der Unterwelt eine besondere Stellung.

[90] Die Orpheotelesten nannten ihren Sonnengott „Dionysos“ und verwendeten den Namen „Apollon“ nur für die unsterbliche Sonne.

Der Angriff der Schlange auf das Haupt des Orpheus stellt entweder den Protest eines älteren Orakels oder den des Pythischen Apollon gegen die Eroberung Antissas durch Orpheus dar.
Der Erlenmonat war der vierte des heiligen Baumjahres und ging dem Weidemonat voraus. Dieser war mit dem Wasserzauber der Göttin Helike (gr. „Weide") verbunden. Den Weiden verdankt auch der Fluss Helikon, der sich um den Parnass schlängelt und der den Musen geweiht ist, seinen Namen. Der griechische Erlenkult wurde früh unterdrückt, seine Spuren führen jedoch bis in die klassische Literatur Homers (Odyssee) zurück. Erlen umgeben die Todesinsel der Zauberin Kirke und laut Vergil (70-19 v.u.Z.) wurden die Schwestern Phaëthons in Erlen verwandelt.
Obwohl wir das antike Griechenland als Bund polytheistischer Stadtstaaten kennen, gab es mehrere Wellen monotheistischer Ansichten, die dorthin kamen. Nicht nur nach dem Tode Echnatons im Jahre 1310 v.u.Z. flohen seine Priester nach Thrakien und begründeten dort die Orpheus-Mysterien, sondern auch ein Teil des Stammes Benjamin floh später nach seinem Kampf gegen die anderen Stämme notgedrungen dorthin. Nur ein kleiner Teil blieb im gelobten Land zurück. Im 20. und 21. Kapitel des biblischen Buches der Richter wird ein Levit, der sich auf dem Heimweg befindet und in der Stadt Gibea übernachtet, überfallen und seine Nebenfrau von den Angreifern so lange missbraucht, bis sie verstarb. Daraufhin fordern die Abgesandten des hohen Rates die Übeltäter zur Rechenschaft zu ziehen. Der Stamm Benjamin weigert sich jedoch und schützt sie mit Waffengewalt. Ein Stammeskrieg bricht aus. Während dieser Ausrottungskämpfe fliehen viele Benjaminiter nach Arkadien zu ihren Verwandten den Spartanern. Die Benjaminiter waren als Stamm in der Minderheit und die Söhne des Lichts, die aus Ägypten mit nach Kanaan gewandert waren, zählten zu diesem Stamm. Auch König David, König Salomon und Jesus gehörten demselben Stamm an. Die apokryphen Schriften der Makkabäer weisen - wie bereits gesagt - auf die Verbindung zwischen Spartanern und Juden hin. Im ersten Buch der Makkabäer wird von Aurëus, dem König der Spartaner ausdrücklich festgestellt.[91] Gaius Iulius Caesar[92] entstammte dem römischen Geschlecht der *Iulier*. Dieses Patriziergeschlecht führte seine Wurzeln auf Askanius-Iulus, den Sohn des trojanischen Adligen Äneas, zurück. Die Merowinger, ein

---

91 siehe: 1. Buch Makkabäer 12,21 (Luther-Bibel)

92 Gaius Iulius Caesar (100-15 v.u.Z.), römischer Politiker, Feldherr und Kaiser.

fränkisches Königsgeschlecht bis 751 n.u.Z. und Begründer des fränkischen Reiches, beriefen sich im fünften Jahrhundert n.u.Z. ebenfalls auf die Abstammung von den Trojanern. Eben jenen Griechen, die zurzeit des beschriebenen Stammeskrieges den Stamm Benjamin aufnahmen. Vor dem 4. Jahrhundert v.u.Z. gelangt das Vermächtnis Henochs und Ideen aus Ägypten, Kanaan und dem Mittleren Osten aufgrund von Flüchtlingswellen nach Griechenland. Im 4. Jahrhundert v.u.Z. tritt eine gravierende Wende ein. Das israelitische Gebiet wird Teil des Großreichs von Alexander des Großen[93]. Die Verbreitung der griechischen Kultur, der so genannte Hellenismus, fand überall im Reich statt. Alexander der Große förderte den Hellenismus. Der rege Austausch findet hauptsächlich in der Stadt Alexandria (Ägypten) statt. Sie wird zu einem Schmelztiegel der Kulturen, wie Jahrhunderte später Andalusien (Spanien).

Die zweite Strömung, welche fortan für die Überlieferungen des Vermächtnisses Henochs eine wichtige Rolle spielt, ist der Mithras-Kult. Mithras ist eine mythologische Personifizierung der Sonne. Sein Name geht auf den persischen Gott Mithra zurück. Der iranische Mithra ist vermutlich identisch mit einem altindischen (vedischen) Gott. Der Name Mithra bedeutet im Persischen sowie im Altindischen „Vertrag“ oder „Freund“. Der römische Sonnengott Mithra erfuhr im nach ihm benannten Mithras-Kult (1400 v.u.Z. - 300 n.u.Z.) eine Wandlung zu seinem asiatischen Pendant. Der Mithras-Kult war ein zunächst in Kleinasien, später im ganzen Römischen Reich, verbreiteter Mysterienkult. Ob diese Gestalt mit dem persischen Gott Mithra identifiziert oder aus ihr abgeleitet werden kann, ist umstritten weil der kleinasisch-römische Mithras-Kult Unterschiede zur indisch-persischen Mithras-Verehrung aufweist. Der römische Mithras-Kult wird erstmals im ersten Jahrhundert n.u.Z. erwähnt. Die ältesten Mithras-Tempel stammen aus der Mitte des 2. Jahrhunderts n.u.Z. Seinen Höhepunkt erreichte der Mithras-Kult Ende des 2. Jahrhunderts. Viele römische Kaiser verehrten ihn. Auch Konstantin war Mitglied des Mithras-Kultes. Mit der Verstaatlichung des Christentums verschwand der Mithras-Kult innerhalb weniger Generationen. Wie die Orpheus-Mysterien geriet auch der Mithras-Kult in Vergessenheit. Viele Komponenten des Mithras-Kultes gingen aber auf das Christentum über (Abendmahl). Viele Komponenten der Orpheus-Mysterien zum Beispiel gingen ebenfalls auf das Christentum über. Die Orpheus-Mysterien waren in

---

[93] Alexander der Große (356-323 v.u.Z.), König von Makedonien.

Rom weit verbreitet. Deren Anhänger versammelten sich in den Katakomben Roms (außerhalb der Stadt). Als die Urchristen sich in den Katakomben versammelten, wunderte es die Wächter der Katakomben nicht. Denn die Orpheotelesten taten es bereits Jahrhunderte zuvor.
Die Mithras-Tempel waren oft unterirdisch angelegt oder höhlenartig in Fels gehauen. Wie die übrigen Mysterienkulte der griechisch-römischen Welt kreiste auch dieser um ein Geheimnis, das nur Eingeweihten enthüllt wurde. Die Mithras-Anhänger feierten in den Tempeln Riten, die sich um Hauptbegriffe von Licht und Finsternis, sowie Tod, Wiedergeburt und Unsterblichkeit rankten.
Der Einzuweihende bewegte sich auf das Allerheiligste hin, dabei musste er die Vorhalle des Tempels durchschreiten. Sie war in zahlreichen, stufenweise aufeinander folgenden Etappen gegliedert, die der Reise der Seele zum Himmel entsprechen sollten.

Lampen, um den Chor aufgestellt, warfen ein lebhaftes Lichts auf die Gesichter der Götter und auf die Offizianten, die, in seltsame Gewänder gehüllt, den Neubekehrten empfingen. Unerwartete Lichtspiele, geschickt geleitet, überraschten ihm Augen und Geist. Die religiöse Erregung, von der er ergriffen war, verlieh den eigentlichen kindlichen Schauspielen den Anschein von Furchtbarkeit. Die eitlen Blendwerke, die man ihm gegenüberstellte, erschienen ihm als ernste Gefahren, über die sein Mut triumphierte. Dazu kam […] der fremdartige Klang der von ihm angegebenen und im Chorus wiederholten mystischen Laute: Vokalgesang, Zauberworte, Schnalzen, Heulen, Schnauben, Ratschen, Pfeilen und Tiergebrüll. Waren alle Hindernisse überwunden und alle Tore durchschritten, dann wurde auch von dem Allerheiligsten der Vorhang hinweggezogen und unter Blitz und Donner erschien das Bild des stiertötenden Mithras. [94]

Auch der Salomonische Tempel hatte eine Vorhalle. Es gab sieben Stufen, die ebenfalls der Reise der Seele zum Himmel entsprachen. Vor dem Allerheiligsten befand sich ein Vorhang. Woher konnten König Salomon und Hiram, der König von Tyrus, bereits im Jahr 951 v.u.Z. von der Symbolik des Mithras-Kultes wissen?

[94] Quelle für diese Auszüge und Interpretationen ist das Buch: *Das verlorene Meisterwort. Bausteine zu einer Kultur- und Geistesgeschichte des Freimaurertums.* Hans Biedermann. 3. Auflage. Wien; Köln; Weimar; Böhlau 1999.

Zwei Strömungen spielen fortan für das Vermächtnis Henochs eine wichtige Rolle: Die Orphik-Mysterien und der Mithras-Kult.

VI. Der Orden des Propheten Henoch

Moabitisch	Phönikische Zeichen	Makkabäermünzen	Wert	Wert
			'a	1
			b	2
			g	3
			d	4
			h	5
			w	6
			z	7
			χ	8
			ṭ	9
			y	10
			k	11
			l	20
			m	21
			n	
			s	30
			ʾa	40
			p	70
			ṣ	80
			q	100
			r	
			š	200
			t	300

Vor der biblischen Sintflut im Jahre 3150 v.u.Z. gab es große Einwanderungswellen aus Afrika, Indien und Zentralasien. Ägypten entwickelte sich aus afrikanischen (nubischen) und zentralasiatischen Volksgruppen. Dies erklärt beispielsweise ihre semitische Sprache. Als Semiten werden heute alle Bewohner des Nahen Ostens bezeichnet. Ein Teil der indischen Einwanderer schaffte es bis nach Europa. Der größere Teil blieb aber in Mesopotamien und vermischte sich mit den afrikanischen und asiatischen Einwanderern. Die Sprache vor der biblischen Sintflut muss wohl eine Art Ur-Sanskrit gewesen sein. Sanskrit ist die heilige Sprache Indiens. Ein paar indische Wurzeln sind bis heute noch in den semitischen und europäischen Sprachen nachweisbar. So entwickelten die Sumerer und Ägypter eine Bildersprache (Keilschrift und Hieroglyphen). Die Israeliten und Griechen entwickelten eine Buchstabenschrift. Sanskrit wird nicht in Bildern – wie Keilschriftzeichen oder hieroglyphische Symbole – sondern in Buchstaben wiedergegeben. Die griechischen und hebräischen Schriftzeichen entwickelten sich aus dem phönizischen Alphabet (siehe Abbildung).
Der gemeinsame Ursprung der beiden Alphabete hat sicherlich zu ähnlichen Entwicklungen geführt. Die explizite Verwendung hebräischer Buchstaben als Zahlen (alias *Gematria*) ist im Tanach erst im 1. Jahrhundert v.u.Z. bezeugt. Zu dieser Zeit war jedoch die griechische Zahlenbuchstabenmystik bereits in Gebrauch. Deshalb nimmt man heute an, dass die Gematria auf die pythagoreische Zahlenbuchstabenmystik zurückgeht.
Die Phönizier waren ein Volk von Kaufleuten, die im Mittelmeer herumschifften. Sie kamen vom Nahen Osten und Mesopotamien bis nach Spanien. Nach der Sintflut und zurzeit der „Sprachverwirrung zu Babel" entstanden verschiedene Sprachen; darunter Phönizisch. Der in der Bibel angedeutete, gemeinsame Sprachursprung scheint sich zu bewahrheiten.
Wenn wir uns den mesopotamischen und ägyptischen Raum anschauen und die Tatsache zugrunde legen, dass zumindest drei Sprachgruppen (afrikanisch, indisch und asiatisch) vor der Sintflut dort geherrscht haben, so wird das Bild klarer. Eine Gruppe von Eingeweihten gewann in Ägypten an Popularität und das Vermächtnis Henochs, das die Ägypter nach der Sprachverwirrung sammelten, verhalf Ägypten ein religiöses und mächtiges, aber polytheistisches Weltreich zu werden. Aber das Vermächtnis Henochs bzw. die Schriften der Weisheit waren in der Hand der Eingeweihten. Diese kleine Gruppe von Eingeweihten – noch immer

Söhne des Lichts genannt – weigerte sich alle Geheimnisse einer einzelnen Volksgruppe anzuvertrauen. Pharao Cheops [95] befahl deshalb, dass sich mehrere Mysterienschulen mit unterschiedlichen Themen aus dem Vermächtnis Henochs zu befassen hatten. Viele hohe Positionen in den Mysterienschulen waren mit Mitgliedern des Ordens besetzt. Ihr Symbol war das Pentagramm, was für den Goldenen Schnitt stand.

Henoch erhielt wohl zu diesen Zeiten den Namen Saurîd[96] und später wurde er von der ägyptischen Priesterschaft zum Gott Thot (auch *Dschehuti* genannt) erhoben. Viel später nannten die Griechen den Gott Thot Hermes Trismegistos. Die Ägypter glaubten, dass Menschen zu Göttern werden konnten. In ihrem polytheistischen Glaubensystem, war dies durchaus möglich. Der Pharao war Gott auf Erden. Den zuvor erwähnten Stammvater Lamech, den es neben Henoch in beiden vorsintflutlichen Stammbäumen gab, stellt die Tradition der Polygamie dar. Die Menschen der Antike waren hauptsächlich Polygamisten.

Die *Hyksos*, die Reiterarmee Nimrods, setzten sich aus Söldnern und Handwerkern zusammen. Die meisten von ihnen kamen aus Chaldäa (Susa, Lagasch, Ur und Uruk). Nach Nimrods Tod blieb der Vielvölkerbund der Hyksos bestehen, indem sie sich mit einwandernden Völkern aus Zentralasien vermischten. Weit nach Nimrods Tod distanzierte sich Ägypten immer mehr von ihnen. Mehrfach - über die Jahrhunderte hinweg - strömten Reitervölker aus Zentralasien in den mesopotamischen Raum ein. Wie einst Nimrod über Ägypten herfiel und die Herrschaft über das Land ergriff, so taten es die Hyksos immer wieder im Laufe der Geschichte Ägyptens. Mit der Zeit festigten sich die Siedlungsgebiete der Völker der Hethiter, der Churriter und der Gutäer. Die einzige Schwachstelle für das Eindringen der Reitervölker aus Zentralasien war am Persischen Golf. Meist wurden die Städte Susa, Lagasch, Uruk und Ur überrannt. Es dauerte nicht lange und auch diese Städte wurden befestigt und es entstand ein Bollwerk, das das Eindringen der Reitervölker aus Zentralasien stark erschwerte. Die mesopotamischen Landstriche im Norden der Arabischen Halbinsel und ein großer Teil des Nahen Ostens wurden zum Hoheitsgebiet der Hyksos. Fünf Städte, darunter Sodom und Gomorra, wurden zu Festungen ausgebaut und durch

[95] Cheops auch Chufu genannt (ca. 2620-2580 v.u.Z.), Pharao der 4. Dynastie.

[96] Der Name *Saurîd* ist ein schriftstellerisches Produkt des arabisch-ägyptischen Historikers al-Makrizi (1364-1442 n.u.Z.).

einen Kriegseid aneinander gebunden.[97] Die Ägypter hatten die Sinai-Wüste eingenommen und zudem das Gebiet des heutigen Israels. Die Kontrolle über das Gebiet des heutigen Israels sollte verhindern, dass der Vielvölkerbund der Hyksos Zugang zum Mittelmeer erlangte. Sie waren für Ägypten schon zu Land eine große Gefahr. Eine Verteidigung gegen Angriffe über das Mittelmeer und zu Land wäre aussichtslos und zermürbend gewesen.
Unter Nimrod gelangten die Urväter und Träger des Vermächtnisses des Henochs nach Ägypten. Dort entstand ein reges Interesse am Erbe der alten Welt, die das ganze ägyptische Volk befiehl. Der erste Verlust dieses Erbes erfolgte nicht durch die biblische Sintflut, sondern durch die „Sprachverwirrung zu Babel".
Der Verwalter des Landes Kanaan, im Gebiet des heutigen Israels, war Melchizedek. Er verwaltete Kanaan im Namen des ägyptischen Pharaos. Sein Hauptsitz war Salem. Salem ist eine alte Bezeichnung für das heutige Jerusalem. Melchizedek war Mitglied einer ägyptischen Mysterienschule. Als er zwei Säulen anfertigen ließ, die eine genaue Kopie der Säulen von Jabal, Jubal, Thubalkain und Naema sein sollten, so fand er in der Stadt Ur einen geeigneten Handwerker.
Es war das Geschäft des Terach, Abrahams Vater. Ur war eine gebeutelte Stadt, denn es gab unzählige Überfälle durch die Reitervölker aus Zentralasien. Als Melchizedek nach Ur kam, um mit Terach über die zwei Säulen zu sprechen, so fand er ihn nicht vor. Abraham (2018-1843 v.u.Z.) leitete im Namen seines Vaters zeitweilig das Geschäft. Terach stellte Götzen aus Ton, Stein und Holz her. Abraham war nicht angetan von seines Vaters Beruf, denn er glaubte nicht an Götzen oder mehrere Gottheiten. Er vergraulte die Kunden mit unangenehmen Fragen.[98] Melchizedek, der Anhänger des einen Gottes war, fand gefallen an Abraham. Er fragte Terach, nach seiner Rückkehr, ob Abraham mit ihm reisen konnte. Terach willigte ein. Haran, der Bruder Abrahams, war eher am Geschäft des Vaters interessiert, so dass Terach den Fortgang seines Sohnes leicht verschmerzen konnte. Der Sohn Harans, Lot, folgte seinem Onkel.
Abraham und seine Frau Sarah und Lot und seine Frau folgten Melchizedek nach Salem. Sie vermieden es, wie die Bibel es

[97] siehe: 1. Buch Moses 14,1-3 (Luther-Bibel)

[98] Quelle für diese Interpretation ist das Buch: *Sagen und Legenden aus Talmud und Midrasch - Eine Sammlung von Sagen, Legenden, Allegorien und Fabeln* von Daniel Ehrmann. Marix Verlag. Wiesbaden 2004. S. 56-57

beschreibt, gänzlich das Gebiet des Vielvölkerbundes der Hyksos zu betreten und machten einen großen Bogen darum. Die ganze Arabische Halbinsel war nun Herrschaftsgebiet der Hyksos. Sie konnten nur über Akkad, Assyrien und Subartu nach Kanaan gelangen. Dieser große Umweg hatte noch einen weiteren Grund.
Der Pharao hatte Melchizedek beauftragt einen Bund mit den fünf Königen Mesopotamiens zu schließen, um die Hyksos in einer vernichtenden Schlacht zu bezwingen. Im Gegenzuge würde er Melchizedek seinen Verwaltungsbereich – Kanaan – schenken und er durfte sogar ein eigenes Reich gründen. Abraham, der während dieser langen Reise in den Plan und in den Orden eingeweiht wurde, hatte mitgeholfen mit den fünf Königen Mesopotamiens Bande zu knüpfen. Die Anzahl an Verbündeten war umso notwendiger, da die Hyksos als unbesiegbares Volk galten. Die fünf Könige und die Armee des Pharaos wurden durch den Kriegseid eine reellen Bedrohung für die Hyksos. Die Idee eines eigenen Reichs hatte auch Abraham beflügelt. In Salem angekommen blieb Melchizedek dort und gab Abraham den Auftrag dem Pharao in Ägypten zu benachrichtigen.
Der Pharao zog mit den Königen in den Krieg gegen die Hyksos. In der Bibel steht über den Schlag gegen die Arme der Hyksos alles Wissenswerte im 1. Buch Moses - Kapitel 14 (Verse 1-11). Diesen Versen zufolge wurden die Hyksos zwar vernichtend geschlagen, aber sie wurden nicht gänzlich ausgerottet. Zur Ehre dieses Sieges benannte sich der Orden um und nannte sich von da an Orden des Melchizedek. Zu Zeiten Melchizedeks gab es zwei Lager in Kanaan. Die Anhänger des Gottes Baal, die mit den Phöniziern und die Anhänger Jahus, die mit den Ägyptern sympathisierten.
Der Pharao ließ Abraham und sein Gefolge nach Kanaan ziehen und beschenkte in reichlich mit Kriegsbeute.[99] Wiederum zur Ehre dieses Sieges heiratete Abraham als Vertragsabschluss eine Ägypterin namens Hagar. Die Urväter Israels waren kaum mehr von den Ägyptern zu unterscheiden und heirateten sogar untereinander.
Nach dem Hyksos-Krieg im Jahre 1532 v.u.Z. gab es keine größeren Bauwerke mehr in Ägypten. Die Pharaonen hatten kein Interesse mehr an herausragenden Bauprojekten. Sie schafften es aber in einem Jahrhundert wieder zu einer gefestigten Macht zu werden. Es entstanden wieder drei Mächte, die sich gegenseitig behaupten mussten. Ägypten, das Reich der Hethiter und das Assyrische Reich.

---

[99] siehe: 1. Buch Moses 13,2 (Luther-Bibel)

Die Hyksos nahmen mit den Jahrhunderten auch keinen großen Einfluss mehr auf die Geschichte Mesopotamiens ein. Das lag daran, dass das Assyrische Reich kontinuierlich verhinderte, durch den so genannten Städtebund von Susa, Lagasch, Ur und Uruk, dass die zentralasiatischen Reiternomaden zu ihren Verwandten auf der Arabischen Halbinsel Zugang erlangten. Sie versuchten sich deshalb in politischen Intrigen.
Nicht alle Israeliten verließen mit Abraham Ägypten. Viele blieben dort und hatten allerlei Ämter inne. Joseph war sogar einst Berater des Pharaos und Leiter einer der größten Mysterienschulen Ägyptens. Weil sich aber mit der Zeit die Arbeitsbedingungen verschlechtert hatten, ließen sich die Israeliten von den Hyksos zu einem Aufstand überreden. Die Hyksos konnten schließlich Ägypten mit ihrer Hilfe einnehmen. Pharao Ahmosis I gewann die Kontrolle 1532 v.u.Z. über Ägypten wieder zurück. Die Israeliten sollten dafür sühnen, dass sie den Hyksos geholfen hatten Ägypten einzunehmen. Abraham hatte vor 400 Jahren Ägypten als freier Mann verlassen und er wusste um dieses Schicksal. Nach seinem Besuch sollten die Israeliten 400 Jahre lang Sklaven der Ägypter sein:

Da sprach er zu Abra(ha)m: «Das sollst du wissen, daß dein Same wird fremd sein in einem Lande, das nicht sein ist; und da wird man sie zu dienen zwingen und plagen vierhundert Jahre.» [100]

Moses sollte die Aufgabe zukommen die versklavten Israeliten aus ihrer selbstverschuldeten Knechtschaft zu befreien. Er hatte verstanden, dass man nur Wächter, Hüter oder Bewahrer eines Vermächtnisses sein konnte, wenn man es auch mit seinem eigenen, freien Leben verteidigen konnte. So wie es später die Tempelritter – kämpfende Mönche – tun würden. Die Mitglieder des Ordens wurden neben der Wahrung der Schriften der Weisheit zu Kriegern ausgebildet. Heilige Krieger im Auftrag ihres Gründers Henoch und Mitstreiter des einen Gottes.
Pharao Tuthmosis II hatte viel Nutzen an den hebräischen Sklaven. Sie waren billig, fleißig und besaßen ein enormes Fachwissen. Er hatte deshalb eine riesige Geldsumme an die Äthiopier gezahlt, damit sie die Erstgeborenen der versklavten Israeliten rauben würden. Die Israeliten forderten vom Pharao daraufhin die geraubten Kinder wieder zurückzuholen, sonst würden sie nicht weiterarbeiten. Der

[100] Zitat: 1. Buch Moses 15,13 (Luther-Bibel)

Pharao willigte ein und rüstete seine Armee auf. Er hatte nie vorgehabt Äthiopien anzugreifen, aber er musste seine Armee aufrüsten, um den Schein zu wahren. Dies kam dem Pharao gelegen, denn Äthiopien, der südliche Nachbar Ägyptens, war zu einer großen und bedrohlichen Macht herangereift.
Als nun Moses aufforderte die Israeliten frei zu lassen, weigerte sich Pharao Tuthmosis II. Er begründete es zuerst damit, dass zu viele Bauvorhaben nicht abgeschlossen seien. Moses schlug vor, dass er die Sklaven freilassen und bezahlen solle, wenn sie weiterhin für ihn arbeiten sollten. Es müsste aber den Israeliten frei sein, ob sie in Ägypten bleiben würden oder auswandern wollten.[101] Der Pharao hatte aber kein Geld, denn die Staatskasse war aufgrund des Aufrüstens leer. Als Moses erneut nachfragte, begründete der Pharao es dieses Mal damit, dass er die geraubten Kinder aus Äthiopien zurückholen wolle. Hierfür müsse aber die Armee vollständig aufgerüstet sein und das würde noch etwas dauern. Moses, der selbst einst Teil der Pharaofamilie war, wollte das glauben und ließ die Habiru[102] weiterarbeiten. Die Monate vergingen und es schien so, dass der Pharao nicht sein Wort hielt. Dieses Spiel dauerte an bis zum 80. Lebensjahr des Moses.
Moses erhielt den göttlichen Auftrag[103] das Volk Israel geschlossen aus Ägypten zu führen. Der erste Schritt war eine Reihe von Boykotts gegen Ägypten. Als Erstes schütteten die israelitischen Färber-Sklaven Laugen in den Nil. Das ganze Nilwasser wurde rot, die Fische starben und ein bestialischer Gestank machte sich über Ägypten breit. Der zweite Boykott wurde von den israelitischen Sammler-Sklaven eingeleitet. Sie sorgten gewöhnlich dafür, dass nach den Nilüberschwemmungen das Ackerland der Bauern von Fröschen und Ungeziefer frei blieb. Nach der nächsten Überschwemmung war das ganze Ackerland von Fröschen übersät. Es dauerte Wochen bis die Bauern wieder ihre Arbeit aufnehmen konnten. Der nächste Boykott gegen Ägypten richtete sich gegen das Vieh. Die Israeliten vergifteten Kühe, Pferde, Esel, Kamele, Ochsen und Schafe. Es machten sich Krankheiten breit und die ägyptische Bevölkerung begann zu hungern. Die Israeliten hatten Vorräte angelegt, so dass die Boykotts auch wirklich nur die Ägypter trafen. Die Frauen der

---

[101] Ein Teil der „Lehre Henochs" besagt, dass der Mensch in Freiheit geboren wird. Verschuldet er seine Versklavung kann er seine Freiheit wieder erlangen.
[102] Die Ägypter bezeichneten Fremdvölker in ihrem Land als *habiru* oder *aperu*.
[103] siehe: 2. Buch Moses 3ff (Luther-Bibel)

Israeliten waren als Sklavinnen im Haushalt der Ägypter eingespannt. Die nächsten beiden Boykotts wurden von ihnen ausgerichtet. Sie hatten jeden Morgen die Aufgabe die Fliegennetze vor den Fenstern der jeweiligen Haushalte zu überprüfen und nachzubessern. Sie vernachlässigten dies nicht nur, sondern sie entfernten sie ganz. Auch der Palast des Pharaos blieb von den Boykotts nicht verschont. In allen Haushalten kamen Stechmücken, Hundsfliegen und Moskitos und plagten die Einwohner. Zu Zeiten der Nilüberschwemmungen war Ungeziefer massig vorhanden. Kein Ägypter blieb verschont. Am Abend mussten die israelitischen Sklavinnen für Licht sorgen. Sie entzündeten in den Haushalten aber auch auf der Straße die Laternen. Für die nächsten drei Tage blieb Ägypten des Abends ganz im Dunklen.

Als alles dies nichts half, wurde der letzte und schlimmste Boykott eingeleitet. Die israelitischen Sklaven beauftragen die Äthiopier damit die Erstgeborenen der Ägypter zu rauben. Sie wollten sich dafür rächen, dass der Pharao ihnen ihre Kinder nicht wiedergeholt hatte. Dabei stellten sie fest, das Pharao Tuthmosis II vor Jahrzehnten es selbst war, der die Äthiopier mit dem Kindesraub an den Israeliten beauftragt hatte. Sie konnten sogar einige der geraubten Kinder wieder zurückholen. Dabei sollten sie ihre Häuser mit den Namen der Kinder versehen. Die Äthiopier würden dann die Kinder, ihr Zeichen an der Tür erkennend, sie zurück zu ihren Eltern gehen lassen. Im gleichen Zug raubten sie die Erstgeborenen der Ägypter. Selbst der Erstgeborene des Pharaos blieb nicht verschont. Die Äthiopier gingen von einem saftigen Lösegeld aus.

Als dies nun geschah, glaubte die ägyptische Bevölkerung, dass die Äthiopier ihre Kinder geraubt hätten und forderten Krieg. Der Pharao wusste es natürlich besser, aber konnte sich nicht gegen den Rachewunsch seiner ganzen Bevölkerung wehren. Pharao Tuthmosis II ließ deshalb die israelitischen Sklaven ziehen. Er befürchtete, wenn es zum Krieg gegen Äthiopien kommen würde, dass es mit Feinden im inneren Ägyptens zu einer Niederlage kommen müsse.

Moses, der sich bestätigt fühlte, ging einen Schritt weiter. Er forderte alle Eingeweihten auf die Anweisungen, Schriften und alles Wissen um die vorsintflutliche Welt mitzunehmen. Einige Mysterienschulen hatten die Schriften der Weisheit versteckt gehalten. Die Ägypter hatten diese über die Jahre übersetzt und zu jener Zeit begab es sich wohl, dass sie den Namen Henoch durch Saurîd ersetzt haben. Sie wollten zwischen Henoch und ihrem Gott Thot eine Unterscheidung vornehmen. Später werden es die griechischen Touristen sein, die aus

Saurîd Hermes Trismegistos machen und dadurch wieder Thot mit Henoch gleichsetzen. Andere Werke, Originale und Schriften wurden zerstört. Moses fühlte sich in seinem göttlichen Auftrag die Israeliten und das Vermächtnis Henochs und das Erbe der vorsintflutlichen Welt aus Ägypten zu führen weiter bestätigt. (2. Buch Moses 19,6) Ihm unterstanden 70 Eingeweihte.[104] Aaron, der Bruder von Moses, war drei Jahre älter als er und Vorsteher der Mysterienschule in Theben. Sowie es einst Joseph gewesen war, nachdem der Pharao seine Fähigkeiten erkannt und ihn zu seinem amtlichen Oberberater gemacht hatte.

Zur Zeit Josephs (1858-1748 v.u.Z.) ereignet sich laut der Apokryphe *Joseph und Asenath* noch etwas Besonderes.[105] Zum ersten Mal in der Geschichte der Israeliten wird aus einer nicht jüdischen Frau eine Jüdin und sogar die Mutter zweier Stämme Israels (Menasse und Ephraim). Das Besondere ist nicht nur, dass es sich um eine ägyptische Frau handelt, nämlich um die Tochter Potiferas, eines Priesters von On, sondern wie es geschieht, nämlich durch eine Bienenwabe. Die Apokryphe erklärt nicht nur, dass eine nicht jüdische Frau Jüdin werden kann, sondern unterstreicht die Bibelstelle: 1. Buch Moses 41,45.

Nach den Boykotts entschied sich Tuthmosis II widerwillig die Israeliten ziehen zu lassen. Als der Pharao aber erfuhr, dass alle Anweisungen und Schriften des Henoch, die gesamte Weisheit der alten Welt, das heilge Vermächtnis und die Geheimnisse der geometrischen Baukünste (Goldener Schnitt) sein Land verließen, so setzte er alles auf eine Karte. Er war sich bewusst, dass der Krieg gegen Äthiopien vor dem Ausbruch stand. Er nahm trotzdem die Verfolgung der Israeliten auf. Pharao Tuthmosis II und eine Legion seiner Streitwagen jagten ihnen nach und wollten das Volk Israel niedermetzeln. Moses erhielt von Bezaleel, einem geschickten Handwerker, die Aufforderung mit dem Volk an die Ufer des Schilfmeeres zu gehen. Als der Pharao dort eintraf, segelte bereits ein großer Teil der Isareliten ans Sinai-Ufer.

Der Pharao ließ sich aber nicht abbringen und steuerte direkt auf den Rest der Israeliten zu. Der Streitwagen raste. Er überschlug sich und der Pharao stürzte zu Tode. Seine Soldaten kümmerten sich um ihren Herren und ließen von den Israeliten ab.

---

[104] siehe: 2. Buch Moses 24,9 (Luther-Bibel)

[105] siehe: *Christian Wetz*: „Eros und Bekehrung". 1. Auflage 2010.

Unter Nimrod gelangten die Urväter und Träger des Vermächtnisses des Henochs nach Ägypten. Dort entstand ein reges Interesse am Erbe der alten Welt, die das ganze ägyptische Volk befiehl.

VII. Der Schlangenträger (Ophiuchus)

Im alten Ägypten gab es eine stilisierte Darstellungsform der Götter. Sie wurden gehend (breitbeinig), mit der Lebensschleife Ankh und dem Uas-Zepter in Händen dargestellt. Die Götter Ägyptens wurden von den Vertretern der Alten Welt, den Chthoniern [106], als Schlangenträger bezeichnet. Die Chthonier waren Anhänger eines matriarchalischen Schlangenkultes, der durch die Sintflut und das Patriarchat verdrängt wurde.

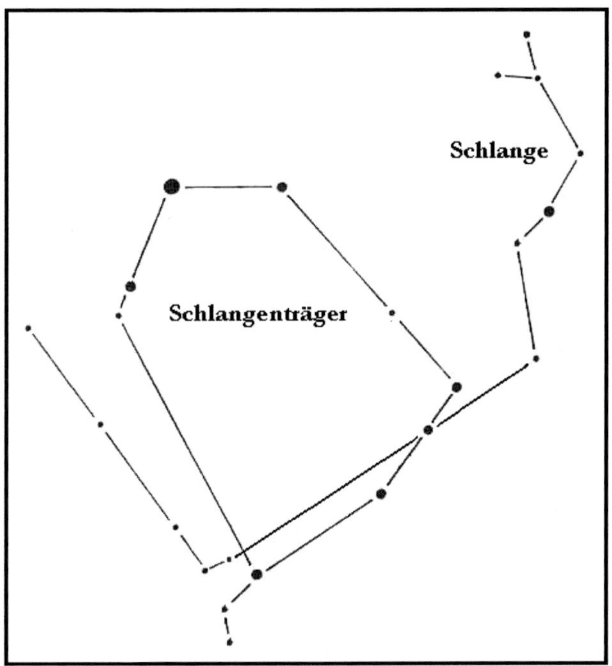

Die Bezeichnung Schlangenträger lässt sich auf die Sternbilder Schlange und Schlangenträger zurückführen. Nur Götter durften die Zeichen der Gottesmacht tragen und kein Mensch konnte ohne die Ermächtigung eines übergeordneten Gottes diese Hoheitszeichen tragen bzw. beherrschen. Durch diese Zusatzinformation wird das siebente Kapitel des 2. Buch Moses verständlicher:

---

[106] Die Chthonier sind ein europäischer, matriarchalischer Stamm, der sich dann im Gebiete des heutigen „Nahen Ostens“ ansiedelte.

Und der Herr sprach zu Mose: „Siehe, ich habe dich dem Pharao zum Gott gesetzt, und dein Bruder Aaron soll dein Prophet sein. Du sollst alles reden, was ich dir gebieten werde, und dein Bruder Aaron soll zu dem Pharao reden, dass er die Kinder Israel aus seinem Lande ziehen lasse. Und ich will das Herz des Pharao verhärten und meine Zeichen und meine Wunder mehren im Lande Ägypten. Und der Pharao wird nicht auf euch hören; und ich werde meine Hand an Ägypten legen und meine Heere, mein Volk, die Kinder Israel, aus dem Lande Ägypten herausführen durch große Gerichte. Und die Ägypter sollen erkennen, dass ich der Herr bin, wenn ich meine Hand über Ägypten ausstrecke und die Kinder Israel aus ihrer Mitte herausführe."
Und Mose und Aaron taten es; so wie der Herr ihnen geboten hatte, also taten sie. Und Mose war 80 Jahre alt, und Aaron 83 Jahre alt, als sie zu dem Pharao redeten. Und der Herr redete zu Mose und zu Aaron und sprach: „Wenn der Pharao zu euch reden und sagen wird: »Tut ein Wunder für euch! « so sollst du zu Aaron sagen: Nimm deinen Stab und wirf ihn hin vor dem Pharao; er soll zur Schlange werden."
Und Mose und Aaron gingen zu dem Pharao hinein und taten also, wie der Herr geboten hatte; und Aaron warf seinen Stab hin vor dem Pharao und vor seinen Knechten, und er wurde zur Schlange. Da berief auch der Pharao die Weisen und die Zauberer; und auch sie, die Schriftgelehrten Ägyptens, taten also mit ihren Zauberkünsten und warfen ein jeder seinen Stab hin, und sie wurden zu Schlangen; aber Aarons Stab verschlang ihre Stäbe. Und das Herz des Pharao verhärtete sich, und er hörte nicht auf sie, so wie der Herr geredet hatte.[107]

Der Herr, der neben sich keine anderen Götter erträgt, macht Moses zum Gott und Aaron zu dessen Propheten. Der Schlangenstab mit canidem Kopf (Uas-Zepter) ist das Gottessymbol, das der geschulte Pharao als solches wiedererkennt. Als der Schlangenstab die beiden Schlangenstäbe der Ägypter verschlang, war der Pharao mehrmalig provoziert worden. Einerseits trägt ein Mensch ein Herrschaftssymbol der Götter[108], das eigentlich nur vom Pharao selbst - der Gott auf Erden war - getragen werden darf. Zweitens ist der mosaische Schlangenstab stärker als die pharaonischen Stäbe. Aufgrund dessen verhärtet sich das Herz des Pharao. Die Verhärtung des Herzens des Pharao verweist auf die ägyptische Mythologie, in der das Herz nicht nur der Sitz der Lebenskraft ist, sondern auch die Quelle der guten und schlechten Gedanken, sowie der Sitz des Gewissens. Das Gewissen des Pharao wird angesprochen.

---

[107] Zitat: 2. Buch Moses 7,1-13 (Luther-Bibel)

[108] Moses war als Adoptivbruder des Pharao berechtigt Gottessymbole zu tragen.

Nach dem Tode wurde das Herz mit besonderer Sorgfalt behandelt, separat mumifiziert und dann zusammen mit der Lunge in einem Gefäß in der Kanope unter dem speziellen Schutz des Gottes Duamutef aufbewahrt. Die Aufbewahrung des Herzens war so wichtig, dass ihr ein eigenes Kapitel im Totenbuch gewidmet wurde.

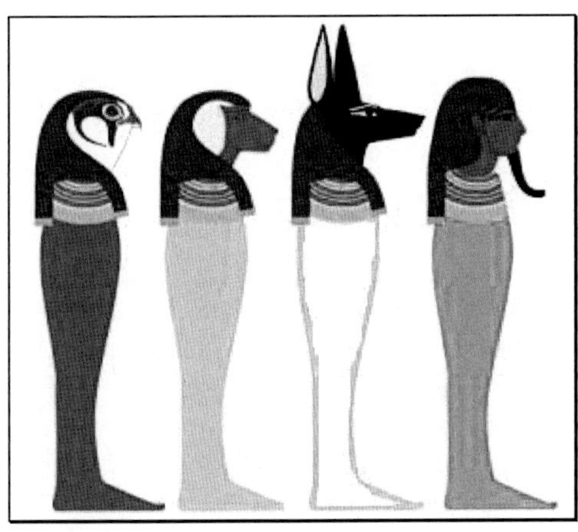

Als Moses zum Schlangenträger durch seinen Gott berufen wurde, ist an Symbolik einiges mehr passiert. Das Uas-Zepter ist ein Symbol für göttliche Herrschaft und stellt damit die Menschheit dar. Unter den ägyptischen Göttern herrschte ein bestimmter Gott über einen bestimmten Teil der Menschheit. Als nun Moses den Monotheismus aus dem Polytheismus zurückführte, wurde der eine Gott zum Herrscher über die gesamte Menschheit, denn er allein hatte den einen Stab und somit war er alleine über die gesamte Menschheit gestellt. Des Weiteren teilt sich das Sternbild Schlange einen Stern mit dem Schlangenträger, dies ist ein weiteres Zeichen von Gottes Verbundenheit mit den Menschen.

Wie das Sternbild der Schlange zweischwänzig ist, so stützt sich auch der Uas-Stab auf zwei Beinen. Als Gott Adam und Eva verführte, sandte er seinen (einzigen) Stab aus, der sich als Schlange um den Baum der Erkenntnis über Gut und Böse windete. Da sich das Uas-Zepter der vollständigen Kontrolle eines Gottes unterordnet, ist der Sündenfall eine von Gott gewollte Notwendigkeit.

Gott hat uns den Weg zum Baum des Lebens durch die Cherubim versperrt, dennoch verlangt er von uns, wenn wir in seinen Augen reif genug sind, vom Baum des Lebens zu essen, um endgültig zu ihm zurückzukehren.

Und er trieb den Menschen hinaus und ließ lagern vor dem Garten Eden die Cherubim mit dem flammenden, blitzenden Schwert zu bewachen den Weg zu dem Baum des Lebens! [109]

Der Baum des Lebens ist eine Spiegelung auf den Geist Gottes. Die Vereinigung mit Gott, die Handlung selbst, ist die elfte Sephirah, die sich nicht sichtbar in der Kabbalah ankündigt. Der Baum des Lebens ist ein zentrales Element dieser Lehre. Er ist Symbol und Modell des Universums, der Welt und des Menschen. Man kann den Baum des Lebens in drei Ebenen unterteilen:

Das oberste Dreieck steht für die spirituelle Entwicklung des Menschen, sein höchstes Potential ist hier zu sehen. Das mittlere Dreieck weist nach unten, in die Richtung der Manifestation und bezieht sich auf die äußere Welt, die praktischen Angelegenheiten mit denen der Mensch konfrontiert wird. Das untere Dreieck geht in die verborgenen Bereiche des Selbst hinein, in die unbewussten Triebe und die Energie der Phantasie.

Bezieht man sich erneut auf die beiden Sternbilder der Schlange und des Schlangenträgers, so wird die Gottesankündigung sichtbar. Die Schlange besteht aus 13 Hauptsternen und verweist auf die 13 Stämme Israels, die die gesamte Menschheit symbolisieren und somit als Uas-Zepter dargestellt werden können. Ein Uas-Zepter, das Gottes Herrschaft über die gesamte eine Menschheit symbolisiert. Der Schlangenträger, also Gott, besteht aus 11 Hauptsternen. Einen Stern teilen sich beide Sternbilder, was folgende Aussage zulässt:

Die elfte Sephirah ist in der Menschheit (der Schlange) verborgen und allein dieser verborgene Stern in jedem von uns macht den Menschen göttlich und unsterblich!

Zählt man die 13 Sterne der Schlange und die 11 Sterne des Schlangenträgers zusammen, so erhält man die vollkommenste aller Zahlen, die 24.[110] Diese Zahl ist Symbol für die harmonische Einheit, die Gott mit der ewigen Finsternis und der Menschheit wieder eingehen möchte. In der jüdischen Mystik hat das hebräische Wort כד (*kad* ausgesprochen) den Zahlenwert 24. Dabei handelt es sich um das Gefäß, das alles beinhaltet, den Kosmos, die Sphären, die Menschheit und Gott selbst. Aus diesem Grunde heißt die elfte

---

[109] Zitat: 1. Buch Moses 3,24 (Luther-Bibel)

[110] Ein brillantes Zahlenspiel, denn es sind insgesamt nur 23 Sterne.

Sephirah „Kad“[111] und wird entweder in der Mitte des kabbalistischen Baum des Lebens (wie in den beiden Sternbildern) oder als großer, den gesamten Baum des Lebens umschließender Sphärenkreis, dargestellt.[112] Die 13 Hauptsterne des Sternbildes Schlange werden wie die 13 Cherubim genannt, die den Weg zum Baum des Lebens bewachen: Schebathel, Jahadar, Veadarjah, Nisanjah, Elijjar, Siwanjah, Tamussel, Jahab, Elul (auch Schamarael oder Phanuel), Tischrijah, Elchäschwan, Kislewel und Tebethel. Sie entsprechen den 13 Monatsnamen des hebräischen Mondkalenders.
Es gibt weitere Verbindungen zum Schlangenträger, nämlich die Schlange Nehuschtan. Als das sich auf der Wanderung durch die Wüste befindende Volk Israel murrte, sandte Gott Schlangen:

Da zogen sie von dem Berge Hor auf dem Wege gegen das Schilfmeer, dass sie um der Edomiter Land hinzögen. Und das Volk ward verdrossen auf dem Wege und redete wider Gott und wider Mose: „Warum hast du uns aus Ägypten geführt, dass wir sterben in der Wüste?“ Denn es ist kein Brot noch Wasser hier, und unsre Seele ekelt vor dieser mageren Speise. Da sandte der Herr feurige Schlangen unter das Volk; die bissen das Volk, dass viel Volks in Israel starb. Da kamen sie zu Mose und sprachen: Wir haben gesündigt, dass wir wider dich geredet haben; bitte den Herrn, dass er die Schlangen von uns nehme. Mose bat für das Volk. Da sprach der Herr zu Mose: Mache dir eine eherne Schlange und richte sie zum Zeichen auf; wer gebissen ist und sieht sie an, der soll leben. Da machte Mose eine eherne Schlange und richtete sie auf zum Zeichen; und wenn jemanden eine Schlange biß, so sah er die eherne Schlange an und blieb leben. [113]

Es war König Hiskia[114], der lange nach der Wanderung des Volkes Israel, die Schlange Nehuschtan zerstörte. Sie hatte die Zeit der Wanderung überdauert. Die Zerstörung erfolgte auf Wunsch der Priester, weil sie plötzlich darin ein Götzenbild zu erkennen glaubten. Es gibt aber zwei Möglichkeiten diese Aufforderung zu betrachten: religiös und politisch. Die Priester waren in Israel Anhänger des Moses und gehörten der Aaron-Priesterschaft an. Das henochische

---

111 Kad ist das allumfassende Gefäß, das heute mit dem Begriff „Chaos“ erklärt werden kann. Es ist die ewige Finsternis oder das Gesprochene Wort, aus der sich Gott selbst, alle Materie und uns erschuf.
112 Wenn die elfte Sephirah mitten im Baum des Lebens dargestellt wird, nennt man sie „Da´at“ (hebr. „Erkenntnis“). Wenn sie hingegen um den Baum des Lebens herum gezeichnet wird, so heißt sie „Kad“ (hebr. „Gefäß“).
113 Zitat: 4. Buch Moses 21,4-9 (Luther-Bibel)
114 Hiskia war von 727 bis 698 v.u.Z. König von Juda und Nachfolger Ahas.

Judentum glaubte an Melchizedek und an das Fortbestehen seiner Priesterschaft. Symbol dieser Priesterschaft war ein Stab mit einer umschlungenen Schlange. Es ist also nicht verwunderlich, dass der Hermes-Stab solch ein Abbild darstellt. Obwohl sich dort zwei Schlangen um einen Stab winden. Die Griechen nahmen Henoch und machten Hermes (Trismegistos) zu einem ihrer Götter. Das Symbol blieb. Die Aaron-Priesterschaft wollte die Macht an sich reißen. Die Handlung Hiskias kann aber auch politisch gedeutet werden. 721 v.u.Z. fiel das Nordreich Israel an die Assyrer. Das Südreich Judäa überlebte. Zu jener Zeit entstand auch der Mythos der Verlorenen Stämme Israels. Damit werden die zehn Stämme Israels bezeichnet, die nach der Eroberung des Nordreichs durch Sargon II als verschollen gelten.[115] Israel war wegen König David immer noch mit Ägypten verbündet. Assyrien und Ägypten waren es aber nicht. Das Südreich Judäa überlebte. Denn mag die Schlange Nehuschtan als Heilsbringer gedient haben, so war sie ägyptischen Ursprungs. Archäologische Ausgrabungen haben im Grab von Sethos II bronzene Schlangen-Statuen aufgefunden. Auch in der Sonnenreligion des Echnaton spielte die weibliche Kobra eine enorme Rolle. Es war König Hiskia der den Schlangenstab Nehuschtan zerstörte und den Assyrern somit signalisierte, dass das politische Bündnis mit Ägypten zu Ende sei.

Er tat ab die Höhen und zerbrach die Säulen und rottete das Ascherabild aus und zerstieß die eherne Schlange, die Mose gemacht hatte; denn bis zu der Zeit hatten ihr die Kinder Israel geräuchert, und man hieß sie Nehusthan. [116]

Moses nutzte die Schlange in der Wüste nicht nur als Heilssymbol, was später in der christlichen Literatur mannigfaltige Wurzeln schlägt, sondern auch als Zeichen der Weisheit. Moses war ein ägyptischer Prinz. Eine Gruppe von Eingeweihten, der er und Echnaton sicherlich angehörten, gewann in Ägypten an Popularität und das Vermächtnis Henochs verhalf Ägypten ein religiöses und mächtiges Weltreich zu werden. Das Vermächtnis Henochs, die Schriften der Weisheit bzw. das Erbe der Alten Welt war in der Hand der Eingeweihten. Nach diesen ägyptischen Schriften versuchte Moses ein ganzes Volk einzuweihen. Erst 586 v.u.Z. nahmen die Assyrer das Südreich ein und zerstören den Salomonischen Tempel.

---

[115] siehe: 2. Buch Könige 17,6 (Luther-Bibel)
[116] Zitat: 2. Buch Könige 18,4 (Luther-Bibel)

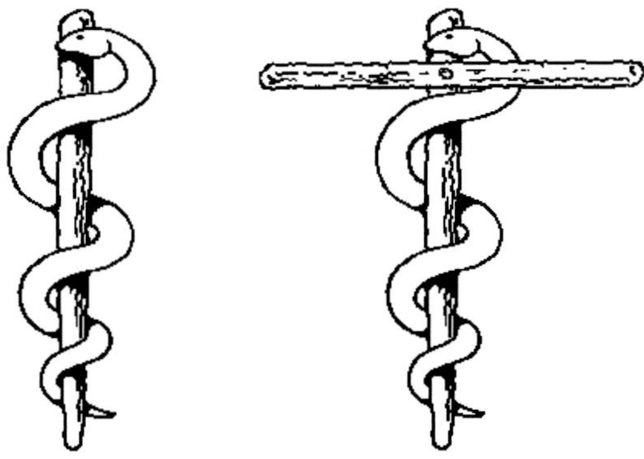

Das Symbol der Schlange aus Ägypten kennen wir noch von der „Bruderschaft der Schlange", den Ophiten (gr. *ophis* „Schlange"). Eine gnostische Sekte, die im frühren 2. Jahrhundert n.u.Z. ihren Höhenpunkt gehabt hat. Es gibt einige Übereinstimmungen mit den Lehren von Valentinus. Er war ein christlich-gnostischer Lehrer, der um 160 n.u.Z. gestorben ist. In ihren Mysterien wurde eine lebende Schlange, die Christus darstellte, zur Schau gestellt. Wie einst Moses es zum Heilszeichen erhob, so erhoben sie die Schlange zum Symbol der Erkenntnis und Weisheit. Im Sommer 1818 verfasste Belzoni[117] eine Dokumentation über die Ausgrabungsstätte KV 17 in Ägypten. Das Grab wird deshalb noch heute Belzoni-Grab genannt. Im Belzoni-Grab ist eine geflügelte Schlange mit drei Köpfen und vier Beinen zu sehen. Diese Darstellung vermittelt uns sofort zwei Verbindungen zur Sündenfall-Erzählung. Erstens wird dort die Schlange mit dem Baum der Erkenntnis in Verbindung gebracht. Die Ophiten sahen die Schlange als Symbol der Erkenntnis an. Zum Zweiten muss die biblische Schlange aus der Sündenfall-Erzählung Beine und Flügel gehabt haben, denn:

Da sprach Gott der Herr zu der Schlange: „Weil du solches getan hast, seist du verflucht vor allem Vieh und vor allen Tieren auf dem Felde. Auf deinem Bauche sollst du gehen und Erde essen dein Leben lang." [118]

Zuvor kroch die Schlange wohl nicht auf dem Bauch, sondern sie flog oder lief. Vor dem Sündenfall war sie dem Vieh und allen Tieren

117 Giovanni Battista Belzoni (1778-1823), italienischer Abenteurer.
118 Zitat: 1. Buch Moses 3,14 (Luther-Bibel)

auf dem Feld vorgestellt. Das sind nicht nur Hinweise, dass die Schlange Beine und/oder Flügel hatte, sondern sie zeugen von einer Sonderstellung der Schlange unter den Tieren.
Die Ophiten sahen den Heilsbringer bzw. den Messias als gute bzw. gekrönte Schlange. Die Schlange ist ein Archetyp des Henochischen Vermächtnisses. Auf dieses Heiler- bzw. und Erlöserprinzip bezogen die Ophiten die Worte Jesu. Mehr als eintausend Jahre nach Moses greift Jesus Christus in einem Gespräch mit dem Pharisäer Nikodemus dieses Ereignis wieder auf:

Und wie Mose in der Wüste eine Schlange erhöht hat, also muß des Menschen Sohn erhöht werden, auf das alle, die an ihn glauben, nicht verloren werden, sondern das ewige Leben haben. Also hat Gott die Welt geliebt, daß er seinen eingeborenen Sohn gab, auf daß alle, die an ihn glauben, nicht verloren werden, sondern das ewige Leben haben. Denn Gott hat seinen Sohn nicht gesandt in die Welt, daß er die Welt richte, sondern daß die Welt durch ihn selig werde. Wer an ihn glaubt, der wird nicht gerichtet; wer aber nicht glaubt, der ist schon gerichtet, denn er glaubt nicht an den Namen des eingeborenen Sohnes Gottes. [119]

Die Schlange in der Wüste[120] ist ein Bild des Fluches. Aber das trifft in Folge dessen auch auf Jesus Christus zu. Denn genau das möchte der Apostel Paulus[121] aussagen:

Christus hat uns losgekauft von dem Fluch des Gesetzes, indem er ein Fluch für uns wurde, denn es steht geschrieben: „Verflucht ist jeder, der am Holz hängt´.[122]

Am Kreuz (*Holz*) wurden die Sünden der Menschen und Gottes Fluch über uns ein für allemal abgetan. Der Sohn Gottes trug alles das, was uns hätte treffen müssen – den Fluch der Sünde und das Gericht. So wurde das Kreuz zum Träger der Schlange und Sinnbild unserer Erlösung. Kabbalistisch lässt sich diese Behauptung auch untermauern. Die Schlange heißt auf Hebräisch Nechesch[123] und hat den Zahlenwert 358. Der Messias heißt auf Hebräisch Maschiach[124]

---

[119] Zitat: Johannes 3,14-18 (Luther-Bibel)
[120] siehe: 4. Buch Moses 21,4-9 (Luther-Bibel)
[121] siehe: Galater 3,13 (Luther-Bibel)
[122] siehe: 5. Buch Moses 21,23 (Luther-Bibel)
[123] Auf Hebräisch נחש (*nechesch* ausgesprochen) geschrieben und ergibt folgende Zahlenwerte 50+8+300. Summe 358.
[124] Auf Hebräisch משיח (*maschiach* ausgesprochen) geschrieben, ergibt folgende Zahlenwerte 40+300+10+8. Summe 358.

und hat ebenfalls den Zahlenwert 358. Beide Begriffe können laut der Gematria somit ausgetauscht werden (Schlange = Messias).
Der Schlangeträger ist auch heute noch ein Thema in der Astrologie. Der Astronom Parke Kunkle erklärte vor kurzem, dass sich innerhalb der vergangenen 3.000 Jahre die Sternzeichen etwa um einen Monat verschoben haben. Die Neigung der Erdbahn hat sich in den vergangenen drei Jahrtausenden verändert. Die Folge ist eine Verschiebung der Erdachse und deshalb müsste es 13 Sternzeichen geben. Dieses Sternzeichen würde Ophiuchus genannt werden. Es soll zwischen den Sternkonstellationen von Skorpion und Schütze stehen. Ophiuchus ist ein griechisches Wort und bedeutet auf Deutsch: Schlangenträger. Es stellt einen Mann, der eine Schlange hält, dar. Ein mythologischer Ursprung des Sternbilds des Schlangenträgers könnte Asklepios, der Sohn des Sonnengottes Apollon, sein. Wobei der Stab des Asklepios die gleiche Funktion wie die des Schlangenstabes des Moses in der Wüste hat. Zudem weist die Schlange, die sich um den Stab des Asklepios windet, auf die chthonischen Gottheiten. Seine Heilerfolge als Arzt, zum Beispiel einen Toten wieder zum Leben erwecken, rücken ihn in eine parallele Mythologie mit Jesus Christus.[125]
Nicht nur der Sündenfall beginnt mit einer Schlange, sondern auch die Mysterien des Orpheus. Die Mythen um ihn beginnen mit dem Schlangenbiss, der seine Frau Eurydike tötet, und er sich deshalb aufmacht sie in der Unterwelt zu suchen.
Der germanische Gott Hoenir[126] wird mit einem Asklepios-Stab, also einem Stab mit zwei sich windenden Schlangen, dargestellt. Er wurde nach dem Krieg mit den Wanen (altnord. „die Glänzenden“) als Geisel ausgetauscht. Er hat dem ersten Menschenpaar, Ask (alias *Adam*) und Embla (alias *Eva*), den Verstand gegeben. Hoenir stand Mimir, Hüter des Urd-Brunnens unter dem nordischen Baum des Lebens Yggdrasil, nahe.

---

125 siehe: Johannes 11ff (Luther-Bibel)

126 Ein Beiname des Gottes Hoenir ist „Schreiber der Götter“.

Es war König Hiskia der den Schlangenstab Nehuschtan zerstörte und den Assyrern somit signalisierte, dass das politische Bündnis mit Ägypten zu Ende sei.

VIII. Die Verfasser der Bibel

Die Thora ist eine Buchrolle, die aus fünf Traktaten besteht. Im Christentum wird sie als „Pentateuch“ bezeichnet. Wichtig ist hierbei, dass im Judentum eine grundlegende Überzeugung existiert: Moses (1593-1473 v.u.Z.) hat die Thora selbst geschrieben oder zumindest die Niederschrift der Thora prägend mitgestaltet. Sie wurde im 16. und 15. Jahrhundert v.u.Z. verfasst. Die Thora entstand der Tradition nach zu der Zeit, als das Volk Israel sich aus Ägypten in das Gelobte Land aufmachte. Moses erschuf ein Werk aus einem Guss, auf das sich das ganze Volk Israel für immer berufen sollte.

In der Theologie wird die Streitfrage der Verfasserschaft der Thora in der Regel nicht mehr diskutiert. Sie bleibt dennoch eine heikle Überzeugung, denn selbst die Thora bestätigt sie.

Und der Herr sprach zu Moses: Schreibe das zum Gedächtnis in ein Buch und befiehl´s in die Ohren Josuas. [127]

Es gibt geradezu eine heillose Verwirrung in der derzeitigen Forschung zur Frage nach der Verfasserschaft der Thora. Die Ungenügsamkeit des Wellhausenmodells [128] ermöglicht deshalb, die Argumente zugunsten der Verfasserschaft der Thora durch Moses erneut aufzugreifen.

Der Autor musste ein ausgebildeter Schreiber jener Zeit gewesen sein, denn die hervorragende schriftstellerische Fähigkeit des Verfassers zeugt von einer speziellen Ausbildung. Er war mit den literarischen Fertigkeiten der damaligen Zeit bestens vertraut und benutzte verschiedene Gattungen, Stile, Bilder und Wortspiele, wovon die formgeschichtliche Erforschung der Thora in christlich-theologischen Kreisen auf ihre Weise Zeugnis ablegt.

Interessanterweise unterscheidet sich der Stil der Thora wesentlich von allen anderen Büchern des Alten Testaments (bis auf das Buch Hiob). Sein antiquierter Charakter zeigt sich sowohl in der Satzformulierung, als auch in grammatikalischen und formalen Eigenarten, was wiederum gegen eine späte Abfassung durch die Hand mehrerer Autoren sprechen könnte.

---

[127] Zitat: 2. Buch Moses 17,14 (Luther-Bibel)

[128] Das Vierquellenmodell wird auch Wellhausenmodell genannt. Es zerteilt die Bibel in vier Epochen der Überlieferungen. Dieses Modell hat keine Verbindung zur Archäologie und ist deshalb ziemlich ungenau.

Der Verfasser verarbeitet in der Thora die Legenden der Sumerer, der Ägypter, die bekannten Mythen und Epen des Zweistromlandes. Der wichtigste Aspekt in diesem Zusammenhang ist Moses selbst, der zum Adoptivsohn des Pharaos wurde, als dieser (der Pharao) im zweiten Bibelbuch seinen Soldaten befahl:

Alle Söhne [der Sklaven], die geboren werden, werft ins Wasser, und alle Töchter lasst leben. [129]

Seine Mutter rettet ihn, indem sie ihn in einem Korb dem Fluss „Nil" übergibt. Die Tochter des Pharaos findet diesen Korb und beschließt, den Säugling zu adoptieren. Er wird wie ein pharaonischer Prinz erzogen und erfährt Weissagungen, Offenbarungen und Geheimnisse die außer der Priesterkaste und der pharaonischen Familie wohl niemand sonst jemals erfahren wird. Selbst der Name Moses ist ägyptisch. Er bedeutet „geboren von"; bei den Namen Ahmosis, Kamoses und Thutmosis kommt ebenfalls diese Silbe vor. Das einzig merkwürdige ist, dass in seinem Namen (Moses) nicht zu lesen ist von wem er geboren wurde. Obwohl Meinungen bestehen, dass er „Hapi-m´ses" geheißen haben mag. „Hapi" war der altägyptische Name des Nils und da die Tochter des Pharaos ihn aus dem Nil zog, könnte sie ihn deshalb *Hapim´ses* genannt haben. Die andere Möglichkeit wäre, dass man die Vorsilbe wegließ, weil man nicht wusste von wem er geboren wurde.

Die erste Variante klingt glaubwürdiger, da der Nil für die Ägypter ein mächtiger Gott war, der offensichtlich in der Lage ist, Leben zu zeugen. Die Überschwemmungen sind Beweis genug für das Leben, den Tod und die Wiedergeburt.

Auch muss gesagt werden, dass die Mutter des Moses keine Rabenmutter war, weil sie ihren Sohn einfach in den Fluss „schmiss". Die Mutter des Moses glaubte an den Nilgott „Hapi" und an den Schutz, den er Moses zukommen lassen würde. Das Handeln der Mutter ist ein gutes Beispiel für die Vermengung ägyptischer und hebräischer Glaubensansichten. Das Volk Israel nahm Legenden aus seiner Umgebung auf und gab auch eigene an andere Völker weiter. Moses wurde ägyptisch erzogen und erhielt zudem eine erstklassige Erziehung als Adoptivsohn des Pharaos.

Die Ausbildung des Moses am ägyptischen Hof eröffnete ihm Zugang zum gesammelten Geschichtswissen seiner Zeit – in Form

---

[129] Zitat: 2. Buch Moses 1,22 (Luther-Bibel)

schriftlicher Quellen oder mündlicher Traditionen – und versetzte ihn methodisch und schriftstellerisch in die Lage, ein solches Geschichtswerk wie die Thora zu schaffen. Moses war ein ausgebildeter Schreiber seiner Zeit und die hervorragende schriftstellerische Fähigkeit zeugt von einer speziellen Ausbildung. Als Augenzeuge des Auszugs und der Wüstenwanderung kannte er den weitaus größten Teil des Inhalts der Thora aus eigener Anschauung.

Zudem saß er als Mitglied der „Großen Weißen Bruderschaft“, der größten damals bekannten Mysterienschule Ägyptens, die nach ihren eigenen Bestimmungen arbeitete, an der wichtigsten Bezugsquelle für das heilige Wissen. Ihm war es also möglich aus dem Vermächtnis Henochs zu schöpfen.

Eine Gruppe von Eingeweihten gewann unter Pharao Cheops in Ägypten an Popularität und das Vermächtnis Henochs, das die Ägypter nach der Sprachverwirrung sammelten, verhalf Ägypten ein religiöses und mächtiges, aber polytheistisches Weltreich zu werden. Diese kleine Gruppe von Eingeweihten – noch immer Söhne des Lichts genannt – verriet Moses alle Geheimnisse. Sie zogen mit ihm aus Ägypten und wurden von da an zum Stamm Benjamin gezählt.

Über 100 Jahre nach deren Auszug aus Ägypten wurde Pharao Amenophis IV in die „Große Weiße Bruderschaft“ des Thutmosis III aufgenommen, wie es einst auch Moses widerfahren ist. Er wurde von dessen Lehren so durchdrungen, dass er sich Echnaton nannte, was „dem Aton nützlich” bedeutet. Im Jahre 1310 v.u.Z. verstarb er. Echnaton vertrat den Monotheismus, aber erst dann als er in die „Große Weiße Bruderschaft” aufgenommen wurde. Er war der ägyptische Pharao der das Vermächtnis Henochs richtig verstand.

Alle diese Angaben bestätigen den ägyptischen Hintergrund des Verfassers der Thora. In den zahlreichen Beschreibungen des Landes Ägypten, seiner Geographie, Institutionen, Sitten, Geschichte, Tier- und Pflanzenwelt, in der Verwendung ägyptischer Eigennamen und Worte, die in der Regel ägyptische Gegenstände bezeichnen und erst später Bestandteil des hebräischen Sprachschatzes wurden, in dem Gebrauch der ägyptischen Mythologie, ist der ägyptische Hintergrund der Thora nicht zu leugnen.

Berücksichtigt man die erwähnten Eigenarten der Thora und den geschichtlichen Hintergrund, dann kann man sich dem Urteil nicht verschließen, dass Moses die geistigen, biographischen und literarischen Voraussetzungen für eine Verfasserschaft in sich vereinigt.

Als die Thora, während der 40jährigen Wanderung von Ägypten ins gelobte Land, geschrieben worden ist, war das Volk Israel noch ein nomadisches und kein sesshaftes Volk. Es gab unzählige Traditionen und Legenden, die von Mund zu Ohr, von Generation zu Generation weitergegeben wurden. Die Thora sollte eine heterogene Sammlung, die alles das in sich vereinigt, werden, was von der Wissenschaft der sumerischen Astrologen, der chthonischen Astrosophen, der ägyptischen Hierophanten und der chaldäischen Magier übrig geblieben war. Selbst die Lehre der Nephilim fand Eingang in die Thora. Manche Meinungen gehen sogar soweit, dass Moses die heikle Aufgabe hatte alle Traditionen und altbekannten Legenden, die vor dem Lagerfeuer erzählt und besungen wurden, in eine Richtung zu prägen. Viele Legenden waren widersprüchlich, aber konnten aufgrund ihrer Bekanntheit und Beliebtheit nicht einfach ignoriert werden. Sie waren aber in der Lage durch die vokallose hebräische Schrift nicht nur einen offensichtlichen Text, eine Anekdote aufzutragen, sondern sie gaben jedem Buchstaben einen Zahlenwert (Gematria), damit sie sich nicht nur auf das Offensichtliche, den Geschichten und Legenden beschränken lassen mussten.
War das Vermächtnis Henochs auf einen Gott ausgerichtet, so machten die ägyptischen Mysterienschulen aus den Helden Götter. Unter Moses fand eine Rückführung der Helden, Symbole und Archetypen zu einem einzigen Gott statt. Alle anderen Götter wurden zu Menschen degradiert. Als das Volk Israel die männlich-weibliche Vorstellung aus seiner Umgebung aufnahm, sollte dennoch ihr Gott der eine und einzige sein. Der Übergang vom Polytheismus zum Monotheismus war mühsam, doch der ägyptisch geschulte Moses ging einen interessanten Lösungsweg. Er unterschied zwischen zwei Namen des nun einen und einzigen Gottes, nämlich **אלהים** (*elohim* ausgesprochen) und **יהוה** (*jahwe* ausgesprochen). In der Thora gibt es zwei Richtungen, die *jawistische* und die *elohimsche.*
Als die Israeliten das ägyptische Hoheitsgebiet verließen, nahmen sie Jahwe mit. Sie nahmen ihn in einem Vehikel mit, wobei ihm (Jahwe) Überbleibsel seines früheren Territorialanspruchs (Sinai) erhalten blieben, symbolisiert in der Stiftshütte und in der Bundeslade. Die Bundeslade ist ein transportabler Thronsessel oder ein Vehikel für den Transport Gottes. Das Miteinander von sesshaften und nomadischen Zügen Jahwes dürfte der Grund dafür gewesen sein, dass der Monotheismus im Zuge der Landnahme (Kanaan) und der beginnenden Sesshaftigkeit sich durchsetzte. Jahwe war jetzt Berg- und Hirtengott zugleich.

Alles das musste Moses bei der Niederschrift der Thora beachten. Es gibt auch Beweise in der Thora selbst, dass Moses der Verfasser ist. Die Beweisstellen umfassen direkte Schreibbefehle Gottes an Moses[130] und Zeugnisse vom Schreiben Moses[131]. Darüber hinaus wird der Inhalt des 5. Buch Moses ausdrücklich auf Moses zurückgeführt.[132]

Der prophetische Charakter der Thora spricht insbesondere für Moses als Autor. Die Prophetenformel *Und der Herr sprach zu Moses* (über 150mal) leitet meist umfangreiche Gottesworte mit Moses als alleinigen Hörer ein. Die ganze Thora zeigt ein starkes und einheitliches Bewusstsein, denn:

- ✓ Das Buch des Gesetzes des Moses lag bereits unmittelbar nach dem Tod des Moses[133] vor und bildete die Handlungsgrundlage der Israeliten unter Josua und darüber hinaus in der gesamten alttestamentlichen Periode.
- ✓ Alle Propheten des Alten Testaments beziehen sich auf das Gesetz des Moses, egal ob es sich um ethische, historische oder prophetische Teile der Thora handelt.
- ✓ Das unter Josia ca. 612 v.u.Z. bei der Tempelrenovierung aufgefundene Gesetzbuch wird Moses[134] zugeschrieben und ist demnach nicht erst in jener Zeit entstanden.
- ✓ Das Alte Testament sieht das Gesetz des Moses als Einheit, wobei von späteren Ergänzungen, Korrekturen und Redaktionen nichts berichtet wird. Nirgends wird im Alten Testament für irgendeinen Teil der Thora ein von Moses zu unterscheidender Verfasser erwähnt oder nahe gelegt, sondern immer und ausschließlich von Moses als dessen Urheber ausgegangen.

---

[130] siehe: 2. Buch Moses 17,14; 34,27; 5. Buch Moses 28,58; 31,24 (Luther-Bibel)

[131] siehe: 2. Buch Moses 24,4; 4. Buch Moses 33,2; 5. Buch Moses 31,9 und 22 und 24 (Luther-Bibel)

[132] siehe: 5. Buch Moses 1,1-5; 4,44 f (Luther-Bibel)

[133] siehe: Josua 1,7; 8,31; 22,5; 23,6 (Luther-Bibel)

[134] siehe: 2. Chronik 34,14 (Luther-Bibel)

Unter Moses fand eine Rückführung der Helden, Symbole und Archetypen zu einem einzigen Gott statt. Alle anderen Götter wurden zu Menschen degradiert.

IX. Die gemeinsame Verbindung

Viel Wissen ging im Jahr 7552 v.u.Z. verloren, als die sieben Kometen, die Henoch prophezeite, in die Erdatmosphäre eintraten. Er zerbarst in sieben Teile bevor er auf die Erde einschlug und kann Ursache für die vielen Gemeinsamkeiten der Sintflutmythen auf der ganzen Welt gewesen sein. Im Jahr 3150 v.u.Z. ereignete sich die biblische Sintflut. Vor der Sintflut gab es große Einwanderungswellen aus Afrika, Indien und Zentralasien. Ägypten entwickelte sich aus afrikanischen (nubischen) und zentralasiatischen Volksgruppen. Ein Teil der indischen Einwanderer schaffte es bis nach Europa. Der größere Teil blieb in Mesopotamien und vermischte sich mit den afrikanischen und asiatischen Einwanderern.

Von Anbeginn an vermag eine kleine Gruppe von Eingeweihten - beauftragt durch die jeweiligen Herrscher - Städte, Bauwerke, Tempel und Grabmale zu konzipieren und zu errichten. Ihr gemeinsames Wissen zeugt von einem gemeinsamen Ursprung.

Eine auffällige Gemeinsamkeit ist zudem, dass die beiden Namen der biblischen Personen Abraham und Sarah von den hinduistischen Gottheiten Brahma und Saraswati abgeleitet sein könnten. Unter Moses fand eine Rückführung der Helden, Symbole und Archetypen anderer Kulturen, die es Wert waren in die Thora Eingang zu finden, zu einem einzigen Gott statt. Die Thora ist ein Konglomerat von Geschichten verschiedenster Fasson.

Vor der Sintflut spricht die Bibel von der ersten Stadt: Henoch[135], die Kain erbauen ließ. Damit konnte ein Verweis auf das Jahr 3270 gemeint sein, als das sumerische Volk aus Zentralasien in das Zweistromland (Mesopotamien) einfiel. Die ersten geschichtlichen Hochkulturen entwickeln sich dort. Städtische Lebensweise und organisierte Handelsstaaten, die von Beamten verwaltet werden, entstehen. Die Kanaaniter sind zu dieser Zeit Monotheisten. Es könnte aber auch ein Verweis auf die Jesiden sein. Die jesidische Religion scheint die älteste monotheistische Religion der Welt zu sein. Sie haben sich im Gebiet des heutigen Irak angesiedelt. Dort wo Kain sich trotz Gottes Fluch niederließ.

Kurz nach der Sintflut und zurzeit der „Sprachverwirrung zu Babel" entstanden die Städte der ersten Herrscherdynastie Nimrods. Es werden besonders eine Stadt und ein Turm hervorgehoben.[136]

---

135 „Henoch" bedeutet im Hebräischen „Eingeweihter".

136 siehe: 1. Buch Moses 11,4 ff (Luther-Bibel)

Die Bibel betont den gemeinsamen Ursprung von Kulturen und Sprachen dadurch, dass sich Adam und Henoch laut den zeitlichen Angaben der Bibel gekannt haben sollen. Adam wurde aus dem Paradies verbannt und fiel in Ungnade, weil er das erste und einzige Gebot übertrat, das Gott damals an den Menschen gerichtet hatte. In jener Zeit liegt nicht nur der gemeinsame Ursprung der dortigen Kulturen offen zutage, sondern die gemeinsame Verbindung etabliert sich: Henoch. Wenn wir die Patriarchennamen der Bibel nicht als Einzelpersonen, sondern als Verweise auf Gruppen verstehen, so ist Henoch als Verweis auf eine Gruppe von Eingeweihten zu sehen.
Wenn wir den Angaben der Bibel folgen, so ist Nimrod der erste Herrscher des sumerischen Reiches. Nimrods Geschlecht herrschte von 3100 bis 2800 v.u.Z. (50 Jahre nach der biblischen Sintflut). Er steht für die erste sumerische Herrscherdynastie. Sie gründeten Städte verteilt über den ganzen mesopotamischen Raum. Nimrod gilt als Widersacher Gottes auf Erden. Wahrscheinlich wird er so bezeichnet, weil die Bibel darauf hinweisen möchte, dass er in seinem Herrschaftsbereich den Polytheismus zuließ. Ganz Mesopotamien war zu jener Zeit polytheistisch. Unter Nimrod wurde versucht den Glanz des Hanochiten-Reichs[137] (der alten Welt vor der Sintflut) wieder herzustellen.
Die Israeliten lebten ab Pharao Raneb (dem Nachfolger Nimrods in Ägypten) als geduldete Fremde. Unter Sesostris III wurde Ägypten zum zweiten Male geeinigt und im Jahre 1871 v.u.Z. wurden die Israeliten versklavt, weil sie den Hyksos in ihren Putschversuchen geholfen hatten Ägypten einzunehmen.
Die Israeliten waren unter deren Herrschaft mächtig geworden. Joseph (1858-1748 v.u.Z.) war einst Baumeister und Berater der Hyksos sowie Leiter einer der größten Mysterienschulen Ägyptens. Er ließ Kornkammern bauen, war in der Sternenkunde[138] bewandert und konnte Träume[139] deuten. Es ist deshalb nicht ungewöhnlich, dass noch der römische Architekturtheoretiker Vitruv (1. Jahrhundert v.u.Z.) in seinem zehnbändigen Werk *De Architectura* schreibt, womit sich ein antiker Baumeister befassen sollte: *Kenntnisse in der Sternkunde und vom gesetzmäßigen Ablauf der Himmelserscheinungen.* [140]

[137] Als Hanochiten werden Kains Nachfahren bezeichnet.
[138] Die Sternenkunde (Astrologie/Astronomie) soll Hermes Trismegistos nach Ägypten gebracht und gelehrt haben; Henoch=Thot=Hermes Trismegistos.
[139] siehe: 1. Buch Moses 41 ff (Luther-Bibel)
[140] Vitruv: *Zehn Bücher über Architektur.* Erstes Buch, erstes Kapitel. Seite 25.

Eine Gruppe von eingeweihten Baumeistern gewann in Ägypten an Popularität und das Vermächtnis Henochs verhalf ihnen Weltwunder zu erbauen. Diese kleine Gruppe von Eingeweihten bauten für Pharao Cheops die Pyramiden und Tempel. Viele hohe Positionen in den Mysterienschulen waren mit solchen Mitgliedern besetzt, denn sie waren nicht nur Baumeister, sondern auch Gelehrte, Mystiker, Eingeweihte und Wissende. Ihr Symbol war das Pentagramm.

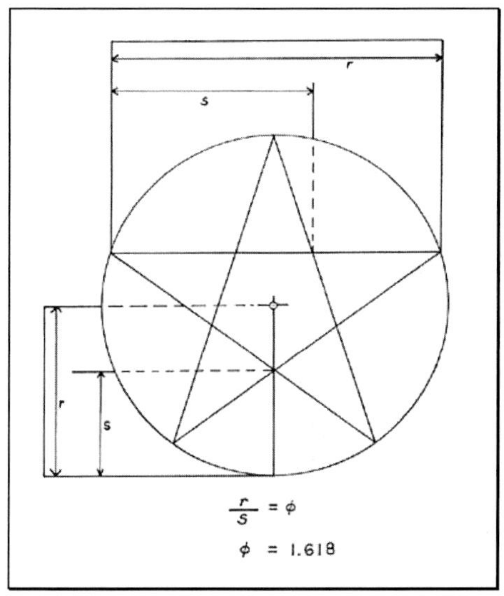

Als Ahmosis 1542 v.u.Z. die Hyksos vertrieben hatte, wurde das Volk Israel in die Knechtschaft versetzt und sie wurde bis zum Jahre 1471 v.u.Z. aufrechterhalten, bis Thutmosis II sie gezwungenermaßen ziehen ließ.

Nach den Boykotts entschied sich Tuthmosis II widerwillig die Israeliten ziehen zu lassen. Alle Anweisungen und Schriften des Henochs, die gesamte Weisheit der alten Welt und die Geheimnisse der geometrischen Baukünste verließen sein Land.

Nach der vermeintlichen 40jährigen Wanderung und nach der Zeit der Richter, die von 1250 bis 1050 v.u.Z. andauerte, wurde Israel ein Königreich. Es war das Königreich der vereinten zwölf Stämme. Das Königreich Israel erhielt seinen ersten König: Saul. Sein Nachfolger war König David. Nach König David und seinem berühmten Nachfolger König Salomon blieb Israel nicht lange ein Königreich. Sein Nachfolger, König Rehabeam, verursachte eine Spaltung des Königreichs und des Territoriums Israels.

König Salomon war der dritte König Israels. Er baute den ersten steinernen Tempel zu Ehren des einen Gottes. Der so genannte Salomonische Tempel ist das erste und meist verehrteste Heiligtum der Juden. Nach Salomon spaltete sich Israel in das Nordreich Israel und in das Südreich Juda. Wiederum griff die Aufteilung der zwölf Stämme und es erfolgte eine Trennung nach deren Ländereien. Der Stamm Benjamin und der Stamm Juda gehörten zum Südreich. Die restlichen zehn Stämme zählten zum Nordreich. Es kehrte dann für ein paar Jahrhunderte Frieden ein.

Als das Assyrische Reich an Stärke gewann, verleibte es sich 722 v.u.Z. das Nordreich ein. 586 v.u.Z. wurde das Südreich durch die Babylonier zerstört. Im Jahre 538 durfte das jüdische Volk wieder aus Babylon zurückkehren. Es wurde ein neuer Tempel zu Ehren des einen Gottes gebaut. Er wird aber in der Geschichte des jüdischen Volkes nie den gleichen Glanz des Salomonischen Tempels (siehe Abbildung) einnehmen. Aus dieser Zeit ist die Legende von den verlorenen Stämmen Israels überliefert.

Die großen griechischen Tempelanlagen und Bauten, selbst das Parthenon (ca. 5. Jahrhundert v.u.Z.), wurden erst weit nach dem Bau des Salomonischen Tempels (ab 951 v.u.Z. rituell genutzt) errichtet. Das Wissen um das ursprüngliche Vermächtnis Henochs war bei den Griechen fast in Vergessenheit geraten. Es waren Priester des Atons, die nach Echnatons Tod 1310 v.u.Z., nach Thrakien flohen. Sie waren nicht nur Streiter für einen Gott, sondern auch Baumeister, die eine Stadt (Armana) aus der Wüste stampfen konnten. Das erklärt die

Reisen der Griechen zu den asiatischen und ägyptischen Völkern. Sie wollten ihre Ursprünge und Wurzeln wieder finden.
Im 4. Jahrhundert v.u.Z. wurde das israelitische Gebiet Teil des Großreichs von Alexander des Großen. Die Verbreitung der griechischen Kultur, der so genannte Hellenismus, fand überall im Reich statt. Er förderte den Hellenismus und war der erste Europäer, der den Religionen und Philosophien des Ostens (Indien und China) den Weg in den Westen öffnete. Jene Einflüsse, die über Ägypten zu den orphischen Mysterien wurden und jene Einflüsse, die durch den Stammeskrieg von Flüchtlingen des Stammes Benjamin zu den Spartanern und Trojanern kamen, prallten auf die Juden in Israel und in der Diaspora (Ägypten und Syrien) ein.
Es waren antike, henochische Einflüsse die durch die Griechen fortentwickelt wurden und zunehmend ihre Art zu Leben, das Verständnis für ihren Eingottglauben und in Folge dessen ihrer Schriften beeinflusste. Waren die Israeliten auf einen Gott und ihr Gelobtes Land beschränkt, umso gegensätzlicher waren die Griechen. Sie waren Polytheisten; sie glaubten an viele Götter. Sie waren nicht auf ein Land oder auf einen Gott beschränkt, sondern ihnen stand die ganze Welt offen.
Ein Zweig, der sich unter der griechischen Herrschaft herausbildete, war das Hellenistische Judentum. Das Hellenistische Judentum war purer Synkretismus.[141] Es wurden jüdische, griechische und östliche Philosophien, Traditionen und Ideen vermischt. Schmelztiegel und Mittelpunkt des Synkretismus war das ägyptische Alexandria.

Hier lebten die Gelehrten in der Universität Museion im Stadtteil Brucherion, wo unter Ptolomaios III. (246-221 v.Z.) 490 000 Schriftrollen aufbewahrt wurden, als Pensionäre auf öffentliche Kosten. Weitere 42 800 Rollen befanden sich im Tempel des Serapis, dem Serapeion im Stadtteil Rakotis. In dieser neuen Weltmetropole lehrten die Mathematiker Euklid und Archimedes, der Astronom Hipparchos und der berühmteste Mediziner des Altertums Galen. [142]

Nach der griechischen Herrschaft gewann das Römische Reich an Macht. Im Jahr 66 v.u.Z. wurde Kleinasien Teil des Römischen Reichs. Israel und Syrien wurden zur Provinz Syria.

---

[141] Synkretismus ist die Vermischung von religiösen Ideen oder Philosophien zu einem neuen Weltbild, das es zuvor in solcher Art nicht gab.
[142] Zitat: *Die Geheimlehre der Tempelritter: Geschichte und Legende.* Allan Oslo. 3. Aufl. Patmos-Verlag. Düsseldorf 2000. Seite 39.

Henochs Einfluss im Judentum und darüber hinaus im ganzen Nahen Osten breitete sich aus, lange bevor die Römer auf die Bühne der Geschichte kamen. Zum Zeitpunkt der römischen Herrschaft über die Provinz Syrien war das Henochische Judentum stärker als die zadokitische Priesterschule. Die Zadokiten sahen nicht Henoch, sondern Moses als ihren geistigen Urvater an. Die Lehren des Propheten Henoch blieben im Judentum immer lebendig. Nach der Zerstörung des zweiten Tempels Gottes durch die Römer (70. n.u.Z.) gingen viele Juden in die Diaspora.

Viele Hinweise auf Henoch finden sich nicht in der Thora (Bibel) aber mündliche Überlieferungen seit der Sintflut blieben in den Erinnerungen der Menschen lebendig. Die Kabbalah ist z.B. eine Bewahrerin dieser mündlichen Überlieferungen und deshalb eine der ältesten Quellen der Geschichte der Menschheit. Auch wenn sie offiziell erst ab dem 9. Jahrhundert n.u.Z. eine selbstständige Strömung wurde, so beruft sich ihr Vermächtnis auf Wissen, das vor der biblischen Sintflut (3150 v.u.Z.) von Generation zu Generation mündlich weitergegeben wurde.

Um nun das vorliegende Buch nicht unnötig in die Länge zu ziehen, kürzen wir den geschichtlichen Verlauf ab. Der oben beschriebene Zeitraum reicht vorläufig aus, um über die sieben Weltwunder zu sprechen. Die sieben Weltwunder entstanden in einem Zeitraum von ca. zweieinhalb Jahrtausenden. Sie haben eine gemeinsame Verbindung, die wiederum Rückschlüsse auf das Vermächtnis und die Lehre Henochs zulassen.

Es gibt noch viele Geheimnisse und Rätsel in der Geschichte der Menschheit. Schon unsere Vorfahren aus den vorhergehenden Jahrhunderten haben sich gewundert, wie angeblich primitive Völker der Antike gewaltige Bauwerke und Städte errichten konnten. Gewaltige Bauwerke, wie die Pyramiden, Tempel, Grabanlagen oder die gotischen Kathedralen. Gewaltige Bauwerke, die uns heute technisch einiges abverlangen würden, wenn wir sie nachbauen wollten. Das Vermächtnis Henochs durchdringt noch immer die Schatten der Zeitalter und hat eine Anziehungskraft auf jene die nach der Wahrheit suchen.

In der Renaissance (14. bis 17. Jahrhundert), in der die griechisch-römische Antike in Europa wieder auflebte, trat die Suche nach dem Vermächtnis Henochs in der europäischen Gesellschaft verstärkt auf. Danach, in den letzten drei vergangenen Jahrhunderten entstand eine große Neugier darüber, wo das Wissen um den Bau solcher Bauwerke geblieben ist. Diese Geheimnisse und Rätsel haben in der

Vorstellung unserer Vorfahren, z.B. aus dem 18. Jahrhundert, mannigfaltige Wurzeln geschlagen. Man ging von der Vorstellung aus, dass es eine auserwählte kleine Gruppe geben musste, die durch die Kulturen der Antike hindurch ein geheimes Wissen nutzten, bewachten und bewahrten. Wir haben den Zeitraum um die Zeitwende (0) bis in das 18. Jahrhundert n.u.Z. außen vor gelassen. Wir werden in Bezug auf die Kabbalah, welche zu einem Synonym für die Schriften der Weisheit nach der Zerstörung des zweiten Tempels[143] wurde, den benannten Zeitraum erneut ansprechen.

Die Archäologie, Ägyptologie und Altertumswissenschaft haben sich vereinzelt mit der Geschichte der Bauwerke, der Kulturen und deren Entwicklung befasst. Alle Wissenschaften blieben für sich allein. Jede schaute sich ein Puzzlestück an und bewertete es. Die Vorstellung einer Gemeinsamkeit, wie eine kleine Gruppe von Eingeweihten, wurde nicht in Erwägung gezogen. Bis heute fehlen angeblich Beweise, die das Puzzle zu einem ganzen Bild zusammenfügen.

Die Betrachtungen der gesamten antiken Bauwerke zeigen, dass es auf den ersten Blick keine Gemeinsamkeit gibt; weder im Aussehen noch in den einzelnen Funktionen. Doch schauen wir uns die Bauwerke genauer an, so gibt es doch mindestens eine. Es ist der Goldene Schnitt: die Zahl *phi* ($\Phi = 1{,}61803399$).[144]

Er ist jenes Verhältnis, das allem Leben auf der Erde zugrunde liegt. Die Baumeister der Antike haben ihn als universales Verhältnis benutzt. Sie haben ihr geheimes Wissen auf die genialste Art und Weise versteckt. Dort wo es von jedermann offensichtlich zu sehen ist. Die antiken Baumeister haben ihr geheimes Wissen um die Zahl *phi* Φ der Welt offenbart, doch keiner vermochte das Offensichtliche zu erkennen.

Die Verbindung zwischen den Bauwerken ist der Goldene Schnitt. Bestes Beispiel sind die sieben Weltwunder. Um eine Vorstellung der Verschiedenartigkeit der einzelnen Bauwerke zu geben, sind die antiken sieben Weltwunder sehr hilfreich. Dabei gibt es zwar unterschiedliche Aufzählungen, aber die bekannteste ist:

---

143 Nach der Zerstörung des Salomonischen Tempels 586 v.u.Z. erbauten die Israeliten an der gleichen Stelle im Jahr 516 v.u.Z. einen neuen Tempel. Erst 500 Jahre später nahm sich König Herodes des zweiten Tempels an.

144 Der Goldene Schnitt setzt sich aus der Teilung einer Strecke in zwei Abschnitte in der Art zusammen, dass sich die ganze Strecke zu ihrem größeren Abschnitt wie dieser zu ihrem kleineren Abschnitt verhält. Der Goldene Schnitt ist eine architektonische Bezeichnung für die Zahl *phi* Φ.

1. Die Hängenden Gärten der Sermiramis,
2. Der Koloss von Rhodos,
3. Das Grab des Königs Mausolos zu Halikarnassos,
4. Der Leuchtturm von Pharos in Alexandria,
5. Die Pyramiden von Giseh in Ägypten,
6. Der Tempel der Artemis in Ephesos und
7. Die Zeusstatue des Phidias von Olympia.

Über die Hängenden Gärten kann man wenig sagen, da sie bis heute nicht lokalisiert werden konnten und dadurch an ihrer Existenz gezweifelt wird. Der Koloss und die Zeusstatue können mit dem Goldenen Schnitt in Verbindung gebracht werden. Die Griechen strebten einem Schönheitsideal nach, das sich in ihren Werken wieder findet. Dieses Ideal war die Zahl *phi* **Φ**. Auch der Parthenon in Athen und der Tempel der Artemis in Ephesos sind nach denselben architektonischen Prinzipien gebaut worden. Dank den Schriften des Plinius des Älteren[145] und den Ausgrabungen von 1966 und 1977 unter Leitung des Dänen Kristian Jeppesen haben wir heute eine genaue Vorstellung und fundierte Erkenntnisse über das Grab des Königs Mausolos. Die Proportionen des Grabdenkmals und der Leuchtturm von Alexandria, mit ihren drei Abstufungen, sind genau nach den Verhältnissen des Goldenen Schnittes gestaltet worden.
Die Pyramiden von Giseh, die in der Liste der Weltwunder an fünfter Stelle stehen, sind von den ägyptischen Architekten und Baumeister so zueinander angeordnet worden, dass sie in Verbindung mit dem Orion-Sternbild eine Ellipse bilden. Aus dieser ergibt sich wiederum der Goldene Schnitt.
Wenn wir die sieben Weltwunder betrachten, so finden wir weder im Aussehen noch in den einzelnen Aufgaben und Funktionen der Bauwerke irgendwelche Gemeinsamkeiten. Ihre Gemeinsamkeit ist der Goldene Schnitt.
Die sieben Weltwunder der Antike gibt es seit Jahrtausenden. Die Weltwunder der westlichen Kulturen[146] wurden nie vergessen. Wenn wir vom Westen sprechen, so ist es in Bezug auf Asien gemeint. Asien hat eine ältere Geschichte als Europa oder Mesopotamien oder Ägypten. Die Vorstellung einer kleinen Gruppe von Eingeweihten

---

[145] Plinius der Ältere (ca. 23-79 n.u.Z.), römischer Gelehrter.

[146] Die „westlichen Kulturen" umfassen in diesen Ausführungen Europa, Nordafrika, den Nahen und den Mittleren Osten.

beginnt, wie auch die Geschichte der gesamten westlichen Menschheit, mit Adam.[147] Adam, der erste Mensch des Westens.
Das 18. Jahrhundert, das wir hier als Endzeit unserer Ausführungen angegeben haben, wurde aus einem bestimmten Grund gewählt. In jenem Jahrhundert wurde die moderne Freimaurerei gegründet. Am 24. Juni 1717 haben sich in London vier Logen zur Großloge von London zusammengeschlossen. Ab diesem Zeitpunkt ist die Freimaurerei geschichtlich erfassbar. In England wurde sie als Sammelbecken der Aufklärungsphilosophie verstanden. Obwohl sie erst ab 1737 in Deutschland aufkommt, so scheint Robert Fludd[148] sie ein Jahrhundert zuvor aus Deutschland nach England gebracht zu haben. Die älteren Rosenkreuzer, die um 1610 aufkamen, hatten zu dieser Zeit sehr viele Ähnlichkeiten mit den Freimaurern. Vielleicht waren die Rosenkreuzer sogar die Vorläufer der Freimaurer.[149]
Die Freimaurerei war ursprünglich eine Geheimgesellschaft, die sich im 17. und 18. Jahrhundert auf naturphilosophischer, oft auch mystisch-alchemistischer, kabbalistischer Grundlage darum bemühte, die göttliche Schöpfung zu verstehen. Sie hat sich aus den mittelalterlichen Steinmetzbruderschaften herausgebildet.
Diese Bruderschaft kann Erbe des Vermächtnisses Henochs sein. Denn in ihren Legenden, Ritualen und Hochgraden findet sich das Vermächtnis der alten, vorsintflutlichen Welt noch heute lebendig. Wir bezeichnen diese vermeintliche Gruppe von Eingeweihten in unseren Ausführungen als Henochischen Orden. Einerseits wegen Henoch, der als Bindeglied der Geheimnisse der Eingeweihten des Westens verstanden werden kann, und andererseits weil diese Gruppe sicherlich wie ein Orden mit Graden, Hierarchien und durch Disziplin organisiert war.
Die erfundene Geschichte der Freimaurerei und ihrer Ursprünge, wie wir sie im Konstitutionenbuch von James Anderson[150] aus dem Jahre 1723 lesen, führt den Bund der Maurer auf Adam zurück. Die Geschichte wird anhand von Baudenkmälern erzählt. Hierbei spielen die sieben Weltwunder der Antike ebenfalls eine große Rolle. Die Fakten sind hauptsächlich aus der Bibel entliehen.

---

147 Die heute lebenden 500 Millionen Europäer stammen von weniger als 50 Menschen ab. Die indo-europäischen Völker, wie der Name schon sagt, stammen aus Asien und kamen teilweise über den Nahen Osten nach Europa.

148 Robert Fludd (1574-1637), britischer Philosoph und Mediziner.

149 siehe in diesem Buch: Appendix. Kapitel *A2. Freimaurerei und Rosenkreuzertum*

150 James Anderson (1678-1739), Reverend der schottisch-presbyterianischen Kirche in London, England.

Doch der Zusammenschluss im Jahre 1717 und die Aufnahme von *Zivilisten* in freimaurerische Logen, haben wahrscheinlich zur Folge gehabt, dass das Wissen um das Vermächtnisses Henochs erneut verloren ging. Die Zivilisten, die keinen praktischen Bezug zum Erbe hatten, führten dazu, dass die Freimaurerei zu einer Gesellschaft von fiktiven, also nicht praktisch tätigen Werkmeistern, anschwoll. Die Freimaurer tragen das antike Erbe Henochs in ihren Legenden, Ritualen und Hochgraden bis heute fort. Doch sie haben das Verständnis und den Schlüssel zu jenem Vermächtnis verloren.
Doch wo ist deren ursprüngliches Wissen hingekommen? Hat sich die Gruppe von Eingeweihten schon bei Gründung der modernen Freimaurerei aus deren Logen zurückgezogen? Was wäre wenn es die Gruppe von Eingeweihten noch heute gibt? Die Geschichtsführung der Freimaurer weist einige Lücken auf. So beruft sich die moderne Freimaurerei auf das Datum 24. Juni 1717 als erste Gründung der modernen Freimaurerei. Dennoch bleibt die Frage offen, wie sich vier Logen zu einer Großloge zusammengeschlossen haben sollen, wenn es die Freimaurerei angeblich zuvor nicht gegeben hat.[151] Die Geschichte erfüllt sich selbst. Das fruchtbarste Ergebnis der Untersuchung der Geschichte dieser Bruderschaft findet sich in ihren Legenden, Ritualen, Hochgraden und Überlieferungen. Die Legenden der Freimaurer besagen nämlich, dass es im Osten vor Adam Menschen gab. Adam erhält in freimaurerischen Überlieferungen die Bezeichnung: *Erster Mensch im Westen.*
Die Archäologie ist heute derselben Meinung, nämlich dass die Wissenschaften im Osten ihren Ursprung genommen haben. Europa und Afrika waren noch wild und kulturell ungeformt, lange nachdem wissenschaftliche Künste in China und Indien entwickelt wurden.
Als erstes widmen wir uns der Geschichte hinter der Geschichte. Wir versuchen in diesem Buch von Beginn der antiken Baukunst bis ins 18. Jahrhundert hinein, einen kontinuierlichen Zusammenhang aufzuzeigen. Zusammenhänge gibt es immer.
Die Gemeinsamkeit der Baudenkmäler der Antike ist der Goldene Schnitt. Neben der Zahl *phi* (Φ = 1,61803399) und Henoch gibt es weitere Hinweise. Es gibt zwei vorsintflutliche Stammbäume in der Bibel und es gibt auch zwei Säulen, die als Indiz für die Gruppe von Eingeweihten verstanden werden kann. Die bereits erwähnten zwei Säulen sind ein uraltes Symbol der Rosenkreuzer und Freimaurer. In den Legenden der Freimaurerei werden sie ursprünglich nur

[151] siehe in diesem Buch: Appendix. Kapitel *A1. Kabbalah und Freimaurerei*

mündlich erwähnt. Die früheste Erwähnung von zwei Säulen findet sich im Matthew-Cooke-Manuskript.[152] Ein Dokument, das vor dem offiziellen Gründungsdatum (1717) der spekulativen Freimaurerei stammt. Die beiden Säulen sollen vor der Sintflut von den Geschwistern Jabal, Jubal, Thubalkain und Naema [153] hergestellt worden sein. Sie haben das Wissen ihrer Zeit auf den beiden Säulen eingraviert, um es vor der Sintflut zu retten.

Und Kain erkannte sein Weib, die ward schwanger und gebar den Henoch. Und er baute eine Stadt, die nannte er nach seines Sohnes Namen Henoch. Henoch aber zeugte Irad, Irad zeugte Mahujael, Mahujael zeugte Methusael, Methusael zeugte Lamech. Lamech aber nahm zwei Weiber; eine hieß Ada, die andere Zilla. Und Ada gebar Jabal; von dem sind hergekommen, die in Hütten wohnten und Vieh zogen. Und sein Bruder hieß Jubal; von dem sind hergekommen die Geiger und Pfeifer. Die Zilla aber gebar auch, nämlich den Thubalkain, den Meister in allerlei Erz- und Eisenwerk. Und die Schwester des Thubalkain war Naema. [154]

Die Zahl *phi* **Φ** ist die gemeinsame Verbindung der antiken Baumdenkmäler. Gleichzeitig wurde der Goldene Schnitt durch das Pentagramm dargestellt, dem Zeichen der Eingeweihten. Der Goldene Schnitt ist eine auffällige Gemeinsamkeit. Das Symbol des Goldenen Schnittes ist das Pentagramm, welches ihn in sich enthält. Es ist ein heiliges Zeichen. Das „himmlische" Pentagramm entsteht aus den Verbindungslinien der Konjunktion von Venus und Sonne.

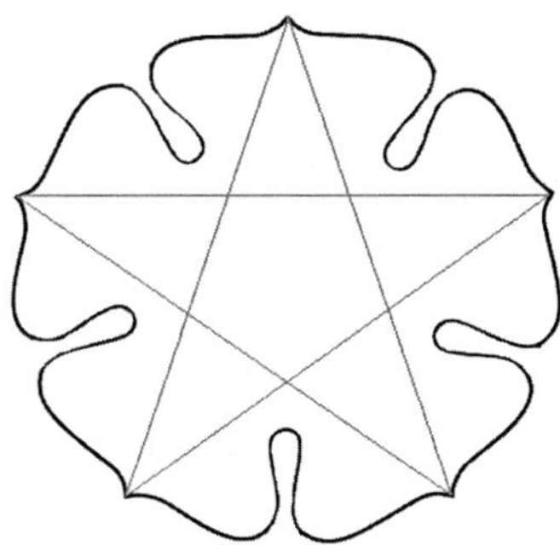

152 Das Matthew-Cooke-Manuskript (ca. 1450) gilt als zweitältestes Dokument der (frei)maurerischen Geschichte.

153 Alle vier sind Nachkommen Kains in der siebten Generation.

154 Zitat: 1. Buch Moses 4,17-22 (Luther-Bibel)

Die Planeten wurden in der Antike für Götter gehalten. Venus war die römische Göttin der Liebe, die von den Griechen unter dem Namen Aphrodite verehrt wurde. Die fünfte Konjunktion der Venus mit der Sonne hat die gleiche Position auf der Ekliptik, wie die erste. Es ergibt ein „himmlisches“ Pentagramm. Deshalb überrascht es sicherlich nicht, dass sich das Symbol des Pentagramms bereits in steinzeitlichen Höhlenmalereien findet.

In der Alchemie hat ein Planet ein ihm zugeordnetes Zeichen und Metall. Das Zeichen der Venus ist ♀ und das ihr zugeordnete Metall ist das Kupfer. Das Zeichen der Sonne ist ☉ und das ihr zugeordnete Metall ist das Gold. Daraus ergibt sich wiederum eine Verbindung, die aufzeigt wie sinnig unsere Vorfahren mit dem vorsintflutlichen Vermächtnis umgegangen sind.

Den sieben damals bekannten Planeten wurden nicht nur Zeichen und Metalle zugeordnet, sondern auch die Wochentage und sieben von zehn Sephiroth[155] des kabbalistischen Lebensbaums. Im Sepher Jesirah (alias *Buch der Schöpfung*) werden zur Zahl Sieben einige Assoziationen und Verbindungen aufgezeigt. Dort steht:

Sieben Doppelte. Zeichne, meißle, lautere, wiege und vertausche sie. Schaffe durch sie sieben Planeten in der Welt, sieben Tage im Jahr und sieben Pforten im Körper (männlich und weiblich). [156]

Die Zahl Sieben steht u.a. für die damals bekannten Planeten: Saturn, Jupiter, Mars, Sonne, Venus, Merkur und Mond. Sonne (Stern) und Mond (Erdtrabant) galten als Planeten.

Planet	🪐	**Metall**	**Sephirah**	**Wochentag**
Saturn	♄	Blei	Binah	Samstag
Jupiter	♃	Zinn	Chesed	Donnerstag
Mars	♂	Eisen	Geburah	Dienstag
Sonne	☉	Gold	Tiphereth	Sonntag
Venus	♀	Kupfer	Netzach	Freitag
Merkur	☿	Zink	Hod	Mittwoch
Mond	☽	Silber	Jesod	Montag

[155] Das hebräische Wort „Sephiroth“ ist die Mehrzahl des Wortes „Sephirah“.

[156] Zitat: *Sepher Jesirah - Buch der Schöpfung*. 5. Auflage. Oberursel 2012. Seite 32.

Die Zahl Sieben steht auch für die sieben Pforten des Körpers: zwei Augen, zwei Ohren, zwei Nasenlöcher und der Mund. Sie symbolisiert die Vollendung, denn am siebten Tage beendete bzw. vollendete Gott sein Schöpfungswerk.[157]

In der Kabbalah ist der Schlüssel der Baum des Lebens. Im Baum des Lebens ist die gesamte Lehre der Kabbalah komprimiert enthalten. Er hat eine Evolution erfahren, auf die wir später noch einmal genauer zu sprechen kommen. Im Sohar[158], wird die Struktur des Lebensbaum auf sieben untere Sephiroth, drei obere Sephiroth und dem Unendlichen Nichts (alias *Ain Soph* alias *Chaos*) oder der verborgenen Sephirah (alias *Da´ath* alias *Kad*) erweitert.

Aus dem Lebensbaum lässt sich das alchemistische Zeichen der Venus ♀ herstellen (siehe Abbildung links). Wenn nun die elfte, verborgene Sephirah eingefügt wird, so ergibt sich zumindest in der oberen Hälfte der Abbildung rechts das alchemistische Zeichen der Sonne ʘ. Die untere Hälfte bildet ein Tau (τ).

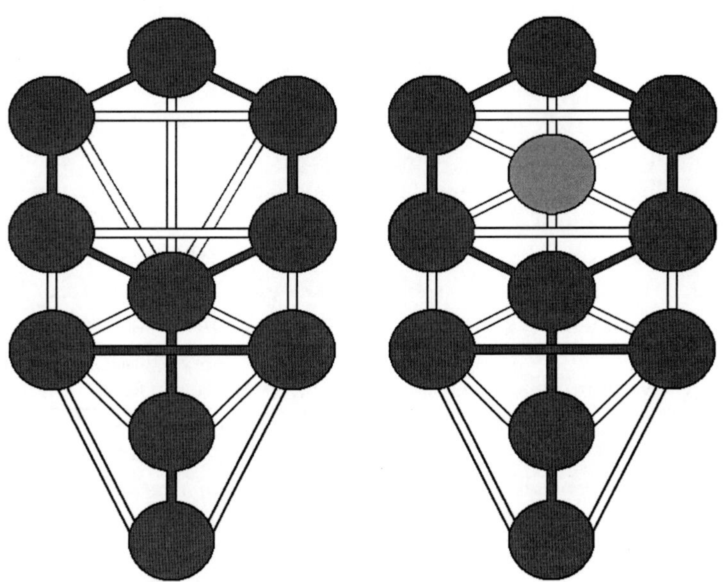

Das Zeichen der Venus entspricht auch dem ägyptischen Zeichen für Leben: Ankh. Sie ähneln sich sehr.

---

157 siehe: 1. Buch Moses 2,2 (Luther-Bibel)

158 Der Sohar, das heilige Buch der Kabbalah, entstand im 13. Jahrhundert n.u.Z.

Die beiden Bäume tragen weitere versteckte Hinweise in sich. Wenn wir bei der linken Abbildung die verbliebenen Pfade der Weisheit zählen, so sind es 13 Stück. Wenn wir bei der rechten Abbildung die verbliebenen Pfade der Weisheit zählen, so sind es 16 Stück. Mit den verbliebenen Pfaden der Weisheit sind jene Pfade gemeint, die auf Abbildung auf der vorhergehenden Seite weiß geblieben sind.

Die Zahl 13 verweist auf die 13 Hauptsterne des Sternbildes Schlange[159], auf die 13 Stämme Israels, die die gesamte Menschheit symbolisieren, und auf die 13 Cherubim, die den Weg zum Baum des Lebens bewachen, die wiederum mit den 13 Monatsnamen des hebräischen Mondkalenders übereinstimmen.

Nach der Zerstörung des Salomonischen Tempels ist es König Hiskia der den zweiten Tempel des einen Gottes baut und am 16. Tag[160] vollendet. König Salomon benötigte insgesamt 13 Jahre[161] für den tatsächlichen Bau des ersten Tempels. Beide Zahlen sind verbunden mit der Vollendung eines Tempels. Sie weisen auf die Vollendung eines der beiden Tempel, die jemals für den einen Gott in Israel errichtet wurden. Beide Tempel waren als Besuchsort für die Schekina gedacht. Die Schekina ist die *Einwohnung Gottes* über der Bundeslade oder im Allerheiligsten des Tempels. Die Schekina ist die allgegenwärtige Göttlichkeit auf Erden. Es war wiederum Hesekiel, der einen Tempel ersann, der am Ende aller Tage das auserwählte Volk in sich beherbergen sollte.

---

159 siehe in diesem Buch: *Der Schlangenträger (Ophiuchus)* – Kapitel VII
160 siehe: 2. Buch Chronik 29,17 (Luther-Bibel)
161 siehe: 1. Buch Könige 7,1 (Luther-Bibel)

Die beiden Säulen des Salomonischen Tempels sollen ebenfalls auf das Ende aller Tage verweisen. Die beiden Säulen, die das gesamte Wissen der Menschheit auf sich trugen, wurden in die Erblinie Kains (zweiter Stammbaum) gesetzt. Sie sollen von seinen Urenkeln – Jabal, Jubal, Thubalkain und Naema – angefertigt worden sein.
James Anderson hat die Freimaurer zu Nachkommen der Seth-Erblinie gemacht und bereits zu jenem Zeitpunkt zeigt sich der Verlust des Verständnisses und des Schlüssels zum Vermächtnis Henochs. Diese Säulen sollen in stilisierter Form den Salomonischen Tempel verziert haben.

Andere Exegeten meinen wiederum, dass die beiden Säulen des Salomonischen Tempels eine stilisierte Darstellung der beiden paradiesischen Bäume sei. Dabei wird auch auf die Granatäpfel verwiesen, die oben auf den Säulen angebracht wurden.[162] Der Baum der Erkenntnis über Gut und Böse sei ein Grantapfelbaum, während der Baum des Lebens ein Feigen- oder Dattelbaum gewesen ist.
Wenn Gott, der den Weg zum Baum des Lebens durch mindestens zwei Cherubim versperrt hat, wieder freigibt und wir in seinen Augen

162 siehe: 1. Buch Könige 7,41-42 (Luther-Bibel)

reif genug sind, erlaubt er uns vom Baum des Lebens zu essen, um dadurch endgültig zu ihm zurückzukehren. Der Baum des Lebens befand sich nach dem Sündenfall im himmlischen Jerusalem.
Als Adam vom Baum der Erkenntnis über Gut und Böse aß, wurde ein gewaltiger Prozess eingeleitet. Der erste Schritt zur Erlösung und zur Erlöschung begann „damals". Die Erbsünde, die aus dem Sündenfall hervortritt, ist aber nicht erst durch Adam auf den Menschen gekommen, sondern Gott gab den Menschen ein eigenes Ego, das er in einer Art Selbstreinigung zu überwinden hat, um zu Gott zurückzukehren.
Die Erbsünde ist das eigene Ego. Sie wurde nicht einst von Adam auf uns übertragen, sondern unsere täglichen Handlungen und Taten erschaffen und vergrößern unsere eigene Erbsünde. Sie ist nur deshalb vererblich, weil sie auf unsere Umgebung vererbt werden kann. Benehmen wir uns schlecht in der Geschäftswelt, so wird man sich uns gegenüber schlecht verhalten. Geben wir unseren Schülern ein schlechtes Beispiel, so werden wir schlechte Ergebnisse erhalten. Sind wir unseren Kindern ein schlechtes Beispiel, so werden wir in Einsamkeit sterben. Wir werden das ernten, was wir säen.
Die beiden Säulen stellen auch mit dem Priester- und Königtum eine gemeinsame Verbindung her, die wiederum auf das Ende aller Tage verweist. Die beiden Säulen können auch für das Priestertum und Königtum stehen, die am Ende aller Tage wieder vereint werden. Die Vereinigung beider Ämter sah man in der biblischen Gestalt des Melchizedeks, aber er war zwar Hohepriester Gottes aber kein König aus dem Geschlechte Davids.[163] Er war ein Vorbote des endgültigen Heils am Ende aller Tage.
Die beiden Säulen[164] werden ab ca. 1690 n.u.Z. in freimaurerischen Katechismen auch in Verbindung mit dem Salomonischen Tempel gebracht. In Folge dessen auch schon versehen mit ihren Namen.[165] Zum ersten Mal bildlich im Zusammenhang mit der Freimaurerei dargestellt, finden sich die beiden Säulen auf zwei Porträts schottischer Freimaurer (1704).
Adam steht für die gesamten Menschen des Westens. Seth steht für jene Gruppe, die Abels Platz einnehmen sollte. Enosch wird in

---

[163] Der Name David, zweiter König des vereinigten Königreichs Israels und Vater des Salomon, hat auf Hebräisch den Zahlenwert 14 (דוד). Der Baum der Erlöschung hat 14 Sephiroth und 32 Pfade der Weisheit.
[164] siehe: David Stevenson. *The Origins of Freemasonry*. Edinburgh 2001.
[165] siehe: 1. Buch Könige 7,15-22 (Luther-Bibel)

Verbindung gebracht mit der Entstehung des monotheistischen Glaubens, denn zu seiner Zeit fing man an dem Namen Gottes zu huldigen. Es könnte auch ein Verweis auf die Jesiden sein. Die gemeinsame Verbindung ist Henoch. Selbst wenn die Freimaurer ihn nur in ihren Legenden, Ritualen und Hochgraden lebendig gehalten haben. Sein Vermächtnis besagt kurzum:

1. Der Glaube an ein höheres, lebendiges und aktives Prinzip,
2. das zugleich die höchste Form von Liebe ist,
3. an die göttliche Hierarchie der Ordnung,
4. an die Unsterblichkeit der Seele des Menschen,
5. an ihre Wiedergeburt oder Seelenwanderung,
6. an den himmlischen Ursprung des Bösen,
7. und an das vorherbestimmende Schicksal.

Das Vermächtnis setzt Verbindungen des Goldenen Schnitts mit menschlichen Bauwerken, insbesondere mit den Weltwundern. Es spricht von der Unsterblichkeit der Seele, dem Pentagramm, zwei Säulen und dem Baum des Lebens als zentrale Symbole des Erbes der alten, vorsintflutlichen Welt. Alles dies wird mit den Namen Henoch, in seinen unterschiedlichen Ausprägungen, in Verbindung gebracht. Im Bewusstsein der Menschen gab es unzählige Assoziationen mit ihm. In alten rabbinischen Legenden wird Henoch mit Thot in Verbindung gebracht. Für die alten Griechen war Thot ein anderer Name für Hermes Trismegistos. Die rabbinische Tradition machte aus Henoch den höchsten aller Engel, nämlich Metatron. Im Koran wird er Idris genannt. Henoch ist die gemeinsame Verbindung.

Die Freimaurer tragen das antike Erbe Henochs in ihren Legenden, Ritualen und Hochgraden bis heute fort. Doch sie haben das Verständnis und den Schlüssel zu jenem Vermächtnis verloren.

Das Buch der Wächter
Der Henochische Orden

Kabbalistische Kapitel

X. Die Kabbalah

Die Kabbalah ist eine der ältesten Quellen der Geschichte der Menschheit und der Überlieferungen eines geheimen Erbes. Eine heterogene Sammlung, die alles das in sich vereinigt, was von der Wissenschaft der sumerischen Astrologen, der chthonischen Astrosophen, der ägyptischen Hierophanten und der chaldäischen Magier übrig geblieben ist. Viel Wissen ging im Jahre 7552 v.u.Z. (nach Tollmann) verloren, als die sieben Kometen, die Henoch prophezeite, in die Erdatmosphäre eintraten.

Als die biblische Sintflut 3150 v.u.Z. (nach Gould, Eldrige und Woolley) eintrat, hatte sich die Menschheit davon erholt, aber der außerordentliche Kontakt mit dem kollektiven Unbewussten ließ nach.[166] Die Kabbalah ist Bewahrerin der mündlichen Überlieferungen und deshalb eine der ältesten Quellen der Geschichte der Menschheit. Auch wenn sie offiziell erst ab dem 9. Jahrhundert n.u.Z. eine selbstständige Strömung wurde, so beruft sich ihr Vermächtnis auf Wissen, das vor der Sintflut von Generation zu Generation mündlich weitergegeben wurde. Eine sich durch die Jahrhunderte erhaltende Legende besagt, dass die Überlieferungen aus der Alten Welt[167] – als Vermächtnis des Henochs – von Abraham herstammen sollen. Abraham gilt als der Stammvater der Juden, Christen und Moslems. Diese Traditionslinie nennt man ASHNAM.[168]

Da Judaia zum ägyptischen Reich der Ptolomäer gehörte, beherbergte Alexandria eine ansehnliche Gemeinde von Juden. Hier wurden die Bücher des Alten Testaments ins Griechische übersetzt (die Septuaginta). Aus der Begegnung mit dem Kult des Thot, den die Juden mit Henoch gleichsetzten, entstand hier in dritten Jahrhundert vor der Zeitrechnung die erste Form der Buchstabenmystik der jüdischen Kabbala (hebräisch qabbala »Überlieferung, Geheimlehre«): die Merkava (der »Thronwagen« im Buch Ezechiel).

---

166 Das Vermächtnis Henochs hat eine undefinierbare Quelle und ist mit allen Menschen verbunden. Es bildet ein nationsübergreifendes Kollektiv. Manche geistigen Richtungen nennen das Kollektive Unterbewusstsein Akasha-Chronik.

167 Noah wurde zur Zeit der Sintflut zum Erretter einer auserlesenen kleinen Gruppe von sieben Menschen. Deshalb gilt er bis heute im Judentum als Urvater der gesamten Menschheit. Noah rettete die Überlieferungen aus der Alten Welt, die 1657 Jahre Bestand hatte. 1657 Jahre, weil Adam 3761 v.u.Z. erschaffen wurde und die Sintflut sich im Jahre 2104 v.u.Z. ereignet haben soll.

168 ASHNAM sind die Anfangsbuchstaben der Namen derjenigen die für die Traditionslinie stehen: Adam, Seth, Henoch, Noah, Abraham und Melchizedek.

Die esoterische Kabbala betraf das geheime Wissen um die ungeschrieben Thora (= die Fünf Bücher Mosis), die Adam und nach ihm Moses von Gott mündlich offenbart worden sein soll. Obwohl das mosaische Gesetz weiterhin die sichtbare, exoterische Grundlage des jüdischen Glaubens darstellte, bot die Kabbala einen Weg, sich Gott unmittelbar anzunähern. »Ich habe die Welt mit dem Maß, mit der Zahl und mit dem Gewicht geschaffen«, sagt Gott in der Genesis/1. Mose. (In der christlichen Fassung des Kanons nur noch in Weisheit 11,20 erhalten.) Darin sahen die Kabbalisten ein grundlegendes Gesetz, das das gesamte Universum lenkt. Das sei das Geheimnis, das Gott Moses mit den Gesetzestafeln offenbart habe, die – wenn auch selbst aus Stein – in einem Goldkasten eingeschlossen seien: die Bundeslade.

Die Kabbala bot dem Eingeweihten die Möglichkeit, die Geheimnisse des Gesetzes (Thora) zu verstehen und zu erklären. Sie gab ihm den Schlüssel an die Hand, mit dessen Hilfe die Bindeglieder zwischen Mensch und Universum, zwischen dem einfachen Sterblichen und seinem Schöpfer erkannt werden konnten. Diese Bindeglieder wurden als Kräfte aufgefasst, die unter Beachtung des Gesetzes die Schöpfung formten. Sie konnten also, wenn sie bekannt waren, auch im Umkehrschluß verwendet werden. Die Kabbala nannte bestimmte Mächte, Engel oder Genien, durch deren Anrufung der Natur befohlen werden konnte. Diese praktische Kabbala stand im Gegensatz zur theoretischen Kabbala, die rein spekulativ war. [169]

Obwohl die Kabbalah erst im 13. Jahrhundert n.u.Z. im maurisch besetzten Südspanien und in Südfrankreich im Buch des Glanzes (Sepher ha-Sohar) niedergeschrieben wurde, so sind die Jahrtausende alten Überlieferungen des Henochs und der Angelologie als Wissensquelle benutzt worden. Als der zweite Tempel in Jerusalem 70 n.u.Z. von den Römern zerstört wurde, starben viele Anhänger Henochs und viele Schriften gingen verloren. Da aber zum damaligen Zeitpunkt das Henochische Judentum stärker als die zadokitische Priesterschule war, bleiben die Henochischen Lehren immer im Judentum lebendig, selbst als die Diaspora alles Wissen zu vergessen schien. Deshalb ist die Kabbalah die älteste Quelle, weil sie sich einerseits auf Wissen beruft, das von Generation zu Generation mündlich weitergegeben wurde und andererseits einen direkten Kontakt zu unserem kollektiven Unterbewusstsein (alias *Akasha-Chronik*) herstellt.

[169] Zitat: *Die Geheimlehre der Tempelritter: Geschichte und Legende.* Allan Oslo. 3. Aufl. Patmos-Verlag. Düsseldorf 2000. Seiten 40-41.

Das Prinzip der Kabbalah beruht auf den zehn Welten oder Sephiroth. Gott erschuf sich selbst aus dem Ain Soph (alias *Endloses Nichts* alias *Chaos*). Sein Eintreten in das Nichts wird in der Kabbalah als die erste Sephirah Kether bezeichnet. Kether steht für das erste Gebot „Ich der Herr, Dein Gott". Kether bedeutet „Krone" und symbolisiert das Sich-Selbst-Erschaffen Gottes.
Nachdem Gott sich aus dem Endlosen Nichts (hebr. „Ain Soph") ausgoss, erschuf er die zweite Welt, die Geometrie oder das höchste Ordnungsprinzip, das die Kabbalisten Chokmah (hebr. „Weisheit") nennen. Das Geistige („Gott als Krone") und das Ordnungsprinzip („Geometrie als Weisheit") existierten und es wurde das Verständnis (hebr. „Binah") aus dem Ain Soph emittiert, damit die Spannung, die sich zwangsläufig gebildet hatte, ausgeglichen werden konnte. Dies sind die ersten drei Sephiroth der Kabbalah. Kether steht für das erste, Chokmah für das zweite[170] und Binah für das dritte[171] Gebot. Die geistige Trinität war erschaffen. Der Urknall ist im Gange. Das Chaos ist das höchste Prinzip von Ordnung (siehe Abbildung). Die Geometrie ordnet das Chaos.

Die offizielle Urknalltheorie besagt, dass zum Zeitpunkt **X** eine Explosion von der Mitte des Universums ausging und Energie, Materie und Antimaterie nach allen Seiten auswarf. Erinnern wir uns zudem daran, wie in den Beschleunigern[172] nachgewiesen wurde, dass beim Urknall 1 Milliardstel Materie übrig bleibt. Diese Materie kann weder von der Wissenschaft noch vom System der Kabbalah

---

170 siehe: 2. Buch Moses 20,3: *Du sollst keine anderen Götter haben.*

171 siehe: 2. Buch Moses 20,7: *Du sollst den Namen Gottes nicht missbrauchen.*

172 In einem Beschleuniger können elektrisch geladene Atomkerne, wie z.B. die des Zinns, mit der Ordnungszahl 50 auf zehn Prozent der Lichtgeschwindigkeit gebracht werden. Erst ab mindestens dieser Geschwindigkeit kann die abstoßende Kraft anderer Atomkerne, so wie die des Kupfers, mit der Ordnungszahl 29 überwunden werden und eine Fusion wird ermöglicht. Das Resultat wäre ein Kern mit 79 Protonen, das Gold. (Gesellschaft für Schwerionenforschung in Darmstadt)

ignoriert oder verworfen werden. Deshalb handelte Gott aus Gnade (vierte Sephirah ist Chesed; hebr. „Gnade“) und gab der Materie die Macht (fünfte Sephirah Geburah; hebr. „Macht“) zurückzukehren. Dieses Prinzip können wir noch heute in der Natur sehen und erkennen. Alles was fest und beständig in der Natur scheint, ist im Molekularen geometrisch und harmonisch angeordnet, wie z.B. ein Diamant. Diese Geometrie empfinden wir als schön. Geometrie ist Schönheit und sie ist die sechste Welt Tiphereth (hebr. „Schönheit“). Diese Sephirah ist dem Gebot *„Du sollst nicht töten.“* gewidmet. Doch alles in der Materie wäre tatsächlich vergänglich oder sterblich, wenn dem Prinzip der Schönheit nicht Unendliches oder Unsterbliches beigemengt worden wäre. Die siebte Sephirah oder Welt heißt deshalb Netzach und ist dem Gebot *„Du sollst nicht ehebrechen.“* zugeteilt. Um im Nichts erkennen zu können, dass die Materie auch Teil der göttlichen Triade (*Trinität* bzw. *Dreiheit*) ist, signierte Gott die vierte bis achte Welt mit seiner Herrlichkeit (hebr. „Hod“).

Die göttliche Triade bzw. der kabbalistische Urknall wird mit dem Symbol des Dreiecks dargestellt. Das Dreieck, welches bei den Griechen das Delta (Δ) darstellte und für den platonischen Demiurgen[173] stand, wurde seit jeher als Sitz Gottes wahrgenommen und stellt zugleich das Symbol des Feuers dar.[174] Diese Parallele zum Demiurgen[175] ist äußerst interessant, weil Platon ihn als Baumeister beschreibt. Sein Handwerkzeug ist neben dem Zirkel, das Winkelmaß und die Kelle. Das Symbol von Winkelmaß und Zirkel wird Gnomon bzw. auch Lambdoma genannt. Das Gnomon bzw. Lambdoma wird vom Symbolforscher Julius Schwabe einer Weltformel gleichgesetzt

---

173 Der Demiurg (gr. „δημιουργός“) ist in Platons naturphilosophischem Werk „*Timaios*“ der Schöpfergott, der als Baumeister eine Art Höhlenkosmos erschuf.

174 Das Dreieck mit der Spitze nach unten stellt das Element Wasser dar.

175 siehe: 1. Timotheus 2,5 (Luther-Bibel)

(1967). Es bestand aus einem nach unten geöffneten Winkel (gleich dem griechischen Buchstaben lambda), dessen offene Seite durch ein Gnomon (gr. „Winkelhaken") abgeschlossen war.
Das Jod (י), welches für den Anfangsbuchstaben des Namen Gottes steht (יהוה *jahwe ausgesprochen*), wird zumeist in der Mitte eingefasst. Wandert das Jod nach unten, unterhalb des unteren Rands des Dreiecks, so ergibt sich eine Kelle mit Griff. Neben dem Winkelmaß und dem Zirkel ist die Kelle das dritte Werkzeug eines Baumeisters.
Gott wirkt und herrscht als Baumeister in seiner Schöpfung. Sein Geist erhält durch Spiegelung die Schöpfung, sein Bauwerk. Der Baum des Lebens ist auch eine Spiegelung des Geistes Gottes. Die Vereinigung mit Gott, der Akt selbst, ist die elfte Sephirah, die sich nicht sichtbar in der Kabbalah ankündigt. Der Baum des Lebens ist zentrales Element dieser Lehre, Symbol und Modell des Universums, die „Anatomie Gottes" und das Gnomon der Kabbalah. Man kann den Baum des Lebens in drei Ebenen unterteilen:

Das oberste Dreieck steht für die spirituelle Entwicklung des Menschen, sein höchstes Potential ist hier zu sehen. Das mittlere Dreieck weist nach unten, in die Richtung der Manifestation und bezieht sich auf die äußere Welt, die praktischen Angelegenheiten mit denen der Mensch konfrontiert wird. Das untere Dreieck geht in die verborgenen Bereiche des Selbst hinein, in die unbewussten Triebe und die Energie der Phantasie.

Die Kabbalah ist ein Konstrukt, das von oben nach unten gebildet wurde. Damit nun alle Sephiroth sich auf ein Fundament stützen konnten und können, war der vorletzte Schritt Gottes, die Erschaffung eines Fundaments. In der Kabbalah ist dem Fundament, der Sephirah Jesod das neunte Gebot „*Du sollst nicht falsch Zeugnis reden.*" zugeordnet. Die letzte und notwendige Welt ist Malkuth, das Reich oder die Herrschaft. Bei den Israeliten wurde die Herrschaft über die Welt dem Messias (hebr. „Maschiach"), bei den Christen Jesus Christus, bei den Katharern in die Hände des Rex Mundi gelegt. Deshalb ist das Gebot „*Du sollst nicht begehren.*" hier verknüpft. Die Verwerfung der eigenen Individualität - des eigenen Egos. Nun erhält der Satz aus dem Johannes-Evangelium einen tieferen Sinn:

Ich bin der Weg und die Wahrheit und das Leben; niemand kommt zum Vater denn durch mich. [176]

---

176 Zitat: Johannes 14,6 (Luther-Bibel)

Schon kurz nach dem Sündenfall vergaßen die Menschen die Liebe Gottes (hebr. „ahawah"), denn wenn wir von der Erschaffung des Menschen nach der Bibel gehen, dann wurde Adam im Jahre 3761 v.u.Z. erschaffen. Die erste Sintflut war seit Jahrtausenden ausgeklungen und die zweite ein Jahrtausend weit entfernt und in dieser Zeit vergaßen die Menschen die Kontaktfähigkeit zu ihrem kollektiven Unbewussten (alias *Akasha-Chronik*) ganz und das Wissen um Gottes Gesetze und Ordnung. Und obwohl Gott Botschafter in alle Welt sandte, die über das alte Wissen wachen, bewahren und wieder beleben sollten, so verloren sie mehr und mehr Kontakt zu ihrem vorsintflutlichen Erbe und somit zu Gott.
Die Botschafter Gottes können Engel oder Boten sein, da aber laut dem angelologischen Buch Henoch Engel keine Körper haben, aber welche besetzen können, so wird offensichtlich, warum die Verbindung von einer himmlischen Engelsseele mit einem irdischen Menschenkörper Gottes Zorn heraufbeschwor. Es werden aber auch in der Bibel Beispiele genannt, wo dies nicht der Fall ist.[177] Dennoch muss verständlich gemacht werden, dass der menschliche oder materielle Körper eine enorme Anziehung auf das körperlose Wesen eines Engels ausüben kann. Engel können sich nicht, wie der Mensch ekstatisch oder emotionell fortpflanzen. Sie sind zwar fähig sich zu reproduzieren, aber dies ist eine minderwertige Kopie, die ohne das Original nicht überleben kann. Deshalb hat die Kabbalah zehn Sephiroth oder Entitäten, aus denen sich die gesamte geistige und materielle Welt ergießt. Die zehn Sephiroth können nur über 32 (10+22) verborgene Bahnen der Weisheit kommunizieren.
So wird die Schöpfung angeordnet und so besteht sie durch ihren Baumeister. Gott erschuf vor der Schöpfung sechs Hauptkräfte, die dem Sechs-Tage-Werk zugrunde liegen (hebr. „Bara Schit" bedeutet „Er schuf sechs."). Er konnte numerologisch sechs Wesen schaffen, da er im Universum (symbolisiert durch 10) „Eins" (symbolisiert durch 13) oder „ewiglich" (ebenfalls symbolisiert durch 13) ist, was den Zahlenwert 4 ergibt.[178]

Universum (10) + ewiglich (13) + Gott (26) = 49 = 13 = 4

[177] siehe: 1. Buch Moses 21,1-17 (Luther-Bibel)

[178] Buchstaben und Worte können durch Zahlen ersetzt bzw. ausgetauscht werden (alias *Gematria*). Das Universum wir durch 10, die Liebe und Ewigkeit durch 13 und Gott durch 26 (alias *JHWH*) dargestellt.

Die Gematria ist eine alte kabbalistische Kunst der Vertauschung von Buchstaben durch Zahlen. Sie basiert darauf, dass bestimmte Hinweise in der Bibel verschlüsselt wurden. Sie sollen gefunden werden, aber nicht auf Anhieb und nicht von jedem.
Die verbleibende Zahl „Vier" steht für die Erde (alias *vier Elemente*) und ist wiederum ein Verweis auf das Göttliche in der Welt bzw. in der Schöpfung. Dies ist bspw. eine Aussage der achten Sephirah: Hod, was *Herrlichkeit* bedeutet.[179] Der Name Gottes (alias *JHWH*) besteht ebenfalls aus vier Buchstaben, nämlich den Buchstaben J (Zahlenwert 10), W (Zahlenwert 6) und zweimal dem Buchstaben H (Zahlenwert 5) gebildet.

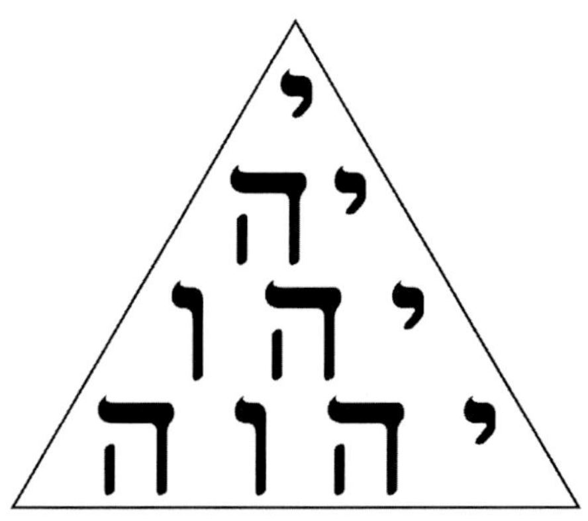

Die Gematria überführt ein Wort in seinen Zahlenwert, um eine verborgene oder andere Bedeutung zu finden. Dann wird aus dem gleichen Zahlenwert ein neues Wort gebildet. Man kann Zahlenwerte auch dazu nutzen, um weitere Beziehungen zwischen den Worten zu setzen. So hat das Wort „Eins" und das Wort „Liebe" jeweils den Zahlenwert 13. Die Zahl 13 erfüllt einen weiteren Zweck. Denn 1+3 ergibt wiederum vier. Vier ist die Zahl der Welt bzw. der Schöpfung.
Die 26 entspricht dem wichtigsten Namen Gottes: **יהוה**. Aus vier Buchstaben entsteht die Zahl 26, deren Quersumme die 8 ist bzw. die doppelte 4 (8:2=4).
Die 72 stellt die Gesamtheit des Wesen Gottes dar. Die obige Abbildung zeigt zehn hebräische Buchstaben. Es gibt eine latente Bindung zwischen den Zahlen Vier, Zehn, 26 und 72.

---

179 Gott stempelte auf die vierte bis achte Welt seine Herrlichkeit. Die achte (**8.**) Welt (Sephirah) heißt auf Hebräisch *Hod* und bedeutet *Herrlichkeit*.

Gott stellt bei der Schöpfung unserer Welt die Zahl Vier dar und er erschafft an sechs Tagen unsere Welt, um im gleichen Augenblick die sechs geistigen Kräfte an diese Welt zu binden (4+6=10). Numerologisch schließt sich der kabbalistische Kreis dadurch, indem gesagt wird, Gott ist alles und das alles ist im Baum des Lebens enthalten.

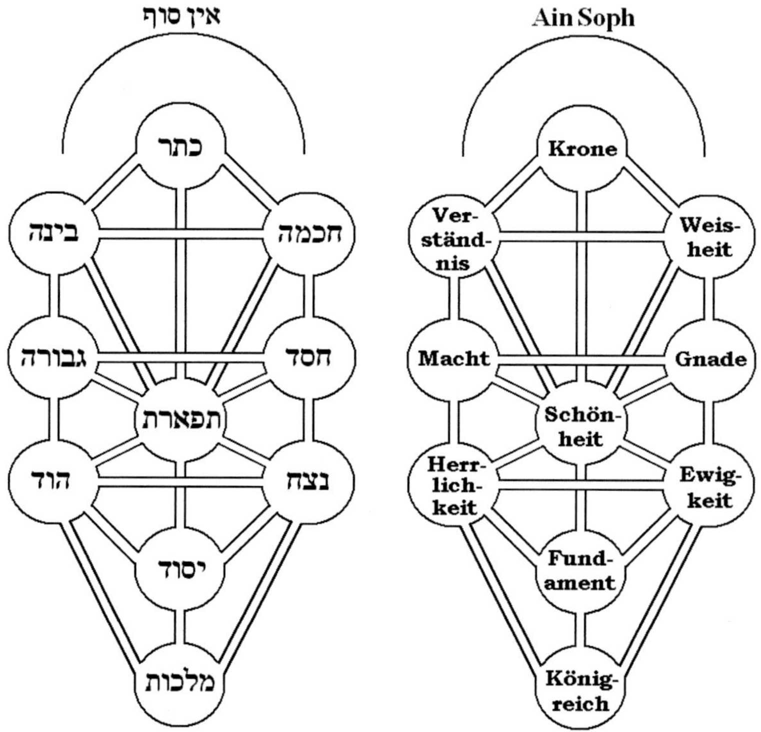

Der Baum des Lebens ist eine Spiegelung des Geistes Gottes in das Urwasser der Materie. Da die Vier auch Gott (JHWH) darstellen kann, braucht man nur die Zahlen 1 bis 4 zusammen zu rechnen und erhält genau diese Aussage bestätigt. [180] Einer der wichtigen Gottesnamen in der Kabbalah ist JHWH (**יהוה**) und sein Zahlenwert ist 26. Man kann beide Zahlenwerte der Worte „Eins“ und „Liebe“ zusammenzählen und auf die Summe 26 stoßen.

---

[180] Der Name Gottes schreibt sich mit vier Buchstaben JHWH. Die Tetraktys des Pythagoras besagt, dass 1 + 2 + 3 + 4 gleich 10 ist. (siehe: Zehn Gebote)

In den zehn Sephiroth sind das innerste Wesen Gottes und die Herleitung von allem anderen aus ihm gebündelt. Die erste Sephirah ist Kether, die Krone und sie wird vom Ain Soph - dem Endlosen Nichts - gespeist. Schon der Ursprung der zehn Sephiroth aus dem Endlosen (אין סוף) ist immer auf die Zehn zurückführbar. Die 72 stellt die Gesamtheit des Wesen Gottes dar.
Die Kabbalah teilt sich in mehrere Hauptkategorien auf. Die Hauptkategorien sind die theoretische, meditative und praktische Kabbalah. Kabbalisten sehen die drei Hauptkategorien nicht als voneinander getrennte und eigenständige Disziplinen an.
Eine kurze Darstellung oder ein Rechenbeispiel kann sicherlich helfen die Prophetie der Kabbalah besser zu verstehen. Das Endlose Nichts wird auf Hebräisch *Ain Soph* genannt und schreibt sich auf folgende Weise auf Hebräisch: **אין סוף**. Die folgende Tabelle zeigt welchen Zahlenwert diese beiden hebräischen Worte haben.

	Wert	Buchstabe			Wert	Buchstabe
א	1	Aleph		מ	40	Mem
ב	2	Beth		ם	600	Mem Sophit
ג	3	Gimel		נ	50	Nun
ד	4	Daleth		ן	700	Nun Sophit
ה	5	Héh		ס	60	Samech
ו	6	Waw		ע	70	Ajin
ז	7	Zajin		פ	80	Pe
ח	8	Chet		ף	800	Pe Sophit
ט	9	Tet		צ	90	Tzade
י	10	Jod		ץ	900	Tzade Sophit
כ	20	Kaph		ק	100	Qoph
ך	500	Kaph Sophit		ר	200	Resch
ל	30	Lamed		ש	300	Schin
				ת	400	Taw

Diese beiden Worte *Ain Soph* sind als ein Wort anzusehen, da sie nur zusammen die Bedeutung des *Endlosen Nichts* haben.
Im Hebräischen gibt es fünf Buchstaben, die am Schluss eines Wortes zu Endbuchstaben werden. Diese werden im Hebräischen „Otijot Sophit“ genannt. Die Buchstaben Kaph, Mem, Nun, Pe und Tzade werden zu Buchstaben, die am Ende ihre Form etwas verändern und dadurch zu Endbuchstaben werden:

	Wert	Buchstabe			Wert	Endbuchstabe
כ	20	Kaph		ך	500	Kaph Sophit
מ	40	Mem		ם	600	Mem Sophit
נ	50	Nun		ן	700	Nun Sophit
פ	80	Pe		ף	800	Pe Sophit
צ	90	Tzade		ץ	900	Tzade Sophit

Die Endbuchstaben haben bei manchen Ausrichtungen der Kabbalah eigene Zahlenwerte. Wenn die Zahlenwerte auf herkömmliche Art und Weise zusammen gezählt werden, so ergeben sie die Summen: 207 oder 1577.

Buchstabe	1. Summe	2. Summe
Aleph	1	1
Jod	10	10
Nun	50	
Nun Sophit		700
Samech	60	60
Waw	6	6
Pe	80	
Pe Sophit		800
1. Ergebnis	207	1577
2. Ergebnis	2+0+7	1+5+7+7
Resteregebnis	9	20

Das Ain Soph (alias *Endloses Nichts* alias *Chaos*) kann durch herkömmliche und moderne Art und Weise den Zahlenwert 207 oder 1577 haben. Der Zahlenwert 207 stimmt nicht zufällig mit dem Zahlenwert des hebräischen Wortes **אור** (*or* ausgesprochen) überein. „Or“ bedeutet „Licht“. Jene „Sache“, die Gott laut der Thora als allererstes durch sein eigenes Wort/Sprechen erschuf:

Und Gott sprach: „Es werde Licht!“ und es ward Licht. [181]

Das *Ain Soph* ist das *Endlose Nichts*, das *Chaos* und dennoch ist es zudem das sagenumwobene *Licht*, nämlich die höchste Form von göttlicher *Ordnung* und die tatsächliche Basis des gesamten Kosmos.

---

[181] Zitat: 1. Buch Moses 1,3 (Luther-Bibel)

Es war der Kabbalist Isaak Luria, der den Prozess der Schöpfung mit einer riesigen Lichtwelle verglich. Isaak Luria wurde 1534 in Jerusalem geboren und verstarb 1572 in Safed. Nach dem Tod seines Vaters zogen er und seine Mutter nach Kairo. Sein Onkel, der dort Grundbesitzer war, kümmerte sich um die Mutter und sorgte für Lurias traditionelle, jüdische Erziehung. Mit 22 Jahren befasste er sich mit dem Sohar (Buch des Glanzes), dem heiligen Buch der Kabbalah, und lebte sieben Jahre lang auf einer einsamen Nilinsel. Er verließ die Insel nur am Sabbat, um seine Familie zu besuchen. Er erfuhr zahlreiche Visionen in denen er sich mit dem Propheten Elias unterhalten haben soll. Elias wird einer der beiden Zeugen neben Henoch sein, wie es in der Offenbarung des Johannes heißt.[182] Im Jahr 1569 wanderte er ins Heilige Land zurück und ließ sich, nach einem kurzen Besuch seiner Geburtsstadt, in Safed nieder.
Isaak Luria nannte den beginnenden Schöpfungsprozess „*Tzimtzum*", wörtlich „*Rückzug*". Die Schöpfung begann, seinen Ausführungen folgend, mit der Selbsteinschränkung bzw. mit dem Rückzug im *Ain Soph*. Erst durch diesen Rückzug wird der Schöpfung Raum gegeben, in dem sich die Struktur des Lebensbaums bildet. Der ursprüngliche Bauplan Gottes wird in manchen Richtungen „Adam Kadmon" genannt. Adam Kadmon ist zugleich für die entstehende Schöpfung der Schöpfergott (Demiurg). Manche Ausrichtungen der Kabbalah sehen nicht Adam Kadmon als Schöpfer des Universums, sondern den Messias. Während der Messias Adam Kadmon als Grundlage der Schöpfung nimmt.
Nach Isaak Luria wird die Schöpfung auch als eine Selbstreinigung Gottes vom immanenten Bösen verstanden. So ist alles Seiende auf das Ziel ausgerichtet, mittels „*Tiqqun*"[183] dieses Böse zu bekämpfen und letztendlich ein reines Sein zu schaffen und in den Zustand vor der beginnenden Schöpfung zurückzukehren. Der Mensch soll in den Zustand vor dem Sündefall zurückkehren.
Die Erbsünde[184], die aus dem Sündenfall hervortritt, ist aber nicht erst durch einen Fehltritt Adams auf den Menschen gekommen, sondern Gott gab den Menschen ein eigenes Ego, das er in einer Art

182 siehe: Offenbarung 11,3-7 (Luther-Bibel)

183 „*Tiqqun*" ist die Wiederherstellung eines ursprünglichen heilen Zustands des Universums, der Welt und des Menschen.

184 Die Erbsünde ist ein katholisches Prinzip und bezeichnet den durch Adam und Eva verursachten Unheilszustand. Jeder Mensch gilt als Nachkomme Adams. Er wird mit der Erbsünde oder im Zustand der Erbsünde geboren.

Selbstreinigung zu überwinden hat, um zu Gott zurückzukehren. Die „unio mystica“ des Christentums und der Höhepunkt der Vermählung des Gottes und der Göttin sind ein Vorschritt des harmonischen Zustandes. In der Alchemie wird dieser Schritt „chymische Hochzeit“[185] genannt. Die Verschmelzung mit Gott ist der erste Schritt der Menschheit und die Vereinigung mit dem ganzen Kosmos ist der letzte und endgültige Schritt Gottes. Dieser irreversible Zustand wird Kad (hebr. „Gefäß“) genannt.
Da im Abendland fälschlicherweise die „unio mystica“, also die Vereinigung mit Gott als Endziel angesehen wird, muss ein Begriff neu geprägt werden, der den endgültigen und nicht revidierbaren Zustand beschreibt, den die gesamte universale Harmonie ausdrückt, die Gott und die Menschen in das Kad zurückführt.
Als eine riesige Lichtwelle durch das Ain Soph gesandt wurde und sie sich dann zurückzog, um der Schöpfung Raum zu geben, sammelte es sich in unvollkommenen Gefäßen, nämlich den Qelipoth. Die Qelipoth sind die Scherben der inneren sechs Sephiroth, die dem Druck der Lichtwelle nicht standhalten konnten. Sie zerbrachen, aber blieben im Kosmos weiterhin bestehen. Isaak Luria bezeichnete sie als Grundlage des Bösen. Die Scherben vermischten sich wiederum mit göttlichen Lichtfunken und enthalten deshalb einen göttlichen Anteil in sich.
Dieses katastrophale Ereignis hat zwar kosmische Ausmaße, aber es ist der Mensch, der die Umkehr (hebr. „Teschuwa“), die Restauration (hebr. „Tiqqun“), die Rettung (hebr. „Lechalez“) und die Reinigung (hebr. „Tihur“) einleiten wird.[186] Jedes Geschöpf kann laut Isaak Luria daran teilhaben, indem es gerecht (hebr. „Tzaddik“) wird und seine guten Kräfte gegen das Böse richtet.

So wird im Judentum ein nicht jüdischer Mensch, der sich an diese sieben Gebote hält als Tadiq (Gerechter) bezeichnet. Dies gilt gleichermaßen für die Qabala. Auch ein nicht jüdischer Mensch kann Qabalist sein, wenn er anstrebt ein gerechter Mensch zu werden. [187]

---

[185] siehe: *Chymische Hochzeit des Christiani Rosencreutz Anno 1459*, (J. V. Andreae 1616)
[186] Parallele zur Zarathustra-Religion bei der der Kampf zwischen den guten und bösen göttlichen Mächten durch den Menschen entschieden werden wird.
[187] Zitat: *Die Kabbalah - Die Vereinigung vieler Philosophien* (Steinbach 2009) Band III, 1. Auflage – G. Grippo. Seite 22.

Um die Allgemeingültigkeit der Kabbalah auf universales Wissen zu stützen, seien drei Beispiele genannt:

1.) Im Buddhismus gibt es auch „zehn Gebote", die den Menschen zum Nirwana (im Abendland zu Gott) führen sollen:

- Abstehen von Zerstören vom Leben [188]
- Abstehen vom Nehmen nicht gegebener Dinge
- Abstehen vom unkeuschen Wandel [189]
- Abstehen von lügnerischer Rede [190]
- Abstehen von Verleumdungen [191]
- Abstehen von roher Rede
- Abstehen von eitlem Geschwätz
- Nicht Begehren [192]
- Nicht Übelwollen
- Rechte Anschauung

2.) Der mittelalterliche Gelehrte Agrippa von Nettesheim[193] schrieb:

Die Zehnheit heißt die volle, vollkommene, die Universalzahl, denn sie begrenzt den ganzen Lebenslauf. Über sie hinaus kann nicht gezählt werden, es sei denn durch Wiederholung. Sie enthält alle möglichen Zahlen in sich und durch sich ... Sie ist der Anfang und die Erfüllung allen Zählens, aber gleichzeitig ist sie auch wieder der Anfang einer neuen Reihe, nämlich der Zehnerreihe. Und gleichwie die Zehnheit zur Einheit, aus der sie hervorging, zurückfließt, so kehrt auch alles Fließende zu dem zurück, von wo es ausfloss. Wie zum Beispiel das Wasser zum Meer, von wo es stammt. So kehrt auch der menschliche Geist, die Schöpfung Gottes, zu Gott seinem Ursprung zurück. [194]

3.) Bei den Pythagoreern war die Zahl Zehn hochgeschätzt, da sie aus der Summe die ersten 4 Zahlen (1+2+3+4 = 10) gebildet wird. [195]

---

188 siehe 6. Gebot: *Du sollst nicht töten.*

189 siehe 10. Gebot: *Du sollst nicht begehren ...*

190 siehe 9. Gebot: *Du sollst nicht falsch Zeugnis reden wider deinen Nächsten.*

191 siehe 9. Gebot: *Du sollst nicht falsch Zeugnis reden wider deinen Nächsten.*

192 siehe 10. Gebot: *Du sollst nicht begehren ...*

193 Heinrich C. Agrippa von Nettesheim (1486-1535), deuts. Universalgelehrter.

194 Zitat: Helmut Werner. *Lexikon der Numerologie und Zahlenmystik.* S. 146ff (2001)

195 Die Tetraktys ist ein Begriff aus der Zahlenlehre der antiken Pythagoreer. Sie spielte in der pythagoreischen Weltanschauung eine zentrale Rolle, da man in der Tetraktys den Schlüssel zum Verständnis der Weltharmonie sah.

Obwohl wir an dieser Stelle nicht näher auf die Symbolik des Tarot, das mit der Kabbalah innig verflochten ist, eingehen, sei dennoch erwähnt, dass die zehnte Tarotkarte das „Rad des Schicksals" ist. Eben aus diesem Rad muss sich eine buddhistische Seele befreien, um ins Nirwana eingehen zu können.

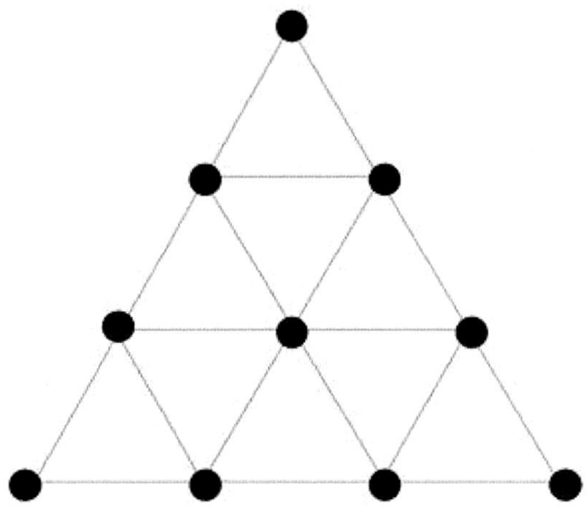

Die Pythagoreer führten anhand des dritten Beispiels auch eine weitere Erklärung für die Erschaffung der ersten sechs Hauptkräfte an. Da Gott eins bis vier ist, konnte er numerologisch nur weitere sechs Entitäten erschaffen, um auf die Universalzahl Zehn zu kommen: 10 - 4 = 6.

1	+	2	+	3	+	4	=	10
		1	+	2	+	3	=	6
				1	+	2	=	3
						1	=	1
								20

Das Ain Soph (alias *Endloses Nichts* alias *Chaos*) kann – wie bereits zuvor beschrieben – den Zahlenwert 207 oder 1577 haben. Der Zahlenwert 207 stimmt mit dem Zahlenwert des hebräischen Wortes **אור** (*or* ausgesprochen) überein. Or bedeutet im Hebräischen Licht. Das Restergebnis von 1577, dem Alternativwert des Wortes *Ain Soph*, ergibt 20 und kann so berechnet werden wie in der obigen Tabelle dargestellt.

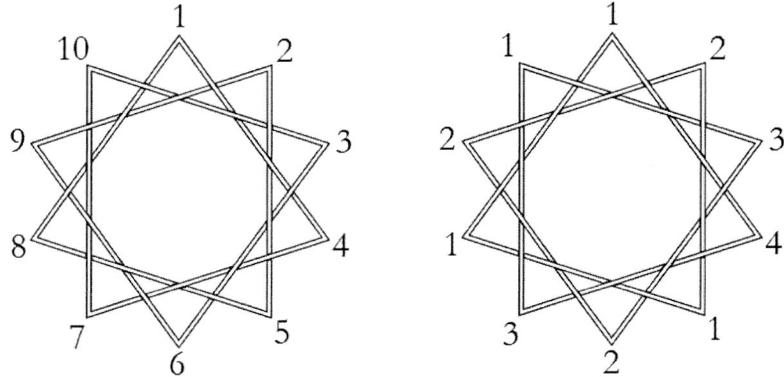

Das Dekagon (Zehneck) ergibt durch das Zusammenzählen der Zahlen von 1 bis 10 (1+2+3+4+5+6+7+8+9+10) die Quersumme ist 55. Die Quersumme von 55 (5+5) ergibt wiederum 10 (10 = 1+0) was wiederum zur Quersumme 1 zurückgeführt werden kann. Die Zahl 55 kann auch für zwei Pentagramme (✫✫) stehen, die zusammengeführt wieder ein Dekagon ergeben.

Die Verschmelzung mit Gott ist der erste Schritt der Menschheit und die Vereinigung mit dem ganzen Kosmos ist der letzte und endgültige Schritt Gottes. Dieser irreversible Zustand wird Kad (hebr. „Gefäß“) genannt.

XI. Was vor der Schöpfung war

Die Thora beginnt mit dem Buchstaben „Beth“ (ב). Es handelt sich um den zweiten Buchstaben des hebräischen Alphabets. Das erste Wort der Thora lautet „Bereschit“. Der/die Verfasser verwiesen darauf, dass beim Schreiben des ersten Buches (lat. „genesis“) der Bibel, das fehlende „Aleph“ (א) deren volle Absicht gewesen sei. Aleph ist der erste Buchstabe des hebräischen Alphabets.

א	1	Aleph	י	10	Jod	ע	70	Ajin
ב	2	Beth	כ	20	Kaph	פ	80	Pe
ג	3	Gimel	ך	500	Kaph (Sophit)	ף	800	Pe (Sophit)
ד	4	Daleth	ל	30	Lamed	צ	90	Tzade
ה	5	He	מ	40	Mem	ץ	900	Tzade (Sophit)
ו	6	Waw	ם	600	Mem (Sophit)	ק	100	Qoph
ז	7	Zajin	נ	50	Nun	ר	200	Resch
ח	8	Chet	ן	700	Nun (Sophit)	ש	300	Schin
ט	9	Tet	ס	60	Samech	ת	400	Tau

Das Aleph kann für Gott, seine Wesen und seine Wesenszüge und einiges mehr stehen, was es vor dem Anfang gab. In diesem Buchstaben ist sehr viel Geheimes und Verborgenes enthalten. Man kann somit nur mutmaßen, wie die Thora bis ins Kleinste durchdacht und mit einem tieferen Sinn behaftet wurde, als das sie eine lose Aneinaderreihung von Buchstaben ohne Punkt und Komma sei.[196] Diese Weisheit bzw. dieses Verständnis über solch eine Weisheit haben bis ins unsere Zeit nur bruchstückhaft überlebt.

Die alten Israeliten kannten für die Zahl 1 (Gott) sowie für die Zahl 1.000 (Universum 10x10x10) das gleiche Schriftzeichen, nämlich das א (Aleph). Durch kabbalistische Kalkulation und der Ausgangszahl 1.000 (א) kann man rechnerisch ermitteln, was vor der Schöpfung war. Es gab 1.000 Existenzen vor der Schöpfung. Gott ist einer von den 1.000. Es verbleiben 999 Wesenseinheiten übrig.

Die tetraktysche Formel besagt, dass Gott eins bis vier sein kann, weil 1+2+3+4=10 und 10=1+0=1. Er konnte numerologisch nur weitere sechs Entitäten erschaffen, um auf die Universalzahl Zehn zu kommen: 10 - 4 = 6. So spricht die Gematria.

---

[196] Die Masora, also die Interpunktion und Vokalisierung der Thora, fand erst 600 n.u.Z. statt. Zuvor war sie eine Aneinanderreihung von 304.805 Buchstaben.

Die Namen der ersten sechs Erzengel sind Asasel (besser bekannt unter dem Namen Satan), Phanuel, Uriel, Raphael, Gabriel und Michael.

Folgen wir der numerologischen Erschaffungsabfolge:
Asasel erschuf ein, Phanuel zwei, Uriel drei, Raphael vier, Gabriel fünf und Michael sechs Wesen. Somit haben wir mit Gott (1) und mit den sechs Erzengeln und 21 Wesenseinheiten (1+2+3+4+5+6) und sechs Erzengel und ein Gott ergeben 28.[197]

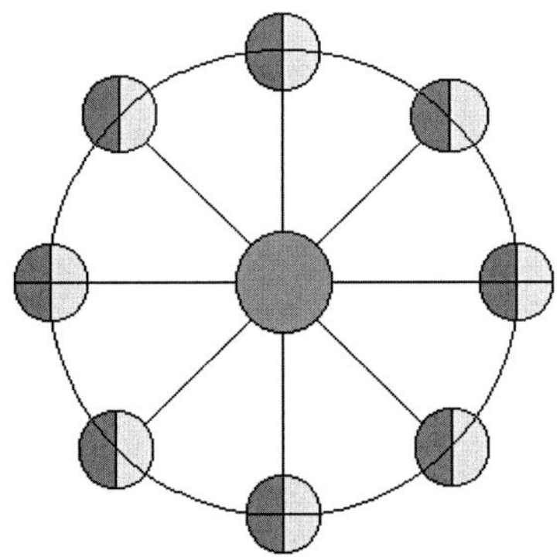

Das von Satan erst erschaffene Einzelwesen heißt Semjasa. Die von Phanuel, Uriel, Raphael, Gabriel und Michael erschaffenen 20 Wesen (2 bis 6) erschufen jeweils 9, diese wiederum 8, diese wiederum 7,

[197] Die Zahl 28 steht nicht nur für „Das Verderben" (Ha-Ke´eb - siehe Kapitel: *Zwei Stammbäume vor der Sintflut*), sondern auch für die Mondphasen.

diese wiederum 6, diese wiederum 5, diese wiederum 4, diese wiederum 3, diese wiederum 2, diese wiederum 1 Wesen. Somit ergibt sich folgende Aufzählung 1 bis 9 = 45 Einzelwesen.[198] Multipliziert man die 45 mit den 20 Wesen, die Phanuel, Uriel, Raphael, Gabriel und Michael erschaffen haben; erhalten wir insgesamt 900 Einheiten, diese addiert mit Gott (1) und den Erzengeln (6) 907 Engelwesen ergeben. Da aber Satan (alias Asasel) Gott am Nächsten war, erschuf er erst Semjasa und dieser erschuf ein Wesen und dieser erschuf wieder nur ein Wesen usw. bis vom Erstgeschaffenen durch Semjasa zum letzten einzelnen Wesen jeder ein Buchstabe des 72buchstabigen Namen Gottes durch Satan einverleibt erhielt.

Bezeichnung	Anzahl	Assoziation	Bedeutung
Gott	+1	א (Aleph)	1 = 1000
Angesichtsengel	+6	אבבא (Abba)	Vater
Wesen	+20	אחוה (Achawa)	Brüderlichkeit
Wesenseinheiten	+28	יחוד (Jechud)	Einheit
Einzelwesen	+45	אדם (Adam)	Adam
Einheiten	+900	שרת (Schareth)	Dienen
Gott	= 1.000	א (Aleph)	1000 = 1

Um nun einen rechnerischen oder numerologischen Beweis herleiten zu können, sind allein die Buchstaben des hebräischen Alphabets notwendig. Es gibt 22 Buchstaben im hebräischen Alphabet, aber für diese 22 Buchstaben gibt es 27 Schriftzeichen. Wenn nun Gott (1), die 5 Erzengel, deren 20 Wesenseinheiten und Satan (1), ohne Semjasa und seine Erschaffungen zusammengezählt werden, so ergibt sich nicht 22 sondern 27 (Schriftzeichen). Es schließt sich numerologisch der Kreis.

Asasel (alias Satan alias Luzifer) wird einer der sieben Richter mit Gott sein. Und wie die Schöpfung (lat. „genesis“) durch die Zahl „Sechs“ (השש hebr. *ausgesprochen ha-schesch*) erschaffen wurde, wird auch die Schöpfung durch die Zahl „Sechs“ erlöschen.

Die Thora oder der Pentateuch, also die ersten fünf Bücher des Alten Testaments, beginnt auf Hebräisch mit dem Wort „Bereschit“. Dieses Wort wurde mit „Am Anfang“ übersetzt und selbiges weist

[198] Der Zahlenwert des Wortes Adam (אדם) hat den Zahlenwert 45. Der Alternativwert ist 605. Der Zahlenwert des Wortes Sechs (השש) ist 605, deshalb wurde der Mensch bzw. Adam erst am sechsten Schöpfungstage erschaffen.

zwei faszinierende Besonderheiten auf, die auf die ersten sechs Mächte und auf Existenzen vor der Schöpfung verweisen.
Der erste Hinweis auf die Mächte, die besser bekannt sind unter der Bezeichnung die „Erzengel“, wird durch die Notarikum-Methode, einer Permutationsmethode der Kabbalah, erschlossen. Notarikum ist eine Methode, die Buchstaben eines Wortes als geheime Abkürzung und Zusammenfassung der Anfangsbuchstaben mehrerer Worte oder eines Satzes enthüllt.
Wenn man das Wort „Bereschit“ zerteilt, erhält man die Worte „Bara Schit“ d.h. „Er schuf sechs“, nämlich die sechs Fundamentalkräfte, Mächte oder Erzengel, die dem geheimnisvollen Sechs-Tage-Werk zugrunde liegen. Gott antwortet Hiob:

Wo warst du, da ich die Erde gründete? Sage an, bist du so klug! Weißt du, wer ihr das Maß gesetzt hat oder wer über sie eine Richtschnur gezogen hat? Worauf stehen ihre Füße versenkt, oder wer hat ihren Eckstein gelegt, da mich die Morgensterne miteinander lobten und jauchzten alle Söhne Gottes? [199]

Ein eindeutiger Hinweis durch das Buch Hiob[200], dass die Söhne Gottes, also die Engel, schon vor der Schöpfung und dem Menschen erschaffen wurden. Vor der Schöpfung existiert Gott und er ist der Beginn allen Seins in der Schöpfung. Vor dem Anfang (hebr. „Bereschit“) waren und sind Gott und seine Morgensterne (Söhne), die seinen Willen ausführen.
Die Rabbiner haben über „was vor der Schöpfung existierte“ Konzepte erarbeitet. Im Talmud werden mehrere Beispiele aufgelistet, die es (neben Gott) vor der Schöpfung gegeben haben soll (sechs bzw. sieben „Dinge“):

	SE R 29 (31) (S. 160)	**TanBu §19/ Tan §11**
1	Thora	Thron der Herrlichkeit
2	Gehinnom	Thora
3	Garten Eden	Das Heiligtum
4	Thron der Herrlichkeit	Die Väter der Welt
5	Name des Messias	Name des Messias
6	Das Heiligtum	Die Umkehr

199 Zitat: Hiob 38,4-7 (Luther-Bibel)
200 Das Buch Hiob ist wahrscheinlich um 1473 v.u.Z. von Moses, also ca. 40 Jahre nach der Schöpfung der Welt (lat. „genesis“) in der Wildnis geschrieben worden und setzt Bezüge zum Anfang und zur Vorzeit der Schöpfung.

	bPes 54a/ bNed 39a	PRE 3 (6a)
1	Tora	Tora
2	Buße	Gehinnom
3	Garten Eden	Garten Eden
4	Gehinnom	Thron der Herrlichkeit
5	Thron der Herrlichkeit	Das Heiligtum
6	Das Heiligtum	Die Umkehr
7	Name des Messias	Name des Messias

	MidrTeh 93,3	MidrMisch 10a
1	Thron der Herrlichkeit	Thron der Herrlichkeit
2	König Messias	König Messias
3	Thora	Thora
4	Israel	Israel
5	Das Heiligtum	Das Heiligtum
6	Die Umkehr	Die Umkehr
7		Gehinnom

Als Gott den Menschen machen wollte, sagt er: *Laßt uns Menschen machen, …*[201] In anderen kabbalistischen Texten wird diese Aussage Gottes so gedeutet, dass er mit sich selbst und der Thora oder mit dem Messias gesprochen habe. Den obigen Tabellen folgend hätte Gott bei dem Ausspruch *Laßt uns Menschen machen, …* mit der Thora, Gehinnom (Hölle), dem Garten Eden (Paradies), dem Thron der Herrlichkeit, seinem Heiligtum, dem (Namen des) Messias, den Vätern der Welt (Urvätern Israels), der Umkehr (hebr. „Teschuwa"), der Buße (hebr. „Mahepach") oder mit der Gemeinschaft Israels sprechen können. Soweit zumindest die rabbinische Auslegung.

Wie erwähnt, hat jeder Buchstabe im Hebräischen einen Zahlenwert. Der Name Jahwe (JHWH) setzt sich aus dem Buchstaben Jod, mit dem Zahlenwert 10, dem Buchstaben Waw mit dem Zahlenwert 6 und dem Buchstaben He, der zweimal vorkommt und den Zahlenwert 5 innehat. Der Name Jahwe (10+5+6+5) hat den Zahlenwert 26.

Das 27. Schriftzeichen, das dem 18. Buchstaben (צ Tzade) entspricht, ist Tzade Sophit ץ und hat den Zahlenwert 900. Dies ist der höchste Buchstabenzahlenwert, der aus dem hebr. Alphabet hervorgeht. Was

[201] Zitat: 1. Buch Moses 1,26 (Luther-Bibel)

nun die Tausender anbetrifft, waren diese die höchste Stufe der Zahlenreihe für die alten Israeliten. So kann man 1.000 leicht auf 1 zurückzuführen (1.000=1+0+0+0=1). Es verdeutlich wiederum, warum die Thora mit dem Buchstaben „Beth“ (ב) beginnt. Gott wird vor und nach der Schöpfung existieren [1(Gott)+999]. Die Aussage aus der Offenbarung 1,8 und 21,6 und 22,13 unterstreicht es:

Ich bin das A(lpha) und das O(mega), der Anfang und das Ende, spricht Gott der Herr, der da ist und der da war und der da kommt, der Allmächtige.

Die Offenbarung, das letzte Buch des Neuen Testaments, ist auf Griechisch verfasst worden und das Alpha ist der erste und das Omega der letzte Buchstabe des griechischen Alphabets. Da eins und 1.000 durch das gleiche Schriftzeichen (א) dargestellt wurden, ist das Zusammenführen von eins und 1.000, gleichzeitig auch die Zusammenführung von Gott und Schöpfung bzw. Universum.[202] 1.000 = Schöpfung / Universum und 1 = Gott = 1001.

Die Erlöschung	**1001**	**= 1 + 0 + 0 + 1**	**= 11**	**= 2**
Der Mensch	**334**	**= 3 + 3 + 4**	**= 10**	**= 1 (+)**
Die Schöpfung	**666**	**= 6 + 6 + 6**	**= 18**	**= 9 (+)**
Der eine Gott	**1**	**= 1**	**= 1**	**= 1 (+)**
			= 11	**= 2**

Die Erlöschung	**1001**	**= 1 + 0 + 0 + 1**	**= 11**	**= 2**
Der Mensch	**1**	**= 1**	**= 1**	**= 1 (+)**
Die Schöpfung	**999**	**= 9 + 9 + 9**	**= 18**	**= 9 (+)**
Der eine Gott	**1**	**= 1**	**= 1**	**= 1 (+)**
			= 11	**= 2**

Alles in der Schöpfung (1 + 999 oder 334 + 666) bewegt sich im Rahmen der Gesetze Gottes (1). Und die Symbolzahl der endgültigen Wandlung ist die Elf, denn die elfte Sephirah ist das Allumfassende Gefäß. (1001 = 1+0+0+1 = 11)

---

[202] Als Randbemerkung wäre noch zu erwähnen, dass die 1.000 die Kubikzahl der 10 (10x10x10) ist und der geometrischen Form des (perfekten) Würfels entspricht. Im Mittelalter war die 1.000 Symbol der Vollendung. 1.001 ist also der Bezug zum Würfel (1.000), den 10 Sephiroth, der 11. Sephirah (2) und Gott (1) [$10^{(2+1)}$]. 1.000 ist somit Symbol des perfekten, kubischen Universums.

Das Aleph muss u. a. für Gott stehen, da er vor der Schöpfung existiert hat und weil er sie eingeleitet hat. Setzt man nun 1 und 1000 in Bezug zur Existenz vor der Schöpfung, so kann man daraus ableiten, dass es vor der Schöpfung 1.000 Wesen oder Existenzen gab; also Gott und 999 Einzelwesen. Diese Aussage wird wiederum numerologisch unterstützt, denn 9+9+9 = 18 = 9 und 9+1 (Gott) = 10 (Sephiroth) und 1+0 ist 1 (die elfte Sephirah).

Position	Name	Biblisches Buch	Hebr. Schrift	Wert
1.	Aleph	1. Buch Moses	א	1
2.	Beth	2. Buch Moses	ב	2
3.	Gimel	3. Buch Moses	ג	3
4.	Daleth	4. Buch Moses	ד	4
5.	Héh	5. Buch Moses	ה	5
6.	Waw	Josua	ו	6
7.	Zajin	Buch der Richter	ז	7
8.	Chet	Ruth	ח	8
9.	Tete	I. Samuel	ט	9
10.	Jod	II. Samuel	י	10
11.	Kaph	I. Könige	כ	20
12.	Lamed	II. Könige	ל	30
13.	Mem	I. Chronik	מ	40
14.	Nun	II. Chronik	נ	50
15.	Samech	Esra	ס	60
16.	Ajin	Nehemia	ע	70
17.	Pe	Esther	פ	80
18.	Tzade	Hiob	צ	90
19.	Qoph	Psalter	ק	100
20.	Resch	Sprüche	ר	200
21.	Schin	Prediger	ש	300
22.	Taw	Hohelied	ת	400

Nebenbei sollte erwähnt werden, dass die Namen der Ersten Sechs, des 1000. und 1001. Engel bekannt sind. Wie schon erwähnt sind die Ersten Sechs Gabriel, Michael, Phanuel, Raphael, Satan und Uriel, aber auch die Namen des 1000. Engels Elalah, der auch Kesbeel genannt wird, und des 1001. Engels Jahschevuah sind bekannt. Die zwei letztgenannten Engel wurden nach dem fünften Schöpfungstag erschaffen und ihnen ist der verborgene Name des Messias, dem alles in der Schöpfung zugrunde liegt und den Gott ins Endlose Nichts flüsterte nicht bekannt. So heißt es im äthiopischen Henoch-Buch:

An diesem Platze sah ich einen Born der Gerechtigkeit, welcher niemals Mangel hatte, umgeben von vielen Quellen der Weisheit. Aus diesen tranken alle Durstigen, und wurden erfüllt mit Weisheit, und hatten ihre Wohnung bei den Gerechten, den Auserwählten und den Heiligen. In dieser Stunde wurde dieser Menschensohn angerufen bei dem Herrn der Geister[203] *und sein Name in Gegenwart des Hauptes der Tage. Bevor die Sonne und die Zeichen geschaffen waren, bevor die Sterne des Himmels gebildet waren, wurde sein Name angerufen in der Gegenwart des Herrn der Geister. Eine Stütze wird er sein den Gerechten und den Heiligen, auf welche sie sich lehnen, ohne zu fallen, und er wird sein das Licht der Völker. Er wird sein die Hoffnung derer, deren Herzen in Unruhe sind. Alle, welche wohnen auf Erden, werden niederfallen und anbeten vor ihm; werden rühmen und verherrlichen ihn, und Loblieder singen dem Namen des Herrn der Geister. Deshalb war der Auserwählte und der Verborgene in seiner Gegenwart, ehe die Welt geschaffen wurde und immerdar in seiner Gegenwart und hat enthüllt den Heiligen und den Gerechten die Weisheit des Herrn der Geister. Denn in seinem Namen sollen sie bewahrt werden, und sein Wille wird ihr Leben sein. In jenen Tagen sollen die Könige der Erde und die mächtigen Menschen, welche die Welt gewonnen haben durch das Werk ihrer Hände, niedrig werden im Ansehen. Denn an dem Tage ihrer Angst und Unruhe sollen ihre Seelen nicht gerettet werden, und in den Händen derer (sein), welche ich erwählt habe. Ich will sie wie Heu in das Feuer werfen und wie Blei in das Wasser. So sollen sie brennen in der Gegenwart der Gerechten und sinken in der Gegenwart der Heiligen, und nicht soll ein zehnter Teil von ihnen gefunden werden. Aber an dem Tage ihrer Unruhe wird Ruhe sein auf Erden. In seiner Gegenwart werden sie fallen und sich nicht wieder erheben, und es wird keiner da sein, der sie aus seinen Händen nähme und sie aufhöbe; denn sie haben verleugnet den Herrn der Geister und seinen Messias. Der Name des Herrn der Geister sei gepriesen!*[204]

Am vierten Tag (1. Buch Moses 1,14-19) erschuf Gott die Sonne, den Mond, die Sternzeichen und die Sterne des Himmels. Deshalb sind die Engel Elalah (alias *Kesbeel*) und Jahschevuah nach den fünften Schöpfungstag erschaffen worden. Ihnen ist der verborgene und wahre Name des Messias nicht bekannt.

---

[203] *Herrn der Geister* ist die äthiopische Version von *Herrn der Heerscharen.*

[204] Zitat: äthiop. Buch Henoch, Kapitel 48a,1-11: *Der Name des Menschensohnes*

Viele Exegeten sind der Meinung, dass das Neue Testament nur auf die messianischen Ankündigungen der Thora (Pentateuch) antwortet. Aber die vier Evangelien und die Offenbarung sind der gelungene Abschluss zu den 22 Büchern des Alten Testaments.

Position	**Name**	**Biblisches Buch**	**Hebr.**	**Gr.**
1.	Aleph	1. Buch Moses	א	α
2.	Beth	2. Buch Moses	ב	β
3.	Gimel	3. Buch Moses	ג	γ
4.	Daleth	4. Buch Moses	ד	δ
5.	Héh	5. Buch Moses	ה	ε
6.	Waw	Josua	ו	F
7.	Zajin	Buch der Richter	ז	ζ
8.	Chet	Ruth	ח	η
9.	Tete	I. Samuel	ט	θ
10.	Jod	II. Samuel	י	ι
11.	Kaph	I. Könige	כ	κ
12.	Kaph Sophit	II. Könige	ך	λ
13.	Lamed	I. Chronik	ל	μ
14.	Mem	II. Chronik	מ	ν
15.	Mem Sophit	Esra	ם	ξ
16.	Nun	Nehemia	נ	ο
17.	Nun Sophit	Esther	ן	π
18.	Samech	Hiob	ס	ϙ
19.	Ajin	Psalter	ע	ϱ
20.	Pe	Sprüche	פ	σ
21.	Pe Sophit	Prediger	ף	τ
22.	Tzade	Hohelied	צ	υ
23.	Tzade Sophit	Matthäus	ץ	φ
24.	Qoph	Markus	ק	χ
25.	Resch	Lukas	ר	ψ
26.	Schin	Johannes	ש	ω
27.	Taw	Offenbarung	ת	ϡ

Selbst die Relationen zwischen den beiden Werken (Altes Testament und Neues Testament) sind in vollkommener Übereinstimmung miteinander. Das griechische Alphabet folgt dem Muster.
In der neuen Auflistung setzt die Offenbarung des Johannes selbst einen Bezug zur Genesis (1. Buch Moses, Kapitel 1-3), denn sie ist nach der oben aufgezeigten neuen Ordnung, nun dem Taw (ת) und das 1. Buch Moses (lat. „genesis") bleibt dem Aleph (א) zugeordnet. Es wurde aber von den Exegeten entdeckt, dass mehr als nur ein Frage- und Antwortspiel das Alte Testament und Neue Testament verbindet, deshalb muss die Offenbarung als abschließendes Buch zur Schöpfung (lat. „genesis") betrachtet werden. Die Genesis leitet die Schöpfung ein und die Offenbarung beendet sie.
In diesem Zusammenhang muss auch das Rätsel der Zahl 666 erörtert werden.[205] Denn wenn der Name des Messias, den Gott in das Endlose Nichts (alias *Ain Soph* alias *Chaos*) flüsterte, die Schöpfung erschuf und tagtäglich erhält, so kann der Name der wahre Namen Satans die Schöpfung ins Negative verkehren.

Hat jemand Ohren, der höre! So jemand in das Gefängnis führt, der wird in das Gefängnis gehen; so jemand mit dem Schwert tötet, der muss mit dem Schwert getötet werden. Hier ist Geduld und Glaube der Heiligen. Und ich sah ein anderes Tier aufsteigen aus der Erde; das hatte zwei Hörner gleichwie ein Lamm und redete wie ein Drache. Und es übt alle Macht des ersten Tiers vor ihm; und es macht, dass die Erde und die darauf wohnen, anbeten das erste Tier, dessen tödliche Wunde heil geworden war; und tut große Zeichen, dass es auch macht Feuer vom Himmel fallen vor den Menschen; und verführt, die auf Erden wohnen, um der Zeichen willen, die ihm gegeben sind zu tun vor dem Tier; und sagt denen, die auf Erden wohnen, dass sie ein Bild machen sollen dem Tier, das die Wunde vom Schwert hatte und lebendig geworden war. Und es ward ihm gegeben, dass es dem Bilde des Tiers den Geist gab, dass des Tiers Bild redete und machte, dass alle, welche nicht des Tiers Bild anbeteten, getötet würden. Und es macht, dass die Kleinen und die Großen, die Reichen und die Armen, die Freien und die Knechte, allesamt sich ein Malzeichen geben an ihre rechte Hand oder an ihre Stirn, dass niemand kaufen oder verkaufen kann, er habe denn das Malzeichen, nämlich den Namen des Tiers oder die Zahl seines Namens. Hier ist Weisheit! Wer Verstand hat, der überlege die Zahl des Tiers; denn es ist eines Menschen Zahl, und seine Zahl ist sechshundertsechsundsechzig. [206]

---

[205] siehe: Offenbarung 13,18 (Luther-Bibel)
[206] Zitat: Offenbarung 13,9-18 (Luther-Bibel)

Es gibt unterschiedliche Meinungen über die Lösung des Rätsels der Zahl 666. Es gibt Ausführungen, dass es sich dabei um die Zahl 616 handeln könnte. Es darf erklärt werden, wer sich hinter der Zahl 666 mit griechischen Lettern verbirgt. Die Lösung mit hebräischen Buchstaben darf hingegen nicht angegeben werden.

αγγελος εσσυλεχος

[angelos assilechos]

1+3+3+5+30+70+6 = **118 (+)**

5+6+6+400+30+5+20+70+6 = **548**

118+548 = **666**

Das Rätsel kann auf Hebräisch und Griechisch gelöst werden und Johannes, der im Patmos´schen Exil die Visionen der Offenbarung niederschrieb, wusste um die abschließende Funktion seines Werkes. Die Beschreibung des zweiten Tieres deutet auf einen Bock mit Drachenstimme hin und dieses Tier verleitet alle Menschen.

Asasel ist der Sündenbock; aber um eine Unterscheidung zwischen dem von Menschen domestizierten und dem göttlichen oder satanischen Sündenbock, der geopfert werden muss für alles Leid der Welt, herzustellen, wird der Zusatz „αγγελος“ hinzugefügt, was aus dem Griechischen Engel bedeutet. Asasel (also auf gr. „Assiläus“) ist der „sündenböckige Engel” oder der „assiläische Engel“, über dem als letzter das im Gral gesammelte Blut des Messias vergossen werden muss, damit Gott selbst seine endgültige Wandlung (Reinigung), die Rückkehr (Umkehr) in die Finsternis (alias *Ain Soph* alias *Chaos*) vollenden kann. Diese Umkehr nennt wiederum Johannes der Täufer „metanoia“.[207]

Asasel war der erste Engel der erschaffen wurde, und er wird der letzte sein, der durch Gott von allem Bösen gereinigt werden wird.[208]

---

207 siehe: Matthäus 4,17 (Luther-Bibel)

208 siehe: Matthäus 19,30; 20,8; 20,16; 27,26 und Markus 9,35; 10,31 und Lukas 13,30 (Luther-Bibel)

Nach diesem sah ich Tausende von Tausenden und Myriaden von Myriaden, und eine unendliche Zahl Volkes vor dem Herrn der Geister stehen. Auch auf den vier Flügeln des Herrn der Geister, auf den vier Seiten nahm ich andere, außer denjenigen wahr, welche (vor ihm) standen. Auch ihre Namen weiß ich, dieweil der Engel, welcher bei mir ging, sie mir verkündigte, und mir jedes Geheimnis entdeckte. Alsdann hörte ich die Stimmen derer auf den vier Seiten den Herrn der Herrlichkeit erheben. Die erste Stimme pries den Herrn der Geister von Ewigkeit zu Ewigkeit. Die zweite Stimme hörte ich preisen den Auserwählten und die Auserwählten, welche gemartert werden um des Herrn der Geister willen. Die dritte Stimme hörte ich bitten und beten für diejenigen, welche auf Erden wohnen und anflehen den Namen des Herrn der Geister. Die vierte Stimme hörte ich austreiben die bösen Engel und sie verhindern zu treten in die Gegenwart des Herrn der Geister, damit sie nicht Klagen erheben gegen die Bewohner der Erde. Nach diesem ersuchte ich den Engel des Friedens, welcher mit mir ging, alles zu erklären, was verborgen war. Ich sagte zu ihm: Wer sind diese, (welche) ich gesehen habe auf den vier Seiten, und deren Worte ich gehört und aufgeschrieben habe? Er versetzte: Der erste ist der barmherzige, der geduldige, der heilige Michael. Der zweite ist der, welcher (gesetzt) über jedes Leiden und jede Wunde der Menschensöhne, der heilige Raphael. Der dritte, welcher (gesetzt) über alles, was mächtig ist, ist Gabriel. Und der vierte, welcher (gesetzt) ist über Reue und die Hoffnung derjenigen, welche ewiges Leben erben werden, ist Phanuel. Dieses sind die vier Stimmen, welche ich zu jener Zeit hörte. [209]

Der Engel des Friedens, der Henoch die vier Angesichtsengel vorstellt, ist der Erzengel Uriel. Sein Name leitet sich von „OR“ ab, was „Licht“ bedeutet. Mit der göttlichen Endsilbe „EL“ (לא) [210] verbunden, lautet sein vollständiger Name das „heilige Licht“ = „URIEL“. Das heilige Licht ist ein Synonym für den himmlischen Frieden, deshalb nennt Henoch Uriel den Engel des Friedens.

Ich bin der Herr, und sonst keiner mehr; kein Gott ist außer mir. Ich habe dich gerüstet, da du mich noch nicht kanntest, auf daß man erfahre, von der Sonne Aufgang und der Sonne Niedergang, daß außer mir keiner sei. Ich bin der Herr, und keiner mehr; der ich das Licht mache und schaffe die Finsternis, der ich Frieden gebe und schaffe das Übel. Ich bin der Herr, der solches alles tut. [211]

---

209 Zitat: äthiop. Buch Henoch, Kapitel 40,1-9 : *Die vier Angesichtsengel*

210 „El“ und „Jah“ sind die Gottesendungen, die in hebräischen Eigenamen verwendet werden, um die Präsenz Gottes in diesen Namen zu verdeutlichen.

211 Zitat: Jesaja 45,5-8 (Luther-Bibel)

Nach henochischem Glaubensvorstellungen hat das Böse seinen Ursprung im Himmel und kann nicht von der Erde getilgt werden. Dieser Glaubensansatz wird soweit geführt, dass das Böse ein Aspekt Gottes selbst ist. „Er schuf sechs" und da das Böse himmlischen Ursprungs ist, ist einer der sechs Erzengel Satan (alias *Asasel* alias *Luzifer*); das „personifizierte" Böse.

Die sechs Erzengel Gottes sind Gabriel, Michael, Phanuel, Raphael, Satan (alias *Asasel* alias *Luzifer*) und Uriel. Da Satans wahrer und früherer Name - Asasel[212] - vier Mal in der Thora erwähnt wurde, besteht ein durch die Gematria beabsichtigter Bezug zwischen dem 3. Buch Moses (hebr. „leviticus") und dem äthiopischen Buch Henoch. Im jenem Henoch- Buch findet sich der Name Asasel sieben Mal.
Das äthiopische Henoch-Buch gehört zu den Apokryphen des Alten Testaments. Bei dem äthiopischen Henoch-Buch handelt es sich um eine Sammlung endzeitlicher Schriften.

Eine mögliche Erklärung bieten die Apokryphen. Es muss zwischen alttestamentlichen und neutestamentlichen Apokryphen unterschieden werden. Die alttestamentlichen Apokryphen beziehen sich auf das Alte Testament der Bibel. Das Alte Testament haben Juden und Christen gemein. Im Judentum wird das Alte Testament Tanach genannt. Es besteht aus Thora, Prophetenbüchern und Weisheitsschriften. [213]

Die ältesten Teile des Henoch-Buches stammen aus dem dritten Jahrhundert v.u.Z. Es finden sich apokalyptische Schilderungen, wie in der Offenbarung des Johannes oder im Buch Daniel. Die Henoch-Erzählungen sind deutlich älter als die beiden benannten. Die Offenbarung des Johannes wird auf ca. 120 n.u.Z. und das Buch Daniel auf ca. 167 v.u.Z. geschätzt. Das Henoch-Buch wird dadurch zur ältesten endzeitlichen Schrift der Juden, Christen und Moslems.

212 siehe: 3. Buch Moses 16ff (Luther-Bibel)

213 Giovanni Grippo: *Gott, Schöpfung und Mensch - Judentum, Christentum und Islam.* 1. Auflage. Steinbach 2009. S. 16.

	Kabbala	Buch Salomon	hebr. Henochbuch	Buch Tobit	äthiop. Henochbuch	Neuchristlich	Neuordnung
☽	Gabriel	Gabriel	Gabriel	Gabriel	Gabriel	Gabriel	Gabriel
☉	Michael	Mikael	Michael	Michael	Michael	Michael	Michael
♀	Haniel	Arael	Remiel	Remiel	Phanuel	Anael	Haniel
♂	Kamael	Uriel	Uriel	Uriel	Raziel	Samael	Uriel
☿	Raphael	Jaoth	Raphael	Raphael	Raphael	Raphael	Raphael
♃	Zadkiel	Adonael	Raguel	Raguel	Asasel	Oriphiel	Jophiel
♄	Zafkiel	Sabrael	Sariel	Zerachiel	Uriel	Zachariel	Zadkiel

Die äthiopische Übersetzung beruht auf griechischen und aramäischen Henoch-Schriften. Dies bezeugt die Authentizität des äthiopischen Henoch-Buches, denn im jüdischen Kanon (Tanach) oder denjenigen christlicher Kirchen (außer der Äthiopischen Kirche) wurde das Buch nicht aufgenommen.
Im äthiopischen Henoch-Buch erscheint erstmals im jüdischen Kulturraum eine ausführliche Beschreibung des Himmels sowie des Totenreichs - nicht zu verwechseln mit der Hölle. Das Totenreich des Henoch-Buch ist vergleichbar mit dem Tartaros der Griechen. Henoch sieht bei seiner Himmelsreise schreckliche Orte, wo die gefallenen Engel gefangen gehalten werden und eine vierteilige Unterwelt. Diese Beschreibungen haben im Christentum und Islam die Vorstellung über Himmel und Hölle stark mitbeeinflusst. Was Henochs Einfluss und Bekanntheit wiederum klar macht. Im jüdischen Kanon (Tanach) ist diese Lehre noch nicht vorhanden, obwohl die Anhänger Henochs bis zu den Römern (70 n.u.Z.) die Mehrheit des Judentums ausmachten.
Es wurde unter den Wissenschaftlern vermutet, dass das „Buch der Bildreden“ – ein Teil des äthiopischen Henoch-Buches – erst in christlicher Zeit entstanden sein soll. Die Qumran-Funde nähren diese Vermutung zusätzlich, denn das „Buch der Bildreden“ wurde dort nicht aufgefunden. Man kann sicherlich davon ausgehen, dass die Essener das „Buch der Bilderreden“ gekannt haben könnten. Man vermutet sogar heutzutage weiter, dass Jesus ein Essener gewesen sein soll. Denn das könnte den Umstand erklären, dass er als Lehrer (Rabbi) auftritt obwohl er nicht verheiratet war. Die Essener waren nicht verheirate Männer und wohnten abgeschieden von Städten und Ballungsräumen in einer Art Kloster.

An den Ufern des Mariutsees nahe der Nilmündung südlich Alexandreias wurde Ende des dritten Jahrhunderts vor der Zeitrechnung der jüdische Orden der Essener oder Essäer (Die Reinen; aus aramäisch hesjâ »rein«) gegründet, in dem jeder Bruder eine Einzelzelle hatte, während das Essen gemeinsam im Speisesaal eingenommen wurde, wo es Räumlichkeiten für Versammlungen gab, die von der Bruderschaft abgehalten wurden. Auf einen kurzen Nenner gebracht, war das Ziel der Essener die Verwirklichung des Gottesstaates, der mit der Ankunft des Messias (aus hebräisch maschiach »der Gesalbte«, griechisch christos, zu chriein »salben«) vollendet werde. Und darauf wollten sie sich durch physische und psychische Ertüchtigung als Streiter Gottes vorbereiten.

Die gottgeweihten Knaben (Nazoäer, zu hebräisch nazor »Gott weihen«, Numeri/4. Mose 6) waren fünf Sommer alt, wenn sie von der Mutter an der Klosterpforte abgegeben wurden, um sie »Gott und den Heiligen dazubringen«, wie es in der Adoptionsurkunde hieß. Mit unerbittlicher Disziplin wurden die Klosterknaben erzogen. Sprechen durften sie nur, wenn sie dazu aufgefordert wurden. Selbst das Sitzen war ihnen verboten. Sie standen bei Tisch, zum Gebet und beim Lernen, achtzehn Stunden am Tag. Für die geringsten Verstöße gab es Schläge und Essensentzug. Schlimmer als Nahrungsmangel war der Schlafmangel. Es gab Zeiten, da beneideten sie die Toten um ihren ewigen Schlaf.

Besonders der Drill mit schweren Waffen zehrte an den Kräften der Knaben. Der Schwertkampf musste mit beiden Händen erlernt werden. Und immer übten sie Bogenschießen, Speerwerfen, Klettern an Stangen und Seilen, Laufen und Springen, Schwimmen und Tauchen, Faustkampf und Ringen. Kein Tag ohne Kampf, ohne Beulen und Schrammen. Um drei Uhr nachts, nach dem ersten Morgengebet, begannen die geistigen Exerzitien: Lesen, Schreiben, Mathematik und Geometrie. Unwürdige, Schwätzer und Schwächlinge wurden gnadenlos ausgesiebt.

Jeder Bruder erhielt zu Beginn seines Noviziats eine einfache Tunika zum Zeichen seines Eintritts in die Gemeinschaft. Sie mußte während der Exerzitien getragen werden. Auch ein Schurz und eine Hacke wurden ihm ausgehändigt. Letztere mußte am Gürtel befestigt werden. Beides galt als Werkzeug und Symbol der Reinheit. Vom Tag der Initiation an verpflichtete er sich unter Eid, Gott zu ehren, dem Nächsten gegenüber Gerechtigkeit walten zu lassen und keine Vorurteile zu hegen. Durch geistige Übungen sollte die Seele von störenden Einflüssen freigemacht werden. Strenge Askese und harte Exerzitien warteten auf jeden Essener, der nach Erklimmen der 42 Stufen (analog der 42 Bände des Thot, die alles Wissen enthielten) der esoterischen Leiter bis zur Katharsis gelangen wollte, der Vereinigung mit Gott. Nach einer kargen Mahlzeit, die nur aus Brot, Wasser und Salz bestand, nahmen sie einsam und zurückgezogen die Martyrien ihres heilmäßigen Lebens auf sich.

Erst nach Abschluß der körperlichen sowie geistigen Übungen gelangte man in den dritten Grad, in den inneren Kreis der Rabbinen, der Therapeuten, die auf einer höheren Initiationsstufe standen als die übrigen. Hier wurde eine Geheimlehre gepflegt, in der sich pythagoreische, griechische, chaldäische und orientalische Einflüsse zu einer esoterischen Heilsbotschaft verbanden. Aufgrund einer noch härteren, täglichen Disziplin gelang es den Therapeuten, Äther- und Astralleib mit Hilfe des Ich völlig unter ihre Herrschaft zu bringen, was ihnen ermöglichte, die hellseherische Stufe des »bewußten Träumens« zu erreichen. Die oberste Stufe der Erkenntnis war nur dem

Stellvertreter des Messias, dem Haupt allen Wissens vorbehalten. Im Unterschied zu den Essernern der ersten Grade trugen die Therapeuten weißes Gewand und rote Schärpe.
Sowohl die jüdische Gemeinde als auch die Essener und die Therapeuten erwarteten die Ankunft des verheißenen Messias und Errichtung des Gottesstaates. Doch der Gesalbte des Herrn sah bei beiden verschieden aus: Während die Gemeinde, die Exoteriker, einen Messias aus dem Hause David in der Doppelfunktion als Prophet und Staatsmann erwartete, war der Messias für die Esoteriker nicht irgendeiner aus dem Hause David, sondern Salomon der Weise, der Erleuchtete als kosmische Wesenheit.
Die Initiationsfeier zum Therapeuten hatte große Ähnlichkeit mit den Einweihungszeremonien der Mysterien. Nach meditativer Vorbereitung in einer dunklen Kammer beim Licht einer Kerze wurde der Neophyt mit dem Glockenschlag zur dritten Stunde angeholt und über steinerne Stufen durch einen düsteren Gang hinab in die Erde bis tief in die Katakomben unter der Krypta geführt. Es war ein mythischer Weg durch Tod und Geburt. Der Neophyt war ein Schmetterling, der seine Raupennatur abstreifte, um in Lichtgestalt neu zu erstehen. [214]

[214] Zitat: *Die Geheimlehre der Tempelritter: Geschichte und Legende.* Allan Oslo. 3. Aufl. Patmos-Verlag. Düsseldorf 2000. Seiten 41-43.

Vor der Schöpfung existiert Gott und er ist der Beginn allen Seins in der Schöpfung. Vor dem Anfang (hebr. „bereschit") waren und sind Gott und seine Morgensterne (Söhne), die seinen Willen ausführen.

XII. Der wahre Name Gottes

Gott flüsterte seinen Namen ein einziges Mal in das Endlose Nichts (alias *Ain Soph* alias *Chaos*). Zu einem *Zeitpunkt*, als das Urlicht noch Teil der allgegenwärtigen Finsternis, das Chaos und das Schicksal eine Einheit, der Tod nur eine Illusion und der Mensch nicht war. Wir haben festgestellt, dass es weder Gottes Pseudonym [215] Jahwe (JHWH) noch Elohim (ALHIM) war, sondern es handelte sich um den verbogenen Namen des Messias´ (alias *Gesalbter* alias *Christos*), welchen Gott ins Endlose Nichts geflüstert hat.

Im Anfang war das Wort, und das Wort war bei Gott, und das Wort war Gott. Dieses war im Anfang bei Gott. Alles ward durch dasselbe, und ohne dasselbe ward auch nicht eines, was geworden ist. In ihm war Leben, und das Leben war das Licht der Menschen. [216]

So stellt der Evangelist Johannes das göttliche und ewige Dasein des Messias dar. Er reiht sich in die talmudisch-kabbalistische Tradition der Präexistenz des Messias bzw. des Namen des Messias ein. Das 1. Buch Moses beginnt erst ab der Schöpfung. Johannes aber beginnt mit dem, was vor der Schöpfung war. Bevor das Schöpfungswerk begonnen wurde, war er – das Wort (gr. „logos“) – schon da. Fünf Dinge teilt uns Johannes in einfachster Weise mit:

1. Das Wort Gottes war Gott.
2. Das Wort war im Anfang bei Gott.
3. Das Wort Gottes wurde Fleisch.
4. Das Wort wohnte unter den Menschen.
5. Das Wort war der eingeborene Sohn.

Mit seiner Aufmerksamkeit auf das Ende aller Tage ausgerichtet, beginnt Johannes mit dem Erlösungswillen Gottes. Es geht nicht um zwei Götter: Der eine Gott (gr. „theos“) und der andere Gott („gr. „logos“). Mit poetischen Worten zerreißt Johannes den Schleier oder Vorhang der Vergangenheit. Hinter dem Vorhang können wir das Licht der Welt schauen. Das Wort war der Schöpfer selbst. Nichts besteht, das nicht durch sein Zutun, also durch das beschriebene

---

[215] Ein Pseudonym ist ein fingierter, fiktiver Name.

[216] Zitat: Johannes 1,1-4 (Luther-Bibel)

Wort(gr. „logos“), ins Dasein der Schöpfung gerufen worden ist. Das fleischgewordene, eingeborene Wort ist der allestragende Eckstein. Jener übertragene Eckstein, der von den Bauleuten verworfen wurde.

Und das Wort ward Fleisch und wohnte unter uns, und wir sahen seine Herrlichkeit, eine Herrlichkeit als des eingeborenen Sohnes vom Vater, voller Gnade und Wahrheit. Johannes zeugt von ihm, ruft und spricht: Dieser war es, von dem ich gesagt habe: Nach mir wird kommen, der vor mir gewesen ist; denn er war eher als ich. Und von seiner Fülle haben wir alle genommen Gnade um Gnad Denn das Gesetz ist durch Moses gegeben; die Gnade und Wahrheit ist durch Jesum Christum geworden Niemand hat Gott je gesehen; der eingeborene Sohn, der in des Vaters Schoß ist, der hat es uns verkündigt. [217]

Das Wort welches „*ward Fleisch und wohnte unter uns*“ ist identisch mit dem Wort, das ins Dasein der Schöpfung gerufen worden und das seit jeher der allestragende Eckstein der Schöpfung ist.
Dieses Wort hat die menschliche Natur angenommen, um Mittler zu sein. Durch das menschliche Wort werden menschliche Gedanken zum Ausdruck gebracht, und so ist das Wort Gottes der Ausdruck von Gottes Geist, gekennzeichnet durch ewige Gedanken. Das Wort drückt diese Gedanken oder Gottes Willen aus. Die Heilige Schrift wird auch Gottes Wort genannt.
Der Messias bzw. das fleischgewordene Wort Gottes, ging als Mensch durch den Tod und wird dennoch in alle Ewigkeit leben. Er wird jener sein, der würdig ist die sieben Siegel des Buches des Lebens[218] am Ende aller Tage zu öffnen.
Das Vermögen, den Gedanken Gottes Ausdruck zu geben, besaß das Wort vor der Grundlegung der Welt, deshalb war es das Gesprochene Wort. Durch seine Fleischwerdung konnte es denselben Gedanken Gottes Ausdruck geben und den Menschen bekannt machen. Es werden keine Engel mehr als Boten der Worte Gottes erforderlich sein. Vor der Erschaffung des Menschen berät sich Gott mit anderen präexistierenden „Dingen“, denn *[…] Gott sprach: „Laßt uns Menschen machen, ein Bild, das uns gleich sei, […]“.* [219]
Das Gesprochene Wort spricht von einem Gott, der Schöpfer, Richter und Gebieter ist, das Fleischgewordene Wort deutet uns Gott als Vater an und bezeugt ihn als Liebe, Wahrheit und Gnade. Das

---

[217] Zitat: Johannes 1,14-18 (Luther-Bibel)
[218] siehe: Offenbarung 5,5-9 (Luther-Bibel)
[219] Zitat: 1. Buch Moses 1,26 (Luther-Bibel)

Fleischgewordene Wort war der Ausdruck von Liebe, Wahrheit und Gnade. Gnade ist Liebe, die das Böse überwindet, und Wahrheit verbindet die Natur Gottes mit der menschlichen.

Die Notwendigkeit eines Ausgleichs von zwei Komponenten durch eine dritte, kennen wir bereits aus der ägyptischen, mesopotamischen und altorientalischen Mythologie. Insbesondere treten die ägyptischen Gottheiten als Paar (männlich und weiblich) auf, während bei Isis und Osiris die dritte Komponente, nämlich ihr gemeinsamer Sohn Horus, hinzukommt. Die Parallelen zum oben beschriebenen Spannungsverhältnis zwischen Gott (gr. „theos"), „Wort" (gr. „logos") und „Sohn" (gr. „yios") zeigen sich auf. Osiris ist Herrscher im jenseitigen Reich und sein Sohn Horus handelt in seinem Namen als sein stellvertretender Herrscher auf Erden. Er wird auf mysteriöse Weise von Isis empfangen. Sie ist es auch, die ihrem Sohn den geheimen Namen des Sonnengottes Ra verschafft, damit ihm seine Schöpfermacht zu Eigen wird.

Ein weiterer Hinweis ägyptischer Wurzeln in der Bibel ist das Tetragrammaton und wie Gott es dem Moses mitteilte. Das Tetragrammaton wird seit Philon von Alexandria[220] als Bezeichnung der vier Konsonanten JHWH, mit denen in der hebräischen Bibel der Gottesname umschrieben wird, verwendet. Das Tetragramm[221] spielt in den mystischen und kabbalistischen Lehren eine bedeutende Rolle.

Oft findet man das Tetragrammaton inmitten eines Sechsecks. Dieses Symbol wird Salomos Siegel genannt und es findet sich in mittelalterlichen Grimoires[222] an exponierter Stelle.

---

220 Philon von Alexandria (15 v.u.Z. - 40 n.u.Z.), hellenistischer Jude.

221 Alternative Bezeichnung des unaussprechlichen Namen Gottes - JHWH.

222 Eine Grimoire ist ein Buch mit magischem und esoterischem Wissen. Die Blütezeit dieser Schriften war zwischen Spätmittelalter und 18. Jahrhundert.

Das Siegel besagt drei grundlegende Dinge: 1.) Nur derjenige kann dieses Siegel berühren oder an sich tragen, der Gott geweiht ist. Ein böser Mensch, eine Hexe oder ein Dämon könnten das Siegel laut mittelalterlicher Vorstellung nicht einmal berühren. 2.) Das Symbol zeigt Gottes Namen mitten in seinem Sechstagewerk. Es ist als Symbol der vollendeten Schöpfung und des Ordnungswirkens Gottes in seiner Schöpfung zu verstehen. 3.) Das Buch der Schöpfung (alias *Sepher Jesirah*) geht auf die Zahl Sieben ein, welche sich aus dem Hexagramm (6) und Gottes Palast (1) ergibt:

Sieben Doppelte entsprechend den sieben Enden: Oben und Unten, Osten und Westen, Norden und Süden, und der Palast des Heiligtums in der Mitte. Er (der Palast des Heiligtums) trägt sie alle. [223]

Das Siegel stellt sechs Enden dar und der *„Palast des Heiligtums in der Mitte"* ist Gott oder sein Name. Für das Judentum ist Gottes Name JHWH unaussprechlich. Bei den Synagogelesungen des Tanachs, welche gesungen werden, wird das Tetragramm durch alternative Anreden[224] ersetzt.

Mit dem Wiederaufbau des zweiten Tempels (539 v.u.Z.) begann die Tabuisierung des höchsten Namen Gottes. Obwohl sein Name im Tanach durch vier Buchstaben (**יהוה**) dargestellt ist, wurde er in den Ritualen als unaussprechlich angesehen.

Nur der Hohepriester durfte den Gottesnamen an Jom Kippur (alias *Sühnetag*) aussprechen. Er forderte die Gemeinde auf ihm den Rücken zuzukehren. Sie sollten tumultartig Geräusche von sich lassen. Andere Überlieferungen sprechen vom Gesang der Leviten, der dazu diente alles akustisch zu überdecken. Der Hohepriester hob seine Hände und beim höchsten Geräuschpegel, den das Volk oder die Leviten machen konnten, flüsterte er den wahren Namen Gottes. Auf dieselbe Weise wie sich einst Gott durch Selbstbenennung erschuf. Der Hohepriester musste die richtige Aussprache des Namens Jahwe (**יהוה**) wählen, die ihm bei seiner Einsetzung bzw. Einweihung mitgeteilt wurde.

Der jüdische Eingottglaube befand sich in dieser Hinsicht in einer eigenartigen Lage; der Allmächtige durfte naturgemäß nicht im magischen Sinn beschworen werden, sondern nur angebetet werden. Wer aber seinen geheimen Namen wusste,

---

[223] Zitat: *Sepher Jesirah - Das Buch der Schöpfung* (2008), 2. Auflage – G. Grippo

[224] Erklärung: Adonai („Mein/e Herr/en") oder Adonai Elohim („Mein Herrgott").

fühlte sich – und dies ist eine sehr beunruhigende Vorstellung – auf einer fast gottähnlichen Stufe stehend. Deshalb wurde der Name Gottes, sonst nur mit Adonai („mein Herr“) oder Elohim („Gottheiten“ in der Majestitäts-Mehrzahl, auf die zahllosen Aspekte hinweisend) angesprochen, nur sehr selten artikuliert. Tetragrammaton, Vier-Buchstaben-Name J-H-V-H [Jod-He-Vau-He], wurde lieber buchstabiert als „Jahweh“ ausgesprochen. Da nur Konsonanten geschrieben wurden (und werden), ist das ursprüngliche Klangbild ebenfalls nicht völlig sicher wiederzugeben. Die bekannte Form „Jehova“, in dieser Form auch als das maurerische Meisterwort angesehen, setzt auf etwas eigenwillige Wiese die Vokale des Wortes Adonai in die Konsonanten JHVH ein […]. [225]

Die Konsonanten des Wortes A<u>d</u>o<u>n</u>a<u>i</u> sind d-n-i. In diesem Fall ist das „i“ als Konsonant des hebräischen Alphabets zu betrachten. Setzt man nun zwischen die Buchstaben J-H-W-H die drei Vokale des Wortes <u>A</u>d<u>o</u>n<u>a</u>i, nämlich a-o-a ein, so erhält man die Aussprache JaHoWaH. Seltsamerweise wird das maurerische Meisterwort nicht als J<u>a</u>howah sondern als J<u>e</u>howah (lateinisiert: Iehova) ausgesprochen. Man findet diese Schreibweise am Häufigsten wiederum in den bereits erwähnten mittelalterlichen Grimoires.
Die ganzen geschilderten Umstände, die zum Vergessen der richtigen Aussprache des wahren Namen Gottes geführt haben, schlugen sich auch in der Freimaurerei nieder. Das Meisterwort, welches wegen eines Mordes ersetzt werden musste, wird als das alte oder das verlorene Meisterwort bezeichnet. Das alte Meisterwort, weil es wegen Verrats durch ein neues Meisterwort ersetzt werden musste. Das alte Meisterwort ging jedoch nie verloren. Es ist in der Freimaurerei stets präsent und nicht nur in den Hochgraden. Vielleicht kommt hier eher die Idee zum Tragen, dass es sich nicht um „das verlorene Meisterwort“ handelt, sondern und die „verlorene Aussprache des alten Meisterwortes“, deshalb wurde ein neues erforderlich.
Die Tradition des Rituals des Hohepriesters am Sühnetag endete mit der Zerstörung des zweiten Tempels im Jahre 70 n.u.Z. und wurde in den Synagogen nie vollzogen. Spätestens seit da wurde der Gottesname im Judentum nicht mehr genannt und das Wissen um seine ursprüngliche und richtige Aussprache ging endgültig verloren. Deshalb kann der Name Gottes nach der Vokalisation des hebräischen Bibeltextes tatsächlich nicht mehr richtig gelesen werden.

---

225 Zitat: *Das verlorene Meisterwort. Bausteine zu einer Kultur- und Geistesgeschichte des Freimaurertums.* Hans Biedermann. 3. Auflage. Wien; Köln; Weimar; Böhlau 1999.

Die Aussprache bleibt seit (spätestens) dem 1. Jahrhundert v.u.Z. unbekannt, denn seit damals vermeiden es die Juden den Gottesnamen auszusprechen und sprechen stattdessen Alternativnamen aus. Das Tetragrammaton wurde Moses wie folgt vermittelt:

Mose aber hütete die Schafe Jethros, seines Schwiegervaters, des Priesters in Midian, und trieb die Schafe hinter die Wüste und kam an den Berg Gottes, Horeb. Und ... der Herr erschien ihm in einer feurigen Flamme aus dem Busch. Und er sah, dass der Busch mit Feuer brannte und ward doch nicht verzehrt; und sprach: „ich will dahin und beschauen dies große Gesicht, warum der Busch nicht verbrennt." Da aber der Herr sah, dass er hinging, zu sehen, rief ihm Gott aus dem Busch und sprach: „Mose, Mose!" Er antwortete: „Hier bin ich." Er sprach: „Tritt nicht herzu, zieh deine Schuhe aus von deinen Füßen; denn der Ort, darauf du stehst, ist ein heilig Land!" Und sprach weiter: „Ich bin der Gott deines Vaters, der Gott Abrahams, der Gott Isaaks und der Gott Jakobs." Und Mose verhüllte sein Angesicht; denn er fürchtete sich Gott anzuschauen. Und der Herr sprach: „Ich habe gesehen das Elend meines Volkes in Ägypten und habe ihr Geschrei gehört über die, so sie drängen; ich habe ihr Leid erkannt und bin herniedergefahren, dass ich sie errette von der Ägypter Hand und sie ausführe aus diesem Lande in ein gutes und weites Land, in ein Land, darin Milch und Honig fließt, an den Ort der Kanaaniter, Hethiter, Amoriter, Pheresiter, Heviter und Jebusiter. Weil nun das Geschrei der Kinder Israel vor mich gekommen ist, und ich auch dazu ihre Angst gesehen habe, wie die Ägypter sie ängstigen, so gehe nun hin, ich will dich zu Pharao senden, dass du mein Volk, die Kinder Israel, aus Ägypten führest."
Mose sprach zu Gott: „Wer bin ich, dass ich zu Pharao gehe und führe die Kinder Israel aus Ägypten?" Er sprach: „Ich will mit dir sein. Und das soll dir ein Zeichen sein, dass ich dich gesandt habe: Wenn du mein Volk aus Ägypten geführt hast, werdet ihr Gott opfern auf diesem Berge."
Mose sprach zu Gott: „Siehe, wenn ich zu den Kindern Israel komme und spreche zu ihnen: „Der Gott eurer Väter hat mich zu euch gesandt", und sie mir sagen werden: „Wie heißt sein Name?" was soll ich ihnen sagen?" Gott sprach zu Mose: „Ich werde sein, der ich sein werde." Und sprach: „Also sollst du den Kindern Israel sagen: „Ich werde sein hat mich zu euch gesandt."
Und Gott sprach weiter zu Mose: „Also sollst du den Kindern Israel sagen: „Der Herr, eurer Väter Gott, der Gott Abrahams, der Gott Isaaks, der Gott Jakobs, hat mich zu euch gesandt. Das ist mein Name auf ewig, mit dem man mich anrufen soll von Geschlecht zu Geschlecht. [226]

---

[226] Zitat: 2. Buch Moses 3,1-15 (Luther-Bibel)

Gott verriet Moses nur sein Pseudonym, nämlich יהוה, denn bspw. in der sumerischen und ägyptischen Mythologie[227] war der Name eines Gottes, der Schlüssel zur Befehlsgewalt über diesen Gott und seinen Heerscharen. Die Verfasser der Bibel stellen es so dar, dass Moses von Gott vor dem brennenden Dornenbusch die Anfangsbuchstaben folgenden Satzes erhalten hat: „Ich bin der (H), der ich war (W); der ich bin (H) und der ich sein werde. (J)“ Gott hat dem Menschen nie seinen waren Namen verraten, bis heute nicht. Das Tetragrammaton (JHWH) ist ein Wortkonstrukt, das die Anfangsbuchstaben der Sätze: „Ich bin der, der ich war; der ich bin und der ich sein werde.“ wiedergibt. Als nun Gott die Welt erschuf, flüsterte er seinen Namen ins Chaos, aber nicht sein Pseudonym JHWH (יהוה) sondern den wahren, verborgenen Namen des Messias.

Johannes Reuchlin (1455-1522) war ein deutscher Humanist und Philosoph. Er suchte nach dem Namen des Messias und fand einen interessanten Lösungsansatz. Ausgehend vom Gottesnamen JHWH, dem wichtigsten Pseudonym Gottes und der Idee, dass Jesus Christus eine Manifestation des Geistes Gottes auf Erden sei, fügte er in die Mitte des Pseudonyms JH-WH den hebräischen Buchstaben Schin (ש) ein und erhielt den Namen Jehschuah JH-S-WH (יהשוה).

Jehschuah ist der Hebräische Vorname von Jesus. Die sich daraus ergebenden Assoziationen sind verblüffend. Im Kapitel zuvor wurde dem Evangelium des Johannes der Buchstabe Schin (ש) zugeordnet:

Position	Name	Biblisches Buch	Hebr. Schrift	Gr. Schrift
26.	Schin	Johannes	ש	ω

Jenem Evangelium wird die Zahl 26 und der Buchstabe Omega (ω) zugeordnet und beginnt zudem nicht grundlos mit den Worten:

Im Anfang war das Wort, und das Wort war bei Gott, und Gott war das Wort. Dasselbe war im Anfang bei Gott. Alle Dinge sind durch dasselbe gemacht, und ohne dasselbe ist nichts gemacht, was gemacht ist. In ihm war das Leben, und das Leben war das Licht der Menschen. Und das Licht scheint in der Finsternis, und die Finsternis hat´s nicht begriffen. [228]

---

[227] In der Engelsmagie ist heute dieser Ansatz immer noch zu finden, denn dort kann nur durch die Nennung des wahren Namens eines Engels oder Dämons Gewalt über ihn und über die ihm unterstellten Heerscharen erlangt werden.

[228] Zitat: Johannes 1,1-5 (Luther-Bibel)

Im Buch der Schöpfung (alias *Sepher Jesirah*) wird das Schin (ש), dort als Ş dargestellt, als einer der drei Mutterbuchstaben erwähnt:

Es gibt zweiundzwanzig Grundbuchstaben, nämlich drei Mütter, sieben Doppelte und zwölf Einfache. Drei Mütter nämlich A-M-Ş und deren Fundament ist der Ausgleich. Die Waagschale der Seligkeit und die Waagschale der Schuld und die Zunge ist eine schwankende Satzung zwischen ihnen. Ş ist zischend wie das Feuer, M ist stumm wie das Wasser und das A ist atmend wie die Luft und gleicht beide aus. [229]

Dieses Zitat ermöglicht wiederum eine neue Verknüpfung. Auf Hebräisch schreibt sich Feuer wie folgt: **אש** (*esch* ausgesprochen). Wie bereits gesagt, steht das Aleph (**א**), für Gott, seine Wesen und seine Wesenszüge und einiges mehr, was es vor dem Anfang gab. Das Schin (**ש**) steht für Feuer aber auch für eine wahr gewordene Vision. JHWH hat den Zahlenwert 26 und der Buchstabe Schin hat den Zahlenwert 300. Die Summe des Wortes Jehschuah (JHSWH) hat den Zahlenwert 326. Dieser Wert entspricht laut der Gematria dem Hebräischen Wort **שאייה** (SAIIH), was „sajah" ausgesprochen wird und im Hebräischen „*Vision*" bedeutet. Das Wort Feuer (**אש**) hat noch zwei erwähnenswerte Eigenschaften. Dreht man es um, so erhält man das Wort **שא** (*scha* ausgesprochen). Scha (**שא**) bedeutet im Hebräischen „zerstören". Die zweite Eigenschaft ist, dass „Feuer" den gleichen Zahlenwert (301) wie das Hebräische Wort für Menorah (**מנורה**) hat.[230]

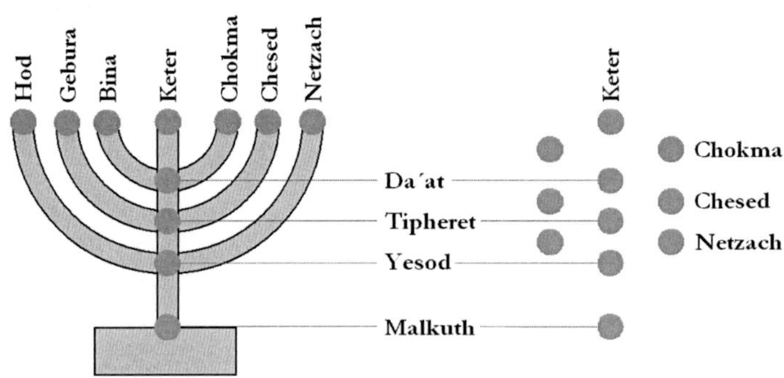

---

[229] Zitat: *Sepher Jesirah - Buch der Schöpfung.* 5. Auflage. Oberursel 2012. Seite 24ff.

[230] Der siebenarmige Leuchter wird „Menorah" genannt. Im Salomonischen Tempel befanden sich neben Opferaltären, die Bundeslade und der siebenarmige Leuchter. Beide befanden sich schon vier Jahrhunderte zuvor im Stiftszelt.

Die Menorah ist der Schlüssel mit dem man zu Gott gelangt. Aus der Menorah entwickelten die Kabbalisten das Schema des Lebensbaums.

Wenn wir uns die obige Abbildung (links) anschauen, so sehen wir insgesamt elf Sefiroṯ (Kreise). Das Buch der Schöpfung verweist aber darauf, dass es sich nur um zehn Welten handelt. Aus der Menora entwickelten die Meister der Qabala und die Verfasser des Zohars das Schema des Lebensbaums, wie wir ihn heute kennen. Durch die Menora wird eindeutig klar, dass die Zahl der Qabala nicht Zehn sondern Elf ist. Es sind insgesamt elf Sephiroth. Die verborgene Sefira heißt Da´at. **Da´at** *bedeutet* ***Erkenntnis****.*
Qabala bedeutet hieraus abgeleitet, dass man durch Überlieferung des göttlichen Wissens zur allgemeinen und individuellen Erkenntnis gelangen kann![231]

Als nun der Mensch aus Erde für die Welt geformt wurde und der Herr der Heerscharen ihm seinen Odem einfloss, kurz danach vom Baum der Erkenntnis über Gut und Böse aß und dann aus dem Paradies vertrieben wurde, so suchte er nach dem Weg – nach dem wir heute alle immer noch suchen, egal ob Eingeweihter oder Wissenschaftler – zu seinem Schöpfer zurückzukehren. So wurdew der Ursprung zum Ziel.
Nun suchte der Mensch nach der Vertreibung aus dem Garten Eden, nach dem Weg zum Licht und zur Wahrheit zurückzukehren. Doch die halbe Wahrheit ist nicht göttlich. Eine Lösung sah der Mensch in der Suche nach Verbindungen und Übereinstimmungen, die Gott als Hinweis und Spur seines versöhnenden Wohlwollens in der gesamten Schöpfung für den Menschen versteckt hat.
Neben dem Namen Adonai wurden weitere neun Beinamen genutzt, um Gott zu umschreiben. Auch hier ist es kein Zufall, dass diese wiederum neue Verknüpfungen, Verbindungen, Assoziationen und Übereinstimmungen aufweisen.
Die zehn Beinamen sind mit den zehn Sephiroth des Lebensbaum der Kabbalah, den zehn Engelsklassen (wobei es 9+1 sind) und den zehn Geboten verknüpfbar. Alles dies um den wahren und verborgenen Namen Gottes nicht preis zu geben. Der wahre Name Gottes ist der verborgene Name des Messias.[232]

---

231 Zitat: *Die Kabbalah - Die Vereinigung vieler Philosophien* (Steinbach 2009) Band III, 1. Auflage – G. Grippo. Seite 49.
232 siehe in diesem Buch: *Wie der Kosmos entstand* – Kapitel XIV

Gottesnamen der einzelnen Sephirah

Sephiroth	Gottesname	Engelsklasse	Gebot
Kether	Eheje	Seraphim	Ich bin der Herr, dein Gott
Chokmah	Jah	Cherubim	Du sollst keine anderen …
Binah	Jahwe	Erellim [233]	Du sollst den Namen …
Chesed	El	Chaschmalim	Gedenke des Sabbattages.
Geburah	Eloah	Ophanim [234]	Ehre Vater und Mutter.
Tiphereth	Elohim	Schinannim	Du sollst nicht töten.
Netzach	Jahwe Zabaoth	Tarschischim	Du sollst nicht ehebrechen.
Hod	Elohim Zabaoth	Bene Elohim	Du sollst nicht stehlen.
Jesod	Schaddai	Ischischim	Du sollst nicht lügen.
Malkuth	Adonai	Chajjoth [235]	Du sollst nicht begehren.

Der Kabbalist kommt zur Erkenntnis, dass nur durch die Nennung des wahren Namen Gottes er sein eigenes (freudsches) Ego verlieren und dadurch die letzte Hürde auf dem schmerzhaften Wege des Lebens überwinden kann. Doch wir sind eben nur ein Abbild und begreifen nur *„halbe Wahrheiten"*. Das ägyptische Kybalion sagt es:

Alles ist zwiefach, alles hat zwei Pole, alles hat sein Paar von Gegensätzlichkeiten; gleich und ungleich ist dasselbe; Gegensätze sind identisch in der Natur, nur verschieden im Grad; Extreme berühren sich; alle Wahrheiten sind nur halbe Wahrheiten; alle Widersprüche können miteinander in Einklang gebracht werden. [236]

Gott hat nur einen einzigen wahren Namen. Aber neben den oben erwähnten zehn Beinamen hat Gott auch 72 Eigenschaften (auch Genien genannt). Der eine einzige wahre Name Gottes kann nur be- bzw. umschrieben werden, denn er geht weit über das geistige, seelische und körperliche Verständnis des Menschen hinaus. Aufgrund der Errettung des Volkes Israels im 2. Buch Moses 14,19-21 leiteten die alten Israeliten ab, dass der Name Gottes aus der gleichen Anzahl von Buchstaben bestehen müsse, wie in diesen drei Versen vorgegeben wurde. Denn alle drei Verse bestehen aus jeweils

[233] siehe: Jesaja 33,7 (Luther-Bibel)

[234] siehe: Ezechiel 1,16 (Luther-Bibel)

[235] siehe: Ezechiel 1,5 (Luther-Bibel)

[236] vgl. *Kybalion* - Hans Edo Schwerin - 1997 Sauerlach.

72 hebräischen Buchstaben. Diese Bibeltextstelle ist aus dem Grunde für Kabbalisten etwas ganz Besonderes, weil die Numerologie (3x72) und die Errettung des Volkes Israel vor den Soldaten und Streitwägen des Pharaos ineinander harmonisch übergehen:

Da erhob sich der Engel Gottes, der vor dem Heer Israels her zog, und machte sich hinter sie; und die Wolkensäule machte sich auch von ihrem Angesicht und trat hinter sie und kam zwischen das Heer der Ägypter und das Heer Israels. Es war aber eine finstere Wolke und erleuchtete die Nacht, dass sie die ganze Nacht, diese und jene, nicht zusammenkommen konnten. Da nun Mose seine Hand reckte über das Meer, ließ es der Herr hinwegfahren durch einen starken Ostwind die ganze Nacht und machte das Meer trocken; und die Wasser teilten sich voneinander. [237]

Der geteilte Name (hebr. „Schemhamphoras“) bzw. die Namen der 72 Eigenschaften werden einer Bibelstelle und einem Sternzeichen zugeordnet (72/6=12). Der geteilte Name wird aus den Versen der Bibelstelle 2. Buch Moses 14,19-21 dadurch gebildet, indem man jeden dieser drei Verse in einer geraden Linie, den einen über den anderen, und zwar den ersten Vers von rechts nach links, den zweiten von links nach rechts, und den dritten wieder von rechts nach links schreibt. So erhält man 72 senkrechte Reihen von je drei hebräischen Buchstaben. Dann fügt man die entsprechende Gottesendung, wie El (אל) oder Jah (יה) hinzu, und erhält die Namen der 72 Genien.
Die Tabelle mit den 72 Eigenschaften gibt es auch im Buch „Die Anrufung der 72 Genien und ihre praktische Bedeutung im Leben“ von Oskar Ganser erschienen im Verlag Richard Schikowski im Jahre 1985 in Berlin. Ein weiteres Büchlein, das sich informativ zu den 72 Namen Gottes äußert, ist „Der Schlüssel zu den 72 Gottesnamen der Kabbala“ von Franz Buchmann auch im gleichen Verlag im Jahre 1983 erschienen. In Gansers Buch kann man auch seine eigenen, persönlichen Engel errechnen, die sich aus dem eigenen Geburtstag, Geburtsdatum und der eigenen Geburtsuhrzeit ergeben. Dort steht:

Nun kurz über die Genien. Nach der kabbalistischen Lehre hat jeder Mensch drei Schutzengel oder Genien. Der erste ist heilig, weil er als unmittelbarer Ausfluß der Gottheit angesehen wird. Der zweite ist astrologischer Natur, weil er von den Gestirnen herrührt. Der dritte dagegen ist ein Elementargeist. Der erste

---

[237] Zitat: 2. Buch Moses 14,19-21 (Luther-Bibel)

Genius hat Einfluß auf die Seele, der zweite aufs Gemüt, der dritte auf die Gesundheit und Handlungen. Ferner ist zu merken: der Genius der Influenzperiode beeinflusst die Natur des Geborenen. Der zweite Genius, der den Tag beherrscht, wirkt auf die Moral. Der dritte Genius, der die Zeit und Stunde beherrscht, wirkt auf Seele und Geist. [238]

Genius	Name	Bibelstelle	Grad	Zeichen
Der 1.	Vehujah	Psalm 3, Vers 4	0°-5°	Widder
Der 2.	Jeliel	Psalm 22, Vers 20	5°-10°	Widder
Der 3.	Sitael	Psalm 9, Vers 2	10°-15°	Widder
Der 4.	Elemjah	Psalm 6, Vers 5	15°-20°	Widder
Der 5.	Mahasjah	Psalm 34, Vers 5	20°-25°	Widder
Der 6.	Lelahel	Psalm 9, Vers 12	25°-30°	Widder
Der 7.	Achajah	Psalm 103, Vers 8	0°-5°	Stier
Der 8.	Kahetel	Psalm 95, Vers 8	5°-10°	Stier
Der 9.	Haziel	Psalm 25, Vers 6	10°-15°	Stier
Der 10.	Aladiah	Psalm 33, Vers 22	15°-20°	Stier
Der 11.	Lauviah	Psalm 47, Vers 18	20°-25°	Stier
Der 12.	Hahajah	Psalm 9, Vers 22	25°-30°	Stier
Der 13.	Jezalel	Psalm 98, Vers 4	0°-5°	Zwilling
Der 14.	Mebahel	Psalm 9, Vers 10	5°-10°	Zwilling
Der 15.	Hariel	Psalm 94, Vers 22	10°-15°	Zwilling
Der 16.	Hakamiah	Psalm 88, Vers 2	15°-20°	Zwilling
Der 17.	Leaviah	Psalm 8, Vers 2	20°-25°	Zwilling
Der 18.	Kaliel	Psalm 7, Vers 9	25°-30°	Zwilling
Der 19.	Leuvjah	Psalm 40, Vers 2	0°-5°	Krebs
Der 20.	Pahaljah	Psalm 120, Vers 2	5°-10°	Krebs
Der 21.	Nelchael	Psalm 31, Vers 15	10°-15°	Krebs
Der 22.	Jejajel	Psalm 121, Vers 5	15°-20°	Krebs
Der 23.	Melahel	Psalm 121, Vers 8	20°-25°	Krebs
Der 24.	Hahujah	Psalm 33, Vers 18	25°-30°	Krebs
Der 25.	Nith-Hajah	Psalm 9, Vers 2	0°-5°	Löwe
Der 26.	Haajah	Psalm 119, Vers 145	5°-10°	Löwe
Der 27.	Jerathel	Psalm 140, Vers 2	10°-15°	Löwe
Der 28.	Sehejah	Psalm 71, Vers 12	15°-20°	Löwe
Der 29.	Rejiel	Psalm 54, Vers 6	20°-25°	Löwe
Der 30.	Omael	Psalm 71, Vers 5	25°-30°	Löwe
Der 31.	Lekabel	Psalm 71, Vers 16	0°-5°	Jungfrau
Der 32.	Vasariah	Psalm 133, Vers 4	5°-10°	Jungfrau

[238] vgl. Oskar Ganser: *Die Anrufung der 72 Genien und ihre praktische Bedeutung im Leben.* Verlag Richard Schikowski. 1985 Berlin. Seite 37.

Der 33.	Jehujah	Psalm 33, Vers 11	10°-15°	Jungfrau
Der 34.	Lehahiah	Psalm 131, Vers 3	15°-20°	Jungfrau
Der 35.	Chavakiah	Psalm 116, Vers 1	20°-25°	Jungfrau
Der 36.	Menadel	Psalm 26, Vers 8	25°-30°	Jungfrau
Der 37.	Aniel	Psalm 80, Vers 8	0°-5°	Waage
Der 38.	Haamiah	Psalm 91, Vers 9	5°-10°	Waage
Der 39.	Rehael	Psalm 30, Vers 11	10°-15°	Waage
Der 40.	Jejazel	Psalm 88, Vers 15	15°-20°	Waage
Der 41.	Hahahel	Psalm 120, Vers 2	20°-25°	Waage
Der 42.	Mikael	Psalm 121, Vers 7	25°-30°	Waage
Der 43.	Vevaliah	Psalm 88, Vers 14	0°-5°	Skorpion
Der 44.	Jelajah	Psalm 119, Vers 108	5°-10°	Skorpion
Der 45.	Sealiah	Psalm 94, Vers 18	10°-15°	Skorpion
Der 46.	Ariel	Psalm 145, Vers 9	15°-20°	Skorpion
Der 47.	Asaliah	Psalm 104, Vers 24	20°-25°	Skorpion
Der 48.	Mihael	Psalm 98, Vers 2	25°-30°	Skorpion
Der 49.	Vehuel	Psalm 145, Vers 3	0°-5°	Schütze
Der 50.	Daniel	Psalm 103, Vers 8	5°-10°	Schütze
Der 51.	Hahasiah	Psalm 104, Vers 31	10°-15°	Schütze
Der 52.	Imamiah	Psalm 7, Vers 18	15°-20°	Schütze
Der 53.	Nanael	Psalm 119, Vers 75	20°-25°	Schütze
Der 54.	Nithael	Psalm 103, Vers 19	25°-30°	Schütze
Der 55.	Mebahiah	Psalm 102, Vers 13	0°-5°	Steinbock
Der 56.	Pojel	Psalm 145, Vers 14	5°-10°	Steinbock
Der 57.	Nemamiah	Psalm 115, Vers 11	10°-15°	Steinbock
Der 58.	Jejalel	Psalm 6, Vers 4	15°-20°	Steinbock
Der 59.	Harahel	Psalm 113, Vers 3	20°-25°	Steinbock
Der 60.	Mitzrael	Psalm 145, Vers 17	25°-30°	Steinbock
Der 61.	Umabel	Psalm 113, Vers 2	0°-5°	Wassermann
Der 62.	Jah-Hel	Psalm 119, Vers 159	5°-10°	Wassermann
Der 63.	Anauel	Psalm 2, Vers 11	10°-15°	Wassermann
Der 64.	Mehiel	Psalm 33, Vers 18	15°-20°	Wassermann
Der 65.	Damabiah	Psalm 90, Vers 13	20°-25°	Wassermann
Der 66.	Manakel	Psalm 38, Vers 22	25°-30°	Wassermann
Der 67.	Ejael	Psalm 37, Vers 4	0°-5°	Fische
Der 68.	Habuhjah	Psalm 106, Vers 1	5°-10°	Fische
Der 69.	Rochel	Psalm 16, Vers 5	10°-15°	Fische
Der 70.	Jamabiah	1. Buch Moses, V. 1	15°-20°	Fische
Der 71.	Hajajel	Psalm 109, Vers 30	20°-25°	Fische
Der 72.	Mumjah	Psalm 116, Vers 7	25°-30°	Fische

Überlegen wir uns, dass die Thora (und das Buch Hiob), während der 40jährigen Wanderung von Ägypten ins gelobte Land geschrieben worden sein kann. Zu diesem Zeitpunkt war das Volk Israel noch ein nomadisches und kein sesshaftes Volk. Es gab unzählige Traditionen und Legenden, die von Mund zu Ohr, von Generation zu Generation weitergegeben wurden. Der oder die Autoren hatten nun die heikle Aufgabe alle Traditionen und altbekannte Legenden, die vor dem Lagerfeuer erzählt und besungen wurden, in eine Richtung zu prägen. Manche Legenden waren widersprüchlich, aber konnten aufgrund ihrer Bekanntheit und Beliebtheit nicht einfach ignoriert werden. Sie waren aber in der Lage durch die vokallose hebräische Schrift (Konsonanten-Schrift) nicht nur einen offensichtlichen Text, eine Legende oder Überlieferung aufzutragen, sondern sie gaben jedem Buchstaben einen Zahlenwert, damit sie sich nicht nur auf das Offensichtliche, den Geschichten und Legenden beschränken lassen mussten. Daraus entstanden zwei kabbalistische Methoden: Pardes- (vierfache Bedeutungen) und Ginat-Methode (dreifacher Wortsinn):

Die Pardes-Methodik besagt, dass die Thora vierlagig angelegt wurde. PaRDeS setzt sich aus den Anfangsbuchstaben der Worte Pschat, Remez, Drasch und Sod zusammen. Das bedeutet, dass die Thora offensichtlich, hinweisend, deutend und geheim verstanden werden kann. Ein Wort oder ein Satz kann laut der Pardes-Methodik bis zu vier Bedeutungen haben. „Pardes" bedeutet aus dem Hebräischen „Paradies".
Die Ginat-Methodik spricht von einem weiteren dreifachen Wortsinn. „Ginat" bedeutet aus dem Hebräischen „Garten". Das Wort GiNaT wird aus den Anfangsbuchstaben der Worte: Gematria, Notarikon und Temura zusammengesetzt. Gematria ist eine Methode zur Interpretation von Worten mit Hilfe von Zahlen. Dabei werden Buchstaben in ihre Zahlenwerte überführt. Aus den Zahlenwerten werden dann Bedeutungen und Verbindungen abgeleitet. Notarikon ist eine Methode mit der Anfangs- oder Endbuchstaben eines Wortes verbunden werden, um ein anderes Wort zu bilden. Daraus lassen sich andere, neue Worte oder Sätze finden. Temura ist eine Methode um ein Wort zu erläutern, indem dessen Buchstaben miteinander vertauscht werden. Dadurch entsteht eine erklärende oder verborgene Bedeutung.[239]

Es sind die Legenden der Sumerer, der Chaldäa und Ägypter. Es sind die bekannten Mythen und Epen des Zweistromlandes. Die

---

239 Zitat: Giovanni Grippo: *Die Kabbalah - Die Vereinigung vieler Philosophien* (Steinbach *2009),* Band III. Seite 62-63.

Ähnlichkeiten, die wir zwischen dem Gilgamesch-Epos und der biblischen Sintflut sehen, sind kein Zufall.
Ein weiterer und wichtiger Aspekt in diesem Zusammenhang ist Moses selbst. Wie schon erwähnt, sind manche Exegeten der Meinung, dass Moses die Thora niederschrieb. Moses wurde zum Adoptivsohn des Pharaos, als er laut der Bibel[240] seinen Soldaten gebot alle Söhne der Sklaven, ins Wasser zu werfen, aber die Töchter zu verschonen. Moses´ Mutter rettet ihn indem sie ihn in einem Korb dem Fluss übergibt. Die Tochter des Pharaos rettet diesen Korb und beschließt sich um den Säugling zu kümmern. Er wird wie ein pharaonischer Prinz erzogen und erfährt Geheimnisse, Weissagungen und Offenbarungen, die außer der pharaonischen Familie und der Priesterkaste niemand sonst jemals erfahren wird.
Aus der ägyptischen, mesopotamischen und altorientalischen Mythologie wissen wir, dass die ägyptischen und altorientalischen Gottheiten immer als Paar zu verstehen sind. Gott und Göttin, wie z.B. Nun, das Urwasser und Naunet, Kuk, die Finsternis und Kauket, oder Amun, die Verborgenheit mit seiner Gattin Amaunet und zu guter Letzt Osiris und Isis. Die ägyptische Religion war zwar hauptsächlich auf das Jenseits ausgerichtet, dennoch fußte sie im Diesseits. In der diesseitigen und realen Vorstellung der damaligen Menschen. Sie war Diesseits bezogener als man heute gern glaubt.
Das Volk Israel übernahm aus seiner Umgebung die männlich-weibliche Vorstellung, hatte aber ein Problem, denn ihr Gott sollte der eine und einzige sein. Der Übergang vom Polytheismus zum Monotheismus war mühsam, doch die Verfasser der Thora haben einen interessanten - womöglich genialen - Lösungsansatz gefunden. Sie haben zwei Hauptnamen des einen Gottes gewählt, um zumindest ein paar der bipolaren Handlungs- und Wirkungsweisen Gottes in der Thora zu erklären und einfacher darzustellen.
Ein Beispiel sind die zwei widersprüchlichen Schöpfungsmythen am Anfang der Bibel. Im ersten Schöpfungsakt scheint Gott nur einen androgynen (zweigeschlechtlichen) Menschen erschaffen zu haben und im zweiten tritt der duale Mensch auf die Bühne der Welt, denn dort wird dem Manne eine Gehilfin „gebaut“. Ein weiteres Beispiel, ist die Trennung des Urmenschen und die Erschaffung des zweigeschlechtlichen Menschen. Im ersten Kapitel schöpft Gott ein Wesen, das Mensch genannt ist und Gottes Bilde entspricht. Im

---

240 siehe: 2. Buch Moses 2,1 (Luther-Bibel)

zweiten Kapitel spricht Gott: *Es ist nicht gut, dass der Mensch allein sei; ich will ihm eine Gehilfin machen, die um ihn sei.* [241]
Ein Widerspruch, denn ein Kapitel zuvor erschuf er bereits einen Mann und eine Frau. Es stehen zwei Schöpfungserzählungen hintereinander und beide widersprechen sich. In dem einen ist Gott der Schöpfer der Gestirne, Meere und Erdteile, im anderen schafft er nur einen genau lokalisierten Garten. In der ersten Erzählung werden die Menschen am Schluss des Schöpfungsaktes geschaffen, im zweiten gleich zu Anfang. Im 21. Vers des zweiten Kapitels lässt Gott den Menschen in einen tiefen Schlaf fallen und entnimmt ihm eine Rippe, um daraus die Gehilfin zu bauen. Gott entnimmt dem ursprünglichen, androgynen, zweigeschlechtlichen Doppelmenschen eine göttliche Eigenschaft, nämlich die *Unsterblichkeit* (durch die Rippe symbolisiert) um im gleichen Augenblick, das im ersten Schöpfungsakt (1. Buch Moses 1,27) erschaffene, einheitliche und unsterbliche Doppelwesen (der aus der Kabbalah bekannte Adam Kadmon) in zwei *selbständige* Einheiten zu trennen, die erst jetzt Mann und Frau im eigentlichen Sinne genannt werden können. Dies ist die Geburt der Dualität in der Welt.
Die Verfasser haben aus ihrer polytheistischen Umgebung Legenden, Rituale, Überlieferungen und Traditionen übernommen und alles einem einzigen Gott gewidmet. Um dann die bipolare oder duale Beschaffenheit der Schöpfung durch die Trennung des erdigen Adam Kadmons zu erklären. Die ägyptische, mesopotamische und altorientalische Mythologie erklärten es hingegen durch Gott (♂) und Göttin (♀).
Manche kabbalistische Richtungen sagen, dass Gott dem Menschen nicht verboten hatte vom Baum des Lebens zu essen. Das würde bedeuten, dass der Mensch zwar bereits sterblich erschaffen wurde, aber durch den täglichen Verzerr der Früchte des Lebensbaums nicht starb. Erst als er das Verbot nicht vom Baum der Erkenntnis über Gut und Böse zu essen, übertrat, und er aus dem Paradies verbannt wurde, konnte er dadurch nicht mehr am Baum des Lebens teilhaben, setzte seine Sterblichkeit wieder ein.
Wenn man den hebräischen Text beider Schöpfungsakte vergleicht, wird bei der ersten Schöpfung der Name ELOHIM und bei der zweiten Schöpfung der Name JAHWE benutzt. Zwei Richtungen und zwei Namen für den einen und einzigen Gott. Diese beiden Namen wurden mit einem ganz bestimmten Hintergedanken des

---

[241] Zitat: 1. Buch Moses 2,18 (Luther-Bibel)

Verfassers an deren jeweiligen Platz gesetzt. Auch kann man wirklich glauben, wie die meisten orthodoxen Juden es tun, dass jeder der 304.805 Buchstaben in der Thora die für sich vorherbestimmten Plätze, ihre prädestinierte Position einnimmt und zu einer festen und unveränderlichen Koordinate wird. Dadurch kann man erklären, warum schon die ersten Kapitel der Bibel Rätsel aufgeben.

Gehen wir nun auf die zweite Hauptrichtung des Gottesnamen ein, nämlich auf die hebräische Sichtweise des einen und einzigen Gottes in der Thora, die jahwesche und die elohimsche Richtung. Auf beide Hauptrichtungen des Gottesnamen wird detailliert im nächsten Kapitel „Gottes Weiblichkeit" eingegangen werden.

Wie zuvor beschrieben haben die antiken Kabbalisten ihrem Gott 72 Eigenschaften beigesellt. Diese 72 Eigenschaften bzw. Genien waren und sind alle gleichwertig, gleichberechtigt und somit lässt sich erklären, warum nicht Elohim, sondern Jahwe im zweiten Schöpfungsakt den Menschen erschuf. Nämlich im ersten Schöpfungsbericht konnte nur ein männlich-weiblicher Gott, d.h. ein androgynes Wesen, auch eine männlich-weibliche Kopie von sich selbst erschaffen. Dafür steht der Name Elohim.

Im zweiten Schöpfungsbericht konnte nur ein unsterblicher Gott den Urmenschen in zwei sterbliche und selbständige Einheiten trennen. Dafür steht der Name Jahwe. Denn nur ein unsterbliches Wesen konnte Unsterblichkeit nehmen oder geben. Im ersten Schöpfungsakt ist der Mensch alleine - besser gesagt – ein androgynes Einzelwesen, im zweiten ist es der heutige duale Mensch. Der Unterschied zwischen Jahwe und Elohim ist nicht nur die Geschlechtlichkeit, sondern auch die Aussagen, die dahinter stehen. Hinter jedem dieser 72 Eigenschaften oder Genien steht eine selbstständige Aussage. Moses wurde vor dem Dornenbusch von Gott missioniert. Den Namen seines Auftraggebers Jahwe erfährt er erst auf mehrfaches Nachfragen. Die ägyptische Mythologie bezeugt warum.

Die Hintergründe und Ursprünge der Gottesvorstellung der nomadischen Juden sind nun bekannt und sie sind auch teilweise auf ägyptische und mesopotamische Wurzeln zurückzuführen. Jeder Buchstabe hat im Hebräischen einen unveränderlichen Zahlenwert. Der Name Jahwe setzt sich aus dem Buchstaben Jod, mit dem Zahlenwert 10, dem Buchstaben Waw, mit dem Zahlenwert 6 und dem Buchstaben He, der zweimal vorkommt und den Zahlenwert 5 innehat: 10+6+5+5 = 26. Der Name Jahwe hat den Zahlenwert 26. Und da ein Kubus bzw. Würfel 12 Kanten, 8 Ecken und 6 Flächen, also 12 +8 + 6 = 26 hat, ist der Kubus das Symbol des Göttlichen.

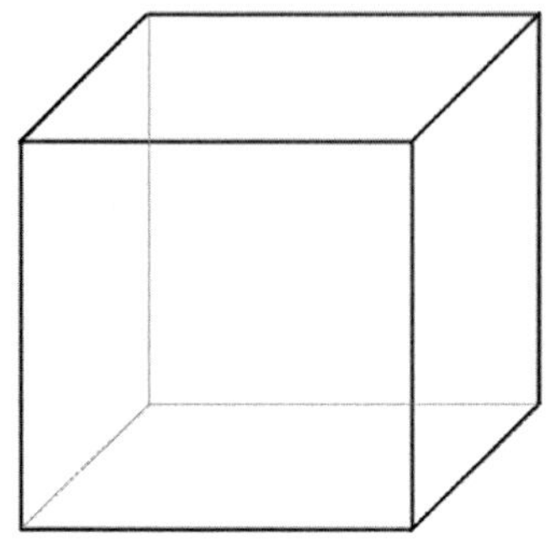

Nicht zufällig hat ein Würfel auch 24 Winkel. Diese Zahl entspricht im Hebräischen dem Wort „Kad". „Kad" bedeutet Gefäß und es ist tatsächlich in der Vorstellungswelt der nomadischen Juden und der arabischen Nomaden entnommen, dass die Götter in Würfelform dargestellt wurden. Die Kaaba ist nicht das einzige Beispiel hierfür.

Die über 1.200 Jahre alte arabische Schrift *al-Kathib Asnam* bestätigt, dass die Araber ihre Götter in oder als würfelförmige Felsen verehrten. Insbesondere der Stamm der Kuraisch, dem der Prophet des Islams Mohammed angehörte, verehrte die Göttin Al-Lāt.

Al-Lāt befand sich in at-Ta'if. Sie ist jünger als Manāt. Al-Lāt war ein viereckiger Felsblock, bei dem ein Jude Grütze zu zerstoßen pflegte. Ihre Hüter waren die Banū 'Attāb ibn Mālik vom Stamme Thaqif. Sie hatten über ihr einen Bau errichtet. Die Quraisch und alle Araber verehrten sie … [242]

Die Numerologie des Würfels passt zudem zur Numerologie der beiden Hauptnamen des einen Gottes: Elohim und Jahwe. Doch mit der Numerologie ist hier noch lange nicht Schluss, denn sie ermöglicht weitere Eigenschaften und neue Verbindungen zu entdecken, um zu Kernaussagen zu gelangen, die sich dann in der Bibel wieder finden lassen.

JHWH	Jahwe (hebr. „Gott")	=	Zahlenwert 26
AChD	Achad (hebr. „Eins")	+	Zahlenwert 13
AHWH	Ahawah (hebr. „Liebe")	+	Zahlenwert 13
JHWH	Achad + Ahawah	=	Zahlenwert 26
JHWH	Jahwe (hebr. „Gott")	=	Zahlenwert 26

Das hebräische Wort Achad (**אחד**) bedeutet „Eins" und hat den Zahlenwert 13. Das hebräische Wort Ahawah (**אהבה**) bedeutet

242 Zitat: *Das Götzenbuch. Kitab al-asnam des Ibn al-Kalbi.* Rosa Klinke-Rosenberger. Harrassowitz Verlag. 1941 Leipzig. Seite 37.

„Liebe“ und hat ebenfalls den Zahlenwert 13. Beide Worte sind laut der Gematria austauschbar. Nehmen wir folgenden Vers:

Darum wird ein Mann Vater und Mutter verlassen und an seinem Weibe hangen, und sie werden sein **ein** *Fleisch.* [18]

Die Gematria überführt nun ein Wort in seinen Zahlenwert, um eine verborgene oder andere Bedeutung zu finden. Dann wird aus dem gleichen Zahlenwert ein neues Wort gebildet. Das Wort „Eins“ (hebr. „achad“) - im obigen Bibelvers - kann durch das Wort „Liebe“ (hebr. „ahawah“) ersetzt werden, weil beide den gleichen Zahlenwert haben:

Darum wird ein Mann Vater und Mutter verlassen und an seinem Weibe hangen, und sie werden sein **liebendes** *Fleisch.*

Man kann den Zahlenwert auch dazu nutzen, um eine weitere Beziehung zwischen den Worten zu setzen. So hat das Wort „ein“ und das Wort „Liebe“ jeweils den Zahlenwert 13. Ein Kabbalist prüft nun in den Heiligen Schriften nach, ob es einen Bezug zu dem Zahlenwert 13 gibt. Der Zahlenwert des wichtigsten Hauptnamen Gottes Jahwe ist 26. Man kann beide Zahlenwerte der Worte „ein“ und „Liebe“ zusammenzählen und auf den Gesamtwert 26 stoßen. Ein Kabbalist erkennt sofort die Zahl Gottes darin. Aus der Gematria ermöglicht sich dann folgender Satz und wird dadurch zulässig: *Gott ist einende Liebe!*
Es gibt ein anderes Beispiel, das ebenfalls den Bezug zwischen Gottesnamen und alternierenden Zahlenwerten erklärt. Der zweite Hauptname Gottes ist Elohim. Er hat den Zahlenwert 86.

ALHIM	Elohim (hebr. „Gott“)	=	86 ZW
JHSWH	Jessuah (hebr. „Jesus“)	=	86 ZW

Fügt man dem Zahlenwert des Gottesnamen JHWH (26) den Buchstaben Samech (ס = 60) hinzu, so erhält man den Zahlenwert 86. Dieser entspricht dem Zahlenwert des Gottesnamen Elohim.
Die Parallele zum Namen Jehschuah ist beabsichtigt. Das „S“ bei diesem Beispiel ist der Buchstabe „ס“ Samech (ZW 60) und bei Jeh<u>sch</u>uah ist es der Buchstabe „ש“ Schin (ZW 300). Die Aussprache ist jedoch dieselbe.

Die Verfasser der Bibel stellen es so dar, dass Moses von Gott vor dem brennenden Dornenbusch die Anfangsbuchstaben folgenden Satzes erhalten hat: „Ich bin der (H), der ich war (W); der ich bin (H) und der ich sein werde. (J)“

XIII. Gottes Weiblichkeit

Moses wurde, wie ein pharaonischer Prinz erzogen und erfuhr Geheimnisse, Weissagungen und Offenbarungen, die außer der pharaonischen Familie und der Priesterkaste niemand sonst jemals erfahren würde. Die Bibel selbst bezeugt dies[243]:

Und Mose wurde in aller Weisheit der Ägypter gelehrt und war mächtig in Worten und Werken.

Aus der ägyptischen, mesopotamischen und altorientalischen Mythologie wissen wir, wie bereits gesagt, dass die ägyptischen, mesopotamischen und altorientalischen Gottheiten immer als Paar zu verstehen sind. Das Volk Israel übernahm aus seiner Umgebung die männlich-weibliche Vorstellung, hatte aber ein Problem, denn ihr Gott sollte der eine und einzige sein. Die Verfasser der Thora gingen einen interessanten Lösungsweg. Sie unterschieden zwischen zwei Hauptnamen des nun einen und einzigen Gottes, nämlich **אלהים** (*elohim* ausgesprochen) und **יהוה** (*jahwe* ausgesprochen). Deshalb betont die Thora:

Höre, Israel, der Herr, unser Gott, ist ein einiger Herr. Und du sollst den Herrn, deinen Gott, liebhaben von ganzem Herzen, von ganzer Seele, von allem Vermögen. Und diese Worte, die ich dir heute gebiete, sollst du zu Herzen nehmen […] [244]

Das unter Moses von Ägypten nach Israel wandernde Volk hatte seine nomadischen Gottheiten, von denen es nicht so leicht abließ. Da aus der Bibel nur ein Zeugnis eines anderen Gottes während der Wanderung zu finden ist, nämlich das Goldene Kalb (Apis), können wir heute nichts Näheres zu den unterschiedlichen Gottheiten sagen. Der Schlangenkult des Moses (Thermutis) haben wir näher erörtert im Kapitel „Der Schlangenträger (Ophiuchus)".
Die Schlange nahm in der ägyptischen, sowie später in der jüdischen Mythologie eine Doppelrolle ein. Sie wurde gefürchtet und verabscheut und zugleich vergöttlicht und verehrt. Auch die oberste Engelsklasse – die Seraphim (hebr. „Schlangen") – werden als

---

243 Zitat: Apostelgeschichte 7,22 (Luther-Bibel)

244 Zitat: 5. Buch Moses 6,4-9 (Luther-Bibel) – auch *Schema Israel* genannt.

geflügelte Schlangen dargestellt. Das ist wiederum ein Überbleibsel des ägyptischen Erbes in der Bibel. Schlangen gehören zu den chthonischen Gottheiten, denn sie bewegen sich nicht nur auf und in der Erde, sondern sie schienen aus der Erde hervorzugehen. Deshalb wurden in vielen Kulturen die Urgötter meist in Gestalt einer Schlange abgebildet.

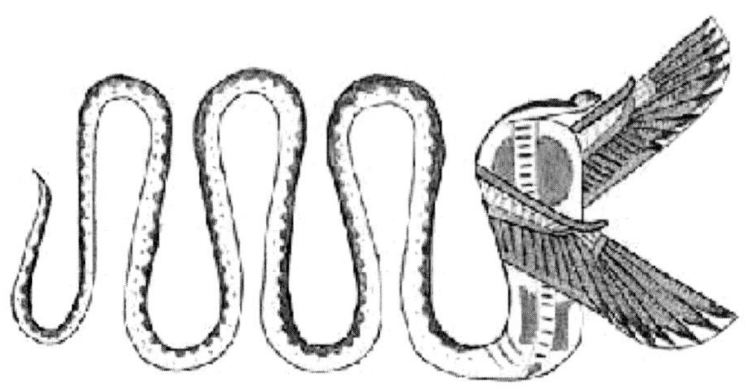

Man geht also heute davon aus, dass die israelitischen Sklaven in Ägypten auch ägyptische Gottheiten verehrten. Zur gleichen Zeit waren in Kanaan, bei ihren semitischen Verwandten, die Gottheiten Baal und Astarte sehr beliebt. Den Gott Jahwe lernte das wandernde Volk bereits im Umfeld Ägyptens kennen. Jahwe muss, wie die Bibel darstellt, ein Berg- und Vulkangott gewesen sein. Denn für seine Offenbarungen rief er Moses (beispielsweise) auf einen Berg (Sinai) oder er sprach durch Wolkensäulen und Feuer. Er wurde also - anders als die nomadischen Gottheiten - an einem festen Ort verehrt. Als die Israeliten das ägyptische Hauptgebiet verließen, nahmen sie Jahwe mit. Sie nahmen ihn in einem Vehikel mit, wobei ihm (Jahwe) Überbleibsel seines früheren Territorialanspruchs (Sinai) erhalten blieben, symbolisiert in der Stiftshütte und in der Bundeslade.
Die Bundeslade war ein transportabler Thronsessel oder ein Vehikel für den Transport Gottes. Das Miteinander von sesshaften und nomadischen Zügen Jahwes dürfte der Grund dafür gewesen sein, dass der Monotheismus im Zuge der Landnahme (Kanaan) und der beginnenden Sesshaftigkeit sich durchsetzte. Jahwe war jetzt Berg- und Hirtengott zugleich. Er war mit diesen Zweifacheigenschaften – nomadisch und sesshaft – in einer besseren Ausgangssituation, um die neuen Lebensumstände religiös zu reglementieren.
In der Vorstellung des ägyptisch geschulten Bibelschreibers Moses musste ein erzeugendes Prinzip wie Gott männliche und weibliche

Eigenschaften in sich vereinen. Manche Forscher nehmen an, dass der israelitische Gott Jahwe (**יהוה**) sich aus dem Vulkangott Jahu, den Naturgeistern Elohim, dem kanaanitischen Gott Baal und aus dem ägyptischen Gott der Weisheit – Thot – entwickelt haben könnte. Auch der babylonisch-sumerische Gott Enki kann eine Rolle gespielt haben. Bei den Kanaanitern gab es die El-Gottheiten, die im Himmel weilten und heute an Beschreibungen von Engeln erinnern. Vielleicht gab es Verbindungen im Glauben zwischen den Kanaanitern und den Israeliten.

Obwohl das zweite Gebot[245] uns untersagt, ein Bildnis Gottes zu haben, so sitzt in der Vorstellung vieler ein alter Mann mit einem langen grauen Bart im langen weißen Gewand auf dem Himmelsthron.[246] Die christlichen Übersetzer der Bibel haben sorgfältig jeden Hinweis, dass Gott sowohl männlich als auch weiblich sein könnte, gründlich ausgemerzt. Doch Gott kann nicht nur männlich sein, denn im 1. Buch Moses heißt es doch:

Und Gott (אלהים) schuf den Menschen nach seinem Bilde, zum Bilde Gottes (אלהים) schuf er ihn; und schuf einen Mann und ein Weib.[247]

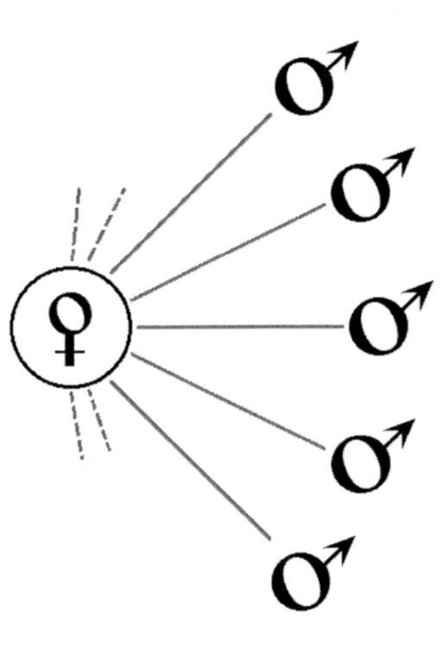

Die oben angegebene Bibelstelle weist noch eine weitere Besonderheit auf. Im hebräischen Bibeltext steht für Gott **אלהים** (*elohim* ausgesprochen), was fälschlicherweise als männliche Einzahl „Gott" übersetzt wurde. Das Wort Elohim ist aber ein Plural aus dem weiblichen Singular **אלה** (*ela* ausgesprochen) mit der männlichen Endung (Mehrzahl) **ים** (*im* ausgesprochen). Das gibt dem Wort **אלהים** die Bedeutung einer Vereinigung von Männlich und Weiblich, und eben dadurch auch die Fähigkeit *Abkömmlinge* zu zeugen. Im Deutschen würde eine korrekte Übersetzung des

245 siehe: 2. Buch Moses 20,4: *Du sollst dir kein Bildnis […] machen, […]*

246 siehe: Daniel 7,9: *[…] und der Alte setzte sich. Des Kleid war schneeweiß, und das Haar auf seinem Haupt wie reine Wolle; […]*

247 Zitat: 1. Buch Moses 1,27 (Luther-Bibel)

Namens אלהים (*elohim* ausgesprochen) „Göttiner" lauten, die weibliche Einzahl „Göttin" mit der männlichen Endung (Mehrzahl) „er". Aus den El-Gottheiten der Kanaaniter, die Elohim genannt wurden, wurde ein Einzelname. Verblüffend an dieser Wortkreation oder an der Veränderung der El-Gottheiten zu einem Einzel- bzw. Eigennamen Gottes Elohim ist das Verhältnis von weiblich und männlich (1:2). Eine Göttin (ela-) und mindestens zwei Götter (-im) bilden Eloh-im; oder eine Muttergöttin und unzählige männliche Gottheiten. Die oberste Riege der ägyptischen Gottheiten war Osiris, Isis und ihr gemeinsamer Sohn Horus. Ebenfalls eine Göttin und zwei Götter. Trotzdem wäre es verfrüht anzunehmen, dass Gott sich nur aus Männlichem und Weiblichem zusammensetze.

Um Gottes Weiblichkeit zu indizieren, wäre allein das erste Buch Moses ausreichend, sogar allein die ersten zwei Kapitel jenes Buches. Im ersten Kapitel schöpft Gott ein Wesen, das Mensch genannt ist (… *schuf einen Mann und ein Weib* … [248]), aber Gottes Bilde entspricht. Im zweiten Kapitel spricht Gott:

Es ist nicht gut, dass der Mensch allein sei; ich will ihm eine Gehilfin machen, die um ihn sei. [249]

---

[248] Zitat: 1. Buch Moses 5,2 (Luther-Bibel)

[249] Zitat: 1. Buch Moses 2,18 (Luther-Bibel)

Der bereits erwähnte Widerspruch: Ein Kapitel zuvor erschuf Gott einen Mann und eine Frau. Im 21. Vers des (zweiten) Kapitels lässt Gott den Menschen in einen tiefen Schlaf fallen und entnimmt ihm eine Rippe, um ihn eine Gehilfin zu „bauen“. Die Rippe ist Symbol für die Unsterblichkeit, denn eine entfernte Rippe wächst nach, wenn die Knochenhaut (Periost) erhalten bleibt.

Gott entnimmt dem ursprünglichen Doppelmenschen eine göttliche Eigenschaft, nämlich die Unsterblichkeit (durch die Rippe symbolisiert), um im gleichen Augenblick, das im 1. Buch Moses 1,27 erschaffene, einheitliche und unsterbliche Doppelwesen (*Adam Kadmon* oder *Adam Rischon*) in zwei selbständige Einheiten zu trennen, die erst jetzt Mann und Frau im heutigen Sinne genannt werden können.

Würde Gott durch die jüdische, christliche und islamische Mystik definiert werden, so käme es zu der Aussage, dass Gott zumindest menschliche (männliche und weibliche) Züge aufweist und vor allem unsterblich sein müsse. Jahwe (יהוה) ist aufgrund der Unsterblichkeit ein einmaliges Wortkonstrukt (Tetragrammaton), das mit dem Satz „Ich war; ich bin, der ich bin und ich werde sein” übersetzt werden kann. Somit würde sich die neuplatonische Emanationslehre jetzt bestätigt finden, denn zwei halbe Kopien Gottes – der zweigeschlechtliche Mensch – sind minderwertiger als das Original. Jahwe (יהוה) selbst nennt uns den einzigen Unterschied zwischen ihm und uns, nämlich die Unsterblichkeit. Sie kann uns wieder harmonisch, ewiglich und apokalyptisch mit Gott vereinen.

Und Gott der Herr sprach: „Siehe, der Mensch ist geworden wie unsereinen und weiß, was gut und böse ist. Nun aber, dass er nur nicht ausstrecke seine Hand und breche auch von dem Baum des Lebens und esse und lebe ewiglich!" Da wies ihn Gott der Herr aus dem Garten Eden, daß er das Feld baute, davon er genommen ist, und trieb Adam aus und lagerte vor den Garten Eden die Cherubim mit dem bloßen, hauenden Schwert, zu bewahren den Weg zu dem Baum des Lebens. [250]

Diese Aussage wird im dritten Kapitel der 1. Buch Moses bestätigt, denn der Mensch wurde nicht aufgrund der Erkenntnis über Gut und Böse aus dem Paradies verbannt, sondern weil Gott wohl um seine einmalige Stellung in der Schöpfung fürchtete. Gott sprach, dass der Mensch wie er geworden ist und nur noch vom Baum des Lebens essen müsse, um ewiglich zu leben; laut der Bibel soll das der einzige Unterschied zwischen uns und Gott sein. Anders formuliert - unter Mitberücksichtigung des ersten Gebotes [251] - wollte Gott keine anderen Götter neben sich haben.

[250] Zitat: 1. Buch Moses 3,22-24 (Luther-Bibel)

[251] siehe: 2. Buch Moses 20,3: *Du sollst keine anderen Götter neben mir haben.*

Unsere Aufmerksamkeit sollte sich stärker auf den Baum des Lebens richten, den Gott im zweiten Kapitel des 1. Buch Moses in die Mitte des Gartens gemeinsam mit dem Baum der Erkenntnis über Gut und Böse pflanzte. [252]

Mindestens zwei Engel („cherub“ aus dem Sumerischen: „geflügelter Stier“) mit einem flammenden Schwert halten den Menschen bis auf den heutigen Tag zurück, in den Garten Eden wieder einzutreten und vom Baum des Lebens zu essen.[253]

Vielleicht wurde die Weiblichkeit Gottes von den christlichen Übersetzern aus dem Grund verleumdet, weil sie der Überzeugung waren, dass die Sünde durch den weiblichen Menschen in die Welt gebracht wurde. Deshalb wären eigentlich die Frauen (und nicht der Mann, sondern die Priesterinnen - weibliche Rabbis und katholische Priesterinnen) prädestiniert, diese Begebenheit zu revidieren.

---

[252] siehe: 1. Buch Moses 2,8-9(Luther-Bibel)

[253] siehe: 1. Buch Moses 3,24 (Luther-Bibel)

Den Gott Jahwe lernte das wandernde Volk bereits im Umfeld Ägyptens kennen. Jahwe muss, wie die Bibel darstellt, ein Berg- und Vulkangott gewesen sein.

XIV. Wie der Kosmos entstand

Wie viel Sinn in den Sätzen der Bibel steht, ist vielen Menschen nicht mehr bewusst. Die ersten Verse lassen sich leicht lesen, aber deren ganzen Sinn erfassen wir erst nach einem tiefen Studium der jüdischen Mystik, der so genannten Kabbalah:

Am Anfang schuf Gott Himmel und Erde. Und die Erde war wüst und leer, und es war finster auf der Tiefe; und der Geist Gottes schwebte auf dem Wasser. Und Gott sprach: Es werde Licht! und es ward Licht. [254]

Wir möchten uns mit dem „Wie" die Welt entstand beschäftigen. Aus philosophischer Sicht stellt sich die Frage, wie Gott etwas so Unvollkommenes wie den Kosmos erschaffen konnte, wenn beispielsweise Aristoteles[255] schreibt:

[…] der göttliche Geist das Höchste und Vollkommenste und kann darum auch ausschließlich das Höchste und Vollkommenste denken, also denkt er sich selbst; es wäre eine Minderung seiner Vollkommenheit, wenn er weniger Vollkommenes dächte, und alles andere ist weniger vollkommen als der Geist selbst. [256]

Der göttliche Geist, der erhaben und vollkommen ist, kann den Kosmos nicht erschaffen haben. Doch wer war es dann? Die Kabbalah erklärt es wie folgt: Gottes Geist spiegelt sich in das Endlose Nichts, so wie es der zweite biblische Vers besagt: … *der Geist Gottes schwebte auf dem Wasser* … und spiegelte sich darin. Der göttliche Geist reflektiert sein Spiegelbild in das Endlose Nichts. Die Spiegelung des Gottesgeistes ist nicht vollkommen, sondern nur ein verzerrtes Abbild. Denn das Vollkommene kann nur verzerrt von etwas Mindervollkommenen wiedergeben werden. Dieses schemenhafte Abbild des Göttlichen, das im Vergleich zu allem anderen noch dem Göttlichen am Nächsten ist, sammelt sich in der ersten Sephirah (Kether). Die Kabbalah bezeichnet jene Sammel- und Sendezellen des Lichts als Sephiroth. Sephiroth ist die Mehrzahl des hebräischen Wortes Sephirah. Aus der ersten Sephirah strömt das mindervollkommene Licht in eine zweite Sephirah. Durch die

---

[254] Zitat: 1. Buch Moses 1,1-3 (Luther-Bibel)

[255] Aristoteles (384-322 v.u.Z.), griechischer Philosoph.

[256] vgl. Jens Halfwassen. *Plotin und der Neuplatonismus.* Verlag C. H. Beck oHG. München 2004. Seite 65.

Weitersendung wird es erneut verringert (verzerrt). Aus der zweiten Sephirah (Chokmah) strömt das nochmindervollkommene Licht in eine dritte Sephirah (Bina). In der Kabbalah wird die oberste Triade der Sephiroth *Kether*, *Chokmah* und *Bina* genannt. *Kether* bedeutet „Krone“, *Chokmah* bedeutet „Weisheit“ und *Bina* bedeutet „Verständnis“.

Der göttliche Geist reflektiert sein Spiegelbild in das Endlose Nichts. Das Endlose Nichts wird im Hebräischen „Ain Soph“ genannt. Das Ain Soph verzerrt das Abbild und fokussiert es in Kether. Dies ist die erste von sechs Stufen, wie der Kosmos entstand. So stellt die Kabbalah den Erschaffungsprozess des Kosmos durch das Endlose Nichts dar. Von der Erschaffung des Kosmos geht die Kabbalah zur Erschaffung der Erde über. Die Erde entsteht aus der dritten Sephirah heraus. Sie ist also bereits kein Produkt Gottes und kein Produkt des Göttlichen und kein Produkt des göttlichen Geistes mehr.

Warum Kosmos, Erde und Menschen erschaffen worden sind, hat etwas mit zwei paradoxen Aussagen zu tun. ***a)*** Der Kabbalah zufolge wurde der Kosmos aus Liebe zu den Menschen erschaffen. ***b)*** Der Messias[257] ist Anfang und Ende der Schöpfung.

Die erste paradoxe Aussage bedeutet, dass - bevor es die Menschen gab – um ihretwillen bereits die Schöpfung beabsichtigt wurde. Der Mensch war im Erschaffungsprozess des Kosmos´ enthalten.

Es darf nicht in diesen Ausführungen der Eindruck entstehen, dass die Schöpfung, weil sie in niederen Ebenen als Gottes Geist angesiedelt ist, sich außerhalb seiner Wahrnehmung befindet. Die Schöpfung ist keine Spaltung oder Abtrennung des Ganzen oder vom göttlichen Geiste. Sie ist kein Verlust der Einheit. Jede Sekunde wird dieser galaktische Erschaffungsprozess von neuem eingeleitet. Es ist keine Spaltung vom göttlichen Geiste, sondern ein Teil des Ganzen. Materie und Licht (Energie) sind dasselbe und Raum und Zeit sind dasselbe; zumindest in der Kabbalah. Vielleicht kommen die Wissenschaften bald zum gleichen Schluss. Wir wissen nicht, wie viele Kosmoi oder wie viele Dimensionen oder wie viele Paralleluniversen es gibt. Dieser Erschaffungsprozess der Kosmoi ist vergleichbar mit dem Ein- und Ausatmen eines riesigen Organismus. Bei jedem Einatmen entsteht ein Kosmos und ein jedem Ausatmen vergeht ein Kosmos. Viele Religionen haben in uns das Bewusstsein

---

257 Der Begriff **Messias** (hebräisch **משיח** *Maschiach* und griechisch **Χριστός** – *Christos*) bedeutet der *„Gesalbte“*.

geweckt, dass die Schöpfung, die Erde und der Mensch etwas Schlechtes seien. Voll von Sünde, Materie und Verwesung, aber dem ist nicht so:

Ein materialistisches Jahrhundert hat eine harte und starre Front gegen alles Übernatürliche aufgetürmt und alles nicht wissenschaftlich Beweisbare wird kritisiert, belächelt und ignoriert. Doch die Zeiten ändern sich. Hat einst der Philosoph Nietzsche[258] *gesagt: „Gott ist tot." so gilt heute der Ausspruch: „Die Wissenschaft ist tot."*[259]

Uns interessiert in diesen Ausführungen hauptsächlich die zweite paradoxe Aussage: *Der Messias ist Anfang und Ende der Schöpfung.*[260] Die jüdische Religionsphilosophie kennt zwei Arten von Messias. *Die eine Art ist ein politischer Rebell. […] Der andere Messias ist jener, der während des Jüngsten Gerichts auf die Erde kommen wird.* [261] Die jüdische Religionsphilosophie entwickelte eine ausgeprägte Messiasmythologie und diese ist es, die uns Aufschluss zur Schöpfung gibt. Es geht in diesem Buch um die zweite Art des Messias. Die Rabbiner gaben im Talmud[262] an, dass der Messias bereits vor dem Erschaffungsprozess des Kosmos´ existiert haben soll. Das bestätigt auch das Neue Testament:

[Jesus] welcher ist das Ebenbild des unsichtbaren Gottes, der Erstgeborene vor allen Kreaturen. Denn durch ihn ist alles geschaffen, was im Himmel und auf Erden ist, das Sichtbare und das Unsichtbare, es seien Throne oder Herrschaften oder Fürstentümer oder Obrigkeiten; es ist alles durch ihn und zu ihm geschaffen.[263]

Wir werden im Folgenden aus dem Alten und Neuen Testament gleichermaßen zitieren, obwohl es hier um eine Ausarbeitung zur hebräischen Kabbalah geht. Doch das Neue Testament ist nichts

---

258 Friedrich W. Nietzsche (1844-1900), dt. Dichter und Philosoph.

259 vgl. Adeleir S. Kelcrow: *Einweihung in die Henochische Magie – Die Henochische Matrix.* 1. Auflage. Steinbach 2010. Seite 9.

260 Wir kennen das Symbol dieser Aussage: α χ ω. Diese drei griechischen Buchstaben bedeuten, dass Christos (χ) der Anfang (α) und das Ende (ω) ist.

261 Zitat: Giovanni Grippo: *Gott, Schöpfung und Mensch - Judentum, Christentum und Islam.* 1. Auflage. Steinbach 2009. Seite 24.

262 SER 29 (31) (S. 160); TanBu §19/Tan§11; bPes 54a/bNed 39a; PRE 3 (6a); MidrTeh 93,3 oder MidrMisch 10a

263 Zitat: Kolosser 1,15-16 (Luther-Bibel)

anderes als eine Sammlung von Antworten auf messianische Sehnsuchtsrufe des Alten Testaments. Jesus sowie seine Apostel waren gläubige Juden. Wie aufmerksam die Schreiber der Evangelien und gleichzeitig dadurch zeigten, wie bewandert sie in den Schriften des Alten Testaments waren, zeigt sich im gesamten Neuen Testament.

Meist wird in den talmudischen Ausführungen der Messias als eines der „Dinge" benannt, die es bereits vor der Schöpfung gab.[264] Gott erschuf den Kosmos durch den Messias. Er ist der Schlüssel zur Schöpfung. Der Messias soll während des Jüngsten Gerichts alle Missstände – wie Tyrannei, Tod, Hunger, Furcht, Krankheit und Niedergang [265] – beheben. Ist der Messias der Schlüssel zur Schöpfung, so ist er zugleich der Schlüssel zur Erlösung.[266]

Der Messias ist Anfang und Ende der Schöpfung.

Fassen wir kurz zusammen: Gottes Geist spiegelt sich in das Endlose Nichts, so wie es der zweite biblische Vers besagt: … *der Geist Gottes schwebte auf dem Wasser* … und spiegelte sich darin. Der göttliche Geist reflektiert sein Spiegelbild in das Endlose Nichts. Die Spiegelung des Gottesgeistes ist nicht vollkommen, sondern nur ein verzerrtes Abbild. Denn das Vollkommene kann nur verzerrt von etwas Mindervollkommenen wiedergeben werden. Dieses schemenhafte Abbild des Göttlichen, das im Vergleich zu allem anderen noch dem Göttlichen am Nächsten ist, sammelt sich in der ersten Sephirah (Kether). Aus der ersten Sephirah strömt das mindervollkommene Licht in eine zweite Sephirah. Durch die Weitersendung wird es erneut verringert (verzerrt). Aus der zweiten Sephirah strömt das nochmindervollkommene Licht in eine dritte Sephirah.

So stellt die Kabbalah den Erschaffungsprozess eines Kosmos im Endlosen Nichts dar. Die Kabbalah geht von sechs Stufen (der galaktischen Evolution) aus. Von der Erschaffung des Kosmos geht die Kabbalah zur Erschaffung der Erde über. Die Erde entsteht aus der dritten Sephirah heraus. Im Erschaffungsprozess des Kosmos´ nahm alles Gestalt an, was war, was ist und was sein wird; das

---

264 siehe: Giovanni Grippo: *Schöpfungstage und Urväter im Hohelied – Interpretationen zum Sohar* (Download 2009). S. 11-12.

265 Anspielung auf die vier apokalyptischen Reiter (Offenbarung 6ff), die Tyrannei, Tod, Hunger, Furcht, Krankheit und Niedergang symbolisieren.

266 Offenbarung 1,8: *Ich bin das A und das O, der Anfang und das Ende, spricht Gott der Herr, der da ist und der da war und der da kommt, der Allmächtige.*

Sichtbare wie das Nichtsichtbare. Es ist der Messias und nicht Gott, der das was war, was ist und was sein wird; das Sichtbare wie das Nichtsichtbare nimmt und damit den Kosmos erschafft. Auch die Erde ist ein Produkt des Messias. Sie war als Gedanke – Platon würde sagen als Idee – vorhanden, aber sie war nicht fassbar. Es oblag dem Messias die Erde – sowie den Kosmos – Realität werden zu lassen.

In der Qabala geht man also von einer Schöpfung aus dem Ideellen aus, d.h. dass es keine Schöpfung aus dem Nichts ist. […] Man kann es sich am Besten mit einer Bleistiftskizze vorstellen. Ein Architekt skizziert mit Bleistift ein Gebäude. Er radiert, zeichnet und lässt seinen Gedanken freien Lauf. Der Ablauf seiner Gedanken ist auf der Skizze genauestens nachvollziehbar. Wenn die Skizze nun fertig ist, wird der Teil, der als Bauplan gilt mit Tusche nachgezeichnet. Nur jener Teil wird nachgezeichnet, der auch dann gebaut werden soll. Alles andere das radiert, gezeichnet und korrigiert wurde, verschwindet. Alles was nicht mit Tusche nachgezeichnet wurde, verblasst oder verschwindet gar im Auge des Betrachters. [267]

Mit heutigem, modernem Verständnis könnte man es mit dem Gencode vergleichen. Alle Lebewesen in unserem Kosmos haben einen gemeinsamen, genetischen Code. Er wird Desoxyribo-ukleinsäure (DNS) genannt und besteht aus Basenpaaren, die sich aus A=T bzw. T=A oder G≡C bzw. C≡G Paarungen ergeben. Diese Gemeinsamkeit haben alle Lebewesen. Neben der genetischen Gemeinsamkeit gibt es auch eine seelisch-geistige Gemeinsamkeit und diese ist der Messias oder zumindest der Name des Messias. So wie wir den Gencode in unseren kleinsten Zellen tragen, genauso tragen wir alle den Namen des Messias in unserer Seele. Er ist unser Fundament, genauso wie der Gencode. Der Messias erschafft unseren Kosmos, und Fundament unseres Kosmos ist sein Name.[268]
Die Erde entsteht aus der dritten Sephirah heraus. Wie wir sehen können, ist die Erschaffung der Welt bereits vier Stufen unterhalb des ursprünglichen, vollkommenen und göttlichen Geistes. Die **erste Stufe** ist die Spiegelung des Gottesgeistes in das Endlose Nichts. Die

---

267 Giovanni Grippo: *Die Kabbalah - Die Schöpfung neuer Sichtweisen* (Steinbach 2007), Band II. 1. Auflage. S. 49.

268 In der christlichen Kabbalah ist der Name des Messias „Jesus“. Dabei wird der Name Gottes (יהוה) durch den 21. Buchstaben des Hebräischen Alphabets erweitert, was Joshua (יה־ש־וה) also Jesus auf Hebräisch ergibt.

Spiegelung des Gottesgeistes ist nicht vollkommen, sondern nur eine Reflexion. Diese schemenhafte Reflexion des Göttlichen, die im vergleich zu allem anderen noch dem Göttlichen am Nächsten ist, sammelt sich in der ersten Sephirah (Kether). Die **zweite Stufe** ist die Emanation des mindervollkommenen Lichts in die zweite Sephirah. Aus der zweiten Sephirah strömt das nochminder-vollkommene Licht in eine dritte Sephirah. Das ist die **dritte Stufe**. Die Welt entsteht aus der dritten Sephirah heraus. Dies ist die **vierte Stufe**. Sie ist bereits soweit entfernt vom ursprünglichen, vollkommenen und göttlichen Geist, dass in ihr – aufgrund göttlicher Abwesenheit – Tyrannei, Tod, Hunger, Furcht, Krankheit und Niedergang Platz haben. Dies ist der Beginn der messianischen Herrschaft über die Welt – das Königreich der Menschen. In der vierten Sephirah ist das Fundament gesetzt. Deshalb heißt diese Sephirah „Chesed“ [269], was im Hebräischen „Gnade“ bedeutet.

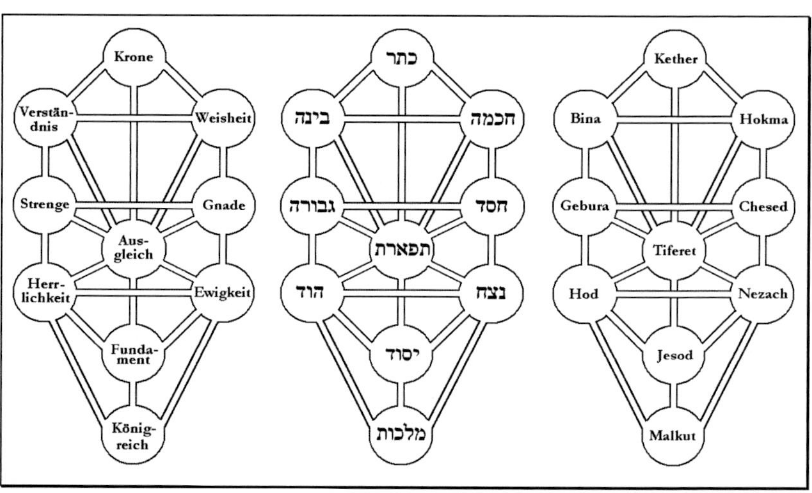

Der Baum des Lebens

Die Kabbalisten haben den Erschaffungsprozess in ein Schema überführt, das bereits erwähnt wurde. Es ist der Baum des Lebens. Der kabbalistische Baum des Lebens ermöglicht nicht nur die Darstellung der Erschaffung des Kosmos, der Erde und des Menschen. Er dient auch als Verbindungsschlüssel (Matrix), in dem

269 In mancher Kabbalah-Literatur findet sich anstatt der Bezeichnung „Chesed“ die Bezeichnung „Gedula“ für die vierte Sephirah, was im Hebräischen „Größe“ bedeutet.

Dinge miteinander in Verbindung gebracht werden, die auf den ersten Blick einander fremd sind. Der Baum des Lebens besteht zwar auf den ersten Blick aus zehn Sephiroth, aber er besteht zudem aus verschiedenen Assoziationen und Gruppen. Sie alle zu erwähnen würde den Rahmen dieses Werks sprengen.

Der Baum des Lebens wird in drei Säulen unterteilt, wobei die rechte Säule, die der Gnade (Chesed) genannt wird. Die mittlere Säule wird die des Ausgleichs[270] (Tiferet) genannt. Die linke Säule wird die der Strenge (Gebura) genannt. Die Namen der drei Säulen ergeben sich aufgrund der Sephirah Chesed, der Sephirah Gebura und der Sephirah Tiferet (siehe obige Abbildung). Diese drei Sephiroth sind zugleich die vierte Stufe auf unserem Erklärungsmodell. Die obere Triade (Kether, Chokmah und Bina) wird durch die untere Triade (Chesed, Gebura und Tiferet) erwidert. Sie bilden zusammen ein Hexagramm (sechszackiger Stern). Es ist eine erneute Reflexion des Makrokosmos welche dann den Mikrokosmos darstellt. Es gibt noch kein Leben, wie wir es kennen, weder Pflanzen, Tiere noch Menschen sind auf dieser Stufe lebendig. Deswegen unterscheidet man zwischen der vierten, leblosen Stufe und der fünften, lebendigen Stufe. Diese beginnt mit dem 20. Vers.[271]

Die **fünfte Stufe** wird durch eine dritte Triade (Netzach, Hod und Jesod) gebildet. Die dritte Triade hat erneut etwas mit dem Namen des Messias zu tun. Sie spiegelt den Namen des Messias als Ewigkeit (Netzach), Herrlichkeit (Hod) und Fundament (Jesod) wider.

- Die **Ewigkeit** bedeutet, dass wir einen Teil in uns tragen, der auch durch den Tod nicht verloren geht und ewig existiert. Es ist die unsterbliche Seele. In unseren Ausführungen ist es der Messias, der die unsterbliche Seele in uns setzt.

- Die **Herrlichkeit** bedeutet, dass wir trotz der mehrfachen Verzerrung einen herrlichen Ursprung haben. In unseren Ausführungen ist der Messias der Stellvertreter der Herrlichkeit unseres göttlichen Ursprungs. Unser Ursprung ist die Herrlichkeit Gottes. Es ist der Messias, der die Herrlichkeit Gottes in uns gepflanzt hat.

---

270 Anmerkung: Tiferet wird meist mit Schönheit übersetzt, aber in der antiken Kabbalah-Literatur steht der Begriff auch für Harmonie und Ausgleich.

271 siehe: 1. Buch Moses 1,20 (Luther-Bibel): *Es errege sich das Wasser mit webenden und lebendigen Tieren, und Gevögel fliege auf Erden unter der Feste des Himmels.*

- Das **Fundament** haben wir bereits zuvor besprochen. So wie wir den Gencode in unseren kleinsten Zellen tragen, genauso tragen wir alle den Namen des Messias in unserer Seele. Er ist unser Fundament, genauso wie der Gencode. Der Messias erschafft unseren Kosmos und infolgedessen den Menschen, und Fundament unseres Kosmos ist sein Name.

In der vierten Stufe erhält die Erde – als Reflexion des Makrokosmos – ihren Bezugspunkt zum Kosmos selbst. So wie es im 14. und 15. Vers heißt.[272] Die Erde erhält einen festen Platz im Kosmos. Die Gestirne scheinen auf sie herab. Die Tierkreiszeichen nehmen, um den Globus herum, ihren Platz ein. Gott schied im vierten Vers zwischen Licht und Finsternis, auf der Ebene der Erde geschieht dies ebenfalls: Tag und Nacht.[273]
Die **sechste Stufe** ist zugleich die letzte Stufe. Sie wird durch die unterste Sephirah – Malkuth – dargestellt. Malkuth wird in Bezug zum Baum des Lebens als Außenwelt verstanden. Auch auf Ebene des Menschen geschieht die Trennung zwischen Licht und Finsternis. Es ist der Sündenfall, der dem Menschen die Fähigkeit zwischen Gut und Böse zu unterscheiden gibt:

[…] sondern Gott weiß, daß, welches Tages ihr davon eßt, so werden eure Augen aufgetan, und werdet sein wie Gott und wissen, was gut und böse ist. Und das Weib schaute an, daß von dem Baum gut zu essen wäre und daß er lieblich anzusehen und ein lustiger Baum wäre, weil er klug machte; und sie nahm von der Frucht und aß und gab ihrem Mann auch davon, und er aß. [274]

Die sechs Stufen können also mit dem Sechstagewerk bzw. dem Schöpfungsakt [275], der in der Bibel beschrieben wird, assoziiert werden. Es verwundert somit nicht, dass in der Bibel genau nach sechs Tagen das erste Kapitel endet und das zweite Kapitel mit dem siebten Tag beginnt.

---

272 1. Buch Moses 1,14-15: *Es werden Lichter an der Feste des Himmels, die da scheiden Tag und Nacht und geben Zeichen, Zeiten, Tage und Jahre und seien Lichter an der Feste des Himmels, daß sie scheinen auf Erden.*

273 1. Buch Moses 1,17-18: *Und Gott setzte sie an die Feste des Himmels, daß sie schienen auf die Erde und den Tag und die Nacht regierten und schieden Licht und Finsternis.*

274 Zitat: 1. Buch Moses 3,5-6 (Luther-Bibel)

275 siehe: 1. Buch Moses 1,1-31 (Luther-Bibel)

Stufe	Tag	Handlung	1. Buch Moses
1.	1.	Spiegelung des Geistes Gottes	siehe: 1,1-5
2.	2.	1. Emanation der Lichtenergie	siehe: 1,6-8
3.	3.	2. Emanation der Lichtenergie	siehe: 1,9-13
4.	4.	Schöpfung / die Welt entsteht	siehe: 1,14-19
5.	5.	3. Triade: Netzach, Hod und Jesod	siehe: 1,20-23
6.	6.	die unterste Sephirah – Malkuth	siehe: 1,24-31

In der vierten und fünften Stufe wird die Erde erschaffen. Sie ist kein Produkt Gottes und kein Produkt des Göttlichen und kein Produkt des göttlichen Geistes mehr. Der Messias ist der Schöpfung Anfang und Ende. Er ist der Herrscher über den Kosmos, der in der Kabbalah Malkuth genannt wird. In der vierten Sephirah ist das Fundament gesetzt. Deshalb heißt diese Sephirah „Chesed", was im Hebräischen „Gnade" bedeutet. Die erste paradoxe Aussage bedeutet, dass - bevor es die Menschen gab – um ihretwillen bereits die Schöpfung des Kosmos´ beabsichtigt wurde. Der Mensch war bereits im Erschaffungsprozess des Kosmos´ enthalten. Wurde unser Kosmos aus Liebe zu den Menschen erschaffen, so wird er tagtäglich aus Gnade zu den Menschen erhalten.

Es ist der Messias und nicht Gott, der das was war, was ist und was sein wird; das Sichtbare wie das Nichtsichtbare nimmt und damit den Kosmos erschafft. Auch die Erde ist ein Produkt des Messias.

XV. Der kabbalistische Baum des Lebens

Der Baum des Lebens, auf den sich die Kabbalisten berufen, wird in der Paradieserzählung erstmalig erwähnt:

Und Gott der Herr pflanzte einen Garten in Eden gegen Morgen und setzte den Menschen hinein, den er gemacht hatte. Und Gott der Herr ließ aufwachsen aus der Erde allerlei Bäume, lustig anzusehen und gut zu essen, und den Baum des Lebens mitten im Garten und den Baum der Erkenntnis des Guten und Bösen. Und es ging aus von Eden ein Strom, zu wässern den Garten, und er teilte sich von da in vier Hauptwasser. Das erste heißt Pison, das fließt um das ganze Land Hevila; und daselbst findet man Gold. Und das Gold des Landes ist köstlich; und da findet man Bedellion und den Edelstein Onyx. Das andere Wasser heißt Gihon, das fließt um das ganze Mohrenland. Das dritte Wasser heißt Hiddekel Tigris, das fließt vor Assyrien. Das vierte Wasser ist der Euphrat. [276]

Die Sehnsucht nach dem Paradies wurde mit einer Vorstellung über den Baum des Lebens verknüpft. Er versprach ewiges Leben.[277] Seine Symbolik findet sich in allen Kulturen.[278] Der Baum des Lebens ist allgegenwärtig in der Geschichte der Antike. Die Orpheotelesten kannten ihn. Unter den engsten Parallelen sind die orphischen Bilder, die auf einer Reihe von kleinen Goldplatten [279] (datiert vom 5. Jahrhundert v.u.Z. bis zum 3. Jahrhundert n.u.Z.) erscheinen. Sie sind in Griechisch graviert und in Italien, Sizilien, Kreta und Mazedonien gefunden worden. Diese Platten beschreiben den Tod als Wanderung in die Schattenwelt und warnen jeden, einer zerstörenden Quelle auf der linken Seite aus dem Weg zu gehen. Sie ermuntern die Seelen, sich zur Rechten zu halten, wo sie einer anderen Quelle, nahe dem weißen Zypressenbaum, begegnen werden. Nach der Rast für die Nahrung und Erfrischung von der Quelle und von den Früchten des Baumes, setzt der Wanderer seinen Weg zum See der Erinnerung fort, wo nach der bestimmten Beantwortung der Fragen, die vom Bewacher des Sees gestellt werden, die Reisenden einige Erinnerungen erhalten und in Gottes Gegenwart eintreten. Die Texte vieler dieser Platten bestätigen, dass die, welche ihre Reise erfolgreich

---

276 Zitat: 1. Buch Moses 2,8-14 (Luther-Bibel)

277 siehe: 1. Buch 3,22 (Luther-Bibel)

278 siehe in diesem Buch: *In allen Kulturen* – Kapitel XVII

279 *Orphische Weltanschauung der Antike und ihr Erbe bei den Dichtern Nietzsche, Hölderlin, Novalis und Rilke.* Johanna J.S. Aulich. Peter Lang Verlag. Frankfurt am Main 1998.

beenden, selbst zu Göttern werden. Auch die Früchte des biblischen Baum des Lebens lassen uns an der Unsterblichkeit teilhaben.

Ich ging von da zu einem anderen Platze und sah einen Berg von Feuer, welches aufloderte sowohl bei Tage als bei Nacht. Ich ging nach ihm zu, und nahm sieben glänzende Berge wahr, welche alle voneinander verschieden waren. Ihre Steine waren glänzend und schön; alle waren glänzend und prächtig anzusehen, und schön war ihre Oberfläche. Drei waren gegen Osten und dadurch verstärkt, daß einer auf den andern gestellt war, und drei waren gegen Süden, verstärkt in einer ähnlichen Weise. Da waren auch tiefe Täler, welche einander nicht nahe kamen. Und der siebente Berg war in der Mitte derselben. In der Lage glichen sie alle dem Sitze eines Thrones, und wohlriechende Bäume umgaben sie. Unter diesen war ein Baum von einem unablässigen Geruch; auch von denen, welche in Eden waren von allen den riechenden Bäumen, war keiner von Geruch wie dieser. Sein Laub, seine Blüte und seine Rinde wurden niemals welk, und seine Frucht war schön. Seine Frucht glich der Traube der Palme. Ich rief aus: „Siehe! dieser Baum ist trefflich zum Ansehen, angenehm in seinem Laube, und der Anblick seiner Frucht ist ergötzlich für das Auge." Darauf antwortete Michael, einer von den heiligen und herrlichen Engeln, welche bei mir waren, und (einer,) welcher ihnen vorstand, und sagte: „Henoch, warum erkundigst du dich über den Geruch dieses Baumes, bist begierig dies zu wissen?" Alsdann versetzte ich, Henoch, ihm und sagte: „In Betreff jedes Dinges bin ich begierig nach Belehrung, doch vorzüglich in Betreff dieses Baumes." Er antwortete mir und sagte: „Dieser Berg, welchen du siehst, und dessen Haupt in seiner Ausdehnung dem Sitze des Herrn gleicht, wird der Sitz sein, auf welchem sitzen wird der heilige und große Herr der Herrlichkeit, der ewige König, wenn er kommen und herabsteigen wird, um die Erde mit Güte heimzusuchen. Und diesen Baum von einem angenehmen Geruch, nicht von einem fleischlichen, wird man nicht anrühren können bis zur Zeit des großen Gerichts. Wenn alle bestraft und für immer vernichtet sein werden, soll dieser für die Gerechten und Demütigen bestimmt sein. Die Frucht von diesem soll den Auserwählten gegeben werden. Denn gegen Norden soll Leben gepflanzt werden an der heiligen Stelle, gegen die Wohnung des ewigen Königs. Alsdann werden sie sich sehr freuen und frohlocken in dem Heiligen. Der angenehme Geruch wird in ihr Gebein dringen, und sie werden leben ein langes Leben auf der Erde, wie deine Vorfahren gelebt haben, und nicht wird in ihren Tagen Kummer, Elend, Unruhe und Strafe sie quälen." Und ich pries den Herrn der Herrlichkeit, den ewigen König, weil er bereitet hat für die Heiligen, ihn gemacht und verkündigt, daß er ihn ihnen geben werde. [280]

---

[280] Zitat: äthiop. Buch Henoch, Kapitel 24,1-11: *Der Baum des Lebens*

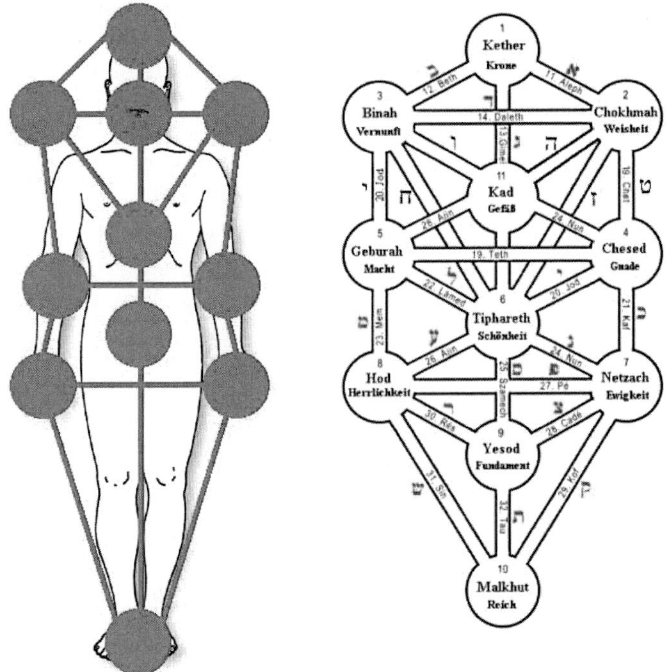

Der Baum des Lebens ermöglicht unzählige Assoziationen. Mystische Konzepte, die sich über Jahrhunderte entwickelt haben, können über den Baum des Lebens besser verstanden werden. Der Baum des Lebens wurde zum Schlüssel der Kabbalah. Der Baum des Lebens ist eine universelle Idee von Mensch, Natur, Universum und Gott.

Der Baum des Lebens der Kabbalah mit seinen zehn Sephiroth ist ein Abbild des Universums, das Gott bewohnt und mit seiner Essenz durchdringt. Eben eine Darstellung des Göttlichen, das durch die gesamte Schöpfung strömt: Adam Kadmon.

Wer jahrelang mit diesem Baum arbeitet, ihn erforscht und seine Früchte kostet, wird die Ausgeglichenheit und Harmonie des kosmischen Lebens in sich spüren. Er kann dem Menschen sein Selbstverständnis in der Schöpfung geben und ihm den Weg in seinen paradiesischen und reharmonisierten Zustand wieder finden lassen.

Interpretiert man die Zehn Gebote[281] mit einem kabbalistischen Schlüssel, so erhält man die zehn „Prinzipien des ewigen Lebens"

281 siehe: 2. Buch Moses 20,3-17 (Luther-Bibel)

oder die zehn „Axiome des ewigen Lebens". Es handelt sich nicht um die zehn Gebote, wie wir sie kennen, sondern um die erste Version der Worte Gottes.
Die erstmalige Gewahrwerdung der Zehn Gebote findet nicht erst während der 40igjährigen Wanderung des Volkes Israel durch die Wüste statt[282], sondern sie tritt bereits bei Adam auf. Das erste und ursprünglich einzige Gebot lautete:

Du sollst essen von allerlei Bäumen im Garten; aber von dem Baum der Erkenntnis des Guten und des Bösen sollst du nicht essen; denn welches Tages du davon ißt, wirst du des Todes sterben. [283]

Als dieses Gebot überschritten wurde, wartete Gott – laut der Thora – zehn Generationen (von Adam bis zu Noah) ab und leitete die Sintflut ein. Die Sintflut aus der Bibel ereignete sich 3150 v.u.Z. im Zeitalter des Stieres. Moses zerschlug die erste Version der Zehn Gebote als er nämlich vom Berg Sinai zurückkam und die Israeliten um das Goldene Kalb tanzten und feierten.

Als Mose aber nahe zum Lager kam und das Kalb und das Tanzen sah, entbrannte sein Zorn, und er warf die Gesetzestafeln aus der Hand und zerbrach sie unten am Berge und nahm das Kalb, dass sie gemacht hatten, und ließ es im Feuer zerschmelzen und zermahlte es zu Pulver und streute es aufs Wasser und gab´s den Israeliten zu trinken. [284]

Moses leitete damit nicht nur das endgültige Ende des Zeitalters des Stieres für das jüdische Volk ein. Es war eine Trennung von den ägyptischen Göttern und Gewohnheiten. In Ägypten war es der Gott Apis, der in Stiergestalt, die Potenz des Mannes darstellte.
Nach der Sintflut erließ er sieben Gebote an die Nachkommen Noahs, die für die gesamte Menschheit galten, denn Noah wird im Judentum als Vater der Menschheit angesehen. Gott ging mit Noah einen Bund ein und der Regenbogen besiegelte ihn. [285]
Über ein Jahrtausend nach Noah kam Moses auf die Bühne der jüdischen Geschichtsschreibung. Er erhielt auf dem Berg Sinai nicht nur die Gebote, sondern die Thora und ihre siebenfache Auslegung.

---

282 Zitat: 1. Buch Moses 20,2-17(Luther-Bibel)
283 Zitat: 1. Buch Moses 2,16-17(Luther-Bibel)
284 Zitat: 2. Buch Moses 32,19-20 (Luther-Bibel)
285 siehe: 1. Buch Moses 9,16 (Luther-Bibel)

Das 2. Buch Moses (32,15f) berichtet von zwei steinernen Gesetzestafeln, auf die Gott selbst alle bisher offenbarten Gebote eingraviert habe. Um wie viele Gebote es sich bei der ersten Version tatsächlich handelte, wird in der Thora nicht verraten. Diese Tafeln wurden dann im Zorn durch Moses zerbrochen (32,19 f), weil sich das Volk Israel während seiner Abwesenheit gegen Gott gewandt hatte. Dann stieg Moses erneut auf den Berg Sinai und erhielt den Auftrag selbst neue Tafeln anzufertigen. [286] Erst bei der zweiten Version der Gebote wird die Bezeichnung *Zehn Worte* benutzt.

Erst Jesus nimmt die Gebote und ersetzt sie durch das Gebot: *„Du sollst deinen Nächsten lieben wie dich selbst."* [287] Jesus geht noch einen Schritt weiter. Er ersetzt die Zehn Gebote durch das Gebot der Nächstenliebe und durch das Gebot der Gottesliebe:

Meister, welches ist das vornehmste Gebot im Gesetz? Jesus aber sprach zu ihm: „Du sollst lieben Gott, deinen Herrn, von ganzem Herzen, von ganzer Seele und von ganzem Gemüte." Dies ist das vornehmste und größte Gebot. Das andere aber ist ihm gleich: „Du sollst deinen Nächsten lieben wie dich selbst." In diesen zwei Geboten hängt das ganze Gesetz und die Propheten. [288]

Im Koran in der Sure 7 „Al-Aàraf" (arab. „Die Höhen") wird die Anzahl der Gebote ebenfalls nicht genannt, aber deren Auswirkungen stark erweitert:

Wir schrieben für ihn auf die Tafeln über jegliches Ding - eine Ermahnung und eine Erklärung von allen Dingen: „So halte sie fest und heiße dein Volk das Beste davon befolgen. […]" [289]

Eine Erweiterung, denn auf den Tafeln stand laut dem Koran *über jegliches Ding - eine Ermahnung und eine Erklärung von allen Dingen.* Manche meinen, dass es sich bei einer der beiden Tafeln der ersten Version, die Moses zerschmetterte, um die *Tabula Smaragdina Hermetis* handelt. Hermes Trismegistos (alias *Thot* alias *Henoch*) gilt als der Urvater der Alchemie und Astrologie. Er lebte angeblich zur biblischen Zeit in Ägypten und ihm wird die Tabula Smaragdina zugeschrieben. Eine Legende besagt, dass Hermes Trismegistos ein

286 siehe: 2. Buch Moses 34,28 (Luther-Bibel)
287 Zitat: Matthäus 19,19 (Luther-Bibel)
288 Zitat: Matthäus 22,36-40 (Luther-Bibel)
289 Zitat: Sure 7 „Al-Aàraf", Vers 145 (Koran)

Gelehrter war, der aus einem weit entfernten Land kam, um den Menschen *Wissenschaften*, wie das Schreiben und die Astronomie, zu unterrichten.
Als oberster Engel neben Gott Metatron, erzählt eine jüdische Sage, stand nämlich Henoch mit Moses in Verbindung. Metatron bedeutet entweder „Sprechorgan Gottes“ oder „der Gott am Nächsten steht“. Er übermittelte Moses auf dem Berg Sinai die Thora und ihre siebenfache Auslegung. Interpretiert man die Zehn Gebote[290] mit einem kabbalistischen Schlüssel, so erhält man die ursprünglichen „Prinzipien des ewigen Lebens“ oder „Axiome des ewigen Lebens”:

1. Axiom:	Der Ursprung ist das Ziel.
2. Axiom:	Energie kann nicht verloren gehen.
3. Axiom:	Das Schicksal und Gottes Gesetze sind das Gleiche.
4. Axiom:	Alle Wirkung hat eine Ursache.
5. Axiom:	Alles ist dreifach, selbst das Göttliche ist dreifach.
6. Axiom:	Stillstand existiert nicht; alles ist in Bewegung.
7. Axiom:	Der freie Wille unterwirft sich dem Schicksal.
8. Axiom:	Alles geschieht im Rahmen der Gesetze Gottes.
9. Axiom:	Es gibt keine Gegensätzlichkeiten.
10. Axiom:	Individualität existiert nicht.

Bevor der Mensch den Sündenfall beging, gab es keine Axiome, Gebote oder Verbote, sondern es gab nur ein einziges Gebot, das da lautete:

1. Axiom:	Esse nicht ohne Einwilligung des Herren vom Baum der Erkenntnis über Gut und Böse.

Gott gebietet dem Menschen, dass welchen Tages er vom Baum der Erkenntnis über Gut und Böse äße, am gleichen Tag sterben würde.[291] Doch in der Bibel sterben Adam und Eva nach dem Sündenfall nicht sofort. Sie sterben erst im Land der Flüchtlingschaft nach einem langen und schwerfälligen Leben. Adam wurde 930 Jahre alt. Zum einen war der Tod für den Menschen zum Zeitpunkt des Verbots kein Begriff, denn der Mensch hatte bis dahin nur die Aufgabe der Fruchtbarkeit bzw. der Vermehrung von Gott erhalten,

---

290 siehe: 2. Buch Moses 20,3-17 (Luther-Bibel)
291 siehe: 1. Buch Moses 2,17 (Luther-Bibel)

aber über den Tod wusste er bis dahin nichts. Allein die Liebe Gottes hielt den Tod im Paradies vom Menschen fern.
Nun gut kehren wir vorerst zu Henochs Reisen zurück. Henoch verweist in seinen Reisen nach Westen und Osten auf zwei Bäume, die besonders platziert und auffällig sind. Es sind der Baum der Erkenntnis über Gut und Böse und der Baum des Lebens.
Nachdem Adam, Eva und ihre vier Töchter das Paradies durch den Ostausgang verlassen mussten, befahl Gott den Cherubim das gesamte Paradies in den Himmel zu entrücken. An dieser Stelle entstand eine quadratische Grube[292], die 8121,25 Ellen tief und 16242,50 Ellen breit und lang war. Als das Paradies entrückt wurde, verwandelte sich das fruchtbare Umland in Wüste und die Grube füllte sich mit Sand. Dieser Ort wurde Dudael genannt. Die Flüsse Pischon und Gihon versiegten. Die Flüsse Tigris und Euphrat führen mehr Wasser.
Es können nun Rückschlüsse auf den Baum der Erkenntnis über Gut und Böse gezogen werden, als er sich noch auf der Erde im Garten Eden befand. Wenn der Baum des Lebens so verführerisch (duftend) auf Henoch wirkte, der ein tugendhafter und Gottes Gesetze befolgender Mensch ist, dann musste der Baum der Erkenntnis über Gut und Böse im Paradies auf Adam und Eva nicht weniger reizvoll gewirkt haben. Ein weiteres Indiz für den durch Gott beabsichtigten Sündenfall.
Der Baum der Erkenntnis über Gut und Böse ist von Gott im 1. Buch Moses 2,9 neben den Baum des Lebens gepflanzt worden:

Und Gott der Herr ließ aufwachsen aus der Erde allerlei Bäume, lustig anzusehen und gut zu essen, und den Baum des Lebens mitten im Garten und den Baum der Erkenntnis des Guten und Bösen. [293]

Im äthiopischen Henoch-Buch steht, dass sich beide Bäume im Himmel befinden aber an verschiedenen Plätzen. Der Baum des Lebens befindet sich im Westen und der Baum der Erkenntnis des Guten und Bösen im Osten. Aus dem einen Hügel auf denen sich die beiden Bäume befanden wurden sieben herrliche Berge:

---

[292] Da die Grube nur den unterirdischen Bereich des Paradies erfasst, setzt sich das Volumen des gesamten Paradieses aus 16242,50 Ellen x 16242,50 Ellen x 16242,50 Ellen zusammen. Es bildet im Ganzen einen Würfel.
[293] Zitat: 1. Buch Moses 2,9 (Luther-Bibel)

Von dort ging ich weiter an einen anderen Ort der Erde, und er zeigte mir ein Gebirge von Feuer, das Tag und Nacht brennt. Ich ging jenseits desselben und sah sieben herrliche Berge, einen jeden vom anderen verschieden; ferner herrliche und schöne Steine, und jeder war herrlich und prächtig an Aussehen und von schönem Äußeren: drei von den Bergen lagen gegen Osten, einer über dem anderen befestigt, drei gegen Süden, einer über dem anderen, und dazwischen tiefe, gewundene Schluchten, von denen keine an die andere grenzte. Der siebente Berg lag zwischen diesen und einem Thronsitz ähnlich überragte er alle an Höhe; es bedeckten ihn rings wohlriechende Bäume. Unter ihnen befand sich ein Baum, wie ich noch niemals einen gerochen hatte. Weder einer von ihnen, noch andere Bäume waren ihm gleich. Er verbreitete mehr Duft als alle Wohlgerüche; seine Blätter und Blüten und sein Holz welken nimmermehr, seine Früchte aber sind wie die Trauben der Palme. Da sprach ich: „Wie schön ist dieser Baum und wie wohlriechend und lieblich seine Blätter und wie sehr ergötzlich seine Blüten für den Anblick!" Darauf antwortete mir Michael, einer von den heiligen und geehrten Engeln, der bei mir war, ihr Führer, und sagte zu mir: „Henoch, was fragst du mich und wunderst dich über den Geruch dieses Baumes und suchst die Wahrheit zu erfahren?" Da antwortete ich, Henoch, ihm, indem ich sagte: „Über alles möchte ich etwas erfahren, ganz besonders aber über diesen Baum." Er antwortete mir, indem er sprach: „Dieser hohe Berg, den du gesehen hast, dessen Gipfel dem Throne Gottes gleicht, ist sein Thron, wo der große Heilige, der Herr der Herrlichkeit, der König der Welt, sitzen wird, wenn er herabkommt, um die Erde mit Gutem heimzusuchen. Diesen wohlriechenden Baum hat kein Fleisch die Macht anzurühren, bis zu dem großen Gericht, an welchem er an allen Rache nimmt, und die Vollendung für immer stattfindet; dann wird er den Gerechten und Demütigen übergeben werden. Seine Frucht wird den Auserwählten zum Leben dienen, und er wird zur Speise an den heiligen Ort bei dem Hause Gottes, des Königs der Ewigkeit, verpflanzt werden. Dann werden sie sich überaus freuen und fröhlich sein und in das Heiligtum eingehen, indem sein Duft ihre Gebeine erfüllt. Sie werden ein längeres Leben auf Erden führen, als das welches deine Väter gelebt haben, und in ihren Tagen wird weder Trübsal noch Leid, oder Mühe und Plage sie berühren." Da pries ich den Herrn der Herrlichkeit, den König der Ewigkeit, dass er solches für die gerechten Menschen zubereitet, solches geschaffen und verheißen hat, es ihnen zu geben."[294]

Der Baum des Lebens wurde zuvor durch einen einzigen Kreis dargestellt, der einen Punkt in der Mitte hatte. Der Punkt wird dort mit dem Fragewort מי (*mi* ausgesprochen) dargestellt. Das hebräische

[294] Zitat: äthiop. Buch Henoch, Kapitel 24-25: *Die herrlichen sieben Berge*

Fragewort *Mi* bedeutet auf Deutsch *Wer*. Im Sohar[295] wird im Kapitel „Wer hat solche Dinge geschaffen?" auf den Punkt in einem Gespräch zwischen Rabbi Yochai und dem sagenumwobenen Propheten Elias Bezug genommen.

> Dieses Geheimnis ward nicht eher enthüllt, bis ich eines Tages am Ufer des Meeres stand. Elija kam zu mir und sagte: „Rabbi, weißt du, was die Worte bedeuten: „Wer hat solche Dinge geschaffen?" Ich sagte ihm: „Es ist der Himmel mit seinen Heerscharen, das Werk des Allheiligen, welches der Mensch betrachten und segnen soll, wie es heißt: „*Wenn ich sehe die Himmel, deiner Finger Werk, den Mond und die Sterne, die du bereitet hast.* (Psalm 8,4), und ferner: *Herr, unser Herrscher, wie herrlich ist dein Name in allen Landen, du, den man lobt im Himmel!*" (Psalm 8,2).
>
> Aber Elija sprach: „Rabbi, es ist ein verborgenes Wort vor dem Allheiligen und wurde im oberen Lehrhaus offenbart. In der Zeit, als der Verborgene aller Verborgenen sich offenbaren wollte, schuf er am Anfang einen Punkt und der erhob sich ein Gedanke zu werden.
>
> In ihn malte er alle Gestalten und entwarf alle Formen. Er prägte in eine verborgene, heilige Leuchte einen geheimen Entwurf. Es ist eine sehr tiefgründige Struktur, die von der Urtiefe des Gedanken entsprang. Jener Punkt ist das „Wer" (מי), der Urbeginn des Baus.

*Rabbi Yochai antwortet, indem er die Betrachtungen und Segnungen der Menschen über den Himmel und seine Heerscharen stellt. Prophet Elija klärt dies auf, indem er von der Zeit als der Verborgene aller Verborgenen sich offenbaren wollte spricht. Es geht klar hervor, das es sich um jene Zeit handelt, bevor Gott Himmel und Erde schuf: Am Anfang schuf Gott Himmel und Erde. (1. Buch Moses 1,1) Es ist ein Verweis auf die biblische Schöpfungserzählung und jene Zeit davor wird vom Propheten Elija „Zeit als der Verborgene aller Verborgenen sich offenbaren wollte" beschrieben. Genau in der Zeit, als der Verborgene aller Verborgenen sich offenbaren wollte, schuf er am Anfang (*בראשית*) einen Punkt. In ihn malte er alle Gestalten und entwarf alle Formen.*

---

[295] siehe: Sohar: I. fol. 2a-4a

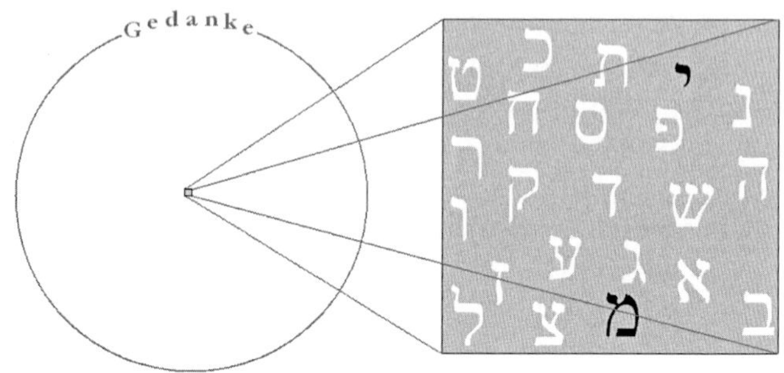

In der Kabbalah basiert die gesamte Schöpfung auf dem Wort Gottes und letztendlich auf den Buchstaben der hebräischen Sprache. Die alten Kabbalisten empfanden sie als ein göttliches Geschenk an die Menschheit. Die Buchstaben ermöglichten einen Einblick in Gottes Plan. Sie waren sogar der Weg nach erfolgreichem Studium Gott zu schauen. Das ist eines der wichtigsten Ziele der Kabbalah. [296]

Es gab deshalb, bevor der Mensch den Sündenfall beging, die zehn Gebote nicht, sondern es gab ein einziges Gebot, das da lautete[297]:

1. Axiom:	Esse nicht ohne Einwilligung des Herren vom Baum der Erkenntnis über Gut und Böse.

Für Kabbalisten war es unumgänglich sich mit dem Prinzip des Baumes des Lebens zu befassen, denn wie wir sehen können, hat der Baum der Erkenntnis über Gut und Böse eine enorme Auswirkung auf die Schöpfung und den Menschen gehabt. [298]

11. Axiom:	Esse nicht ohne Einwilligung des Herren der Heerscharen vom Baum des Lebens!

Der kabbalistische Baum des Lebens lässt weitere Assoziationen zu. Die vier Dimensionen Azilut, Berja, Jetzira und Assja können neben den drei Säulen[299] ebenfalls durch den Baum dargestellt und erklärt werden. Mit den vier Welten sind bspw. vier Zustände des menschlichen Verlangens gemeint.

---

296 siehe: Interpretation zum Sohar: I. fol. 2a-4a. Oberursel 2012. S.21.

297 siehe: 1. Buch Moses 2,9 (Luther-Bibel)

298 siehe: 1. Buch Moses 3,22 (Luther-Bibel)

299 Säule der Gnade, Säule des Gleichgewichts und Säule der Härte.

Die vier Welten sind:	
Azilut	die Welt, die unmittelbar aus Gott strömt.
Berja	die Welt der Schöpfung und der himmlischen Sphären.
Jetzira	die Welt der Ausgestaltung, d.h. der Engel oder Geister.
Assja	die Welt der Verfertigung oder Erscheinungen, welche die Ummantelung der übrigen Welten ist.

Wenn die Zustände des menschlichen Verlangens gemeint sind, dann hat der Mensch auf der ersten Stufe Gelüste nach einfachen, animalischen Freuden. Wenn sich seine Wünsche weiterentwickeln, strebt er nach Reichtum und Ansehen und ein weiteres Wachstum seines Verlangens verursacht im Menschen ein Streben nach Macht. Nur manchmal entwickelt sich in ihm ein noch stärkeres Verlangen zu empfangen und dieser Wunsch stellt die oberste Welt dar, und ist ein reines geistiges Verlangen nach Spiritualität. Ein Mensch, der seinen Wunsch nach Spiritualität wahrgenommen hat, beginnt automatisch mit der Suche nach dem Göttlichen.

Nach dem Durchschreiten der vier Welten gelangen die Menschen durch die 11. Sephirah „Da´ath" ins nächste Aufgabenfeld. Die 11. Sephirah „Da´ath" ist der erste Schritt, den die Menschen zu gehen haben. Sie müssen die Erkenntnis (hebr. „da´ath") erlangen, dass das Ziel der Ursprung ist. Nur durch die Erkenntnis, können die vier Welten beschritten werden.

Die Zahl 11 drückt bereits durch ihre Doppelform aus, dass der irdische Bereich verlassen wurde. Sie wird durch die Verdoppelung der ersten Grundzahl gebildet. Solche Zahlen zeigen bildlich die Verstärkung der betreffenden Grundzahl an. Sie geht über die Abschlusszahl 10 hinaus. Somit wird die 11 zum Beginn einer neuen Zehnerreihe.

Die 11. Sephirah ist der Beginn von etwas Neuem. Sie ist die erste Sephirah für einen anderen Baum des Lebens. Manche Richtungen der Kabbalah bezeichnen sie deshalb als die erste und nicht als die letzte Sephirah.

Der Baum des Lebens der Kabbalah mit seinen zehn Sephiroth ist ein Abbild des Universums, das Gott bewohnt und mit seiner Essenz durchdringt. Eben eine Darstellung des Göttlichen, das durch die gesamte Schöpfung strömt.

XVI. Die 13 Stämme Israels

Das Abendland muss befreit werden vom Irr- und Aberglauben, dass die Zahl 13 eine Unglückszahl sei. Auf keinen Fall ist sie *nur* eine Unglückszahl. Als eine heilige Zahl wird sie von den Juden betrachtet, denn die 13 hat den Zahlenwert der Worte „Eins" (hebr. „achad") und „Liebe" (hebr. „ahawa") auf Hebräisch. Sind dies nicht die zwei wichtigsten Eigenschaften Gottes? Der Zahlenwert des Wortes Liebe auf Hebräisch **אהבה** (*ahawah* ausgesprochen) ist 13 und Gott erschuf die Menschheit in 13 Stämmen. Nämlich in die 12 Stämme Israels und der 13. Stamm ist die restliche Menschheit (12+1=13).

Die dreizehn Stämme symbolisieren die gesamte Menschheit. Aus Liebe erschuf Gott die ganze Menschheit. Im alten Testament werden zwölf Stämme Israels erwähnt. Dreizehn Ellen breit und hoch war das Tor am Ostausgang des Paradieses, das der Mensch bei seiner Vertreibung passieren musste. Dies stellte die Verbannung von Gottes Liebe und Gottes Gegenwart dar. Mit dreizehn Jahren ist ein jüdischer Junge mündig. Durch die jüdische Mystik, über die Kabbalah, zum Tarot ist die 13. Karte der „Tod". In ihrer negativen Auslegung stellt sie tatsächlich den endgültigen Tod dar. In ihrer positiven Auslegung kündigt sie einen Neuanfang an.

Der Tod als Reiter auf einem Schimmel ist ein Verweis auf die vier apokalyptischen Reiter[300] *aus der Offenbarung, Neues Testament der Bibel.*
Die 22 Trumpfkarten sind die verschlüsselte Darstellung eines Lebenszyklus von Fleischwerdung bis Erlösung. Das Tarot kann aufgrund seiner vielen Symbolquellen als grafische Darstellung eines Lebenszyklus´ verstanden werden. Jedes Große Arkanum[301] *auf dem Weg von Fleischwerdung bis Erlösung zeigt eine Etappe dieses Lebenszyklus´. Jede Etappe muss gemeistert werden, […]*[302]

Manche Einweihungsschule, nicht nur der Antike, wie bspw. die Freimaurerei, pflegt Einweihungsrituale, in denen eine Sterbesituation simuliert wird. Seit sich der Mensch seit frühester Zeit seiner Sterblichkeit und Existenz bewusst geworden ist, scheint ihn die Frage zu begleiten: „Der Tod, ein Anfang oder ein Ende?" Das Tarot, die 13. Karte, antwortet folgend auf diese Frage: „Der Tod ist

---

[300] siehe: Offenbarung 6 (Luther-Bibel)

[301] *Arkanum* alias *arcanum* ist die Einzahl des Wortes *Arkana* eigentlich *arcana.*

[302] Zitat: *Das Tarot der Rosenkreuzer – Der Weg des Eingeweihten.* Oberursel 2011.

ein notwendiges Ende und ein willkommener Neuanfang!" Allein die göttliche, einende Liebe (hebr. „ahawah") kann den Tod (hebr. „mäth") überwinden, sowie Gott einst den Tod im Paradies von uns fernhielt:

Weil eben die Finsternis nicht Böse, sondern das Fehlen von Licht oder „ohne-Licht" (Ain-Or) ist, hat Gott den Baum der Erkenntnis des Guten und Bösen in den Garten Eden gepflanzt; denn es steht geschrieben: „Und Gott der Herr ließ aufwachsen aus der Erde allerlei Bäume, lustig anzusehen und gut zu essen, und den Baum des Lebens mitten im Garten und den Baum der Erkenntnis des Guten und Bösen." (1. Buch Moses 2,9) Weil also das „Böse" schon vorhanden war im Licht[(a)] war dies Geheimnis im Baum der Erkenntnis des Guten und Bösen verschlossen, denn der Mensch konnte bis zum Fall dieses Geheimnis nicht begreifen. Aber warum wurde der Baum des Lebens ins Paradies gesetzt? Weil geschrieben steht: „Und Gott sprach: „Lasst uns Menschen machen, ein Bild, „das uns gleich sei" (כדמות־נו), die da herrschen über die Fische im Meer und über die Vögel unter dem Himmel und über das Vieh und über die ganze Erde und über alles Gewürm, das auf Erden kriecht." (1. Buch Moses 1,26) Der Teilsatz „das uns gleich sei" ist im Hebräischen ein Wort nämlich „Chädamuth-nu" (כדמות־נו) und in diesem Teilsatz bzw. Wort ist die Antwort enthalten. Im Wort Chädamuth ist der Tod enthalten, nämlich auf Hebräisch „Mäth" (מות)! Denn lies nicht Chädamuth-nu, sondern Kad-Mäth-nu, was da heißt „Gefäß unseres Todes" (כד־מות־נו)! Der Tod war im Abbild Gottes – dem Menschen – bereits enthalten, aber Gott hielt den Tod fern vom Menschen, denn es steht geschrieben: „Und Henoch wandelte mit Gott. […] Und weil er mit Gott wandelte, nahm ihn Gott hinweg und er ward nicht mehr gesehen." (1. Buch Moses 5,22-24) Wer mit Gott wandelt, wird von ihm hinweg genommen, so dass er den Tod nicht sehen braucht! Und mit wem sprach Gott, als er sagte: „Lasst uns Menschen machen"? Gott sprach mit der Tora, denn es steht geschrieben: „Der Herr schuf mich als Anfang" (Sprüche 8,22) (siehe Lew Kaspi I,1) und „da war ich der Werkmeister bei ihm und hatte meine Lust täglich und spielte vor ihm allezeit" (Sprüche 8,30). [303]

Es gibt noch eine weitere Verbindung. Die göttliche, einende Liebe (hebr. „ahawah") aber auch die universelle Wahrheit kann den Tod (hebr. „mäth") überwinden. Es ist deshalb nicht verwunderlich, dass wenn man dem Hebräischen Wort für Tod **מת** (*mäth* ausgesprochen) ein Aleph [304] hinzufügt, das Wort Wahrheit **אמת** (*ämeth* ausge-

303 Zitat aus dem Lew Kaspi Kursbuch (öffentliche Ausgabe) - Lew Kaspi I,7
304 siehe in diesem Buch: *Was vor der Schöpfung war* – Kapitel XI

sprochen) erhält. Im Umkehrschluss bedeutet dies, dass wenn man von der Wahrheit nur einen einzigen Buchstaben (א =1=1.000) weglässt, tötet man sie. Wer von der Wahrheit einen Buchstaben entfernt, ist des Todes. Die Zahl 13 symbolisiert die ganze Menschheit. Das Teilsternbild der Schlange im Sternbild des Schlangenträgers (Ophiuchus) hat ebenfalls 13 Sterne.[305] Hier sehen wir chthonisches Wissen vergegenwärtigt, das bis in unsere Zeit noch Geltung findet. Zu guter Letzt sind die dreizehn Cherubim, die den Weg zum Baum des Lebens im himmlischen Paradies bewachen, zu nennen.

Wenig später nachdem der Mensch durch den östlichen Ausgang des irdischen Paradieses verjagt wurde, nahmen die Engel Gottes auf sein Geheiß hin das Paradies in die Himmel auf und ordneten es anders an.[306] Das äthiopische Henoch-Buch sprach bereits im 25. und 26. Kapitel darüber, dass der Baum der Erkenntnis über Gut und Böse und der Baum des Lebens, die zuvor mitten im Paradies beieinander waren, nun sich nicht mehr in gegenseitiger Nähe befinden.[307]

Von hier ging ich in der Richtung nach Osten mitten in das Gebirge der Wüste und ich sah eine Steppe und vereinsamte Gegend, voll von Bäumen. Aus ihren Samenfrüchten rieselte Wasser von oben herab; es erschien wie ein reichlich fließender Wasserstrom, der, wie nach Norden so nach Westen, von allen Seiten her Wasser und Tau heraufführt.

Von dort ging ich an einen anderen Ort in der Wüste und machte mich auf in der Richtung nach Osten von jenem Gebirge. Ich sah Duftbäume duftend von Weihrauch und Myrrhe, und die Bäume ähnelten Mandelbäumen.

Danach ging ich weiter nach Osten zu und sah einen anderen großen Platz und eine Wasserschlucht; auf ihm befand sich auch ein Baum, der das Aussehen von Würzbäumen hatte ähnlich dem Mastix. An den Seiten jener Täler sah ich den wohlriechenden Zimtbaum; danach ging ich weiter nach Osten und sah andere Berge und auf ihnen Haine von Bäumen, aus denen Nektar floss, den man auch Balsam und Galbanum nennt. Hinter jenen Bergen sah ich einen anderen Berg im Osten der Enden der Erde, und auf ihm befanden sich Aloebäume; alle Bäume waren voll von Laudanum ähnlichen Mandeln. Wenn man jene Frucht zerreibt, übertrifft sie an Duft alle Gerüche. Nach diesen Wohlgerüchen sah ich, als ich nach Norden über die Berge hinblickte, sieben Berge voll von köstlicher Narde, Mastix, Zimt und Pfeffer. Von da ging ich über die Gipfel aller jener

---

305 siehe: *Der Schlangenträger (Ophiuchus)* – Kapitel VII.
306 siehe: G. Grippo. *Sepher Raziel – Buch des Engels Raziel.* Steinbach 2010.
307 siehe: *Der kabbalistische Baum des Lebens* – Kapitel XV.

Berge hin fern nach dem Osten der Erde und zog weiter über das Erythräische Meer und ich entfernte mich weit von diesem und zog über den Zotiel. Da kam ich in den Garten der Gerechtigkeit und schaute fern von jenen Bäumen viele und große Bäume, die dort wuchsen, wohlduftend, groß, sehr schön und herrlich und ich sah den Baum der Weisheit, von dessen Frucht die Heiligen essen und großer Weisheit kundig werden. Jener Baum gleicht dem Wuchse nach einer Fichte; sein Laub ähnelt dem des Johannisbrotbaums; seine Frucht ist wie die Weintraube, sehr gut. Der Duft jenes Baumes verbreitet sich und dringt weithin. Da sagte ich: „Wie schön ist dieser Baum, und wie ergötzlich sein Anblick!" Da antwortete mir der heilige Engel Raphael, der bei mir war, und sagte zu mir: „Dies ist der Baum der Weisheit, von dem dein greiser Vater und deine betagte Mutter, die vor dir waren, gegessen haben; da erkannten sie die Weisheit, und ihre Augen wurden aufgetan, und sie erkannten, dass sie nackend waren, und wurden aus dem Garten fortgetrieben. [308]

Der Ort, wo sich das Paradies zuvor befand, hieß seit jeher Dudael[309]. Es war eine fruchtbare und anmutige Oase des Lebens. Nachdem das Paradies von den Engelscharen emporgehoben wurde, entwich das Leben von dort. Es entstand eine trost- und leblose Wüste mit einer Grube von 16242,5 Ellen Breite und Länge und 8121,25 Ellen Höhe.
Die Cherubim sind den dreizehn Stämmen Israels (also der gesamten Menschheit) vorgestellt und jene Gruppe heiliger Wächter, die Städte und Denkmäler der Menschheit errichten konnten und zugleich Eingeweihte der Mysterien der Schöpfung waren und Bewahrer göttlicher Geheimnisse, die während der 40jährigen Wanderung durch die Wüste zu den Kriegern des Stammes Benjamin zählten und dann durch die Stammeskriege nach Griechenland flohen, sind Teil des 13. Stammes. Der oberste dieser Cherubim ist Schamarael. Er ist dem Stamm Benjamin vorgesetzt und dem Baum des Lebens am Nächsten. Die Wächter wurden unter Moses Herrschaft zum Stamm Benjamin hinzugezählt:

Und Lea ward schwanger und gebar einen Sohn; den hieß sie Ruben, und sprach: „Der Herr hat angesehen mein Elend; nun wird mich mein Mann lieb haben." Und ward abermals schwanger und gebar einen Sohn und sprach: „Der Herr hat gehört, dass ich unwert bin, und hat mir diesen auch gegeben. Und sie hieß ihn Simeon. Abermals ward sie schwanger und gebar einen Sohn und sprach: „Nun

---

[308] Zitat: äthiop. Buch Henoch, Kapitel 27-31: *Reise nach Osten*
[309] siehe: äthiop. Buch Henoch, Kapitel 10.

wird mein Mann mir doch zugetan sein, denn ich habe ihm drei Söhne geboren." Darum hieß sie ihn Levi. Zum vierten ward sie schwanger und gebar einen Sohn und sprach: „Nun will ich dem Herrn danken. Darum hieß sie ihn Juda. Und hörte auf, Kinder zu gebären. Da Rahel sah, dass sie dem Jakob kein Kind gebar, beneidete sie ihre Schwester und sprach zu Jakob: „Schaffe mir Kinder, wo nicht, so sterbe ich." Jakob aber ward sehr zornig auf Rahel und sprach: „Bin ich doch nicht Gott, der dir deines Leibes Frucht nicht geben will." Sie aber sprach: „Siehe, da ist meine Magd Bilha; gehe zu ihr, dass sie auf meinen Schoß gebäre und ich doch durch sie aufgebaut werde." Und sie gab ihm also Bilha, ihre Magd, zum Weibe, und Jakob ging zu ihr. Also ward Bilha schwanger und gebar Jakob einen Sohn. Da sprach Rahel: „Gott hat meine Sache gerichtet und meine Stimme erhört und mir einen Sohn gegeben." Darum hieß sie ihn Dan. Abermals ward Bilha, Rahels Magd, schwanger und gebar Jakob den andern Sohn. Da sprach Rahel: „Gott hat es gewandt mit mir und meiner Schwester, und ich werde es ihr zuvortun." Und hieß ihn Naphthali. Da nun Lea sah, dass sie aufgehört hatte zu gebären, nahm sie ihre Magd Silpa und gab sie Jakob zum Weibe. Also gebar Silpa, Leas Magd, Jakob einen Sohn. Da sprach Lea: „Rüstig! Und hieß ihn Gad." Darnach gebar Silpa, Leas Magd, Jakob den andern Sohn. Da sprach Lea: „Wohl mir! denn mich werden selig preisen die Töchter." Und hieß ihn Asser. Ruben ging aus zur Zeit der Weizenernte und fand Liebesäpfel auf dem Felde und brachte sie heim seiner Mutter Lea. Da sprach Rahel zu Lea: „Gib mir von den Liebesäpfeln deines Sohnes einen Teil." Sie antwortete: „Hast du nicht genug, dass du mir meinen Mann genommen hast, und willst auch die Liebesäpfel meines Sohnes nehmen?" Rahel sprach: „Wohlan, lass ihn diese Nacht bei dir schlafen um die Liebesäpfel deines Sohnes." Da nun Jakob des Abends vom Felde kam, ging ihm Lea hinaus entgegen und sprach: „Zu mir sollst du kommen; denn ich habe dich erkauft um die Liebesäpfel meines Sohnes." Und er schlief die Nacht bei ihr. Und Gott erhörte Lea, und sie ward schwanger und gebar Jakob den fünften Sohn und sprach Gott hat mir gelohnt, dass ich meine Magd meinem Manne gegeben habe. Und hieß ihn Isaschar. Abermals ward Lea schwanger und gebar Jakob den sechsten Sohn, und sprach: „Gott hat mich wohl beraten; nun wird mein Mann doch bei mir wohnen, denn ich habe ihm sechs Söhne geboren." Und hieß ihn Sebulon. Darnach gebar sie eine Tochter, die hieß sie Dina. Gott gedachte aber an Rahel und erhörte sie und machte sie fruchtbar. Da ward sie schwanger und gebar einen Sohn und sprach: „Gott hat meine Schmach von mir genommen." Und hieß ihn Joseph und sprach: „Der Herr wolle mir noch einen Sohn dazugeben!

Also fuhr Gott auf von ihm von dem Ort, da er mit ihm geredet hatte. Jakob aber richtete ein steinernes Mal auf an dem Ort, da er mit ihm geredet hatte, und goss ein Trankopfer darauf und begoss es mit Öl. Und Jakob hieß den Ort, da Gott mit ihm geredet hatte, Beth-El. Und sie zogen von Beth-El. Und da noch ein Feld Weges war von Ephrath, da gebar Rahel. Und es kam sie hart an über der Geburt. Da aber die Geburt so schwer ward, sprach die Wehmutter zu ihr: Fürchte dich nicht, denn diesen Sohn wirst du auch haben. Da ihr aber die Seele ausging, dass sie sterben musste, hieß sie ihn Ben-Oni; aber sein Vater hieß ihn Ben-Jamin. Also starb Rahel und ward begraben an dem Wege gen Ephrath, das nun heißt Bethlehem. Und Jakob richtete ein Mal auf über ihrem Grabe; dasselbe ist das Grabmal Rahels bis auf diesen Tag. Und Israel zog aus und richtete seine Hütte auf jenseits des Turms Eder. Und es begab sich, da Israel im Lande wohnte, ging Ruben hin und schlief bei Bilha, seines Vaters Kebsweib; und das kam vor Israel. Es hatte aber Jakob zwölf Söhne. Die Söhne Leas waren diese: Ruben, der erstgeborene Sohn Jakobs, Simeon, Levi, Juda, Isaschar und Sebulon; die Söhne Rahel waren: Joseph und Benjamin; die Söhne Bilhas, Rahels Magd: Dan und Naphthali; die Söhne Silpas, Leas Magd: Gad und Asscher. Das sind die Söhne Jakobs, die ihm geboren sind in Mesopotamien. [310]

Die 13 Stämme Israels sind Joseph und Ephraim, Ruben, Simeon, Juda, Dan, Naphthali, Gad, Asscher, Isaschar, Sebulon, Benjamin, Manasse und Levi. Schamarael ist dem Stamm Benjamin vorgestellt und die zwei Cherubim, die vor dem Garten Eden lagern – vor dem 13 Ellen breiten und hohen Tor – sind Joseph und Ephraim vorgestellt. Schamarael, der dem Baum des Lebens am nächsten ist, ist 182,5 Tage oder 8121,25 Ellen weit von den Cherubim der Stämme Joseph und Ephraim entfernt.

Ellen	**Anteil**	**Jul. Monat**	**Hebr. Monat**
689,75 Ellen	= 31/2	Januar (15,50)	Dan
623,00 Ellen	= 28/2	Februar (14,00)	Benjamin
689,75 Ellen	= 31/2	März (15,50)	Benjamin
667,50 Ellen	= 30/2	April (15,50)	Manasse
689,75 Ellen	= 31/2	Mai (15,50)	Juda
667,50 Ellen	= 30/2	Juni (15,00)	Sebulon
689,75 Ellen	= 31/2	Juli (15,50)	Isaschar
689,75 Ellen	*= 31/2*	*August (15,50)*	*Joseph/Ephraim* [311]
689,75 Ellen	*= 31/2*	*August (15,50)*	*Levi*
667,50 Ellen	= 30/2	September (15,00)	Naphthali
689,75 Ellen	= 31/2	Oktober (15,50)	Gad
667,50 Ellen	= 30/2	November (15,00)	Asscher
689,75 Ellen	= 31/2	Dezember (15,50)	Simeon

[310] Zitat: 1. Buch Moses 29,32 bis 30,24 und 35,13-26 (Luther-Bibel)

[311] Die Stämme Joseph+Ephraim sind mit dem Stamm Levi austauschbar.

Die Namen dieser 13 Engel leiten sich von den 13 Monaten des hebräischen Kalenders ab: Schebat, Adar, Veadar, Nisan, Ijjar, Siwan, Tammus, Ab, Elul, Tischri, Chäschwan, Kislew und Tebeth.

Die Cherubim und die Monate		
Cherubim	**Monat**	**Stamm**
13. Cherub	März	Benjamin
1. Cherub	April	Dan
2. Cherub	Mai	Ruben
3. Cherub	Juni	Simeon
4. Cherub	Juli	Juda
5. Cherub	September	Sebulon
6. Cherub	Oktober	Isaschar
7. Cherub	November	Naphthali
8. Cherub	Dezember	Gad
9. Cherub	Januar	Asscher
10. Cherub	Februar	Manasse
11. Cherub	August	Joseph / Ephraim
12. Cherub	August	Levi

Ephraim ist der Sohn Josephs, den ihm seine Frau Asenath, die Tochter Potiferas, des Priesters von On, gebar. Ephraim wurde in Ägypten geboren, bevor die siebenjährige Hungersnot hereinbrach. Ephraim bedeutet „doppelt fruchtbar". [312]
Die Ägypterin Asenath durch ihren Mann Joseph zur Mutter zweier Stämme Israels (Menasse und Ephraim). Joseph leitet sich vom Hebräischem „Josiphja" her und bedeutet „möge Gott mehren" oder „Gott hat hinzugefügt". Verbindet man nun Joseph und Ephraim, so wird folgende Aussage zulässig:

Joseph ist der, der durch Gottes Befugnis den zwölf Stämmen Israels einen weiteren Stamm, nämlich den Stamm der Ephraimiter, hinzugefügt hat, um sie dadurch doppelt fruchtbar zu machen. Die 12 Stämme Israels haben durch Josephs Mehrung durch Ephraim an doppelter Fruchtbarkeit gewonnen.

Die Verwirrung ob es 12, 13 oder zeitweise 14 Stämme sind, darf nicht über die Symbolik hinwegtäuschen. Die Zahl Zwölf ist Repräsentantin für das Ganze, wie bspw. die zwölf Stämme Israels

[312] siehe in diesem Buch: *Der Orden des Propheten Henoch* – Kapitel VI.

und die zwölf kleinen Propheten sind jeweils eine Ganzheit. Die zwölf Winkel[313], welche einen ganzen Weltenkreis bilden, die zwölf Sternbilder, die zwölf Monate des Jahres und die zwölf leitenden Organe des menschlichen Körpers fügen sich in die gleiche Beispielreihe mit ein. Die zwölf Apostel sind jeweils eine Ganzheit, nämlich jene zwölf Stämme und es war Jesus, der 13. unter ihnen, der aus dem introvertierten Judentum eine Weltreligion machte.

Es verwundert auch nicht, dass in der Auflistung der Stämme in der Offenbarung (7,4-8) der Stamm Dan nicht mehr geführt wird. Dies kann als Anspielung verstanden werden, dass es im Himmelreich keiner Richter (hebr. „dan“) mehr bedarf. Jesus diente als letztes und endgültiges Sühnopfer, der für unsere Krankheiten und Schmerzen gerichtet und dann durch-stochen wurde. Durch ihn wurde Gottes Plan offenbart.[314] Die Erlösung, die auf den Messias hinarbeitet, ist seit Adams Abfall vorbestimmt. Die hohe Kunst der Gematria bestätigt uns, dass Adam den gleichen Zahlwert wie das Wort **גאולה** (*ge´ula* ausgesprochen) hat, nämlich 45. Ge´ula bedeutet Erlösung und diese ist Adam bereits in den Wert seines eigenen Namens gelegt worden. Nicht zufällig bedeutet Adam zudem in der hebräischen Sprache auch Mensch bzw. Menschheit. Dieses endzeitliche Gericht haben die Ägypter bereits an jedem Menschen, der verstarb, verrichtet. Beim mystischen Totengericht wurde das Herz des Verstorbenen gegen die Feder der Maat gewogen.

Das Herz heißt auf Hebräisch Lew (**לב**) und hat den Zahlenwert 32. In antiken Zeiten war das Herz Herr über das menschliche Gemüt.

[313] siehe: G. Grippo: *Sepher Jesirah - Buch der Schöpfung*. 3. Auflage. Steinbach 2010. S. 38.

[314] siehe in diesem Buch: *Das sündensühnende Opfer Christi* – Kapitel XX.

Das erkennen wir durch de Gematria.[315] Wenn das Hebräische Wort für „Herz" umdreht wird, erhalten wir das Wort „Baal", was im Hebräischen „Herr" bedeutet.
Nur alle 13 Stämme, also die gesamte Menschheit gemeinsam, können gegen die Feder der Maat gewogen werden. Die gesamte Menschheit wird durch die 13 Cherubim, die den Weg zu dem Baum des Lebens bewachen, gerichtet und gewogen werden. Und ein jeder wird aufgrund seiner Beziehung zu Gott einem ganz bestimmten Cherub zugewiesen werden.
Im übertragenen Sinne wurde zur gleichen Zeit als das Herz des Bösen gewogen wurde, gegen die Feder der Maat, und das Paradies in die Himmel emporgehoben. Die Maat-Feder hat den Zahlenwert 208. Auf Hebräisch wird „Feder" folgend geschrieben **אברה** (*äwerah* ausgesprochen). Das Wort Loch hat den gleichen Zahlenwert wie die besondere Feder. Auf Hebräisch wird Loch folgend geschrieben **חר** (*chor* ausgesprochen). Zur gleichen Zeit als das Herz des Bösen gewogen wurde, wurde das Paradies in den Himmel emporgehoben und es entstand ein Loch dort in Dudael. Jenes Loch, das später zu Asasels Gefängnis und viel später zur Unterwelt werden sollte. Asasel benannte sich später Satan, weil das Hebräische Wort **שטן** (*satan* ausgesprochen), den Zahlenwert 364 hat. Die Länge des Paradieses war insgesamt 365 Tage oder zweimal 182,5 Tage. Durch die Änderung seines Namens bewirkte er, dass er an 364 Tagen die Möglichkeit hatte die Menschen zu verführen, aber an einem Tag muss er Sühne am Sühnetat (alias *Jom Kippur*) für seine Taten leisten.
Die halbe Länge des irdischen Gartens Eden war 8121,25 Ellen oder 182,5 Tage lang. Da Schamarael dem ersten Cherub näher als allen anderen ist, beträgt die Entfernung zwischen beiden 623,00 Ellen. Der erste und zweite Cherub sind sich fremd und haben 689,75 Ellen Entfernung voneinander. Der zweite und der dritte Cherub kennen sich und sind 667,50 Ellen von einander entfernt. Der dritte und vierte Cherub sind 689,75 Ellen, der vierte und fünfte 667,50 Ellen, der sechste und siebente Cherub 689,75 Ellen, der siebente und achte 667,50 Ellen, der achte und neunte Cherub 689,75 Ellen, der neunte und zehnte Cherub 667,50 Ellen entfernt. Der zehnte Cherub ist jeweils 689,75 Ellen von den beiden Cherub weit entfernt, die vor dem Garten Eden lagern. [316]

[315] In der Gematria kann auch durch die Aussprache das Wort bestimmt werden. Es ist der Zahlenwert und was er in Verbindung setzt, das „zählt".
[316] ergo: 7 x 689,75 + 4 x 667,50 + 1 x 623,00 = 8121,25 Ellen

Die gesamte Menschheit wird durch die 13 Cherubim, die den Weg zu dem Baum des Lebens bewachen, gerichtet und gewogen werden. Und ein jeder wird aufgrund seiner Beziehung zu Gott einem ganz bestimmten Cherub zugewiesen werden.

XVII. In allen Kulturen der Antike

Der Baum des Lebens ist ein uraltes Symbol. Er findet sich bei den Babyloniern als Huluppu-Baum und bei den Ägyptern als Isched-Baum wieder. Bei den Germanen ist er als die Weltesche Yggdrasil und bei den Christen als Olivenbaum bekannt.

Für C.G. Jung[317] schien es, dass gewisse Motive allen Menschen, egal aus welcher Kultur sie stammen, etwas Ähnliches sagen. In allen Kulturen treten dieselben Motive, Themen und Bilder auf. Diese Motive, Themen und Bilder sind Teil des kollektiven Unbewussten an dem alle Menschen teilhaben. In manchen Kreisen wird das kollektive Unbewusste auch Akasha-Chronik genannt. Diese Motive, Themen und Bilder benannte C.G. Jung als Archetypen.

Der Baum des Lebens ist eben solch ein Archetyp und es verwundert nicht, dass er allgegenwärtig in der Geschichte der Antike ist. Durch die ganze altertümliche Geschichte der griechischen Kunst ist der Baum des Lebens ein alltägliches mythologisches Symbol. Als geheiligtes Palmensymbol erscheint er auf dem goldenen Vapphio-Becher des minoischen Kretas.[318] Spätere schwarz- und rotgemaserte Vasen zeigen Dionysos kniend vor einer Palme oder ein Trankopfer einer ausgewachsenen Palme auf einem Altar darbringend. Die griechische Literatur ist auch voll von Beziehungen zu geheiligten Bäumen. In Homers Epos „Odyssee" spricht der Held Odysseus von einer wachsenden Palme auf dem Altar des Apollos, die einzigartig ist, unvergleichbar mit irgendeinem Baum auf der Erde. In Homers „Hymne Apollos" ergreift Apollos Mutter einen Palmenbaum während ihr Sohn geboren wird.

Oft war der geheiligte Baum ein Olivenbaum und keine Palme. Der Beweis, den Odysseus zu seiner Identifizierung bei seiner Ehefrau Penelope erbrachte, war ihr Hochzeitsbett, das aus einem großen Olivenbaum geschützt war. In späterer Zeit wurde vom Olivenbaum auf der Akropolis gedacht, dass er angeblich von Athene selbst gepflanzt wurde. Er sei somit die Quelle von allen Olivenbäumen Attikas. Die Sieger der Olympischen Spiele wurden mit Zweigen und Blättern eines Olivenbaumes geschmückt, der nahe dem heiligen Altar zu Olympia wuchs. Die Spiele stellten den rituellen Prozess des Erhaltens des Lebensbaumes dar. Einem Prozess, der in vielen

---

317 Carl Gustav Jung (1875-1961), Schweizer Psychiater und Begründer der Analytischen Psychologie.

318 Auf der Insel Kreta drehte sich alles um den Stierkult des Minos.

anderen antiken Kulturen ebenfalls beschrieben wird. In der griechischen Mythologie erfährt Herkules bildlich diesen Prozess in seinen zwölf Arbeiten, die ihm das ewige Leben sicherten. In den letzten zwei Arbeiten steigt Herkules in die Unterwelt hinab, der Welt der Verstorbenen, um die goldenen Äpfel aus dem heiligen Hain der Hesperiden zu erringen. Er vollendet alle seine Aufgaben und gab die Äpfel dem himmlischen Beschützer zurück, weil ein Sterblicher die heiligen Früchte nicht besitzen durfte.[319] Viele Gelehrte stimmen darin überein, dass der Zypressenbaum der Griechen ein Symbol des Baums des Lebens ist. Orphische Bilderreihen auf einer Reihe von kleinen Goldplatten legen den Seelen der Verstorbenen in der Unterwelt nahe, sich zur Rechten zu halten, wo sie einer Quelle, nahe dem weißen Zypressenbaum, begegnen werden. Die Texte vieler dieser Platten bestätigen, dass die, welche ihre Reise erfolgreich beenden, selbst zu Göttern werden, sowie es der biblische Baum des Lebens vermag.

Ein möglicher Grund ist, warum alle Kulturen eine Beziehung zum Baum des Lebens haben, dass sie eine gemeinsame Quelle genutzt haben. Diese erste, für die westliche Kultur, wichtige und aufgezeichnete Begegnung mit dem Baum des Lebens wird in der Bibel beschrieben.[320]

Die Altertumsforschung besagt hingegen, dass die Ṭora erst zwischen dem 8. bis 6. Jahrhundert v.u.Z. verfasst wurde. Sie ist ein schriftstellerisches Produkt einer Autorengruppe von Rabbinern in Israel. Sie sei also 800 Jahre nach der Wanderung durch die Wüste Sinai geschrieben worden. Auch bezweifelt die Altertumsforschung, dass es überhaupt solch eine Auswanderungswelle gab. Weder in Ägypten noch in Israel finden sich Indizien dafür! Vor der Niederschrift der Ṭora war das Judentum nicht einheitlich und die Israeliten glaubten sogar an mehrere oder andere Götter. [321]

Bis Adam und Eva vom Baum des Lebens aßen, gab es kein Verbot gegen das Essen vom Baum des Lebens. Aber eines Tages aßen sie vom Baum der Erkenntnis über Gut und Böse und der Zutritt zum Paradies, zu Gott und zum Baum des Lebens wurde ihnen

---

319 siehe: Robert von Ranke-Graves. *Griechische Mythologie – Quellen und Deutung.* Rowohlt Taschenbuch Verlag. Reinbek bei Hamburg. April 1984.

320 siehe: 1. Buch Moses 2,9-17 (Luther-Bibel)

321 Zitat: G. Grippo. *Die Kabbalah - Die Vereinigung vieler Philosophien.* Band III, 1. Auflage. (Steinbach 2009). Seite 19.

verwehrt.[322] Gott gebietet dem Menschen, dass welchen Tages er vom Baum der Erkenntnis über Gut und Böse äße, er am gleichen Tag sterben würde. Doch in der Bibel sterben Adam und Eva nach dem Biss in den *Apfel*[323] nicht. Sie sterben laut einer Apokryphe „Testament Adams" erst im Land der Flüchtlingschaft nach einem langen und schwerfälligen Leben. Eine Apokryphe ist eine prophetische Schrift, die nicht offiziell von rabbinischen Instanzen oder christlichen Kirchen anerkannt wird. Es gibt Apokryphen, die zum Alten Testament und zum Neuen Testament zählen. Gott nahm sie beide weg von Eden, weg vom Baum des Lebens und weg von seiner Gegenwart.

In allen anderen Versionen des Sefer Raziel übergibt Gott - durch den Erzengel Raziel – Adam ein Buch. In den meisten Legenden wird berichtet, dass dem Adam das Buch übergeben wurde. Dies entspricht nicht der Vorstellung des Judentums. Adam erfuhr die göttlichen Geheimnisse direkt von Raziel und schrieb sie dann in ein Buch. In dieser Version wird Bezug zu einem brennenden Feigenbaum gesetzt. Bibelexegeten gehen davon aus, dass der paradiesische Baum der Erkenntnis über Gut und Böse ein Feigenbaum gewesen sein soll. Der Übersetzungsfehler, der dazu geführt hat, dass der Apfel zur Sündenfrucht wurde, ist allgemein bekannt. Es handelt sich nicht um einen Apfelbaum, sondern höchstwahrscheinlich um einen Feigenbaum. [324]

Der Symbolismus des Baumes des Lebens durchdringt förmlich das Alte Testament. Er symbolisiert nicht nur ewiges Leben, sondern auch Gottes Gegenwart, denn Adam und Evas Ausschluss vom Baum und vom Paradies war auch ein Ausschluss von Gottes Gegenwart.[325] Folglich, wenn immer der Mensch Gottes Gegenwart wiedererlangte, wurde ein Baum zur Symbolisierung der Wiedervereinigung verwendet. Als Moses zum Berg Horeb ging, sprach Gott zu ihm durch einen brennenden Dornenbusch. Auch der Stab Aarons schilderte etwas Ähnliches. Gott war mit Moses und Aaron als der Stab des Moses, den Aaron an seiner statt für ihn trug[326], die Schlangenstäbe der ägyptischen Priester verschlang. Gott brachte

---

322 siehe: 1. Buch Moses 3,22-24 (Luther-Bibel)

323 „malum" Lateinisch für „Apfel" und zugleich für „schlecht".

324 Zitat: G. Grippo. *Sepher Raziel - Buch des Engels Raziel.* Steinbach 2010.

325 siehe: 1. Buch Moses 3,80: *Und sie hörten die Stimme Gottes des Herrn, der im Garten ging, da der Tag kühl geworden war.*

326 siehe: 2. Buch Moses 7,1-2 (Luther-Bibel)

auch später Aarons Stab zum Blühen und Mandelfrüchte tragen, als ein Zeugnis, dass Gott den Stamm Levis zum Tragen des Priestertums auserwählt hatte. Messianische Prophezeiungen sprechen oft vom Messias mit den Ausdrücken eines Baumes, Geäst, Stamm und Wurzel, wie Jesaja es prophezeite:

Und es wird eine Rute aufgehen von dem Stamm Isais und ein Zweig aus seiner Wurzel Frucht bringen, …[327]

An dieser Stelle entsteht - nicht zufällig - in der Interpretation der Verfasser des Neuen Testaments der hebräische Name für Christen. Eine kabbalistische Leseweise dieses Verses macht einen Verweis auf die Stadt Nazareth möglich.

Und es wird eine Rute aufgehen von dem Stamm Isais in Nazer aus seiner Wurzel Frucht bringen, …

Die Verfasser des Neuen Testaments erfüllten die Prophezeiungen des Alten Testaments. Sie erfüllten Jesajas kabbalistisch interpretierte Worte, indem sie Nazareth zu Jesus´ Heimatstadt machten.[328] Das Wort „Zweig“ (hebr. „nezer“) bedeutet auch „Wacht halten, bewachen, hüten“. Es ist eine Anspielung auf die Wächter, Hüter oder Bewahrer jenes Vermächtnis Henochs. Auch die Urchristen verstanden sich zu Beginn als Bewahrer der Schriften der Weisheit, als Hüter des wahren und Henochischen Judentums. Die arabische Wurzel des Wortes (arab. „nasir“) geht in die gleiche Richtung. Die Wortwurzel bedeutet „beschützen“ aber auch „helfen“ und wird in der zweiten Sure[329] erwähnt. Der Kreis schließt sich, wenn man das arabische Wort als „nasara“ liest, was „Heiland“ oder „Retter“ bedeutet.[330]
Das Neue Testament beschreibt das Leben, so wie es im Garten Eden war, mit dem Messias als gegebenes Licht auf Erden. Auch der Garten Gethsemani[331], wo Jesus sich laut den Mormonen zu seinem Opfer selbst und bereitwillig bekannt hat, bildet eine Parallele zum

---

[327] Zitat: Jesaja 11,1 (Luther-Bibel)
[328] siehe: Matthäus 2,23 (Luther-Bibel)
[329] siehe: Sure 2 „Al-Baqara“, Vers 111 ff (Koran)
[330] siehe: Lukas 2,30; 1. Johannes 4,14, 4,42; Titus 1,4, 3,6; Apg. 5,31, 13,23; Lukas 2,11; Judas 1,25; 1. Timotheus 4,10; Epheser 5,23; 2. Petrus 1,1
[331] siehe: Matthäus 26,36-56; Markus 14,32-52 und Lukas 22,39-46

Paradies. Jesus entschuldigt sich in seinem Gebet an seinen Vater im Garten Gethsemani, einem Abbild des Garten Edens, für die Sünde, die Adam gegen ihn vor rund 3.800 Jahren, laut der jüdischen Zeitrechnung, begangen hat.
Die Urchristen sahen das Kreuz, an dem Jesus Christus starb, als Symbol des Lebens an. Heute wird im Christentum das Kreuz als Symbol der Erlösung und der Olivenbaum als Symbol des Lebens angesehen. Der Olivenbaum wurde durch den Apostel Paulus zum Symbol des ewigen Lebens für die Heiligen, für die Juden und Andersgläubigen. Das Olivenöl - ein Produkt des heiligen Baumes - wurde im Alten Testament für die rituelle Salbung von Priestern und Königen gebraucht und im Neuen Testament für die Salbung der Kranken. Das griechische Wort Christos (**Χριστος**) oder das hebräische Wort Messias (**משיח** - *Maschiach* ausgesprochen) bedeuten ***Gesalbter*** und verweisen auf den Baum des Lebens.
Ebenso sah Sacharja eine Vision, in welcher Gott versprach, dass Josua mit dem Spross (hier für den Maschiach stehend) wandeln würde. Dieser Vision folgte eine andere und zwar die von den zwei Ölbäumen auf beiden Seiten des Leuchters, der goldenen Menorah aus der jüdischen Stiftshütte.[332]

Gerade die Menorah symbolisiert, wir bereits erwähnt, den Baum des Lebens. Die jüdische Literatur außerhalb des Alten Testaments enthält unzählige Querverbindungen zum Baum des Lebens. Die apokryphen Bücher Henoch, die Testamente der zwölf Patriarchen und das vierte Buch Esra sind die bekanntesten solcher apokryphen Bücher. Wie auch schon erwähnt, sah Henoch als er zu den sieben

332 siehe: Sacharja 3,4 (Luther-Bibel)

herrlichen Bergen wandelte, einen geheiligten Baum, der großartiger war, als jeder Baum, den er jemals gesehen hatte. Sein Führer auf der visionären Reise, der Erzengel Michael, erzählte Henoch, dass die Frucht nicht von Sterblichen gegessen werden könnte, bis sie nach dem Gericht geläutert sind. Dadurch sollen sie die Möglichkeit haben, in den Tempel Gottes einzutreten und an ihm teilhaben. [333]

Vor den hebräischen und griechischen Kulturen liefert auch die ägyptische Kultur zahllose Beispiele zur Symbolik des Lebensbaums. Abbildungen der Lotuspflanze und von Papyrus sind auf zahlreichen Kunstgegenständen gefunden worden. Die Lotospflanze war ein Symbol der Wiedergeburt und der Regenerierung. Die Ägypter malten häufig das Leben, hervorgekommen aus beiden: Lotos und Papyrus. Tempelkolumnen wurden in einer der beiden Formen dieser Pflanzen geschmückt. Nicht die ausgereifte Symbolik des Lotus im Buddhismus und anderen östlichen Kulturen zu vergessen.

Eine andere Pflanze der Ägypter, nämlich der Isched-Baum, wurde als ebenfalls heilig betrachtet. Eine kleine Statue von Ramses II[334] zeigt ihn, in einen speziellen Kopfschmuck gekleidet, wie er in einer rituellen Position mit ausgestreckten Händen ein Opfer darbringt. Ramses kniet auf Blättern und Zweigen des Isched-Baumes, der in den Sockel der Statue eingezeichnet ist. Die begleitende Inschrift besagt, dass Ramses Taten auf dem geheiligten Isched-Baum geschrieben sind, wie auch seine heiligen und rituellen Namen. Alte ägyptische, rituell geforderte Namen wurden von jedem Pharao auf die Blätter dieses Lebensbaumes während der Krönungszeremonie eingeritzt, es handelt sich aber nicht um den wahren und verborgenen Namen des Pharaos, sondern nur um die rituell geforderten Namen.

Pharao Thutmosis III verband nach dem Auszug der Israeliten aus seinem Land durch seinen Vorgänger alle Eingeweihten Ägyptens zu einer einzigen Bruderschaft, bekannt unter dem Namen „Große Weiße Bruderschaft". Die Bewahrung des wahren und verborgenen Namens des Pharaos wurde nicht nur den Priestern, sondern auch den Mitgliedern mystischer Orden anvertraut. Dies sollte dem Pharao

---

333 siehe: äthiop. Buch Henoch, Kapitel 24-25: *Die herrlichen sieben Berge*

334 Ramses II. (1290-1224), ägypt. Pharao der 19. Dynastie (Neues Reich).

eine lange Regierungszeit sichern. Sie waren durch dieses Geheimnis geweiht.

Ägyptische Sargdeckel stellen oft die Verstorbenen beim Essen und Trinken vom Baum des Lebens dar. Viele andere ägyptische Artefakte zeigen göttliche Existenzen, die die Pharaonen mit der Frucht des Lebensbaumes erquicken. Ein Teich oder Strom von geheiligtem Wasser liegt oft nahe oder unterhalb des Baumes, wie auch die orphischen Bilder auf den Goldplatten zeigen. In allen diesen Beispielen ist das Teilhaben an der Frucht des Baumes ein heiliger Akt, der die Vereinigung mit den Göttern symbolisiert, deshalb ist die Frucht für die Sterblichen in normaler Gewohnheit des täglichen Lebens nicht verfügbar, sondern kann nur in der rituellen Beziehung zur Ewigkeit gefunden werden. Vergleichbar mit dem Ambrosia der Griechen. Ambrosia ist die Speise der Götter, der den Göttern Unsterblichkeit verleiht. Der Legende nach schrieb der ibisköpfige Gott Thot (alias Henoch alias Hermes Trismegistos) während der Krönungszeremonie den Namen des neu eingesetzten Pharaos auf die Blätter des Isched-Baumes. Der mystische Orden des Thot, welcher geheime Namen der Pharaonen bis zum Tode bewahrte, schrieb beim Balsamieren den wahren und geheimen Namen des Verstorbenen auf ein Papyri und legte es auf seinen Mund. Thot galt als Erfinder der Schrift und Sprache. Er war Hüter der göttlichen Ordnung, der Rituale und des geheimen Wissens. In der Symbolik des Isched-Baumes findet sich in Gestalt des Gottes Thot als Vogel wieder.

Viel ältere Quellen als die Bibel finden sich über den Baum des Lebens im Nahen Osten. Die babylonische Legende über den Huluppu-Baum hat viele Elemente, die sich später in der Erzählung über das Paradies in der Bibel wieder finden. Auch sind Elemente eingebettet, die nicht offensichtlich Eingang in die Bibel fanden. Sie gingen über in die Tradition der mündlichen Überlieferungen, in die Kabbalah. In der Huluppu-Erzählung heißt es, dass die Göttin Inanna einen Baum in ihren heiligen Garten pflanzte – kurz nachdem die Welt erschaffen wurde.

In der Huluppu-Erzählung finden sich der Vogel (alias Thot), die Zahl Zehn[335] und die Schlange. Die Dämonin Lilith, die in den kabbalistischen Überlieferungen als erste Frau Adams gilt, finden bereits dort Erwähnung. Wie die Israeliten haben im Grunde genommen alle alten Kulturen des Nahen Ostens eine Erzählung von einem Baum des Lebens und der Suche des Menschen nach seiner Frucht.

Im Gilgamesch-Epos unternimmt der Held Gilgamesch, gekleidet in Tierhäuten, eine lange rituelle Reise zum Ort der Leben geben kann. Sein Führer bei seiner Suche war Utnapischtim. Er hatte den Eingeweihten zum Ort der Reinigung mitgenommen, damit er seinen (materiellen) Schmutz im Wasser, das so rein wie Schnee war, abwaschen konnte. Nach der Reinigung kleidete sich Gilgamesch in einen Mantel, um seine Nacktheit zu bedecken und schürte ein Band um seinen Kopf. Auf diese Weise gekleidet, ging der epische Held durch das große Wasser, um den göttlichen Baum zu finden, der dem Menschen seinen Odem wiedererlangen lassen kann.

Der Baum des Lebens war ein „alltägliches“ Symbol der antiken Welt. Es erschien in Mesopotamien, Ägypten, Israel, Griechenland und im Wesentlichen mit den gleichen bedeutsamen Charakteristiken. Dieses Symbol des ewigen Lebens kann nach der Orphik (einer Vorgängerin des Urchristentums) genau genommen nur auf den Messias (alias *Jesus Christus*) verweisen, wie die neutestamentlichen Verfasser und frühen Christen es auch verstanden haben. Der Baum des Lebens wird besonders in der Offenbarung des Johannes erwähnt und auch dort scheint das Essen vom göttlichen Lebensbaum mit einer rituellen Handlung und einer geistigen Haltung (Einstellung) verbunden zu sein.

Das Neue Testament spricht beim Kreuz Jesu Christi auch von einem Baum. Einige Exegeten haben bemerkt, dass das griechische Wort, das in Passagen der Septuaginta[336] verwendet wurde, das gleiche Wort für „Baum“ sowie für „Holz“ ist. Laut einer Reihe von Quellen dachten einige frühe Christen der Baum des Lebens sei das Kreuz an dem Jesus gekreuzigt wurde. Der Baum des Lebens und das Kreuz sind ebenfalls Archetypen, die ein strahlendes Ziel in unserem

---

[335] siehe in diesem Buch: *Der wahre Name Gottes* – Kapitel XII.

[336] Die Septuaginta ist die älteste durchgehende Bibelübersetzung. Sie entstand etwa von 250 v.u.Z. bis 100 n.u.Z. in Alexandria, Ägypten.

Kampf um Einweihung darstellt. Auf dem Gipfel von Golgatha opferte der Messias durch sein Blut sein Leben für die Menschheit. Somit ist nicht nur die Menorah Symbol des Baumes des Lebens, sondern auch das Kreuz.

Aus der Menorah entwickelten die antiken Kabbalisten das Schema des Lebensbaums. Die Menorah ist der Schlüssel mit dem man zu Gott gelangt. Die frühen Christen und später die christlichen Kabbalisten nahmen das Kreuz als Baum des Lebens an. Im Sepher Jetzira findet sich die Idee, dass die Sephiroth kreisförmig angelegt wurden. Im Buch Bahir (1176) ist die Idee erstmalig als Baum wieder zu finden, aber dort mit den Wurzeln nach oben und der Baumkrone nach unten. Der Baum steht auf dem Kopf (siehe Abbildung).

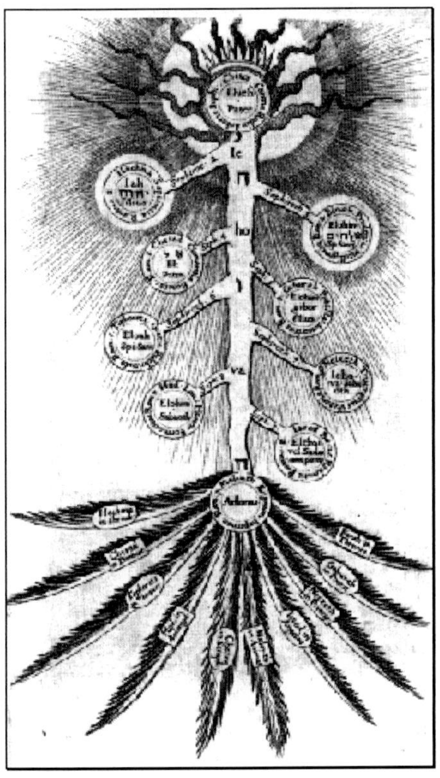

Erst im Sohar (1290), dem heiligen Buch der Kabbalah, wird der Baum des Lebens richtig herum gestellt. Die Wurzeln in die Erde vertieft und die Baumkrone in den Himmel gestreckt.

Ein möglicher Grund ist, warum alle Kulturen eine Beziehung zum Baum des Lebens haben, dass sie eine gemeinsame Quelle genutzt haben.

XVIII. Asasel der Sündenbock

Asasel ist ein älterer Name Satans. In der Bibel kommt dieser Name vier Mal vor, und zwar nur in Verbindung mit den Vorschriften für den Sühnetag (alias *Jom Kippur*) im 3. Buch Moses.[337] Der Name „Satan" wird erst im Buch Hiob erwähnt.[338] Der Sühnetag wird Jom Kippur genannt. Am zehnten Tag des Monats Tischri (September/ Oktober) begingen die Israeliten den Sühnetag, in dessen Verlauf zwei Böcke herbeigeführt wurden. Einer wurde ausgelost und für den Herrn, zum Zeichen der Sühne, geschlachtet und der andere für Asasel. Dem Bock für Asasel wurden die gesamten Sünden des versammelten Volkes auferlegt, anschließend wurde er in die Wüste getrieben.[339] Die Übertragung der Sünden erfolgte mit Handauflegen und die Hände wurden wie beim Birkat-Kohanim-Segen gespreizt. Nach der Vertreibung des Bocks für Asasel versammelte sich das Volk und der Hohepriester segnete sie alle. Er nahm dabei wiederum die gleiche Handhaltung ein:

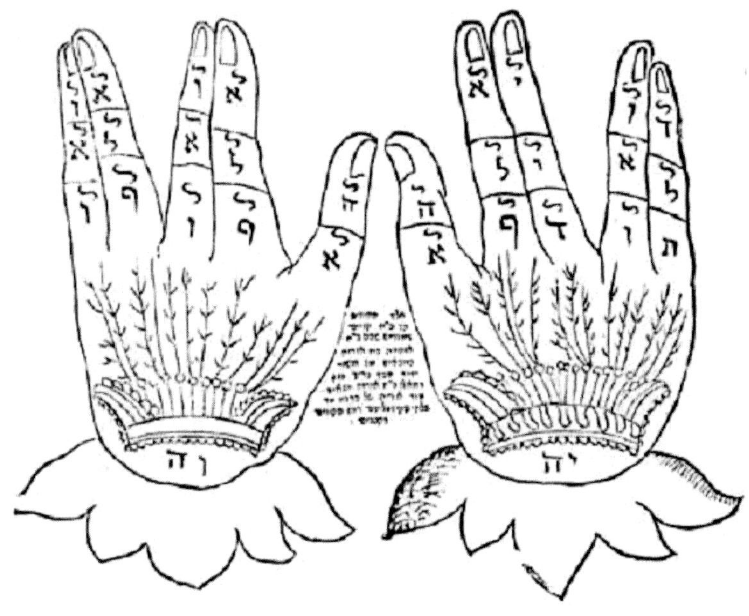

337 siehe: 3. Buch Moses 10,26 ff (Luther-Bibel)

338 siehe: Hiob 1,7 ff (Luther-Bibel)

339 siehe: 3. Buch Moses 16,5-10 und 26 (Luther-Bibel)

Der Segen wurde vor der Gemeinde gegeben. Der Hohepriester forderte die Gemeinde auf ihm den Rücken zuzukehren. Sie sollten tumultartig Geräusche von sich lassen. Er hob seine Hände zum Birkat-Kohanim und sprach in die Menge: „Schalom Schaddai". Die Hände stellten zweimal den hebräischen Buchstaben Schin (ש) dar. Schaddai (שדי) ist ein Name Gottes und Schalom (שלום) bedeutet Frieden, wobei es sich ebenfalls um einen Namen Gottes handelt. Andere Überlieferungen berichten, dass der Hohepriester bei dem höchsten Geräuschpegel, den das Volk machen konnte, leise den wahren Namen Gottes flüsterte. Hierbei hatte der Hohepriester die richtige Aussprache des Namens Jahwe (יהוה) zu wählen.

„Asasel" hat bis zu vier Bedeutungen: Ziege, die verschwindet; Sündenbock; gestützt auf der Annahme, dass zwei Konsonanten vertauscht wurden, bedeutet Asasel auf Hebräisch die „Stärke Gottes" oder in metaphorischer Weise, kann der Name „sich gegen Gott auflehnen" bedeuten. Es ist deshalb nicht verwunderlich, dass im äthiopischen Henoch-Buch Asasel die gleiche Funktion einnimmt, wie es der ihm geweihte Bock für Israels Sünden an Jom Kippur tat:

Asasel lehrte die Menschen Schlachtmesser, Waffen, Schilde und Brustpanzer verfertigen und zeigte ihnen die Metalle samt ihrer Verarbeitung und die Armspangen und Schmucksachen, den Gebrauch der Augenschminke und das Verschönern der Augenlider, die kostbarsten und auserlesensten Steine und allerlei Färbemittel. So herrschte viel Gottlosigkeit, und sie trieben Unzucht, gerieten auf Abwege und alle ihre Pfade wurden verdorben. Semjasa lehrte die Beschwörungen und das Schneiden der Wurzeln, Armaros die Lösung der Beschwörungen, Baraqel das Sternschauen, Kokabeel die Astrologie, Ezeqeel die Wolkenkunde, Arakiel die Zeichen der Erde, Samsaveel die Zeichen der Sonne, Seriel die Zeichen des Mondes. Als nun die Menschen umkamen, schrieen sie, und ihre Stimme drang zum Himmel.

Da sprach der Höchste, der Große und Heilige, und sendete Uriel zum Sohne Lamechs, und sprach: „Sage zu ihm in meinem Namen: Verbirg dich. Dann verkünde ihm das Ende, welches im Begriff ist, hereinzubrechen; denn die ganze Erde wird verderben; das Wasser der Flut wird kommen über die ganze Erde, und alles, was auf derselben ist, wird zerstört werden. Und nun belehre ihn, wie er entrinnen möge und wie sein Same übrigbleiben wird auf der ganzen Erde. Wiederum sprach der Herr zu Raphael: „Binde den Asasel an Händen und Füßen, wirf ihn in Finsternis, öffne die Wüste, welche in Dudael ist und stoß ihn in dieselbe. Wirf auf ihn scharfe und spitze Steine und decke ihn mit Finsternis. Dort wird er bleiben immerdar; bedecke sein Antlitz, daß er das Licht nicht sehen kann, und am großen Tage des Gerichts laß ihn ins Feuer werfen. Belebe die Erde, welche die Engel verderbten, und verkünde ihr Leben, daß ich sie wieder beleben werde. Nicht alle Menschen sollen umkommen infolge jeglichen Geheimnisses, wodurch die Wächter Zerstörung angerichtet und welches sie ihre Nachkommenschaft gelehrt haben. Die ganze Erde ist verdorben durch die Wirkungen Asasel's Lehre. Ihm also schreibe das ganze Verbrechen zu." [340]

Der ältere Name Satans „Asasel" wird vier Mal in der Bibel genannt. Die Eingeweihten leiteten davon ab, dass das etwas mit den vier Wirklichkeiten, die nur durch den Sündenbock erreicht werden können, zu tun habe.[341]

Die vier Realitäten sind:	
Azilut	die Wirklichkeit, die unmittelbar aus Gott strömt.
Berja	die Wirklichkeit der himmlischen Sphären.
Jetzira	die Wirklichkeit der Ausgestaltung und Formung.
Assja	die Wirklichkeit der Verfertigung oder Erscheinungen, welche die Ummantelung der übrigen Welten ist.

Der ursprüngliche Name Asasels schrieb sich mit sechs Buchstaben: **עזאזאל**. Dabei waren die ersten vier Buchstaben der eigentliche Name und die beiden letzten Buchstaben die Gottesendung El (**אל**).[342] Der ursprüngliche Name Asasels hat den Zahlenwert 116. Der Zahlenwert 116 hat den gleichen Zahlenwert wie das Wort Jillah (**עילאה**), das „ursprünglich" bedeutet. Als sich nun Asasel gegen Gott aufgelehnt hatte, wurde ihm ein Aleph[343] aus der Gottesendung El (**אל**) entfernt. Das Göttliche in Asasel wurde entfernt und sein Name schrieb sich von nun an nur noch mit fünf Buchstaben: **עזאזל**. Der veränderte Name Asasels hatte den verbliebenen Zahlenwert 115. Der Zahlenwert 115 hat den gleichen Zahlenwert, wie das Wort „Chazaq" (**חזק**). Dieses Wort bedeutet „ungestüm" oder „wütend". Aus Gottes ursprünglichem ersten und höchsten Engel, wurde ein ungestümer, wütender Dämon der Wüste.

Er rächte sich für diese Herabstufung indem er sich später Satan benannte. Dadurch schuf er ein Schlupfloch. Das Hebräische Wort **שטן** (*satan* ausgesprochen) hat den Zahlenwert 364. Durch die

---

340 Zitat: äthiop. Buch Henoch, Kapitel 10,1-12: *Die Aufgaben der Erzengel*

341 siehe: Johannes 14,6 (Luther-Bibel)

342 siehe in diesem Buch: *Der wahre Name Gottes* – Kapitel XII

343 siehe in diesem Buch: *Was vor der Schöpfung war* – Kapitel XI

Änderung seines Namens bewirkte er, dass er fast das ganze Jahr lang die Möglichkeit hatte Menschen zu verführen. Aber an einem Tag (dem 365. Tag = 10. Tischri) muss er Sühne für seine Taten leisten, nämlich an Jom Kippur.
Wenn wir über die vier Realitäten und die viermalige Erwähnung des wahren Namens Asasel im Alten Testament sprechen, so müssen wir auch auf die Numerologie im äthiopischen Henoch-Buch eingehen. Denn dort wird der Name Asasel acht Mal erwähnt.

Name Gottes	Vier Realitäten	Name Satans
J (י)	Azilut	Ah (ע)
H (ה)	Berja	Z (ז)
W (ו)	Jetzira	A (א)
H (ה)	Assja	Z (ז)

Die Kabbalah ist ein Konstrukt, das von oben nach unten gebildet wurde. Die letzte und notwendigste Sephirah ist Malkuth, das Reich oder die Herrschaft. Bei den Israeliten wurde die Herrschaft über die Welt dem Messias (hebr. „Maschiach"), bei den Christen Jesus Christus, bei den Katharern in die Hände des Rex Mundi gelegt. Die Verwerfung des eigenen Egos ist der erste Schritt der Menschheit, um sich mit Gott zu vereinen, und die Vereinigung mit dem ganzen Kosmos ist der letzte und endgültige Schritt Gottes. Dafür wird Asasel, der ursprünglich erste, höchste und ursprünglichste Engel, der letzte sein, der durch Gott im Endlosen Nichts (alias *Ain Soph*) erlöschen wird.
Die Vorstellung der Dualität kann bereits aus dem ersten Satz der Thora abgeleitet werden. Aus dem Satz *Am Anfang schuf Gott Himmel und Erde.*[344] werden durch Veränderung der masoretischen Punkte folgende Sätze möglich:

1. Version	Am Anfang schuf Göttiner die Himmel und die Erde.[345]
2. Version	Er schuf sechs. Er schuf eine Göttin und Götter und die Himmel und die Erde.
3. Version	Aus der ewig fließenden Essenz bildete die zwiefältige Kraft den doppelten Himmel.

---

[344] siehe: *Bereschit bara Eloh-**im** (ים-) ät ha Schama-**im** (ים-) we ät ha Aretz.*
[345] siehe in diesem Buch: *Gottes Weiblichkeit* – Kapitel XIII.

Der Verweis auf die Himmel und die eine Erde sind offensichtlich. Der erste Satz im 1. Buch Moses erklärt nämlich, dass Gott mehrere Himmel erschuf aber nur eine Erde. Wie bereits erwähnt, ist -im (ים-) die hebräische männliche Mehrzahl. Gott hat mehrere Himmel (hebr. „Schama-**im**") erschaffen. Wissende leiten aufgrund kabbalistischer Arithmetik sieben Himmel daraus ab.

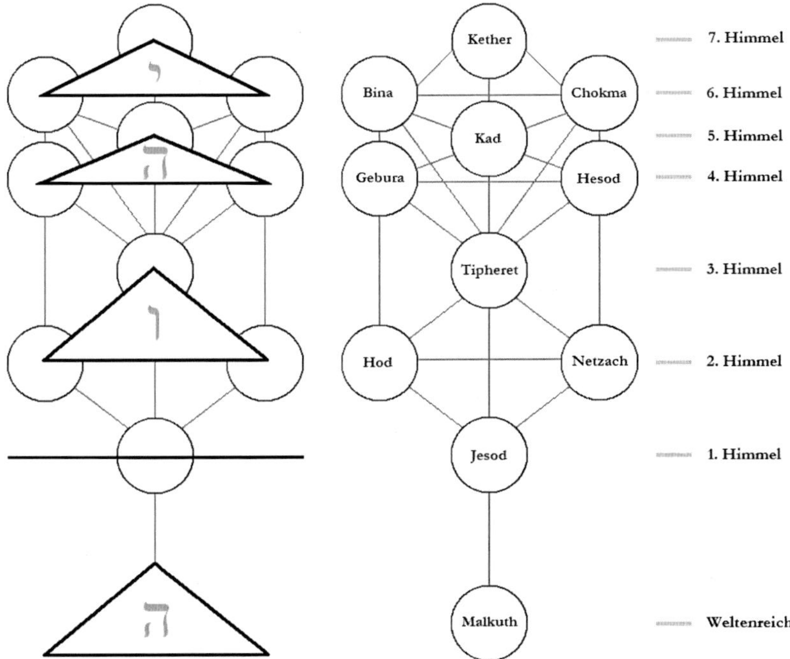

Und sieben Himmel und die Erde ergeben insgesamt acht Welten. Im Henoch-Buch wird dadurch der Verweis zum 1. Vers des 1. Buch Moses hergestellt. Durch die achtmalige Erwähnung des Namens Asasel bezeugten die Henoch-Anhänger stetig, dass das Böse himmlischen Ursprungs sei.

Als Folge der uranfänglichen Geburtswehen des Kosmos und des Zerbrechens der Lichtgefäße kamen vier Wirklichkeiten ins Sein: Azilut, Berja, Jesirah und Asja.

Azilut ist eine vollkommene und reine Welt. Aus ihr ergießen sich alle anderen Wirklichkeiten. Berja ist die Welt des kreativen Geistes. In ihr hat die Materie keine Bedeutung. Jesirah ist die Welt der idealen Ausformung. In ihr ist alles möglich, was in der Welt Asja materielle

Form erhalten soll. Asja ist die erschaffene Welt. Sie ist die Welt des Gemachten, der sichtbaren Schöpfung, der physischen, materiellen Wirklichkeit, in der wir primär leben.
Die vier Wirklichkeiten sind verborgen, deshalb müssen sie einem Menschen erst offenbart werden. Der Baum des Lebens ist eine universelle Idee von Mensch, Natur, Universum und Gott. Das Schema des Lebensbaums und der zehn (bzw. elf) Sephiroth kann auch vierlagig verstanden werden. Das Prinzip der vier Wirklichkeiten ist auf den Kosmos (alias *Makrokosmos*), genauso wie auf den Mensch (alias *Mikrokosmos*), übertragbar. Das Verstehen göttlicher Absichten, des Universums, der Natur und des Menschen liegen ganz nahe beieinander. Prinzipien, die auf das Universum anwendbar sind, sind es im gleichen Maße auf den Menschen.

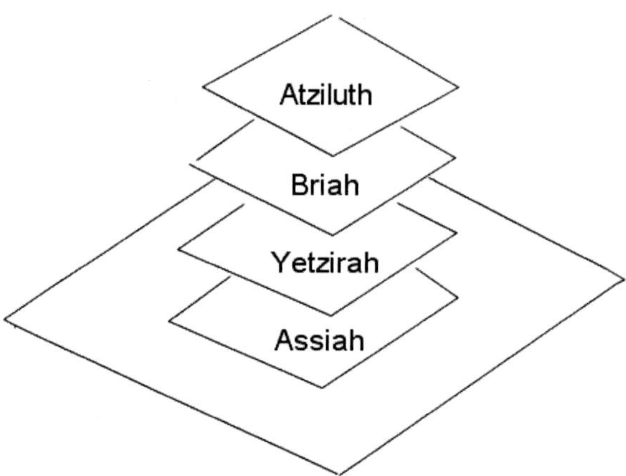

Die vier Welten bilden eine Harmonie des Kosmos. Allein die Zahl Vier kann aus denselben Zahlen sowohl durch Addition (2+2=4) und Multiplikation (2x2=4) entstehen. Sie zeigt ein schönes Bild von Gleichklang, wie es bei keiner anderen Zahl wieder vorkommt. Da die Vierzahl eines solchen Vorzuges in der Natur gewürdigt wurde, versah Gott notwendigerweise am vierten Tag den Himmel mit den beiden leuchtenden Gestirnen, nämlich Sonne und Mond. Auch aus diesem Grunde ist der verborgene Name des Gesalbten (alias *Messias* alias *Christos*) vor der Entstehung von Sonne und Mond, der Sternzeichen und der Sterne des Himmels am vierten Tage genannt worden. Als Zeichen der Erlösung muss die Zahl Vier gedeutet werden, wenn sie auf die vier Arme des Kreuzes bezogen wird, weil ihr Aufbau selbst ein Kreuz ergibt. John Dee (1527-1608) schreibt in seiner *Monas Hieroglyphica* im sechsten Lehrsatz folgendes zur Zahl vier, zur Zahl Acht und zum Kreuz:

VI. Lehrsatz

Wir können hier erkennen, dass die Sonne und der Mond von einem rechtwinkligen Kreuz getragen werden. Dieses Kreuz hat eine sehr tiefgründige Bedeutung, ganz besonders für unsere Hieroglyphe. Sie kann eine Dreiheit oder eine Vierheit zugleich repräsentieren. Die Dreiheit wird durch die zwei Linien repräsentiert, die ein vereinigendes Zentrum haben.

Die Vierheit wird durch vier Linien repräsentiert, die vier rechte Winkel einschließen. Elemente, Linien und rechte Winkel wiederholen sich zweimal, so zeigt sich auf heimlichste Art und Weise die Achtheit. Von der ich nicht glaube, dass sie unseren Vorvätern, den Magiern[346]*, bekannt war, und welche Sie mit großer Aufmerksamkeit studieren sollten.*

Die dreifache Magie der ersten Urväter und der Weisen setzte sich aus Körper, Seele und Geist zusammen. Deshalb haben wir hier die erste offenbarte Siebenheit: zwei Linien mit einem vereinigenden Zentrum - die drei - und vier Linien, die zum Mittelpunkt zusammenlaufen, um die ersten zwei zu trennen.[347]

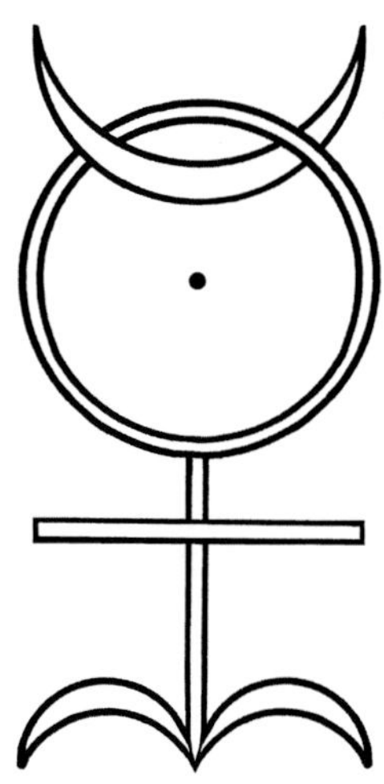

[346] In der Antike gab es zwischen Wissenschaft und Esoterik keine Grenze. Jene die sich damit beschäftigten, wurden Weise, Gelehrte oder Magier genannt.

[347] Zitat: *Monas Hieroglyphica von John Dee* - Übersetzt und herausgegeben von Giovanni Grippo nach dem lateinischen Text der Ausgabe von 1564 zu Antwerpen. Oberursel 2011.

Übertragen wir alle diese Aspekte auf eine höhere Ebene. Es ist erstaunlich, wie viel alte und antike Weisheit heute in den so genannten „modernen" Wissenschaften Bestätigung findet.
Ausgerechnet ein katholischer Priester und Astronom namens Georges Lemaître war der Urvater der Urknalltheorie. Sie besagt, dass zum Zeitpunkt X eine Explosion von der Mitte des Universums ausging und Energie, Materie und Antimaterie nach allen Seiten auswarf. Lemaître hatte vom amerikanischen Astronomen Edwin Powell Hubble vernommen, dass sich alle beobachteten Galaxien mit enormer Geschwindigkeit von der Erde wegbewegten. Er leitete daraus ab, dass sich die Galaxien, wie Granatsplitter nach einer Detonation verhielten.
Heutzutage ist die Theorie von dem Urknall allgemein anerkannt. Selbst der ungläubigste Astronom kommt an ihr nicht mehr vorbei. Diese Theorie ist auch ein Indiz für das enorme und aktuelle Wissen der Antike, das großen Eingang in die Bibel fand. Beim Urknall blieb 1 Milliardstel Materie übrig. Vom Urknall ausgehend können zwei Prozesse näher benannt werden, die zum Zeitpunkt X und auch nach dem Auswurf stattfanden. Zum einen wurde aus Energie Materie und Antimaterie und zum anderen wurde aus der Verbindung von Materie und Antimaterie wiederum Energie. Wo Energie sich in Materie verwandelt, wird nicht nur Materie, sondern auch gleichviel und -zeitig Antimaterie erzeugt. In den riesigen Beschleunigern[348] kann experimentell nachgewiesen werden, dass beim Trennen aus Energie gleichviel Materie und Antimaterie entsteht.
Das Erstaunlichste bei der Transformation von Energie in Materie und Antimaterie ist, dass 1 Milliardstel mehr Materie entsteht als Antimaterie, d.h. dass sich tatsächlich in unserem jungen Universum 999.999.999 Teile aufgelöst haben und nur 1 Milliardstel Materie von dieser Reaktion übrig blieb. Alles was wir im Universum erkennen können, ist dieses überschüssige Milliardstel an Materie.
Und 999.999.999 ist solch eine wundervolle, symbolische Zahl. Die alten Israeliten gaben dem 18. Buchstaben den Zahlenwert 900; dies ist der höchste Buchstabenzahlenwert. Was nun die Tausender anbetrifft, waren diese die höchste Stufe der Zahlenreihe. So kann

[348] In einem Beschleuniger können elektrisch geladene Atomkerne, wie z.B. die des Zinns, mit der Ordnungszahl 50 auf zehn Prozent der Lichtgeschwindigkeit gebracht werden. Erst ab mindestens dieser Geschwindigkeit kann die abstoßende Kraft anderer Atomkerne, so die des Kupfers, mit der Ordnungszahl 29 überwunden werden und eine Fusion wird ermöglicht. Das Resultat wäre ein Kern mit 79 Protonen, das Gold. (siehe *Gesellschaft für Schwerionenforschung in Darmstadt*)

man 1.000 leicht auf eins zurückzuführen (1000 = 1+0+0+0 = 1), daher haben sie für 1 und für 1.000 das selbe Zeichen א (Aleph) verwendet. Für sie war eins (Gott) und 1.000 (das kubische Universum) ein und das Selbe.
Wenn wir davon ausgehen, dass 1.000 die höchste Zahl für die alten Israeliten war, wird verständlich, warum eins und 1.000 durch das gleiche Zeichen (א) dargestellt wurden. Stellt man sich nun vor, dass 1.000.000.000 (1 Milliarde) die höchste Zahl wäre und wenn 1 (Gott) davon abgezogen wird, so bleibt 999.999.999 übrig. Man gelangt nun leicht zu der Aussage, dass 1 Milliardstel, also die sichtbare Materie oder eben alles, Gott ist. Gott ist 1 Milliardstel. Wir können sehen, dass dieses Wissen mehr als nur ein zufälliges aneinanderreihen von Worten ist, die die Bibel ergeben. All das alte und antike Wissen, dass nie verloren gehen kann, weil es auf das Innigste mit dem Menschen verbunden ist, ist für das Abendland in einem Buch zusammengetragen worden. Ihre Wächter hüten diese Geheimnisse bis heute.

Ohne Glauben führt die Wissenschaft zum Zweifel; ohne Wissenschaft wird der Glaube zum Aberglauben. Aber Wissenschaft und Glaube vereint geben Gewissheit, und um sie zu vereinigen, darf man sie nicht vermengen. [349]

Wissenschaftler bezeichnen Komponenten in schwarzen Löchern als Antimaterie, wenn wir nun die oben gewonnene Erkenntnis weiter ausführen, so sind Teile der „schwarzen Löcher" in der Zeit „Antizeit". Wir glauben zu wissen, dass sich der Ort des Urknalls in der Mitte des Universums befinden muss. Von dort geht eine gleichmäßige Beschleunigung aus, die sich konzentrisch, wie Wellen, die von einem Stein auf der Seeoberfläche ausgehen und auf Hindernisse stoßen, verhält. Solange diese Beschleunigung anhält, bleibt das Universum bestehen. Forscher werden in Folge dessen entdecken, dass an den Rändern des Universums die Geschwindigkeit der Expansion erhöhter sein muss, als im übrigen, inneren Universum. Dort wo das Universum endet, findet eine Reaktion zwischen Zeit und Antizeit statt. Diese beiden lösen sich auf und ergeben Energie, wie es sich eben beim Zusammenprall von Materie und Antimaterie verhält. Diese Beschleunigung ergibt sich daraus, weil Raum und Zeit das Gleiche sind. Sollte der *Nachschub* an Raum

---

349 Zitat: Gerard Encausse (Papus): *Die Kabbala - Einführung in die jüdische Geheimlehre*. Fourier Verlag GmbH. Wiesbaden 2002. Seite 27.

und Zeit stoppen, so wird von den Rändern des Universums eine Reaktion der Auflösung ausgehen, die sich bis zur Mitte des Universums durchfressen wird. Die Urknalltheorie besagt weiter, dass zu einem Zeitpunkt Y die Expansion des Universums zum Stillstand kommen wird und sich in eine Implosion umkehrt, die diese Expansion bis zur gesamten Vernichtung des Universums revidiert.
Gott erschafft den Kosmos. Sein Geist spiegelt sich in das Endlose Nichts (alias *Ain Soph*). Die Spiegelung des Gottesgeistes ist nicht vollkommen, sondern nur ein verzerrtes Abbild. Dieses Abbild des Göttlichen, das im Vergleich zu allem anderen noch dem Göttlichen am Nächsten ist, sammelt sich in der ersten Sephirah (Kether). Aus der ersten Sephirah strömt das mindervollkommene Licht in eine zweite Sephirah. Durch die Weitersendung wird es erneut verringert (verzerrt). Aus der zweiten Sephirah eine dritte Sephirah usw.[350]
So stellt die Kabbalah den Erschaffungsprozess unseres Kosmos im Endlosen Nichts dar. Die Kabbalah geht von sechs Stufen (der galaktischen Evolution) aus.[351] Von der Erschaffung des Kosmos geht die Kabbalah zur Erschaffung der Erde über.
Überspringen wir nun den weiteren Prozess der Entstehung des Kosmos´ und siedeln unsere Ausführungen zu dem Zeitpunkt an, an dem das expandierende Universum anhält, implodiert und sich selbst wieder dem Zentrum des Universums zurückführt. Die Zeit verläuft nun rückwärts. Es findet ein sich Aufheben von Materie und Antimaterie und von Zeit und Antizeit statt:

- Die „Raum und Zeit-Theorie" wird in naher Zukunft zur „Raum gleich Zeit-Theorie" werden.[352]
  [R + Z] / [R = Z]

- Die „Antizeit" verhält sich zur „Zeit" gleich, wie sich „Materie" zur „Antimaterie" verhält.
  [M + aM = E] / [Z + aZ = E] / [M + aM = Z + aZ]

---

350 siehe: *Wie der Kosmos entstand* - Kapitel XIV.

351 Es findet sich wieder bestätigt, dass *Bereschit* (hebr. „Am Anfang schuf…") auch als *Bara schit* (hebr. „Er schuf sechs…") gelesen werden kann.

352 Erklärung der Abkürzungen: R = Raum; Z = Zeit; M = Materie; aM = Antimaterie; Z = Zeit; aZ = Antizeit und E = Energie

Wir befinden uns zur Zeit in der Zwischenzeit.[353] Zwischen Erschaffung des Kosmos und der Apokalypse finden drei Ereignisse statt, die hier von zentralem Interesse sind.
Das erste Ereignis ist die biblische Erschaffung des Menschen. Die Erschaffung des Menschen im mystischen und esoterischen[354] Sinn der Bibel erhebt ein Zwitterwesen, das tagtäglich seinen Kampf zwischen Materie (Erde) und Geist (Luft) führt, den Menschen, zum Zünglein an der Waage. Er wird am Ende aller Tage die Entscheidung zum Guten oder zum Bösen führen. Das zweite Ereignis ist der Sühnetag, der jährliche Tag der Versöhnung: Jom Kippur. Am zehnten Tag des Monats Tischri begingen die Israeliten den Sühnetag, in dessen Verlauf zwei Böcke herbeigeführt wurden. Einer wurde ausgelost für den Herrn, der geschlachtet wurde, zum Zeichen der Sühne, und der andere für Asasel. Dem Bock für Asasel wurden die gesamten Sünden des versammelten Volkes auferlegt, anschließend wurde er in die Wüste getrieben. Die Sühne für diesen lebenden Bock stammte von dem Blute des Bockes für Gott, der gerade als ein Sündopfer geschlachtet worden war, denn das Leben des Fleisches ist im Blut.[355] Der Wert des Blutes oder der Wert des Lebens des geschlachteten Bockes wurde so auf den (lebenden) Bock für Asasel übertragen. Dieser Bock wurde also nicht vom Priester getötet und dennoch trug er ein sündensühnendes Verdienst oder einen Wert des Lebens auf sich. Die Tatsache, dass er vor Gott dargestellt wurde, lässt zweifellos erkennen, dass Gott die Übertragung des Verdienstes oder der sündensühnenden Kraft anerkannte. Dieses zweite Ereignis, was einen längeren Zeitraum erfasst, nämlich im Idealfall der Tag des Sündenfalls bis zur Kreuzigung Jesu Christi. An dem Tag ist die Wirkung von Jom Kippur erloschen.
Der Messias ist der Sündenbock, der vom Hohepriester für Gott geopfert werden muss, und Asasel ist der Sündenbock, der durch das Blut des Messias zum Träger aller Sünden der Menschheit wird. Nun erlangt die Bedeutung des königlichen Blutes (alt-fr. „sang royal“) des Messias für das Jüngste Gericht eine ganz neue Bedeutung. Asasel,

---

353 Am Anfang wurde der Kosmos erschaffen und am Ende wird er wieder zerstört werden. Da die Erschaffung (Genesis) schon war und die Zerstörung (Apokalypse) noch kommen wird, befinden wir uns in der Zeit dazwischen. Diese bezeichnen wir in diesen Ausführungen als die „Zwischenzeit“.
354 Hier so zu verstehen: Esoterik = inneres, verborgenes Wissen.
355 siehe: 3. Buch Moses 17,11 (Luther-Bibel)

der für das Endzeitgericht in Dudael verwahrt wird, wo das Paradies einst stand, wird in das Blut des Messias getaucht werden.[356] An dem Zeitpunkt an dem das expandierende Universum anhält, implodiert, sich selbst wieder dem Zentrum des Universums zurückführt und die Zeit rückwärts verläuft, findet das letzte, eschatologische und galaktische Jom Kippur statt:

Dies ist die zweite Bilderrede über die, welche den Namen der Wohnung der Heiligen und den Namen des Herrn der Geister leugnen. Sie werden in den Himmel nicht hinaufsteigen und auf die Erde nicht gelangen. So beschaffen wird das Schicksal der Sünder sein, die den Namen des Herrn der Geister leugnen, die darum für den Tag des Leidens und der Trübsal aufbewahrt werden. „An jenem Tage wird mein Auserwählter auf dem Throne der Herrlichkeit sitzen und unter ihnen der Menschen Taten eine Auslese treffen und ihre Wohnungen werden zahllos sein. Ihr Geist wird in ihrem Inneren erstarken, wenn sie meinen Auserwählten und die sehen, die meinen herrlichen Namen angefleht haben. An jenem Tage werde ich in ihrer Mitte meinen Auserwählten wohnen lassen und ich werde den Himmel verwandeln und ihn zu einem ewigen Segen und Licht machen. Ich werde die Erde verwandeln, sie zu einem Segen machen und meine Auserwählten auf ihr wohnen lassen; aber die, welche Sünde und Missetat begehen, sollen sie nicht betreten. Denn ich habe meine Gerechten gesehen und sie mit Heil gesättigt und sie vor mich gestellt; aber für die Sünder steht bei mir das Gericht bevor, um sie von der Oberfläche der Erde zu vertilgen. [357]

Nun finden wir uns an jenem Zeitpunkt ein an dem das Gericht über die Menschen, über die Welt über den Kosmos, über die gefallenen Engel und über alles Lebendige vollendet. Der Messias lässt sein Blut in ein Gefäß (alias *Heiliger Gral*) fließen, mit welchen er unser Heil erkauft hat.[358] Gott wird das Blut des Messias über Asasel, der zum Träger aller Sünden der gesamten Menschheit (alias *13 Stämme*) geworden ist, vergießen. Der Orden des Propheten Henoch, also all jene die sich der Wahrheit und dem Licht seit Anbeginn der Zeit verpflichtet haben, dient dem Gral. Dieser wiederum dient

[356] siehe: 3. Buch Moses 14,1-8 und 14,49-53 (Luther-Bibel)
[357] Zitat: äthiop. Buch Henoch, Kapitel 45,1-5: *Der messianische Richter*
[358] siehe: Offenbarung 5,9 (Luther-Bibel)

Gott. König über das himmlische Jerusalem[359], Schöpfer des Kosmos, des Paradieses und der Menschen. Das Paradies befand sich bei den Urquellen der Flüsse Pison, Gihon, Hiddekel und Euphrat. Auf Befehl Gottes erhoben es seine Heerscharen, nach der Vertreibung des Menschen, in die Himmel. Dort wo das Paradies zuvor stand, ist eine kubische Grube. Der Ort wird bis zum heutigen Tage Dudael genannt. Der erste aller Erzengel – Asasel (alias *Satan*) – ist auf ewig dort in Finsternis darin gebunden. Er ist an Händen und Füßen gefesselt und unter ihm liegen scharfe und spitze Steine. Er wird für ewig dort wohnen, damit er kein Licht schaue bis zum Tage des Jüngsten Gerichts und ein Deckstein hüllt ihn in Finsternis.
An jenem Tag wird der heilige Gral über den ersten aller Erzengel – Asasel – vergossen werden. Henoch prophezeite, dass die Letzten Erste und die Ersten Letzte sein werden.[360] Der erste aller Erzengel wird der Letzte sein, weil er als Erster von Gott erschaffen wurde. Nachdem auch Asasel nach der Übertragung der Sünden der 13 Stämme (alias *gesamte Menschheit*) durch das Blut des Messias, der die Sünden bis zu jenem Tage auf sich genommen hat, wird er in die Finsternis (alias *Ain Soph*) getrieben werden und es wird nur noch ein Wort zu hören sein wenn ein neuer Urknall beginnt, wie es da heißt:

Im Anfang war das Wort, und das Wort war bei Gott, und Gott war das Wort. Dasselbe war im Anfang bei Gott. Alle Dinge sind durch dasselbe gemacht, und ohne dasselbe ist nichts gemacht, was gemacht ist. In ihm war das Leben, und das Leben war das Licht der Menschen. Und das Licht scheint in der Finsternis, und die Finsternis hat´s nicht begriffen.[361]

Das ist der Beginn des nächsten Urknalls …

---

[359] siehe: Offenbarung 21,1 ff (Luther-Bibel)
[360] siehe: Matthäus 19,30; 20,16 und Markus 10,31 (Luther-Bibel)
[361] Zitat: Johannes 1,1-5 (Luther-Bibel)

Der Messias ist der Sündenbock, der vom Hohepriester für Gott geopfert werden muss, und Asasel ist der Sündenbock, der durch das Blut des Messias zum Träger aller Sünden der Menschheit wird.

Das Buch der Wächter
Der Henochische Orden

Christliche Kapitel

XIX. 10.000 Jahre vergehen

10.000 Jahre werden vergehen, bis das Jüngste Gericht über alles hereinbrechen wird, was einst aus dem Ain Soph (alias *Endloses Nichts* alias *Chaos*) strömte. Die Schöpfung ist begonnen worden, um einen Teil der Seele Gottes zu reinigen. In diesem Zusammenhang sind zwei Überlieferungen erwähnenswert, die zeigen wie universell die Kabbalah sein kann.

Die erste Überlieferung besagt, dass es sich um den 26. Urknall handelte, der am Vortag der Schöpfung stattfand. Hierbei kann der Vortag solange andauern, wie der Zeitraum vom Urknall bis zum Jahr 3761 v.u.Z. der jüdischen Zeitrechnung. Wenn wir uns darauf einlassen, dass jenes Jahr nicht die Erschaffung des ersten Menschen ist, sondern einer Gruppe, die dann durch Henoch sich seinem Vermächtnisses und der rigorosen Erfüllung des Willen Gottes als seine Mitstreiter[362] weihte, dann können wir das Vermächtnis der Bibel, der Kabbalah und jener Eingeweihten und Wissenden begreifen. Wir bezeichnen in unseren Ausführungen diese Gruppe von Eingeweihten als Henochischen Orden oder Orden des Propheten Henoch, weil er die gemeinsame Verbindung ist.

Plotin (205-270 n.u.Z.), ein Verfechter der Ideen Platons in römischer Zeit und Begründer des Neuplatonismus sagt, dass wir uns auf dem vierten Strahl befinden.[363] Dieser vierte, duale Strahl bildet keinen Widerspruch zum 26. Urknall der Kabbalisten. Der Zahlenwert 26 (10+5+6+5) entspricht dem wichtigsten Namen Gottes: JHWH. Dieser wird aus vier Buchstaben gebildet. Es sind vier Buchstaben, ebenso wie wir uns nicht auf dem ersten, zweiten oder dritten, sondern auf dem vierten Strahl befinden.

Es gibt eine weitere Verbindung, die etwas mit der Zahl 72 zu tun hat. Sie stellt die Gesamtheit der Namen Gottes (alias *Eigenschaften* alias *Genien*) dar. Es gibt auch – wie bereits ausgeführt – eine latente Bindung zwischen den Zahlen 4, 26 und 72. Wenn das Jüngste Gericht über uns hereinbricht, der Messias seinen Platz als oberster Richter eingenommen hat und die 144.000 Erzväter (wie u.a. Henoch, Melchizedek und Elias) ein unbekanntes, neues Lied anstimmen, das niemand sonst außer den 144.000 (=72x2x1000)

---

362 Der Name „Israel“ bedeutet aus dem Hebräischen „Gottes Mitstreiter“.

363 siehe: *Plotin – Seele - Geist - Eines, Griechischer Lesetext und Übersetzung von Richard Harder*, in einer Neubearbeitung fortgeführt von Rudolf Beutler und Willy Theiler, eingeleitet von Klaus Kremer, Felix Meiner Verlag, Hamburg 1990.

singen kann, dann wird der Gral (im Sinne des königlichen Blutes) über den ersten aller Erzengel (Asasel) schließlich vergossen werden, und wir kehren zum Ursprung zurück.
Die Verschmelzung mit Gott ist der erste Schritt der Menschheit und die Vereinigung mit dem Kosmos ist der letzte Schritt Gottes. Dieser irreversible Zustand wird Kad (hebr. „Gefäß") genannt und er wird vom Menschen ausgehen. Der Gral und das Kad sind am Ende aller Tage ein und dasselbe.

Dieser Reinigungsprozess, wurde von Gott eingeleitet aus Gründen, die wir weder körperlich, noch seelisch und noch geistig zu erfassen vermögen. Seit dem Jahre 7552 v.u.Z. wurden die sieben Kometen *„von ihren Ketten"* befreit und kamen über alles Sündige und Schuldige auf der Erde und über alles Lebendige.[364] Alles Bitten, Trachten und Fluchen nutzte nichts, denn Gottes Beschlüsse sind unwiderruflich und sie führen zum Jüngsten Gericht.
10.000 Jahre lang wird Gott die sieben Kometen binden, bis in den Jahren 6347 bis 6386 (2321 bis 2360 n.u.Z.) sie erneut die Erde verwüsten werden und Gott, der Messias und die sechs Erzengel Gericht halten werden. Das erste Zeichen der Niederkunft des großen Gerichtes wird am 21. Dezember 2012 sein, wenn die Zukunft von keinem Menschen mehr eingesehen werden kann.

---

[364] Der Einschlag eines riesigen Kometen im Jahre 7552 v.u.Z.[364], der in sieben Teile zerbarst bevor er auf die Erde einschlug, soll Ursache für die Gemeinsamkeiten der Sintflutmythen auf der ganzen Welt sein.

Und er saß auf dem Throne seiner Herrlichkeit, und der Hauptteil des Gerichts wurde gegeben ihm, dem Menschensohn. Und er läßt verschwinden und untergehen die Sünder von der Oberfläche der Erde, und diejenigen, welche sie verführten, werden in Ewigkeit mit Ketten gebunden werden. Und nach ihrer Stufe der Verdorbenheit werden sie eingekerkert werden, und alle ihre Werke sollen verschwinden von der Oberfläche der Erde, und fortan wird nicht dasein ein Verführer; denn jener Menschensohn wurde gesehen und saß auf dem Thron seiner Herrlichkeit. Und alles Böse wird aus seinem Antlitz verschwinden und weichen, und das Wort dieses Menschensohnes wird bestätigt werden vor dem Herrn der Geister.[365] *Dies ist die dritte Reise Henochs.* [366]

Eine hermetische Überlieferung berichtet, dass bis alle sieben Kometenteile auf die Erde einschlugen 39 Jahre vergingen, damit jeder die Macht Gottes und seines obersten Richters (alias *Gesalbter* alias *Messias* alias *Christos*) sehen und fürchten würde. Nachdem alles durch den ersten Krieg zwischen Gottes Heerscharen und Asasels Dämonen ins Chaos gestürzt wurde, vergingen 3791 Jahre[367] und die Erde wurde wieder mit Richtschnüren und Zirkeln.
Im Jahre 3761 v.u.Z. (laut jüdischer Zeitrechnung) trennte Gott einen Teil seiner eigenen Ausströmung, die Schekina, und flößte sie der neu-geordneten Welt ein.[368] Dabei verringerte er sich selbst nicht. Folgen wir der biblischen Zeitrechnung weiter, so fand die Sintflut im Jahre 2104 statt. Das sind genau 1.657 Jahre nach der Neuordnung der Welt (3761 v.u.Z.). Woolleys Sintflutberechnung besagt, dass die biblische Sintflut im Jahre 3150 v.u.Z. stattgefunden haben soll.

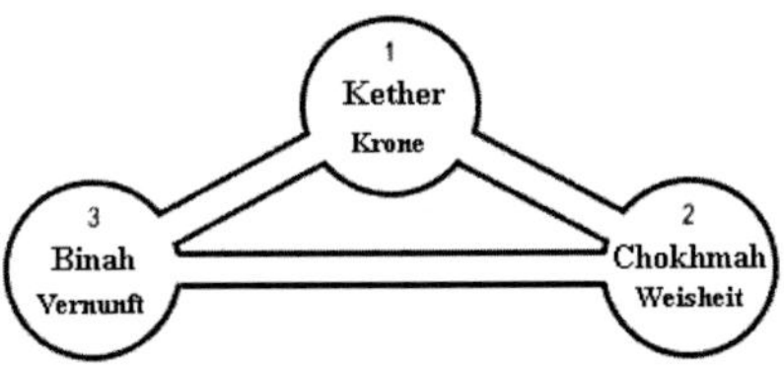

Zur Hervorbringung der sichtbaren Welt, der letzten Sephirah (Malkuth) bediente sich das Göttliche bzw. die erhabene Dreiheit (Kether, Chokmah und Bina) der sechs niederen Kräfte (Chesed,

---

365 Der Begriff *Herr der Geister* ist ein geläufiges Synonym im äthiopischen Henoch-Buch für *„Herr der Heerscharen"*.

366 Zitat: äthiop. Buch Henoch, Kapitel 68,39-42: *Henochs dritte Reise*

367 Es werden Zeitangaben, die sich aus der jüdischen Zeitrechnung.

368 Das Wort „bara" von „Bereschit bara Elohim…" kann neben „erschaffen" auch „ordnen" bedeuten. Dies kann aus dem Sumerischen ableiten werden.

Gebura, Tiphereth, Netzach, Hod und Jesod) und wirkt durch die Schekina fortdauernd zur Erhaltung derselben und hat daher in der Sephirah Malkuth ihren dauernden Aufenthalt und ihre Wohnung. Von hier offenbart sich die ganze Ausströmung Gottes, die Schekina, in konzentrierter Lichtkraft den Eingeweihten und Suchenden.
Die göttliche Offenbarungskraft (alias *Schekina*) gelangt durch die Zentralkraft der Schönheit (alias *Tipheret*) und der fundamentalen Grundkraft (alias *Jesod*) zum Menschen und ermöglicht ihm einen Blick auf Gottes kosmischen Plan zu erhaschen. Dieser Blick ist mit der offenbarten Hoffnung verbunden, selbst in die höheren Gefilde des Göttlichen bzw. der erhabenen Dreiheit zu gelangen.

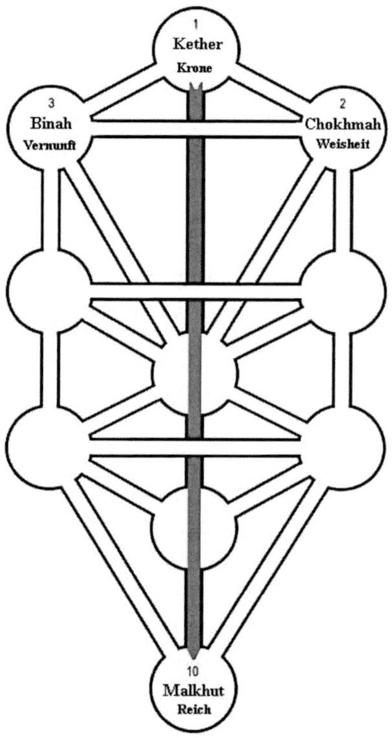

Als der Salomonische Tempel durch den aaronitischen Priester Zadok[369] eingeweiht wurde (951 v.u.Z.), ist die Bundeslade von

369 Zadok veränderte das aaronitische Erbe des Priestertums, um stärker als die Anhänger des Henochischen Judentums zu werden. Die Zadokiten sahen nicht Henoch, sondern Moses als ihren geistigen Urvater an. Diese Spaltung hielt bis zur Zerstörung des zweiten Tempels 70 n.u.Z. durch die Römer an.

Gabaon[370] ins Allerheiligste[371] überführt worden. Die Bundeslade, die während der 40jährigen Wanderung auf Gottes Geheiß gebaut wurde, galt als Quelle göttlicher Präsenz und als göttliche Offenbarungskraft.

Gott nahm sie als Wohnsitz ein, immer während er unter dem Volk Israel weilte. Insbesondere manifestierte sich die Schekina zwischen den beiden Cherubim, die auf dem Deckel angebracht waren. Die Bundeslade war Empfangs- und Aufenthaltsort der Präsenz Gottes. Dadurch wurde sie zur direktesten Verbindung zwischen Gott und Mensch. In Neuen Testament wird die Bundeslade im Brief an die Hebräer (9,4) und in der Offenbarung (11,19) erwähnt. Sie ist die *Einwohnung Gottes* im Allerheiligsten des Tempels. Die Schekina ist die allgegenwärtige Göttlichkeit auf Erden.

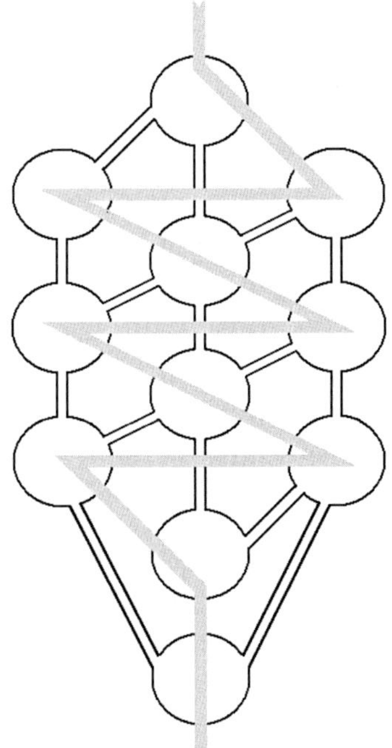

Die Schekina wird auch Odem Gottes genannt. Sie tauchte tief in das Fleisch der Erde hinab und Adam² ward lebendig. Es ist jener Adam Kadmon, der auch Adam Rischon aber auch Adam² genannt wird.

---

370 „Gabaon" wird in der Bibel „Gibeon" genannt. Es ist nicht zufällig der gleiche Ort, der in Josua 10,12-13 (siehe Buch Ha-Jaschar) erwähnt wird.

371 siehe: 1. Chronik 16,39; 21,29 und 2. Chronik 1,3 (Luther-Bibel)

Im hebräischen Wort „Adam", befinden sich mindestens zwei Wörter versteckt, die in der Bibel zusammen gekürzt wurden. Das Wort „Adam" stammt von einer Wurzel für „rot" und „Blut" (hebr. „dam") ab. Adam bedeutet im Hebräischen zugleich *Land*, *Erde* oder *Menschheit.* Das Wort Adamadam (= Adam^2) kann „rotes Blut", „rote Erde", „irdisches Blut", „Erde der Menschen" oder „menschliches Blut" bedeuten. Diese Interpretationen sind aufgrund einer der sieben Interpretationsmethoden der Kabbalah möglich.[372]
Die zweite Überlieferung besagt, dass Eingeweihte und Wissende die Thora (so wie die ursprüngliche, göttliche und prä-creatio Thora) als mit sich selbst in perfekter, harmonischer und mathematischer Ordnung stehend ansehen. Die Kabbalah nutzt diese innere Ordnung, um dem suchenden Menschen einen Einblick in Gottes Plan zu ermöglichen.
Nichtsdestotrotz kann Gottes Plan nicht absolut aufgedeckt oder eingesehen werden, denn obwohl es seine Worte und Taten sind, so ist sie mit menschlicher Schrift niedergeschrieben worden. So heißt es in der kabbalistischen Analyse aus dem dritten Kabbalah-Buch:

Er schuf sechs (Schöpfungsprinzipien). Er, der Gott der Himmel und der Erde. Die Erde war ein Gedanke und wurde Realität. Das Universum war leer und der Geist Gottes schwebte über der Ṭora. [373]

Die Thora über dem der Geist Gottes schwebte, ist die ursprüngliche und göttliche, die es vor der Schöpfung (lat. „prä-creatio") gab. In ihr befanden sich jene Worte, die Gott aussprach und daraus wurde die Schöpfung. Aus esoterischer Sicht stammt der Urknall genau aus diesem Urbuch. Von dort geht eine gleichmäßige Beschleunigung aus, die sich konzentrisch, wie Wellen, die von einem Stein auf der Seeoberfläche ausgehen und auf Hindernisse stoßen, verhält. Solange diese Beschleunigung durch Gottes Zutun fortdauert, bleibt das Universum mit all seinen Dimensionen[374] bestehen.
Sollte Gottes Zutun plötzlich stoppen, so wird von den Rändern des Universums eine Reaktion der Auflösung ausgehen, die wieder bis zur ursprünglichen und göttlichen Thora zurückkehren wird. Es wird

---

[372] siehe in diesem Buch: *Der wahre Name Gottes* – Kapitel XII.

[373] Zitat: *Die Kabbalah – Die Schöpfung neuer Sichtweisen.* Band II. 2. Auflage. Oberursel 2011 – G. Grippo. Seite 50.

[374] Die vier Wirklichkeitsebenen sind Atziluth, Berja, Jesirah und Assja.

sich in eine Implosion einstellen, die diese Expansion bis zur gesamten Vernichtung des Universums revidiert.
Das gesamte Universum ist Leben und dort wo Gott ausströmt, eben dort kehren die Emanationen[375] unumgänglich wieder zu ihm zurück. Die Menschheit ist ein Teil des göttlichen Bewusstseins. Wir befinden uns noch immer in der Zwischenzeit, die ein Ende finden wird, wenn die erste Posaune erschallt.[376]
Henoch zeugte mit 65 seinen Sohn Methusalem und im selben Jahr gründete er eine Gemeinschaft von Eingeweihten, die sich „Söhne des Lichts" nannten. So berichten es die Überlieferungen. Jahre zuvor machte Gott der Herr den Menschen aus einem Erdenkloß, und blies ihm seinen Odem in die Nase.[377] Das ist das erste Weiheritual.

Asasel ist der Sündenbock. Er ist aber nicht vergleichbar mit dem von Menschen domestizierten Bock, sondern es ist der göttliche oder satanische Sündenbock, der geopfert werden muss für alles Leid im 26. Kosmos. Über Asasel (alias *Satan*) muss als letzter das im Gral

375 Als Emanationen werden die Sephiroth des Lebensbaums bezeichnet.
376 siehe: Jesaja 27,13 (Luther-Bibel)
377 siehe: 1. Buch Moses 2,7 (Luther-Bibel)

gesammelte Blut des Messias vergossen werden, damit Gott selbst seine endgültige Wandlung (Reinigung), die Rückkehr (Umkehr) in die Finsternis (alias *Ain Soph* alias *Endloses Nichts*) vollenden kann. Asasel war der erste Engel der erschaffen wurde, und er wird der letzte sein, der durch Gott von allem Bösen gereinigt werden wird.
Einige frühe Christen dachten, dass der Baum des Lebens das Kreuz sei an dem Jesus Christus gekreuzigt wurde. Der Baum des Lebens ist das Kreuz, das ein strahlendes Leben in unserem Kampf darstellt. Auf dem Gipfel Golgatha opferte der Messias durch sein Blut sein Leben für die Menschen. Somit ist nicht nur die Menorah Symbol des Baumes des Lebens, sondern auch das Kreuz. Der Baum des Lebens, die vierteilige Unterwelt und das Kreuz bilden eine Traditionslinie.

Jesus Christus ist der Sündenbock, der vom Hohepriester für Gott geopfert werden musste und Asasel ist der Sündenbock, der durch das Blut Christi zum Träger aller Sünden der Menschheit wird. Nun erlangt die Bedeutung des königlichen Blutes (alt-fr. „sang royal“) des Messias für das jüngste Gericht eine ganz neue Bedeutung. Über Asasel, der für das Endzeitgericht in Dudael verwahrt wird, wo das Paradies zuvor stand, wird das Blut des Messias vergossen werden.

Über viele Jahrtausende hinweg, grünend von Zweig zu Zweig, existieren diese Bäume der Philosophen schon. Alle sind sie hervorgesprossen aus drei legendären Samenkörnern des Lebensbaumes, der im Anfang der Schöpfung neben dem Baum der Erkenntnis im garten Eden stand. Seth, der dritte Sohn Adams, der sich über den Widerstreit von Kain und Abel erhob und deshalb ein Gerechter genannt wurde, hatte die Samen von dem Cherubim mit dem flammenden Schwert erhalten, als Trost dafür, dass er die Schwelle zum Paradies nicht überschreiten durfte. Nach Adams Tod begrub er ihn auf dem Berg Sinai, legte die drei Samenkörner in dessen Mund und sah, wie kräftige Zweige hervorsprossen.
Es war jener Busch, der lichterloh brannte, ohne sich zu verzehren, als sich Gott seinem Propheten Moses offenbarte. Mose brach davon einen großen dreifach verzweigten Spross und machte ihn zum Wanderstab. Obwohl der Stab von seiner Wurzel getrennt war, lebte und blühte der Zweig fortwährend. Auch als er diesen an den Hohepriester Aaron aus dem Stamme Levi gab, behielt er seine Kraft und Lebendigkeit wie von Anbeginn.

Als die Rotten des Korah die Priesterschaft Aarons in Frage stellten, bewies sich seine Berufung, weil es sein Stab war, der unter allen zwölf Stäben des Volkes Israels grüne Sprossen zeigte. Mit dieser Überzeugungskraft sah sich Aaron im Amt bestätigt, und er brachte den Stab in die Nähe der Bundeslade im Allerheiligsten des Stiftszeltes, das dem Volk als Mischkan, als Gotteswohnung auf der Wüstenwanderung diente. Später nahm König David denselben Stab, pflanzte ihn auf der Bergfeste Zion ein, woraufhin ein stattlicher dreistämmiger Baum daraus hevorspross.

Als Salomo den Jerusalemer Tempel dort erbaute, gab er die drei Baumstämme an seinen Baumeister Hiram, der die Säulen Jachin und Boas daraus fertigte, die er in den Vorhof stellte. Der dritte Stamm sollte als Stele das Hauptportal zieren und alles Unreine von dem Tempel fernhalten. Aber einige Bauleute schnitten den Stamm zu kurz und warfen das geheiligte Holz in den Teich Bethesda, dessen Wasser von Stund an über Wunder- und Heilkräfte verfügte. Das sagenumwobene Holz wurde erst bei einer Reinigung des Teiches wiedergefunden. Dies geschah zu der Zeit, als Christus in der Gestalt Jesu über die Erde schritt. Die Juden erinnerten sich nicht mehr an die Bedeutung dieses Stammes und legten ihn als Brücke über die Strudel des Cedron. Über diesen Steg ging der fleischgewordenen Gott nach seiner Gefangennahme, und von dort aus stürzten sie den Aufrechtesten der Aufrechten in den Gießbach, um ihn zu demütigen. Dann nahmen sie ebendieses Holz, tischlerten es zu einem Marterkreuz und errichteten es auf der Schädelstätte Adams.

Von diesem Golgatha-Kreuz stammen alle christlichen Kreuze ab, die der Kirchen ebenso wie jene am Heimaltar. Und jedes Herz der Christenheit, das den langen Weg dieses Opferkreuzes überblickt, strömt über vor Glück; wenn das Holz in der Osternacht sprießt und grünt und aus duftenden Weihrauchschwaden heraus den Triumph der Auferstehung feiert. Dasselbe Kreuz wird zu Gold in den Tempeln der Einweihung, und eine fünfblättrige Rose erblüht stellvertretend für Christus im Schnittpunkt der Kreuzbalken. Auch dieses Kreuz lebt und erfährt seine Verzweigung durch den einen oder anderen jüngeren Bruder, der im Auftrag der Tradition steht.

Was uns über die Verzweigung des paradiesischen Lebensbaumes in der Geheimlehre überliefert ist, berührt das Mysterium aller heiligen Bäume, ob es sich um die Weltenesche Yggdrasil handelt oder den Bodhi-Baum des Buddha. Immerzu spenden diese Bäume lebende Zweige, damit das Wesentliche einer Tradition von der Hand eines Berufenen neu gepflanzt werde. [378]

---

[378] Zitat: *Splendor Solis. Das Purpurbad der Seele. Zweiundzwanzig Pforten der initiatischen Alchemie.* Gabriele Quinque. Druck und Verlag Pomaska-Brand GmbH. Schalksmühle 2005. Seiten 124-126.

Über Asasel (alias *Satan*) muss als letzter das im Gral gesammelte Blut des Messias vergossen werden, damit Gott selbst seine endgültige Wandlung (Reinigung), die Rückkehr (Umkehr) in die Finsternis (alias *Ain Soph* alias *Endloses Nichts*) vollenden kann.

XX. Das sündensühnende Opfer Christi

Die Frage nach der Aktualität des Blutsühneopfers Jesu Christi ist brisant. Wir nehmen heute die Idee hinter seinem Opfertod als leidverherrlichendes Konzept wahr. In unserer Zeit mag dieses Konzept nicht mehr verständlich sein, aber zur Zeit Jesu und davor waren Tier- oder gar Menschenopfer teil des Gottesdienstes.[379] Das Blut enthält laut der jüdischen Religionsphilosophie das Leben und das Blut von Tieren war ersatzweise in der Lage Sünden zu sühnen:

Denn des Leibes Leben ist im Blut, und ich habe es euch auf den Altar gegeben, daß eure Seelen damit versöhnt werden. Denn das Blut ist die Versöhnung, weil das Leben in ihm ist. [380]

Die biblische Geschichte der beabsichtigten Opferung Isaaks durch seinen Vater Abraham ist mit der Aussage verbunden, dass das hebräische Volk von diesem Zeitpunkt an keine Menschenopfer mehr zu leisten hat. Gott akzeptierte seit jenem Tage Tieropfer anstatt Menschenopfer.

Da hob Abraham seine Augen auf und sah einen Widder hinter sich in der Hecke mit seinen Hörnern hangen und ging hin und nahm den Widder und opferte ihn zum Brandopfer an seines Sohnes Statt. [381]

Es gibt Parallelen zwischen der beabsichtigten Opferung Isaaks durch seinen Vater Abraham und der Opferung Jesus Christi durch seinen Vater Gott. [382] Beide führen sich auf das jährliche Sühnetagritual zurück. Die Parallele war den Kirchenvätern bekannt:

Nun ist ja die Verheißung Abraham und seinem Samen zugesagt. Er spricht nicht: „durch die Samen", als durch viele, sondern als durch einen: „durch deinen Samen", welcher ist Christus. [383]

---

379 Im Islam wird das Opferfest *Kurban bayrami* zur Erinnerung an die Rettung Ismails gefeiert. Muslime schlachten jährlich am Opferfest einen Widder. Im Islam ist es Ismael der uneheliche Sohn Abrahams, der geopfert werden sollte. Im Judentum ist es Isaak. Die Tieropferung wird also bis heute praktiziert.

380 Zitat: 3. Buch Moses 17,11 (Luther-Bibel)

381 Zitat: 1. Buch Moses 22,13 (Luther-Bibel)

382 Gott hat nicht aktiv gegen die Kreuzigung seines Sohnes eingegriffen.

383 Zitat: Galater 3,16 (Luther-Bibel)

oder

Ist nicht Abraham, unser Vater, durch die Werke gerecht geworden, da er seinen Sohn Isaak auf dem Altar opferte? [384]

Die Anwendung des Blutes zur Rettung von Leben wird oft in der Bibel dargestellt. Als das erste Pessach-Fest in Ägypten gefeiert wurde, schützte das Blut am oberen Teil des Türeingangs und an den Türpfosten der Häuser der Israeliten die Erstgeborenen darin vor dem Tod.[385] Der Gesetzesbund, der gewisse Bestimmungen enthielt, die auf die Sündensühnung hinwiesen, wurde durch das Blut von Opfertieren rechtskräftig gemacht.[386] Die zahlreichen Opfertiere des Sühnetags waren Vorbilder für eine Sündensühnung und wiesen bereits auf die tatsächliche Beseitigung der Sünde durch das Sühnopfer des Messias hin.[387] Wie aufmerksam die Schreiber der Evangelien und gleichzeitig dadurch zeigten, wie bewandert sie in den Schriften des Alten Testaments waren, zeigt sich im Sühnopfer Christi. In der Orientierungshilfe „Aus Leidenschaft für uns" (S. 29-30) der Evangelischen Kirche im Rheinland steht zu „War der Tod Jesu ein Sühnopfer?" folgendes:

Die Frage lässt sich einfach beantworten: Er war es nicht. Alle äußeren Merkmale eines kultischen Opfers fehlen: Es gibt keinen Altar, keine rituelle Schlachtung, keinen Tempel, keinen Priester, keinen Gottesdienst. Der Tod Jesu war keine religiöse Opferung, sondern die römische Todesstrafe für einen Unruhestifter.

Er war es doch. Der Altar ist der Berg Golgatha, die Schädelstätte, und die rituelle Schlachtung erfolgte durch den römischen Soldaten Longinus, der Jesus einen Speer in die Seite rammte. Die Verbindung zum Tempel wird durch Matthäus[388] hergestellt. Der Priester, der den Gottesdienst und die Opferung durchführt, ist Gott selbst. Die Parallele zur beabsichtigten Opferung Isaaks durch seinen Vater Abraham ist bewusst geschaffen worden. Gott opfert seinen eigenen erstgeborenen Sohn. Die Opferung wird durchgeführt und keiner

---

[384] Zitat: Jakobus 2,21 (Luther-Bibel)
[385] siehe: 2. Buch Moses 12,7; 22; 23; 1. Könige 5,7 (Luther-Bibel)
[386] siehe: 2. Buch Moses 24,5-8 (Luther-Bibel)
[387] siehe: 3. Buch Moses 16,11-18 (Luther-Bibel)
[388] siehe: Matthäus 27,51 (Luther-Bibel)

hält Gott im letzten Moment davon ab[389], sowie Gott es selbst bei Abraham (im letzten Moment) getan hatte. Jesus übernimmt die Funktion des Opferlammes und sein Blut reinigt die Menschheit von ihren Sünden:

Ihr wisst doch, dass ihr nicht mit Vergänglichem, mit Gold oder Silber, freigekauft wurdet aus einem Leben ohne Inhalt, wie es euch von den Vätern vorgelebt wurde, sondern mit dem teuren Blut eines makellosen, unbefleckten Lammes, mit dem Blut Christi. [390]

Ganz im Sinne von Johannes: *Siehe, das ist Gottes Lamm, welches der Welt Sünde trägt!*[391] Bis zur Zerstörung des Herodianischen Tempels (70 n.u.Z.) wurde während des Sühnetags eine Zeremonie abgehalten und das seit den Tagen Moses. Der Hohepriester nahm für den jährlichen Sühnetag zwei junge Ziegenböcke von der Gemeinde Israels. Durch das Los wurde ein Bock für Gott und der andere für Asasel bestimmt. Den Bock für Gott opferte der Hohepriester. Den Bock für Asasel ließ man am Leben und trieb ihn in die Wüste:

Und soll von der Gemeinde der Kinder Israel zwei Ziegenböcke nehmen zum Sündopfer und einen Widder zum Brandopfer. Und Aaron [soll] die zwei Böcke nehmen und vor den Herrn stellen vor der Tür der Hütte des Stifts, und soll das Los werfen über die zwei Böcke: ein Los dem Herrn, das andere dem Asasel. Und soll den Bock, auf welchen das Los des Herrn fällt, opfern zum Sündopfer. Aber den Bock, auf welchen das Los für Asasel fällt, soll er lebendig vor den Herrn stellen, daß er über ihm versöhne, und lasse den Bock für Asasel in die Wüste. [392]

Die Sühne für den lebenden Bock stammte von dem Blute des Bockes für Gott, der geschlachtet worden war, denn das Leben des Fleisches ist im Blut. Der Wert des Blutes oder der Wert des Lebens des geschlachteten Bockes wurde so auf den lebenden Bock für Asasel übertragen. Dieser Bock wurde nicht vom Priester getötet und dennoch trug er ein sündensühnendes Verdienst oder einen Wert des Lebens auf sich. Die Tatsache, dass er vor Gott dargebracht wurde,

---

389 Kein Wesen ist höhergestellt als Gott; in Folge dessen kann niemand Gott zurückhalten, seinen eigenen, fleischgewordenen und einzigen Sohn zu opfern.

390 Zitat: 1. Petrus 1,18-19 (Luther-Bibel)

391 Zitat: Johannes 1,29 (Luther-Bibel)

392 Zitat: 3. Buch Moses 16,5-10 (Luther-Bibel)

lässt zweifellos erkennen, dass Gott die Übertragung der sündensühnenden Kraft anerkannte. Die beiden Böcke wurden als ein Sühnopfer bezeichnet.[393] Durch den zweiten, über dem die Sünden des Volkes bekannt wurden, und der in die Wüste getrieben wurde, wurde bekräftigt, dass Gott reumütigen Personen die Sünden vergibt. Beide (Sünden-)Böcke zusammen ergaben das Sühnopfer.

Wer sollte der Sündenbock für Gott sein?

Beide Sündenböcke mussten makellos, gesund und einander so ähnlich wie möglich sein. Bevor über sie die Lose gezogen wurden, hatte jeder von ihnen die Chance, als Bock für Gott ausgewählt zu werden. Es kann ein direkter Bezug zum Garten Gethsemani gesetzt werden. Jesus entschied sich auf dem Ölberg im Garten Gethsemani der Sündenbock für Gott zu sein:

Und er ging hinaus nach seiner Gewohnheit an den Ölberg. Es folgten ihm aber seine Jünger nach an den Ort. Und als er dahin kam, sprach er zu ihnen: Betet, auf daß ihr nicht in Anfechtung fallet! Und er riß sich von ihnen einen Steinwurf weit und kniete nieder, betete und sprach: Vater, willst du, so nehme diesen Kelch von mir, doch nicht mein, sondern dein Wille geschehe! Es erschien ihm aber ein Engel vom Himmel und stärkte ihn. Und es kam, daß er mit dem Tode rang und betete heftiger. Es ward aber sein Schweiß wie Blutstropfen, die fielen auf die Erde. [394]

Nachdem der Bock für Gott geopfert worden war, legte der Hohepriester seine Hände auf den Kopf des lebenden Bockes und bekannte die Sünden des Volkes über ihm.[395] Darauf wurde dieser Bock weggetrieben.[396] Der Bock für Asasel trug so symbolisch die Sünden weg, die das Volk im vergangenen Jahr begangen hatte.

---

393 siehe: 3. Buch Moses 16,5 (Luther-Bibel)

394 Zitat: Lukas 22,39-44 (Luther-Bibel)

395 Im 1. Petrus-Brief 5,6-9 heißt es: *So demütiget euch nun unter die gewaltige Hand Gottes, daß er euch erhöhe zu seiner Zeit. Alle Sorge werfet auf ihn; denn er sorgt für euch. Seid nüchtern und wachet; denn euer Widersacher, der Teufel, geht umher wie ein brüllender Löwe und sucht, welchen er verschlinge. Dem widerstehet, fest im Glauben, und wisset, daß ebendieselben Leiden über eure Brüder in der Welt gehen.* Die Frage „War der Tod Jesu ein Sühnopfer?" kann wieder bejaht werden. Bei der Kreuzigung Jesu Christi legte – im übertragenem Sinn – der Hohepriester (Gott) seine Hände auf den Kopf des lebenden Bockes (Satan) und bekannte die Sünden des Volkes über ihm und sandte ihn in die Wüste.

396 siehe: 3. Buch Moses 16,20-22 (Luther-Bibel)

Der Apostel Paulus hat erklärt, dass Jesus durch sein eigenes vollkommenes menschliches Leben, das er als Opfer für die Sünden der Menschheit dahingab, weit mehr bewirkt, als durch das Blut von Ochsen und Ziegenböcken erreicht wurde. Erneut eine Verbindung zum Sühnetag:

Denn das Gesetz hat den Schatten von den zukünftigen Gütern, nicht das Wesen der Güter selbst; alle Jahre muß man opfern immer einerlei Opfer, und es kann nicht, die da opfern, vollkommen machen; sonst hätte das Opfern aufgehört, wo die, so am Gottesdienst sind, kein Gewissen mehr hätten von den Sünden, wenn sie einmal gereinigt wären; sondern es geschieht dadurch nur ein Gedächtnis der Sünden alle Jahre. Denn es ist unmöglich, durch Ochsen- und Bocksblut Sünden wegzunehmen. Darum, da er in die Welt kommt, spricht er: „Opfer und Gaben hast du nicht gewollt; den Leib aber hast du mir bereitet. Brandopfer und Sündopfer gefallen dir nicht. Da sprach ich: Siehe, ich komme (im Buch steht von mir geschrieben), daß ich tue, Gott, deinen Willen." Nachdem er weiter oben gesagt hatte: „Opfer und Gaben, Brandopfer und Sündopfer hast du nicht gewollt, sie gefallen dir auch nicht" (welche nach dem Gesetz geopfert werden), da sprach er: „Siehe, ich komme, zu tun, Gott, deinen Willen." Da hebt er das erste auf, daß er das andere einsetze. In diesem Willen sind wir geheiligt auf einmal durch das Opfer des Leibes Jesu Christi. Und ein jeglicher Priester ist eingesetzt, daß er täglich Gottesdienst pflege und oftmals einerlei Opfer tue, welche nimmermehr können die Sünden abnehmen. Dieser aber, da er hat ein Opfer für die Sünden geopfert, das ewiglich gilt, sitzt nun zur Rechten Gottes und wartet hinfort, bis daß seine Feinde zum Schemel seiner Füße gelegt werden. Denn mit einem Opfer hat er in Ewigkeit vollendet die geheiligt werden. Es bezeugt uns aber das auch der heilige Geist. Denn nachdem er zuvor gesagt hatte: „Das ist das Testament, das ich ihnen machen will nach diesen Tagen", spricht der Herr: „Ich will mein Gesetz in ihr Herz geben, und in ihren Sinn will ich es schreiben, und ihrer Sünden und Ungerechtigkeit will ich nicht mehr gedenken." Wo aber derselben Vergebung ist, da ist nicht mehr Opfer für die Sünde. [397]

Jesus diente als letztes und endgültiges Sühnopfer, der für unsere Krankheiten und Schmerzen durchstochen wurde. [398] Er hat die Sünden aller Menschen weggetragen, die an den Wert seines Opfers glauben. Durch ihn wurde Gottes Plan offenbart.

---

[397] Zitat: Hebräer 10,1-18 (Luther-Bibel)

[398] siehe: Jesaja 53,4-5; 1. Petrus 2,24 (Luther-Bibel)

Wer war der zweite Sündenbock?

Etwas, das unausgesprochen geblieben ist, muss noch erörtert werden. Wenn Jesus Christus der Sündenbock für Gott war, wer war dann der Sündenbock für Asasel? Die beiden Böcke wurden als ein Sühnopfer angesehen.[399] Offenbar wurden zwei Tiere gebraucht, um dem, was durch diese Vorkehrung der Sündensühnung für das Volk erreicht wurde, Nachdruck zu verleihen.

Die zuvor erwähnte Parallele zur beabsichtigten Opferung Isaaks durch seinen Vater Abraham geht noch viel weiter. Isaak war der Bock für Gott.[400] Abraham hatte einen unehelichen Sohn namens Ismael mit der ägyptischen Magd Hagar. Diesen trieb er in die Wüste[401]:

Da stand Abraham des Morgens früh auf und nahm Brot und einen Schlauch mit Wasser und legte es Hagar auf ihre Schulter und den Knaben mit und ließ sie von sich. Da zog sie hin und ging in der Wüste [...]

Isaak war der Bock für Gott und Ismael war der Bock für Asasel. Hätte Abraham damals tatsächlich Isaak geopfert, wäre das hebräische Volk ironischerweise auch von allen Sünden befreit worden. Denn in Folge dieses Gedankengangs hätte es keine Israeliten gegeben, denn Isaak ist deren Stammvater. Eine logische Konsequenz, die man sich normalerweise nicht bewusst macht, wenn man die Geschichte um Abraham und Isaak liest: Kein Isaak, keine Israeliten. In Bezug auf das Opfer Christi muss das gesamte Sühnemoment eine Ebene nach oben befördert werden.

Bei der Opferung Christi tritt eine Parallel auf, die bis zur Zeit der Mormonenbewegung (1830) unausgesprochen geblieben ist. Die Mormonen behaupten, dass Jesus und Satan Brüder sind. Die Kirchenväter haben zwar diese Parallele zu Isaak-Jesus und Ismael-

---

[399] siehe: 3. Buch Moses 16,5 (Luther-Bibel)

[400] 1. Buch Moses 22,6-18: *Und Abraham nahm das Holz zum Brandopfer und legte es auf seinen Sohn Isaak; er aber nahm das Feuer und Messer in seine Hand, und gingen die beiden miteinander. [...] Und als sie kamen an die Stätte, die ihm Gott gesagt hatte, baute Abraham daselbst einen Altar und legte das Holz darauf und band seinen Sohn Isaak, legte ihn auf den Altar oben auf das Holz und reckte seine Hand aus und faßte das Messer, daß er seinen Sohn schlachtete. Da rief ihm der Engel des Herrn vom Himmel und sprach: Abraham! Abraham! Er antwortete: Hier bin ich. Er sprach: Lege deine Hand nicht an den Knaben und tue ihm nichts; denn nun weiß ich, daß du Gott fürchtest und hast deines einzigen Sohnes nicht verschont um meinetwillen.*

[401] Zitat: 1. Buch Moses 21,14 (Luther-Bibel)

Asasel erkannt, aber nicht in letzter Konsequenz ausgesprochen. Wenn Jesus Christus der Sohn Gottes ist und er sich bewusst entschieden hat, der zu opfernde Bock für Gott zu sein, bleibt die Frage nach dem in die Wüste zu treibenden Bock in der Kreuzigungsgeschichte offen.

Isaak ist Stellvertreter des Volkes Israel und Jesus ist Stellvertreter der Menschheit.[402] Das Sühnemoment muss eine Ebene nach oben befördert werden, d. h. dass der in die Wüste zu treibende Bock Asasel[403] selbst sein muss. Die Mormonen nennen Jesus und Satan Brüder.[404] Da beide von Gott geschaffen wurden, ist dies sicherlich keine blasphemische Ansicht, aber sie war und ist natürlich eine provokante Aussage.

Jesus Christus soll bereits vor der Schöpfung[405,406] bei seinem Vater (Gott) gewesen sein. Satan war ein Engel.[407] Engel wurden ebenfalls vor der Schöpfung[408] erschaffen. Lactantius (ca. 250-325 n.u.Z.) schrieb zur Beziehung zwischen Jesus und Satan folgendes:

Da Gott für seine Pläne im Besitz der größten Vorausschau ist und die größten Fähigkeiten besitzt, seine Pläne in die Tat umzusetzen, bevor diese Sache mit der Welt begann - insofern als in ihm die Quelle der vollen und vollständigsten Güte ist und immer war -, damit Güte wie ein Strom von ihm entspringen und weit hinausfließen möge, brachte er einen Geist ihm gleich hervor, der mit den Vollkommenheiten Gottes des Vaters ausgestattet sein möge... Dann erschuf er ein anderes Wesen, in dem die Geistesart des göttlichen Ursprungs nicht verblieb.

---

402 Diese Aufgabe hat Jesus gemeinsam mit Adam. Ich bin bewusst nicht auf den Adam-Mythos eingegangen, damit sich diese Ausführungen nicht zu sehr in die Länge ziehen.

403 Asasel ist ein Alternativname für Satan.

404 M. Russell Ballard. *Building Bridges of Understanding.* (June 1998). S. 62.

405 Die Rabbiner selbst gaben im Talmud (SER 29 (31) (S. 160); TanBu §19/Tan§11; bPes 54a/bNed 39a; PRE 3 (6a); MidrTeh 93,3 oder MidrMisch 10a) vor, dass es entweder sechs oder sieben Dinge vor der Schöpfung gab. Das ist keine Idee der Schreiber des NT, sondern eine ganz alte Idee. Meist wird in den talmudischen Ausführungen der Messias als eines der präcreatio-„Dinge" genannt.

406 Kolosser 1,15-16: *[Jesus] welcher ist das Ebenbild des unsichtbaren Gottes, der Erstgeborene vor allen Kreaturen. Denn durch ihn ist alles geschaffen, was im Himmel und auf Erden ist, das Sichtbare und das Unsichtbare, es seien Throne oder Herrschaften oder Fürstentümer oder Obrigkeiten; es ist alles durch ihn und zu ihm geschaffen.* Durch Jesus Christus hat Gott den Schöpfungsakt umgesetzt.

407 siehe: 2. Korinther 11,14 (Luther-Bibel)

408 Hiob 38,5-7: *Weißt du, wer ihr das Maß gesetzt hat oder wer über sie eine Richtschnur gezogen hat? Worauf stehen ihre Füße versenkt, oder wer hat ihren Eckstein gelegt, da mich die Morgensterne miteinander lobten und jauchzten alle Söhne Gottes?*

Deshalb war er mit seinem eigenen Neid infiziert wie mit Gift und ging vom Guten zum Schlechten über; und nach seinem eigenen Willen, den ihm Gott frei gewährt hatte, eignete er sich einen konträren Namen an. Daher ist anzunehmen, dass die Quelle allen Übels der Neid ist. Denn er beneidete seinen Vorgänger, der durch seine Standfestigkeit Gott dem Vater annehmbar und lieb war. Dieses Wesen, das durch seine eigene Handlungsweise vom Guten zum Bösen wurde, wird von den Griechen diabolus[409] *genannt. Wir nennen ihn den Ankläger, denn er berichtet Gott von der Schuld, zu der er selbst uns verlockt hat. Als Gott dann anfing, die Welt zu schaffen, setzte er darum seinen ersten und großartigsten Sohn über das ganze Werk und gebrauchte ihn gleichzeitig als Ratgeber und Ausführenden in der Planung, in der Absprache und in der Ausführung, da Er vollkommen ist in Weisheit, Gerechtigkeit und Macht...* [410]

Gott schuf einen ihm gleichen Geist, nämlich Jesus Christus. Er war seine erste Schöpfung. Dann erschuf er einen anderen Geist und erst dann die Engelheerscharen. Der andere Geist begehrte auf und fiel aus Neid von seinem erhöhten Stand ab. Dieser Geist heißt Satan. Christus ist der erste und großartigste Sohn, aber nicht der einzige Sohn Gottes. Jesus Christus und Satan sind beide Geistessöhne Gottes und in Folge dessen Brüder.
Die Kirchenväter haben zwar die Parallele zu Isaak und seiner beabsichtigten Opferung erkannt, aber nicht bis zur letzten Konsequenz ausgesprochen. Wenn Jesus Christus sich bewusst entschieden hat, der zu opfernde Bock zu sein, dann ist Satan (Asasel) der andere Bock. Jener Bock, der in die Wüste zu treiben ist. Das Sühnemoment ist in eine göttliche Ebene empor befördert worden. Dass Satan (Asasel) alle Sünden der Menschheit auf sich nehmen musste, findet sich in der apokryphen, äthiopischen Schrift „Buch Henoch“ bestätigt:

Die ganze Erde wurde durch die Werke der Lehre Asasels verderbt, und ihm schreibe alle Sünden zu. [411]

---

409 Diabolus ist ein Alternativname für Satan.

410 Lactantius, Divine Institutes 2.9. in Alexander Roberts and James Donaldson, eds. The Ante-Nicene Fathers, 10 vols. (1885; reprint, Peabody: Hendrickson, 2004), Seiten 52–53.

411 Übersetzungen aus Emil Kautzsch, Die Apokryphen und Pseudepigraphen des Alten Testaments Bd. 2, Tübingen (Mohr) 1900: Das 1. Buch Henoch (äthiopischer Henoch 3.-1. Jahrhundert v.u.Z.). Kapitel 10,8.

Erst in der gemeinsamen Sichtweise von Bock für Gott (Isaak-Jesus) und Bock für Satan (Ismael-Asasel) zeigt sich, dass es einen größeren Zusammenhang gibt. Wie wichtig das Blutsühneopfer Jesu Christi noch heute ist, erkennen wir in der veränderten Bedeutung Satans:

Der Satan wird in der Thora nicht als personifiziertes Böse betrachtet. Im Judentum wird sowohl das Gute als auch das Böse als zwei Seiten des einen Gottes (Jahwe) verstanden. Der Satan, wenn er als Person oder Tier auftritt, handelt stets im Auftrag Gottes. Im Judentum begehrte der Satan nicht gegen Gott auf, und er wurde dadurch auch nicht zum personifizierten Bösen oder zum Fürsten der Finsternis.
Diese Aussage auf den Sündenfall bezogen, könnte deshalb missverstanden werden. Nachdem Gott die Welt und das Paradies auf Erden erschuf, setze er den Menschen hinein. Die ersten Menschen waren Adam und Eva. Ihnen war alles erlaubt bis auf eine Sache. Sie durften nicht vom Baum der Erkenntnis von Gut und Böse essen. Die Schlange verführte aber Eva. Sie und Adam aßen vom Baum der Erkenntnis von Gut und Böse und wurden daraufhin aus dem Paradies vertrieben.
Wenn die Schlange, die Eva verführte, Satan gewesen wäre, und wenn Satan immer im Auftrag Gottes handelt, so wäre die Vertreibung aus dem Paradies ein von Gott gewolltes Ereignis. Kann das sein? [412]

Im Christentum erfährt Satan eine „Beförderung". War er zuvor (im Judentum) ein Engel, der unter Gottes Einfluss stand (siehe „Buch Hiob"), so ist er im Christentum ein gottähnliches Wesen mit dämonischen Kräften, der nicht von Gott kontrolliert wird und frei handelt. Diesem mächtigen Wesen wird nun ein mächtigeres Wesen (Jesus Christus) entgegengestellt:

Aber die Pharisäer sprachen: Er [Jesus] treibt die Teufel aus durch der Teufel Obersten. [413]

Wie wichtig und weitläufig das sühnende Opfer Christi ist, wird auch dadurch verständlich, dass allein sein Blut uns vor Satans Dämonenheerscharen schützt. Weil Satans Macht durch Gottes Sühnopfer als Mensch Jesus Christus am Kreuz gebrochen wurde, und er seiner Macht weichen muss, ist Satan jede Erwähnung des

---

412 Zitat: *Gott, Schöpfung und Mensch – Judentum, Christentum und Islam.* Giovanni Grippo. Steinbach (2009), Seite 13.
413 Zitat: Matthäus 9,34 (Luther-Bibel)

Namens Jesus Christus versagt. Zugleich fürchtet er diesen Namen mehr als alles andere. Im 1. Petrus-Brief 5,6-9 heißt es:

So demütiget euch nun unter die gewaltige Hand Gottes, daß er euch erhöhe zu seiner Zeit. Alle Sorge werfet auf ihn; denn er sorgt für euch. Seid nüchtern und wachet; denn euer Widersacher, der Teufel, geht umher wie ein brüllender Löwe und sucht, welchen er verschlinge. Dem widerstehet, fest im Glauben, und wisset, daß ebendieselben Leiden über eure Brüder in der Welt gehen.

Die Frage „War der Tod Jesu ein Sühnopfer?" kann wieder bejaht werden. Bei der Kreuzigung Jesu Christi legte – im übertragenem Sinne – der Hohepriester Gott seine Hände auf den Kopf des lebenden Bockes (Satan) und bekannte die Sünden des Volkes (Menschheit) über ihm und trieb ihn in die Wüste.
Wer daher sein Leben Jesus Christus übergibt und nach seinen Geboten der Gottes- und Nächstenliebe lebt, darf sich „Im Namen Jesu Christi", d. h. in seiner stellvertretenden Vollmacht gegen Satan wenden. Wer aus dieser Vollmacht Satan „Im Namen Jesu Christi" befiehlt, erhält durch Macht über *Teufel* und der *Teufel Obersten*, denn auf Jesu Auftrag hin helfen ihm Engel gegen Satan oder seine Dämonenheerscharen. Darauf basiert letztendlich die Exorzismuslehre der Katholischen Kirche. In unserer Zeit mögen der Glaube an Engel, Dämonen und Teufel nicht mehr verständlich sein, genauso wie das sündensühnende Opfer Jesu Christi, aber zur Zeit Jesu und davor (und heute noch in anderen Kulturen) war der Glaube stark im Bewusstsein der Menschen verankert. Heute kehrt dieser Glaube verstärkt zurück. Er wird aber dem Sammelbegriff „Esoterik" zugerechnet. Um heute das Konzept des Blutsühneopfers Jesu Christi den Anhängern des Christentums sowie der Esoterik wieder verständlich zu machen, ist die Idee des Leids nebensächlich. Die christlichen Urgemeinden des 1.-3. Jahrhunderts hatten bereits andere Konzepte vorgegeben:
Die Urchristen setzten zwischen den Baum des Lebens[414] aus dem Paradies und dem Kreuz an den Jesus Christus starb einen direkten Bezug. Sie handelten ganz im Sinne der Offenbarung, auf deren Verwirklichung der enthaltenden Prophezeiungen sie kurzweilig warteten:

---

414 siehe: 1. Buch Moses 2,9 (Luther-Bibel)

Wer Ohren hat, der höre, was der Geist den Gemeinden sagt: Wer überwindet, dem will ich zu essen geben vom Holz [Baum] des Lebens, das im Paradies Gottes ist. [415]

oder

Selig sind, die seine Gebote halten, auf daß sie Macht haben an dem Holz [Baum] des Lebens und zu den Toren eingehen in die Stadt. [416]

Jesus Christus hat den Weg ins Paradies und insbesondere zum Baum des Lebens [417] wieder freigegeben, der uns durch die Cherubim (Engel) versperrt war. Kurz und nur nebenbei sei Adam[418] an dieser Stelle erwähnt. Die durch Adam verursachte Erbsünde hielt uns vom Einzug ins Paradies zurück. Diese (Erbsünde) ist durch Jesus Christus hinfällig geworden. Eine solche „Frohe Botschaft" ist auch heute positiv vermittelbar und zeitgemäß.
Die jüdische Religionsphilosophie besagt, dass der Mensch deshalb geschaffen wurde, um seine Natur zu brechen. Wenn wir über Adam nachdenken, dann sehen wir, dass er seine Natur brach indem er Gottes einziges Gebot missachtete. Jeder Mensch, der nach dieser Gebotsübertretung geboren wurde, hat nun wiederum seine Natur zu brechen.
Im Umkehrschluss heißt das, dass Adams Natur Gottes erstes und einziges Gebot zu brechen war. Adam war freigestellt das Gebot zu brechen oder seine gute Natur zu zeigen und es eben nicht zu brechen. Er entschied sich doch seine Natur zu brechen. In logischer Konsequenz bedeutet das heute, dass wir unsere Natur wieder brechen müssen, um in den Urzustand Adams zurückzukehren. Dem Menschen ist freigestellt das Gebot zu brechen. Das Gebot brechen bedeutet in unserer heutigen Zeit „Umkehr".[419] Die Menschen zeigen

---

415 Zitat: Offenbarung 2,7 (Luther-Bibel)

416 Zitat: Offenbarung 22,14 (Luther-Bibel)

417 1. Buch Moses 3,23-24: *Da wies ihn Gott der Herr aus dem Garten Eden [...] und trieb Adam aus und lagerte vor den Garten Eden die Cherubim mit dem bloßen, hauenden Schwert, zu bewahren den Weg zu dem Baum des Lebens.*

418 1. Buch Moses 2,16-17: *Und Gott der Herr gebot dem Menschen und sprach: Du sollst essen von allerlei Bäumen im Garten; aber von dem Baum der Erkenntnis des Guten und des Bösen sollst du nicht essen; denn welches Tages du davon ißt, wirst du des Todes sterben.*

419 Auch die „Umkehr" ist eines der „Dinge", die es vor der Schöpfung gab (TanBu §19/Tan§11; PRE 3 (6a); MidrTeh 93,3 oder MidrMisch 10a).

aber weiterhin ihre schlechte Natur und kehren nicht um. Sie verursachen weiterhin – wie Jung schrieb – einen sozialen Misstand:

Der Aufruf des Christentums nach Nächstenliebe wird als Ausgleich eines entsprechenden sozialen Missstandes und als Versuch dem Menschen Bewusstsein und Verantwortlichkeit anzuerziehen verstanden, […] [420]

Es könnte der Eindruck entstehen, dass das Christentum ein schreckliches Gottesbild vertritt. Jene anfänglich geäußerte Kritik nach der Aktualität des Blutsühneopfers Jesu Christi ist - heute mehr denn je - wahrzunehmen. Gott, der seinen erstgeborenen Sohn opfert, um seinen eigenen Groll gegen die Menschen zu besänftigen, um die Sünde der Menschen gegen sich aufzuwiegen. Es scheint immer noch ein Bild eines grausamen, rachesüchtigen Gottes des Alten Testaments vorhanden zu sein. Wo bleibt da aber der Gott des Neuen Testaments, der die Liebe selbst ist?
In Wirklichkeit erspart Gott Abraham die Opferung seines eigenen Sohnes aus Liebe. Das ist barmherzig. Gott ist im Alten Testament bereits ein liebender Gott. Er gibt fast immer nach. Die Opferung des Gottessohnes geschieht nicht aus grollbeschwichtigenden Gründen. Es hat etwas mit der Thematik der Erbsünde zu tun. In Judentum und im Islam gibt es sie nicht. Im Christentum wurde sie kreiert, damit Jesus´ Opfer mehr Sinn bekommt.
Jesus hat sich bewusst geopfert, um den Menschen einen neuen Weg zu zeigen. Er sah die einzige Möglichkeit sich Gehör zu verschaffen, indem er sich töten ließ (Märtyrer). Alles andere hätte in jenen wirren Zeiten keine Auswirkungen gehabt. Dieser Plan wäre auch fast schief gegangen, da die Römer seinen Tod in keinem ihrer Berichte erwähnt haben. Die Apostel und seine Anhänger sind der Schlüssel. Sie sind es, die seine „Frohe Botschaft" in die Welt hinaustrugen und seinem Tod den wahren Sinn gegeben haben. Jesus predigte von einem liebevollen Vater. Bei allen Interpretationen der Mystiker wird ein gravierender Irrtum gemacht. Die Liebe wird sehr romantisch und ideell dargestellt. Aber die Liebe ist grausam:

Wie Schade, daß die Liebe, die von Ferne so reizend anzusehen ist, so grausam und tyrannisch seyn soll, so bald sie uns erreicht! [421]

---

420 The philosophical tree. II. On the history and interpretation of the tree symbol. 7. The rose-coloured blood and the rose. In: Jung, C., Collected Works of C. G. Jung, Vol. 13. Princeton University Press, 1967, 444 p. (p. 292-297)

Das Christentum könnte ohne das Schlüsselmoment des Sühnopfers sich argumentativ nicht mehr behaupten. Der Tod bzw. das sündensühnende Opfer Christi am Kreuz bedeutet für das Abendland die Befreiung des Menschen und dessen Erlösung. Gott ist Mensch geworden. Der Mensch nimmt sein Schicksal in die eigene Hand.[422] Die Erbsünde ist nicht mehr. Der Weg ins Paradies ist freigegeben …

---

421 William Shakespeare. Romeo und Julia. Reclam 1998. S. 10.

422 siehe: *Die Alchemie der Rosenkreuzer – Rosenkreuzertum und Freimaurerei.* Giovanni Grippo. 2.4.4. Das Kreuz, ein Todeszeichen?

Im Christentum war die Wahrnehmung Gottes transzendent bis er in Jesus Christus Fleisch wurde. Gott wird Fleisch und der mit Erbsünde belastete Mensch wurde von ihr befreit. Mit dem Gott des Neuen Testaments erhält der Mensch die Fähigkeit zurück sein eigenes Schicksal wieder in die Hand zu nehmen. So wie Adam vor dem Sündenfall in der Lage war sein eigenes Schicksal zu gestalten.

Es gibt Parallelen zwischen der beabsichtigten Opferung Isaaks durch seinen Vater Abraham und der Opferung Jesus Christi durch seinen Vater Gott. Beide führen sich auf das jährliche Sühnetagritual zurück.

XXI. Der Menschensohn

Obwohl der Begriff „Menschensohn" bereits im Alten Testament erwähnt wird, besonders beim Propheten Hesekiel, den Gott über 90mal so nennt, wird dieser Titel seit Jesus Christus allein auf ihn bezogen. Auch der Prophet Daniel[423] wird einmal so genannt. Fast alle apokryphen Schriften über den Messias, die vor seinem Erscheinen existierten, wurden nach seinem Tod umgeschrieben. Das Wort „Messias" wurde mit dem Namen „Jesus Christus" ersetzt.

Bevor die Christen die Messiasmythologie gänzlich übernahmen und anpassten, hatte die jüdische Religionsphilosophie eine ausgeprägte Vorstellung entwickelt. Die Rabbiner gaben im Talmud an, dass der Messias bereits vor dem Erschaffungsprozess des Kosmos´ existiert haben soll. Dies macht auch die beiden Aussagen aus dem Kapitel „Wie der Kosmos entstand" (Kapitel XIV) verständlicher: ***a)*** Der Kabbalah zufolge wurde der Kosmos aus Liebe zu den Menschen erschaffen. ***b)*** Der Messias ist Anfang und Ende der Schöpfung.

Im Neuen Testament sagt Jesus Christus etwa 80mal zu sich selbst: „Menschensohn".[424] Jesus bezeichnet sich selbst so, um sicherlich zu bestätigen, dass der Sohn Gottes (zugleich Messias) jetzt wirklich ein Mensch war. Er war *Fleisch geworden*[425] und aus einer Frau geboren, nämlich der Jungfrau Maria, die ihn empfangen und zur Welt gebracht hatte.[426] Diese menschlichen Aspekte sind für seine Zeit als Richter erforderlich:

Ich sah in diesem Gesicht des Nachts, und siehe, es kam einer in des Himmels Wolken wie eines Menschen Sohn bis zu dem Alten und ward vor ihn gebracht. Der gab ihm Gewalt, Ehre und Reich, daß ihm alle Völker, Leute und Zungen dienen sollten. Seine Gewalt ist ewig, die nicht vergeht, und sein Königreich hat kein Ende. [427]

Denn nur jener kann über einen Menschen richten, der selbst einst Mensch war und zudem sich wieder zu einer göttlichen Existenz erhoben hat. Der Menschensohn zeigt, dass unsere Entwicklung

---

423 siehe: Daniel 8,17 (Luther-Bibel)

424 siehe: Matthäus 8,20; 9,6; 10,23 und Apostelgeschichte 7,56 und Hebräer 2,6 und Offenbarung 1,13; 14,14 (Luther-Bibel)

425 siehe: Johannes 1,14 (Luther-Bibel)

426 siehe: Galater 4,4 und Lukas 1,34-36 (Luther-Bibel)

427 Zitat: Daniel 7,13-14 (Luther-Bibel)

tatsächlich von uns abhängt. Die Verschmelzung mit Gott oder einer höheren Daseinsform ist ein aktiver und bewusster Schritt der Menschheit. Wir können ihn durch gute Handlungen und gute Taten erreichen, wie es da heißt:

Der Mensch hat drei Freunde: Kinder und sonstige Verwandte, das Vermögen und die guten Handlungen, die er verübt hat. Wenn er nun dem Tod nahe ist, ruft er den ersten Freund und bittet um Hilfe. Dieser spricht: Ich kann nicht helfen, du weißt, ja, wie es in der Bibel heißt: »Der Bruder kann den Bruder nicht erlösen«; er fleht den zweiten Freund um Rettung an, dieser antwortet: Du kennst ja die Schriftstelle: »Vermögen nützt nichts am Tage des Grimmes.« Endlich ruft er die guten Handlungen zu seinem Beistand. Diese sagen ihm: Wenn du zum Gottesgericht kommst, wirst du uns dort finden, und wir werden auch für sich sprechen; so heißt es ja: »Deine Gerechtigkeit wird vor dir einherschreiten, wenn die Herrlichkeit Gottes dich aufnimmt.« [428]

Die Schöpfung ist keine Spaltung oder Abtrennung des Ganzen oder von Gott. Sie ist kein Verlust der ursprünglichen Einheit. Es ist keine Spaltung vom göttlichen Geiste, sondern ein Teil des Ganzen. Materie und Licht sind dasselbe und Raum und Zeit sind dasselbe.

Die Schekina zeigt uns eine frohe Botschaft. Die Bundeslade war Empfangs- und Aufenthaltsort der Schekina. Gott nahm sie als Wohnsitz ein, immer während er beim Volk Israel verweilte. Insbesondere manifestierte sich die Schekina zwischen den beiden Cherubim, die auf dem Deckel angebracht waren. Die beiden Tragestangen an der Seite hießen Jachin und Boas und durften nie aus der Halterung entfernt werden. Als die Bundeslade in das Allerheiligste (hebr. „debir“) des salomonischen Tempels einzog, wurden die beiden Stangen entfernt und man benannte die beiden äußeren Säulen so, um zu verdeutlichen, dass dies der letzte, feste und endgültige Platz der Bundeslade sein sollte.

Nach Isaak Luria wird die Schöpfung auch als eine Selbstreinigung Gottes vom immanenten Bösen gesehen. So ist alles Seiende auf das eine Ziel ausgerichtet, mittels Tiqqun das Böse zu bekämpfen und letztendlich ein reines Sein zu schaffen und in den Zustand vor der Schöpfung zurückzukehren. Der Mensch soll in den Zustand vor dem Sündefall zurückkehren. Die Erbsünde, die aus dem Sündenfall

---

[428] Zitat: *Sagen und Legenden aus Talmud und Midrasch - Eine Sammlung von Sagen, Legenden, Allegorien und Fabeln.* Daniel Ehrmann. Marix Verlag. Wiesbaden 2004. S. 136: *Die drei Freunde.*

hervortritt, ist aber nicht erst durch Adam auf den Menschen gekommen, sondern Gott gab den Menschen ein eigenes Ego, dass er in einer Art Selbstreinigung zu überwinden hat, um zu Gott zurückzukehren. Die Erbsünde ist das eigene Ego. Sie wurde nicht einst von Adam auf uns übertragen, sondern unsere täglichen Handlungen und Taten erschaffen und vergrößern unsere Erbsünde. Sie ist nur deshalb vererblich, weil sie auf unsere Umgebung vererbt werden kann. Benehmen wir uns schlecht in der Geschäftswelt, so wird man sich uns gegenüber schlecht verhalten. Geben wir unseren Schülern ein schlechtes Beispiel, so werden wir schlechte Ergebnisse erhalten. Sind wir unseren Kindern ein schlechtes Beispiel, so werden wir in Einsamkeit sterben. Wir werden das ernten, was wir säen.

Viele Religionen haben in uns das Bewusstsein geweckt, dass die Schöpfung, die Erde und der Mensch etwas Schlechtes seien. Voll von Sünde, Materie und Verwesung, aber dem ist nicht so.

Als der Salomonische Tempel (951 v.u.Z.) durch den aaronitischen Priester Zadok eingeweiht wurde, ist die Bundeslade von Gabaon ins Allerheiligste auf Zion überführt worden. In der Bundeslade waren die Gesetzestafeln aber auch die geheimen Schriften der Weisheit enthalten. Manche Exegeten meinen, dass sich neben den Gesetzestafeln[429] noch andere Dinge in der Bundeslade befinden mussten.

Der Hohepriester entnahm die sich darin befindenden Schriften der Weisheit, schloss den Deckel auf dem sich die zwei Cherubim befanden und die Präsenz Gottes auf Erden, die Schekina, floss herbei. Sie erleuchtete ihn und erklärte ihm die richtige Interpretationsweise der vorliegenden Schriften und die Geheimnisse der Schöpfung. Auch Abraham und Melchizedek erlebten diese Art ritueller Einweihung auf dem achteckigen Altar, der einst auf Gottes Geheiß von Abraham errichtet werden musste.

In der Bibel wird beispielsweise der Diebstahl der Bundeslade erzählt. Um 1050 v.u.Z. wurde sie durch die Philister gestohlen, später jedoch zurückgegeben.

Aber die Hand des Herrn war schwer über die von Asdod und verderbte sie und schlug sie mit bösen Beulen, Asdod und sein Gebiet. Da aber die Leute zu Asdod sahen, daß es so zuging, sprachen sie: Laßt die Lade des Gottes Israels nicht bei uns bleiben; denn seine Hand ist zu hart über uns und unserm Gott Dagon. Und sie sandten hin und versammelten alle Fürsten der Philister zu sich

[429] siehe: 2. Buch Moses 25,21 (Luther-Bibel)

und sprachen: Was sollen wir mit der Lade des Gottes Israels machen? Da antworteten sie: Laßt die Lade des Gottes Israels nach Gath tragen. Und sie trugen die Lade des Gottes Israels dahin. Da sie aber dieselbe dahin getragen hatten, ward durch die Hand des Herrn in der Stadt ein sehr großer Schrecken, und er schlug die Leute in der Stadt, beide, klein und groß, also daß an ihnen Beulen ausbrachen. Da sandten sie die Lade des Herrn gen Ekron. Da aber die Lade Gottes gen Ekron kam, schrieen die von Ekron: Sie haben die Lade Gottes hergetragen zu mir, daß sie mich töte und mein Volk. Da sandten sie hin und versammelten alle Fürsten der Philister und sprachen: Sendet die Lade des Gottes Israels wieder an ihren Ort, daß sie mich und mein Volk nicht töte. Denn die Hand Gottes machte einen sehr großen Schrecken mit Würgen in der ganzen Stadt. Und welche Leute nicht starben, die wurden geschlagen mit Beulen, daß das Geschrei der Stadt auf gen Himmel ging. [430]

Diese Stelle kann so verstanden werden, dass die Philister die aus der Bundeslade strömende Weisheit nicht verkrafteten. Sie konnten mit dem Inhalt nichts anfangen und sie hatten vor der Schekina Angst. Viele Exegeten wundern sich nämlich, warum diese Stelle überhaupt Eingang in die Bibel fand.

Als die Schekina nicht mehr in den Tempel einfahren konnte, weil einerseits der Salomonische Tempel 586 v.u.Z. zerstört wurde und andererseits die Bundeslade abhanden gekommen war, ging ihre erleuchtende Ausströmung nicht verloren, sondern auf andere Orte und Völker über. Dies war erst durch die Zerstörung des zweiten Tempels möglich, wie wir am Beispiel der Philister sehen können. In späteren Zeiten gingen die Wächter zu den Völkern, wo sich die Schekina über die Jahrhunderte niederzulassen pflegte. Sie weihten die anderen Völker in die Präsenz des einen Gottes auf Erden ein. Sie erleuchteten sie und erklärten ihnen die richtige Interpretationsweise der Schriften der Weisheit und die Geheimnisse der Schöpfung.

Das Wissen, um das Vermächtnis Henochs bzw. den Schriften der Weisheit wurde, nach Alexander dem Großen, bei den Griechen sehr populär. Sie hatten bereits durch die Orphiker, die ebenfalls Wächter dieses Wissen waren, Kontakt mit jenem Vermächtnis gehabt, das sie fortan Hermes Trismegistos (alias *Thot* alias *Henoch*) zuschrieben.

Die Wächter kamen dann, nach der Zeit der Griechen, zu den Römern. Wir finden verblüffenderweise sogar genetische Hinweise, wohin zumindest ein Teil dieser Wächter, sich angesiedelt hat.

---

[430] Zitat: 1. Samuel 5,6-12 (Luther-Bibel)

1997 wurde die Hypothese aufgestellt, das die jüdischen Priester (hebr. „kohanim“) einen auffällig hohen Anteil eines bestimmten Gens auf dem Y-Chromosom haben müssten. Der Ursprung dieser gemeinsamen DNA wurde auf ungefähr vor 3.000 Jahren geschätzt. Die Zugehörigkeit zum Judentum verläuft zwar traditionsgemäß über die mütterliche Erblinie, aber die Zugehörigkeit zur spezifischen Gruppe der jüdischen Priester definiert sich durch den Vater. Die Kohanim behaupten in direkter Nachkommenschaft zum biblischen Aaron, dem Bruder des Moses, zu stehen. Da männliche Kinder das Y-Chromosom immer vom Vater erben, lässt sich vermuten, dass alle Kohanim das gleiche Y-Chromosom gemeinsam haben müssten.
Es gibt auch nichtjüdische Populationen, bei denen der genetische Hinweis in auffälliger Zahl gefunden wurde. So etwa bei Italienern. Die in Südafrika lebenden Lemba führen ihre Herkunft auf Juden zurück. Die genetischen Befunde vor allem in ihrem Priesterstamm der Babu bestätigen diese Überlieferung. In einigen Gruppen von Kurden kommt das Gen ebenfalls verstärkt vor.
Auch die Leviten, als Abkömmlinge Levis, des Sohnes Jakobs und Urgroßvaters Aarons, müssten das „Aaron Y-Chromosom“ besitzen. Eine Untersuchung von Männern, die sich zu den Leviten zählten, hat gezeigt, dass dem nicht so ist. Ein genetischer Hinweis weist aber

bei den osteuropäischen, aschkenasischen Juden darauf hin, dass über 50.00 % auf einen gemeinsamen männlichen Vorfahren der letzten 2.000 Jahre innerhalb der Gruppe der Aschkenasim zurückzuführen sind. Aus christlicher Sicht ist der Messias Fleisch geworden.[431] Diese genetischen Hinweise sind Spuren, die gefunden werden sollen. „Göttliche Gene" sind aber bereits vor der Fleischwerdung des Messias in der Person des Jesus von Nazareth in uns allen vorhanden gewesen. Doch auch hier spielt das königliche Blut (alt-fr. „sang royal") wiederum eine wichtige Rolle.
Wenn wir uns darauf einlassen, dass das Jahr 3761 v.u.Z. nicht die Erschaffung des ersten Menschen ist, sondern das Auftreten einer Gruppe, die dann durch Henoch sich seinem Vermächtnisses und der rigorosen Erfüllung des Willen Gottes als seine Mitstreiter (hebr. „Israel") weihte, dann können wir das Vermächtnis der Bibel, der Kabbalah und jener Wächter und Hüter in den Welt begreifen. Wir bezeichnen diese Gruppe von Eingeweihten in unseren Ausführungen als Henochischen Orden oder Orden des Propheten Henoch. Einerseits wegen Henoch, der als Bindeglied der Geheimnisse der Gruppe von Eingeweihten verstanden werden kann, und andererseits weil diese Gruppe sicherlich wie ein Orden mit Graden, Hierarchien und durch Disziplin organisiert war.
Es gibt auffällige, gemeinsame Hinweise. Neben Henoch, der unzählige assoziative Namen durch die Geschichtsschreibung hinweg erhalten hat, und der Zahl *phi* (alias *Goldener Schnitt*), welche durch das Pentagramm dargestellt wird, gibt es weitere Hinweise. Die bereits erwähnten zwei Säulen sind ein uraltes Symbol der Rosenkreuzer und Freimaurer. In den Legenden der Freimaurerei werden sie ursprünglich nur mündlich erwähnt. Sie verweisen ebenfalls auf eine Traditionslinie hin. Der letzte Hinweis, den wir zwar mehrfach erwähnt haben, aber hier nicht als solchen benannt haben, ist der Name Gottes selbst: JHWH. Wie besonders dieser Name ist, sagt sein Träger selbst aus:

Und Gott redete mit Mose und sprach zu ihm: „Ich bin der Herr und bin erschienen Abraham, Isaak und Jakob als der allmächtige Gott; aber mein Name Herr ist ihnen nicht offenbart worden."[432]

---

431 siehe: *Und das Wort ward Fleisch und wohnte unter uns, und wir sahen seine Herrlichkeit, eine Herrlichkeit als des eingeborenen Sohnes vom Vater, voller Gnade und Wahrheit.* (Johannes 1,14)
432 Zitat: 2. Buch Moses 6,3-4 (Luther-Bibel)

Selbst dem Moses gab Gott vor dem brennenden Dornenbusch nicht seinen wahren Namen preis, denn der wahre Name Gottes geht weit über das geistige, seelische und körperliche Verständnis des Menschen hinaus.
Gott flüsterte ein einziges Wort; nämlich den verborgenen und wahren Namen des Messias und das Sein trennte sich von dem Chaos. Wie im 48. Kapitel des Buches Henoch beschrieben, ist der wahre Name des Messias in der Schöpfung verborgen, bevor Gott die Sonne und Sterne erschuf.

Bevor die Sonne und die Tierkreiszeichen geschaffen, und bevor die Sterne des Himmels gemacht wurden, wurde sein Name vor dem Herrn der Geister genannt.[433]

Bevor Gott die Sonne und die Tierkreiszeichen (die Sterne) am vierten Schöpfungstag erschuf, verkündete er den Namen des Messias und machte ihn zum allestragenden Eckstein der Schöpfung. Jener übertragene Eckstein, der von den Bauleuten verworfen wurde:

So seid ihr [Menschen] nun nicht mehr Gäste und Fremdlinge, sondern Bürger mit den Heiligen und Gottes Hausgenossen, erbaut auf den Grund der Apostel und Propheten, da der Messias der Eckstein ist, auf welchem der ganze Bau ineinander gefügt wächst zu einem heiligen Tempel in dem Herrn, auf welchem auch ihr mit erbaut werdet zu einer Behausung Gottes im Geist. [434]

Die Söhne Gottes wurden laut dem mosaischen Buch Hiob vor der Schöpfung der Sonne und Sterne erschaffen.[435] Sie kannten den Namen des Messias.
Gott band alle Engel an die Verschwiegenheit durch den Fluch BeQA (**אקב**) und den Hauptschwur AQAe (**אקא**). Damit sich keiner dem zukünftigen Endgericht und dem Urteil des Messias entziehen kann. Gott rief die Engel Jahschevuah und Elalah, der auch Kesbeel genannt wird, zu sich, weil sie Engel waren, die den verborgenen Namen des Messias nicht kannten, weil sie erst nach der dem vierten Tag[436] erschaffen wurden.

---

433 Zitat: äthiop. Buch Henoch, Kapitel 48a,1-2: *Der Name des Menschensohnes*
434 Zitat: Epheser 2,19-22 (Luther-Bibel)
435 siehe: Hiob 38,4-7 (Luther-Bibel)
436 siehe: 1. Buch Moses 1,14-19 (Luther-Bibel)

Ein jeder Engel musste vor diesen beiden Engeln und dem Angesicht Gottes (alias *Phanuel* bzw. *Penuel*, hebr. „Angesicht Gottes") beide Schwüre über die Geheimhaltung des Namens des Messias leisten. Der Engel Jahschevuah nahm den Hauptschwur AQAe von jedem Engel ab und der Engel Elalah, der auch Kesbeel genannt wird, bannte jeden Engel zur absoluten Verschwiegenheit mit dem Fluch BeQA.

B	Baal-Schaqarqol		**A**	Aschschaph-Emeth
Q	Qibroth-Hattaawa		**Q**	Qol-Kiljon
A	Abaddon-Tohewah		**A**	Alah-Schaqar

Der einzige der den Namen des Messias kennt, aber ihn nicht aussprechen kann, weil er nicht zur absoluten Verschwiegenheit verpflichtet wurde, ist Asasel. Deshalb wird Gott sein Richter sein müssen. Dies bedeutet zudem, dass das Böse so ursprünglich ist, dass es über dem Messias und seinem Kosmos steht.

Als der Menschensohn Fleisch geworden war und am Kreuz starb, so wurde die Schekina zu einer den ganzen Erdenrund erfüllenden Erleuchtung. Wie der Menschensohn (alias *Jesus*) durch das Gebot der Nächstenliebe die jüdische Religion zu einer Weltreligion machte, so wurde die Schekina von Bundeslade, Tempel, Ort, Land und Volk befreit. Sie wurde zur Erleuchtung für alle Menschen, genauso wie aus dem jüdischen Wanderprediger Jehschuah (alias *Jesus*) der Maschiach bzw. der für das Weltheil Gesalbte wurde. Jehschuah bedeutet aus dem Hebräischen: „Gott wird mich Erretten".

Als der Menschensohn kam, machte er den Menschen bewusst, dass man Gott nicht an einem Ort sondern *„im Geist und in der Wahrheit"* anbeten müsse.[437] Schon der Prophet Jeremia hat angekündigt, dass Gott einen neuen Bund mit den Menschen schließen möchte, bei dem seine Gebote nicht mehr auf Steintafeln stünden, sondern im Herzen der Menschen verinnerlicht würden.[438]

Viele Exegeten meinen deshalb, dass das Schin (**ש**) im Namen Jehschuah für den Anfangsbuchstaben des Wortes Schekina (**שכינה**) steht.[439] Als der Messias Fleisch werden wollte, ging er eine geheiligte Verbindung mit der Schekina ein. Dadurch konnte er Fleisch werden und dadurch auf der Erde Wunder wirken und Erlösung bringen.

---

[437] siehe: Johannes 4,19-24 (Luther-Bibel)

[438] siehe: Hebräer 8,8–13 (Luther-Bibel)

[439] siehe in diesem Buch: *Der wahre Name Gottes* – Kapitel XII.

Als dann Jesus Christus gekreuzigt wurde, entwich die Schekina aus seinem fleischlichen, menschlichen Körper. Sie floh in den Tempel zurück und zerriss dabei den Vorhang zum Allerheiligsten. Es wurde dadurch deutlich, dass der Zugang zu Gott von nun an allen Menschen offen stand. Auch verlor der zweite Tempel dadurch seine Legitimität, denn er verlor als diesem Zeitpunkt jegliche Bedeutung.

Der einzige der den Namen des Messias kennt, aber ihn nicht aussprechen kann, weil er nicht zur absoluten Verschwiegenheit verpflichtet wurde, ist Asasel. Deshalb wird Gott sein Richter sein müssen. Dies bedeutet zudem, dass das Böse so ursprünglich ist, dass es über dem Messias und seinem Kosmos steht.

XXII. Der Kubus

Henoch ist der siebente Stammvater der Menschheit nach Adam und Seth ist der siebente Sohn Adams und Evas. Nach dem Sündenfall, durch Gottes Schlangenstab[440], verblieben Adam und Eva weitere drei Jahre im Garten Eden. Sie wurden durch den Sündenfall sterblich und Eva gebar bis zur Vertreibung aus dem Paradies vier sterbliche Töchter, die sich weder von Kain noch Abel oder Seth an Sterblichkeit unterschieden. Die Töchter hießen Pischon, Gihon, Hiddekel (Tigris) und Euphrat.

Am 21. Tage des letzten Monats der drei Jahre ging der Herr, als der Tag kühl geworden war, im Garten Eden und rief nach Adam. Gott bemerkte das Vergehen (alias *Sündenfall*) des Menschen erst, als Adam antwortete, dass er sich wegen seiner Nacktheit Gott zu zeigen schämte. [441] Von diesem Tage an beginnt die Zeitrechnung der sterblichen Menschheit und an diesem Tage erhielt die Männin, Adams Gehilfin, den Namen Eva. Sie wurde nach dem Hauptstrom des Gartens Eden genannt, aus dem sich vier Arme speisten, die die gleichen Namen wie ihre Töchter trugen, weil sie Leben ins Land brachten. Der oberste dieser Cherubim ist Schamarael, der auch das Angesicht Gottes (hebr. „Phanuel" bzw. „Penuel") genannt wird. Denn die Menschheit wird am Ende aller Tage vor dem Angesicht Gottes stehen müssen und wird nach dem Buch des Lebens gerichtet werden.[442] Schamarael steht dem Baum des Lebens am nächsten und ist von den zwei Cherubim, die vor dem Garten Eden lagerten 182,5 Tage weit entfernt.[443]

Als im sechsten Monat des Jahres 66 n.u.Z. 1,3 Millionen Juden (laut Josephus), also die jüdische Nation und das alte Judentum des Tempels fast vollständig vernichtet wurden, war der Kampf zwischen den rivalisierenden henochischen und zadokidischen Priesterschulen zu Gunsten des heutigen Judentums, das sich ausschließlich auf den Lehrmeister Moses beruft, entschieden worden.

Die Henochianer glauben, dass das Böse seinen Ursprung im Himmel hätte und nicht von der Erde getilgt werden könne. Die Zadokiten hingegen glauben, dass Sünde durch eine Befolgung des mosaischen Gesetzes vermieden werden kann. Ein weiterer

---

440 siehe in diesem Buch: *Der Schlangenträger (Ophiuchus)* – Kapitel VII.

441 siehe: 1. Buch Moses 3,8 (Luther-Bibel)

442 siehe: Offenbarung 20,12 (Luther-Bibel)

443 siehe: 1. Buch Moses 3,8 (Luther-Bibel)

Unterschied ist der Kalender; denn die Zadokiten berufen sich auf den Mond (354 Tage) und die Henochianer auf die Sonne (365 Tage). Nicht zufällig wurde Henoch im seinem 365. Lebensjahr von Gott entrückt.[444] Der heutige jüdische Kalender ist eine Mischung aus Mond- und Sonnenjahr. Das Jahr umfasst 354 Tage, die auf 12 Monate mit jeweils 29 oder 30 Tagen aufgeteilt sind. Die Monate sind wie bei einfachen Mondkalendern an den Mondphasen ausgerichtet[445]. Zudem gibt es eine Angleichung für das Sonnenjahr. Die Systematik des heutigen jüdischen Kalenders beruht im Wesentlichen auf Festlegungen des Patriarchen Hillel II. aus dem Jahr 359. Die Zählung hat sich aber erst ab dem 11. Jahrhundert n.u.Z. durchgesetzt. Damit wird verständlicher, warum die Entfernung zwischen Schamarael und den zwei postierten Cherubim 182,5 Tage sei. Denn das Sonnenjahr hat laut Henoch 365 Tage[446] und ist ein Verweis auf die Allgegenwart Gottes.

Nun kann auch die Bauform des Paradieses, der Arche, der Bundeslade und des Allerheiligsten nachvollzogen werden. Die Juden bauten nach Gottes Anweisung würfel- oder quaderförmig.

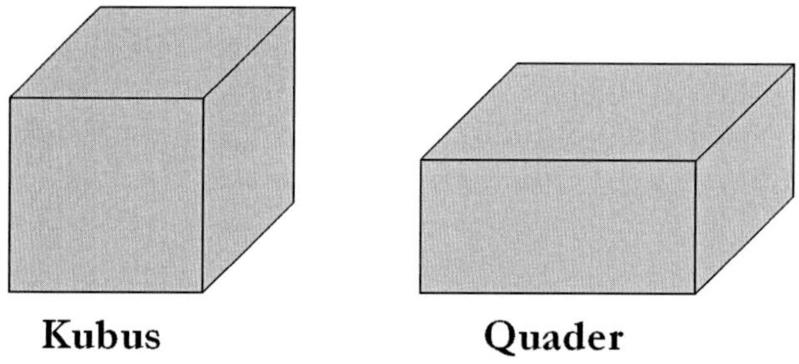

Es gibt im Sepher Raziel[447] einen Hinweis auf zwei Grundmuster: Kubus und Quader. Das Paradies und das Allerheiligste im Salomonischen Tempel waren würfelförmig. Wobei das Paradies eine Abbildung des Universums (10x10x10) gewesen ist.

Alle auserwählten Menschen sollten in kosmischen und göttlicher Ordnung und Harmonie darin leben. Das Allerheiligste im Salomonischen Tempel soll ebenfalls eine Abbildung des Universums

---

[444] siehe: 1. Buch Moses 5,23 (Luther-Bibel)

[445] Die Zahl 28 steht nicht nur für „Das Verderben" (Ha-Ke´eb - siehe Kapitel: *Zwei Stammbäume vor der Sintflut*), sondern auch für die Mondphasen.

[446] 365 (Sonnenjahr) : 2 (Höhe und Breite) = 182,5 Tage

[447] siehe: *Sepher Raziel: Das Buch des Erzengels Raziel.* G. Grippo. Oberursel 2010.

sein und war nur für das auserwählte Volk nach der Vertreibung aus dem Paradies bestimmt. Deswegen wurden die Reinigungsrituale desto mehr man sich den Allerheiligsten näherte strenger, auch wenn nur der Hohepriester hinter den Vorgang [448] des Allerheiligsten durfte. Der Hohepriester war an einer Kette gebunden, damit er von dienenden Priestern in einem Notfall daran herausgezogen werden konnte, ohne hinter den Vorhang treten zu müssen, und dadurch das Allerheiligste zu entweihen.
Der Quader hat über seine Bauweise eine latente Verbindung zur Sintflut. Die Ankündigung der Sintflut und der Bau der Arche werden in der Bibel folgendermaßen beschrieben:

Da aber der Herr sah, daß der Menschen Bosheit groß war auf Erden und alles Dichten und Trachten ihres Herzens nur böse war immerdar, da reute es ihn, daß er die Menschen gemacht hatte auf Erden, und es bekümmerte ihn in seinem Herzen, und er sprach: „Ich will die Menschen, die ich gemacht habe, vertilgen von der Erde, vom Menschen an bis auf das Vieh und bis auf das Gewürm und bis auf die Vögel unter dem Himmel; denn es reut mich, daß ich sie gemacht habe." Aber Noah fand Gnade vor dem Herrn.
Dies ist das Geschlecht Noahs. Noah war ein frommer Mann und ohne Tadel und führte ein göttliches Leben zu seinen Zeiten und zeugte drei Söhne Sem, Ham und Japheth. Aber die Erde war verderbt vor Gottes Augen und voll Frevels. Da sah Gott auf die Erde, und siehe, sie war verderbt; denn alles Fleisch hatte seinen Weg verderbt auf Erden.
Da sprach Gott zu Noah: „Alles Fleisches Ende ist vor mich gekommen; denn die Erde ist voll Frevels von ihnen; und siehe da, ich will sie verderben mit der Erde. Mache dir einen Kasten von Tannenholz und mache Kammern darin und verpiche ihn mit Pech inwendig und auswendig. Und mache ihn also: Dreihundert Ellen sei die Länge, fünfzig Ellen die Weite und dreißig Ellen die Höhe. Ein Fenster sollst du daran machen obenan, eine Elle groß. Die Tür sollst du mitten in seine Seite setzen. Und er soll drei Boden haben: einen unten, den andern in der Mitte, den dritten in der Höhe. Denn siehe, ich will eine Sintflut große Flut mit Wasser kommen lassen auf Erden, zu verderben alles Fleisch, darin ein lebendiger Odem ist, unter dem Himmel. Alles, was auf Erden ist, soll untergehen. Aber mit dir will ich einen Bund aufrichten; und du sollst in den Kasten gehen mit deinen Söhnen, mit deinem Weibe und mit deiner Söhne Weibern. Und du sollst in den Kasten tun allerlei Tiere von allem Fleisch, je ein Paar, Männlein und Weiblein, daß sie lebendig bleiben bei dir. Von den Vögeln nach ihrer Art, von dem Vieh nach seiner Art und von allerlei Gewürm auf

[448] siehe: Markus 15,38, Matthäus 27,51 und Lukas 23,45 (Luther-Bibel)

Erden nach seiner Art: von den allen soll je ein Paar zu dir hineingehen, daß sie leben bleiben. Und du sollst allerlei Speise zu dir nehmen, die man ißt, und sollst sie bei dir sammeln, daß sie dir und ihnen zur Nahrung da sei." Und Noah tat alles, was ihm Gott gebot. [449]

Die Arche Noah und die Bundeslade waren Quader. Die Arche war wohl kein Schiff, wie man sich eins im heutigen Sinne vorstellt, sondern ein schwimmender Quader. Bei der Bundeslade ist die Quaderform verständlich, weil auch die Ägypter solche mobilen Thronsessel für Götter nutzten. Bei der Arche, als Symbol der Errettung einer kleinen Gruppe von Menschen, ist die quaderform hingegen widersprüchlich.
In der Bibel tauchen zudem immer wieder die gleichen Zahlen auf, die mehrdeutig zu verstehen sind. So sind die 40 Tage Regen nur ein Verweis auf einen langen Zeitraum indem es regnete. Auch bei der vierzigjährigen Wanderung durch die Wüste[450] kann die Zahl 40 nicht nur als definitive Zeitangabe verstanden werden, sondern als langer Zeitraum, den das Volk Israel in der Wüste verbracht hat. 40 Tage begegnete Moses Gott auf dem Berg Sinai[451] und 40 Tage wanderte Elias zum Berg Horeb hinauf.[452] Auch die 40 Tage, die Jesus in der Wüste verbracht hat[453], gehen in die gleiche Richtung.
Vergleicht man nämlich das Gilgamesch-Epos und den biblischen Sintflutbericht, gibt es neben vielen Ähnlichkeiten einen gravierenden Unterschied. Viele Exegeten glauben, dass die Sintfluterzählung der Bibel ginge auf ältere überlieferte Legenden und Texte zurück, und verweisen auf das babylonische Gilgamesch-Epos. Wichtig in diesem Zusammenhang sind der Gott Enki, Ziusudra und Gilgamesch. Manche Forscher nehmen an, dass der israelitische Gott Jahwe (**יהוה**) sich aus dem Vulkangott Jahu, den Naturgeistern Elohim, dem kanaanitischen Gott Baal und aus dem ägyptischen Gott der Weisheit – Thot – entwickelt haben könnte. Auch der babylonisch-sumerische Gott Enki kann eine Rolle gespielt haben. Enki war der Schutzgott der sieben Weisen, der Ziusudra anwies eine Arche zu bauen, um die Saat der Menschheit zu retten. Ziusudra, der auch Utnapischtim genannt wird, spielt die Rolle des biblischen Noahs und ist ein

[449] Zitat: 1. Buch Moses 6,5-22 (Luther-Bibel)
[450] siehe: 2. Buch Moses 16,35 (Luther-Bibel)
[451] siehe: 2. Buch Moses 24,18 (Luther-Bibel)
[452] siehe: 1. Buch Könige 19,8 (Luther-Bibel)
[453] siehe: Matthäus 4,2 (Luther-Bibel)

Vorfahre Gilgameschs, der das Geheimnis des langen Lebens kannte. Gilgamesch ist der Sage nach ein König von Uruk.
Die Arche wird nach dem Modell von Enkis geheimem Wohnsitz unter dem Meer gebaut. Er hatte die perfekte Würfelform. Es folgen dann Anweisungen, die Enki an Ziusudra gab. Die Übersetzung folgenden Zitats stammt von Robert Temple:

Reiße deine Schilfhütte nieder und baue davon eine Arche. Lasse Dinge liegen, suche das Leben, gib jeden Besitz auf, halte Deine Seele lebendig und nimm in deine Arche jede lebendige Kreatur mit. Die Arche, die du bauen wirst, wird sorgfältig gemessene Maße haben. Ihre Länge und Ihre Breite und ihr Dach wird dem meines Hauses tief unter den Meeren entsprechen.

Ziusudra erklärt Gilgamesch, wie er die Anweisungen befolgte:

Am fünften Tag machte ich den Plan. Der Boden war aus Iku. Die Seiten waren zehn Gar hoch, jede Seite maß zehn Gar.[454] *Ich rundete die äußere Form ab und baute es zusammen, wobei ich es in sieben Teile unterteilte und den Grundriss in neun Teile.* [455]

Ziusudra erzählt Gilgamesch danach, wie er an Bord der Arche ging und sicherstellte, dass die Tür gut verschlossen war, ehe er die Navigation an seinen Bootsmann Puzur-Amurri übertrug.[456] Puzur-Amurri ist wohl ein Name, der „Weststern" bedeutet. Damit ist wahrscheinlich Venus als Abendstern gemeint.[457]
Die Arche von Utnapischtim ist ein perfekter Würfel von 120x120x120 Ellen Ausmaß mit 90.000 Tonnen Volumen. Der Regen dauerte im Gilgamesch-Epos aber nur sieben anstatt 40 Tage lang an. Sechs Decks werden in sieben Abschnitte eingeteilt. Die Decks wurden wiederum in neun Räume unterteilt. Neun Räume pro Deck in sieben Abschnitten unterteilt entsprechen genau den Angaben der Arche Noahs (1. Buch Moses 6,15). Es war ein Meister der Navigation Puzur-Amurri an Bord. In der Sintfluterzählung der

---

454 Ein *Gar* umfasst zirka 4000 Quadratmeter.
455 Quelle: R.Temple, *He Who Saw Everything*, 1991.
456 siehe: *Uriels Auftrag, Das Buch Henoch, die Freimaurer und das Geheimnis der Sintflut*, Christopher Knight und Robert Lomas, Scherzverlag, München 1999.
457 Das „himmlische" Pentagramm entsteht aus den Verbindungslinien der Konjunktion der Venus (gr. „Aphrodite") mit der Sonne.

Bibel wurde auf jegliche Bezugnahme auf andere Menschen (oder Götter) außer den Familienmitgliedern Noahs verzichtet.
Unter Moses fand eine Rückführung der Helden, Symbole und Archetypen aus dem Sumerischen und ägyptischen Raum zu einem Gott statt. Alle anderen Götter wurden zu Menschen degradiert oder überhaupt nicht offenkundig erwähnt.
Die Ankündigung der Sintflut und die Berufung Noahs als Erretter der Menschheit, dem Sohne Lamechs, werden im äthiopischen Buch Henoch folgendermaßen beschrieben:

Da sprach der Höchste, der Große und Heilige, und sendete Uriel zum Sohne Lamechs, und sprach: „Sage zu ihm in meinem Namen: Verbirg dich. Dann verkünde ihm das Ende, welches im Begriff ist, hereinzubrechen; denn die ganze Erde wird verderben; das Wasser der Flut wird kommen über die ganze Erde, und alles, was auf derselben ist, wird zerstört werden. Und nun belehre ihn, wie er entrinnen möge und wie sein Same übrigbleiben wird auf der ganzen Erde." Wiederum sprach der Herr zu Raphael: „Binde den Asasel an Händen und Füßen, wirf ihn in Finsternis, öffne die Wüste, welche in Dudael ist und stoß ihn in dieselbe. Wirf auf ihn scharfe und spitze Steine und decke ihn mit Finsternis. Dort wird er bleiben immerdar; bedecke sein Antlitz, daß er das Licht nicht sehen kann, und am großen Tage des Gerichts laß ihn ins Feuer werfen. Belebe die Erde, welche die Engel verderbten, und verkünde ihr Leben, daß ich sie wieder beleben werde. Nicht alle Menschen sollen umkommen infolge jeglichen Geheimnisses, wodurch die Wächter Zerstörung angerichtet und welches sie ihre Nachkommenschaft gelehrt haben. Die ganze Erde ist verdorben durch die Wirkungen Asasel´s Lehre. Ihm also schreibe das ganze Verbrechen zu." Zu Gabriel aber sagte der Herr: „Gehe zu den Beißern, den Verworfenen, zu den Kindern der Hurerei und vertilge die Kinder der Hurerei, die Nachkommenschaft der Wächter, aus der Menschen Mitte; führe sie heraus und errege sie einen gegen den andern. Laß sie umkommen durch Mord; denn Länge der Tage wird ihnen nicht zu Teil. Sie alle werden dich bitten, aber ihre Väter erlangen nichts in Rücksicht auf sie; denn sie werden auf ein ewiges Leben hoffen, und daß sie leben mögen, ein jeder von ihnen fünfhundert Jahr." Ingleichen sprach der Herr zu Michael: „Gehe und verkünde dem Semjasa und den andern, welche bei ihm sind, welche sich mit Weibern vereinigten, um sich zu beflecken mit aller ihrer Unreinheit; und wenn alle ihre Söhne erschlagen sind, wenn sie sehen den Untergang ihrer Geliebten, so binde sie für siebzig Geschlechter unter die Erde, bis auf den Tag der Gerichts und der Vollendung, bis das Gericht, welches für ewig gilt, vollbracht ist. Dann sollen sie hinweggeschafft werden in die untersten Tiefen des Feuers, in die Qualen und in den Kerkern eingeschlossen werden ewiglich. Sogleich nach diesen soll er mit ihnen zugleich verbrannt werden und umkommen; gebunden sollen sie sein, bis da erfüllt sind viele Geschlechter. Vertilge alle Seelen, welche der Torheit ergeben sind, und die Nachkommen der Wächter; denn sie haben die Kinder der Menschen unterdrückt. Laß jeden Gewalttätigen umkommen von der Oberfläche der Erde; vertilge jedes böse Werk; die Pflanze der Gerechtigkeit und Rechtschaffenheit erscheine und ihr Hervorbringen werde zum Segen. Gerechtigkeit und Rechtschaffenheit wird für ewige Zeiten gepflanzt mit Freuden. Und dann werden alle Heiligen danken und leben, bis sie Tausend erzeugt haben, während die ganze Zeit ihrer Jugend und ihre Sabbate in Frieden vollendet werden. In diesen Tagen wird die ganze Erde in Gerechtigkeit bebaut; sie wird ganz mit Bäumen bepflanzt und mit Segen erfüllt, jeder Baum der Freude wird auf derselben gepflanzt werden. Auf derselben werden Weinberge gepflanzt werden und der Wein, welcher darauf gepflanzt werden wird, wird Früchte tragen in Fülle; jeglicher Same, welchen man darauf sät, soll tausend Maß hervorbringen und ein Maß Oliven wird zehn Pressen Öl geben. Dann werden alle Menschenkinder gerecht sein, und alle Völker mir göttliche Verehrung erweisen und mich segnen; alles wird mich anbeten. Die Erde wird gereinigt von aller Verdorbenheit, von jedem Verbrechen, von aller Strafe und von allem Leiden; auch werde ich nicht wieder eine Flut auf sie kommen lassen von Geschlecht auf Geschlecht ewiglich. In diesen Tagen werde ich auftun die Schätze des Segens, welche im Himmel sind, daß ich sie herabkommen lasse auf die Erde und alle Werke und Arbeit der Menschen. Friede und Billigkeit sollen Genossen sein der Menschenkinder alle Tage der Welt und in jedem Geschlecht derselben."[458]

Die Arche Noah und die Bundeslade waren Quader. Die verbreitete Vorstellung der Arche mit einem gerundeten Boden und einem spitz zulaufenden Bug ist falsch. Eine schnelle Fortbewegung oder eine Steuerung waren nicht nötig. Die Arche war ein rechteckiges, kastenähnliches Wasserfahrzeug mit rechten Winkeln und einem flachen Boden.

Das Paradies, das Allerheiligste im salomonischen Tempel und die vierteilige Unterwelt hingegen sind kubisch, denn die Hebräer bauten auf Anweisung Gottes quaderförmig, aber Gottes Bauplänen liegt der Kubus zugrunde.

Bei der Arche ist die quaderform widersprüchlich. Sie müsste ebenfalls, wie bei der Arche von Ziusudra, ein Würfel (Kubus) sein. Auf Befehl Gottes erhoben seine Heerscharen das Paradies, nach der Vertreibung des Menschen, in die Himmel. Dort wo das Paradies zuvor stand ist nun ein kubisches Loch. Der Ort wird bis zum

[458] Zitat: äthiop. Buch Henoch, Kapitel 10,1-29: *Die Sintflut*

heutigen Tage Dudael genannt. Der erste aller Erzengel – Asasel (alias *Satan*) – ist auf ewig in Finsternis darin gebunden. Er wird für ewig dort wohnen, damit er kein Licht schaue bis zum Tage des Jüngsten Gerichts, dem Tag der Sühne und Erlösung und ein Deckstein hüllt ihn in Finsternis. Der Kubus erhält bereits bei den Sumerern eine Errettende Komponente.
Er ist zudem interessant, dass bei den Freimaurern nicht die Kugel, sondern der kubische Stein (Würfel, Kubus) als Zeichen der Vervollkommnung gilt.

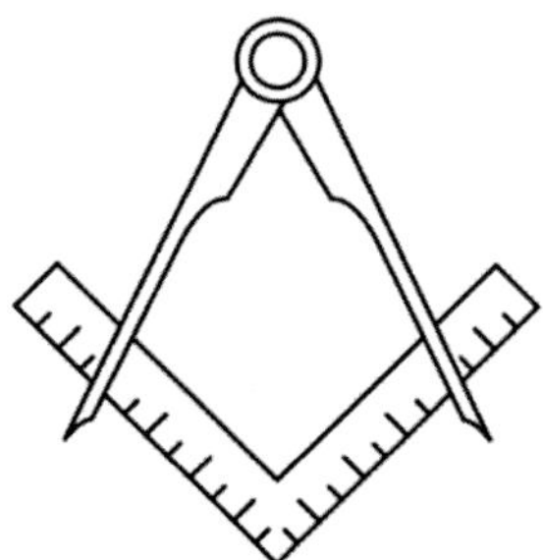

Die Hauptsymbole der Freimaurerei (Zirkel und Winkelmaß) können auch für einen Kreis und ein Quadrat stehen. Der Zirkel bildet einen Kreis, die Grundform der Kugel, und das Winkelmaß bildet ein Quadrat, die Grundform des Würfels (Kubus). Beides führt zur „Quadratur des Kreises". Ein Rätsel der Antike. Verbindet man die jeweiligen Schenkel eines der beiden Symbole miteinander, so erhält man in beiden Fällen ein Dreieck und beides zusammen ergibt wieder ein Hexagramm (alias *Salomos Siegel*).

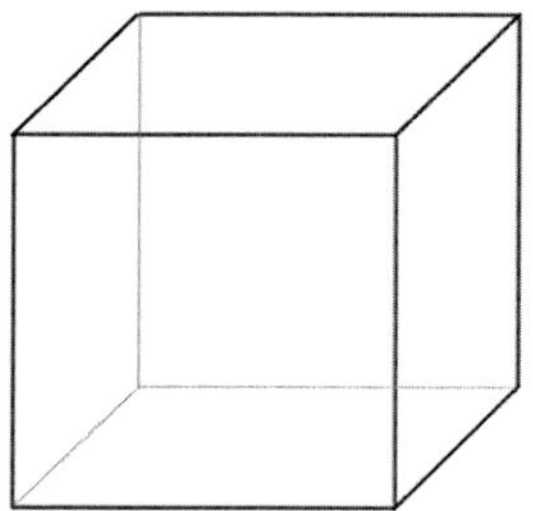

Der Name JHWH setzt sich aus dem Buchstaben Jod, mit dem Zahlenwert 10, dem Buchstaben Waw, mit dem Zahlenwert 6 und dem Buchstaben He, der zweimal vorkommt und den Zahlenwert 5 innehat: 10+6+5+5 = 26 zusammen. Der Name JHWH hat den Zahlenwert 26. Und da ein Kubus bzw. Würfel 12 Kanten, 8 Ecken

und 6 Flächen, also 12 +8 + 6 = 26 hat, ist der Kubus ein Symbol für das Göttliche. Nicht zufällig hat ein Würfel auch 24 Winkel. Diese Zahl entspricht im Hebräischen dem Wort „Kad“. „Kad“ bedeutet „Gefäß“.
Im Kapitel „Das sündensühnende Opfer Christi“ haben wir erörtert, dass die Urchristen zwischen den Baum des Lebens aus dem Paradies und dem Kreuz an den Jesus Christus starb einen direkten Bezug setzten. Jesus Christus hat den Weg ins Paradies und insbesondere zum Baum des Lebens wieder freigegeben, der uns durch die Cherubim (Engel) versperrt war. Wenn wir das Kreuz als Baum des Lebens verstehen, so ergibt sich eine weitere Symbolik. Das Kreuz kann aus seiner Form heraus zu einem Würfel zusammengefaltet bzw. aus einem Würfel kann ein Kreuz gelegt werden.

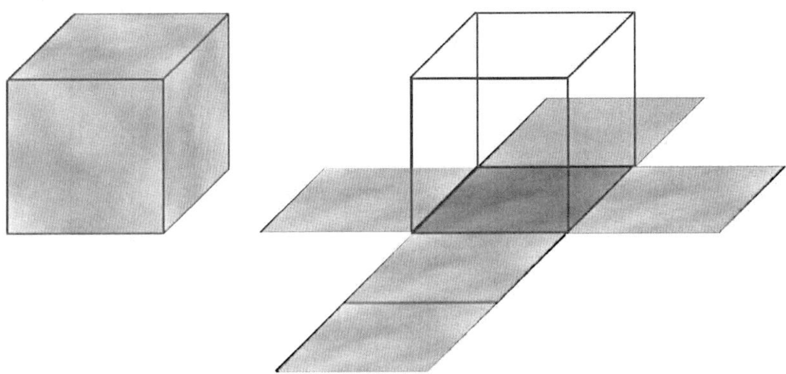

Den errettenden Charakter des Würfels, welcher die würfelförmige Arche des Utnapischtim vor den Israeliten einnimmt, wird durch das Kreuz erneut bestätigt und schließlich durch den Opfertod Jesu abgerundet, denn wenn Jesus den Weg zum Baum des Lebens, welcher das Kreuz und welches wiederum der Kubus[459] ist, freigibt, dann erhalten seine Worte eine ganz andere Bedeutung:

Jesus spricht zu ihm: Ich bin der Weg und die Wahrheit und das Leben; niemand kommt zum Vater denn durch mich.“ [460,461]

---

459 Universum (10x10x10), das Paradies, das Allerheiligste und die vierteilige Unterwelt waren/sind würfelförmig.

460 Zitat: Johannes 14,6 (Luther-Bibel)

461 siehe: Johannes 10,9; Hebräer 10,19-20; Matthäus 11,27 (Luther-Bibel)

Wenn wir das Kreuz als Baum des Lebens verstehen, so ergibt sich eine weitere Symbolik. Das Kreuz kann aus seiner Form heraus zu einem Würfel zusammengefaltet bzw. aus einem Würfel kann ein Kreuz gelegt werden.

XXIII. Die Schriften der Weisheit

Am fünften Schöpfungstag wurde Leben auf die Erde „gesät“ und die Nephilim[462], die den Orion anbeteten, kamen an diesem Tage in den Nahen Osten zu den Hanochiten. Am fünften Schöpfungstag[463], klang der verborgene Name des Gesalbten (alias *Messias* alias *Christos*), dem alles in der Schöpfung zugrunde liegt, aus.

Gott flüsterte seinen Namen ins Endlose Nichts (alias *Chaos* alias *Ain Soph*) zu Beginn des Seins und dieses Flüstern klang bis zum vierten Schöpfungstag bis es nur noch zu einem Hintergrundgeräusch verblasste.

Die Nephilim traten in einen freundschaftlichen Kontakt mit den Menschen des Westens. Sie haben ihr Wissen an Henoch und seine Anhänger gegeben. Im Sepher Raziel wird dies so geschildert:

Gott sandte einen Engel zu ihnen, der da sprach: „Höret die Gebote und Rechte, die ich euch lehre, dass ihr sie tun sollt, auf dass ihr lebt und hineinkommet und wieder den Garten Eden einnehmet, den euch Gott gegeben hatte. Wo ist noch solch ein Gott, der die Sünde vergibt und der seinen Zorn nicht ewiglich behält; denn er ist barmherzig!“[464]

Nachdem sich Henoch mit dem Buch des Gerechten[465] 65 Jahre lang beschäftigt hatte, ging er mit einer kleinen Gruppe von Jüngern nach Nod. Die Widersprüche, die einerseits Jared und andererseits Kain zu seinem Vater machen, sind leicht geklärt. Entweder wurde seine Mutter von beiden in derselben Nacht geschwängert oder es handelt sich um eine metaphorische Vaterschaft.

Henoch folgte dem gebrandmarkten[466] Kain nach Nod. Das Zeichen Gottes an Kain wird in Legenden als Dreieck oder Pyramidenspitze mit dem allsehenden Auge Gottes darin beschrieben.

---

462 Obwohl es sich bei den Archonten bzw. den Alten und den gefallenen Engeln, um zwei unterschiedliche Gruppen handelt, so werden diese Begriffe auch von Bibelexegeten meist verwechselt bzw. vertauscht.

463 Wie lange ein Schöpfungstag dauert, ist zeitlich nicht definiert. Vom Urknall bis zum Jahr 3761 der jüdischen Zeitrechnung vergehen sechs Schöpfungstage.

464 siehe: *Sepher Raziel: Das Buch des Erzengels Raziel.* G. Grippo. Oberursel 2010.

465 Auf Hebräisch heißt das Buch des Gerechten „Sepher ha-Jaschar“ – siehe 2. Samuel 1,18 und Josua 10,13 (Luther-Bibel).

466 siehe: 1. Buch Moses 4,15 (Luther-Bibel)

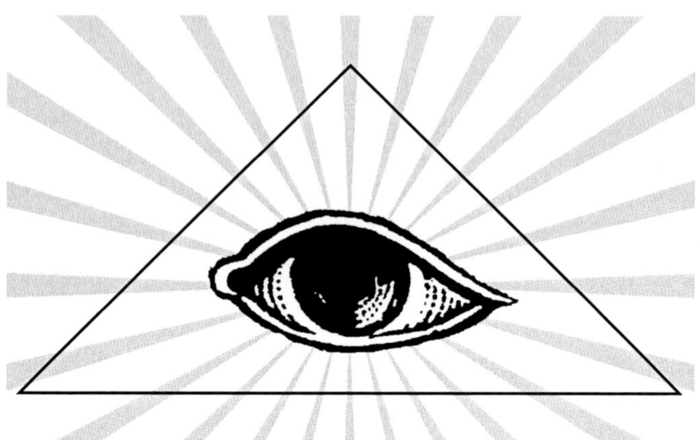

Henoch verbrachte in Nod die restlichen 300 Jahre seines Lebens auf Erden, bevor ihn Gott hinwegnahm. Er wurde auch als erster Baumeister der Menschheit angesehen, weil eine Stadt nach ihm benannt wurde. Henochs Großurenkel Thubalkain war der erste Mensch, der aus Erz Werkzeuge, um Stein und Holz zu bearbeiten, herstellen konnte. Das allsehende Auge Gottes in einem Dreieck ist ein freimaurerisches Symbol. James Anderson (1723 n.u.Z.) hat die Freimaurer zu Erben der Seth-Erblinie gemacht, obwohl sie laut dem Matthew-Cooke-Manuskript (ca. 1450 n.u.Z.) zur Kain zählten. Das Manuskript bemühte sich um eine Wissensvermittlung von einem Erbe einer Welt und einer Kultur, die es vor der Sintflut gab. Der Schlüssel dieses Vermächtnisses ist Henoch. Nach der Sintflut überlebte das Henochische Vermächtnis (alias *Schriften der Weisheit*). Dieses Erbe findet sich heute ganz besonders in den Hochgraden der Freimaurerei wieder.

Vor rund 5.000 Jahren soll der ägyptische Gott Thot (alias *Henoch* alias *Hermes Trismegistos*) 42 esoterische Traktate geschrieben haben, die alle Weisheit der Welt enthielten. Die Israeliten lebten ab Pharao Raneb (dem Nachfolger Nimrods) als geduldete Fremde in Ägypten. Unter Sesostris III wurde Ägypten zum zweiten Male geeinigt und im Jahre 1871 v.u.Z. wurden die Israeliten versklavt, weil sie den Hyksos in ihren Putschversuchen geholfen hatten Ägypten einzunehmen. Als Ahmosis 1542 v.u.Z. die Hyksos vertrieben hatte, wurde das Volk Israel von da an in die Knechtschaft versetzt und diese wurde bis zum Jahre 1471 v.u.Z. aufrechterhalten, bis Thutmosis II sie gezwungenermaßen ziehen ließ. Das Vermächtnis Henochs hatte Ägypten zu Macht und Ruhm verholfen. Die Verfolgung durch den

Pharao endete im Jahre 1471 mit seinem Tod. Der Pharao, der Israel aus seinem Land ziehen ließ, war Thutmosis II.

Über 100 Jahre nach dem Auszug des Volkes Israel aus Ägypten wurde Pharao Amenophis IV (1328-1310 v.u.Z.) in den Orden des Thutmosis III (alias *Große Weiße Bruderschaft*) aufgenommen. Auch Moses wurde in diesen Orden aufgenommen, was jedem Mitglied der Pharaofamilie zustand. Amenophis IV wurde von dessen Lehren so durchdrungen, dass er sich Echnaton nannte. Die Schlange nimmt im Sonnenkult des Echnatons als Weisheitsträgerin eine Sonderrolle ein. Nachdem Echnaton im Jahre 1310 v.u.Z. starb, wurden alle Priester des Aton verbannt. Sie flohen nach Griechenland (Thrakien). Die Flucht nach Griechenland war zur damaligen Zeit ein Leichtes und auch der Stamm Benjamin floh nach seinem Kampf gegen das Bündnis der zehn Stämme notgedrungen dorthin und nur ein kleiner Teil blieb im gelobten Land. Im 20. und 21. Kapitel des Buches der Richter wird ein Levit, der sich auf dem Heimweg befindet und in der Stadt Gibea übernachtet, überfallen und seine Nebenfrau von den Angreifern so lange missbraucht, bis sie stirbt. Alle Stämme fordern Genugtuung, aber der Stamm Benjamin schützt die Angreifer.

Nach Moses, Josua und der Zeit der Richter, die von 1250 bis 1050 v.u.Z. andauerte, wurde Israel ein Königreich. Es war das Königreich der vereinten zwölf Stämme. Das Königreich Israel erhielt seinen ersten König, nämlich Saul. Sein Nachfolger war König David. Nach König David und seinem Nachfolger und Sohn König Salomon blieb Israel nicht lange ein Königreich.

König Salomon war der dritte König Israels. Er baute den ersten steinernen Tempel zu Ehren des einen Gottes. Der so genannte Salomonische Tempel ist das erste und meist verehrteste Heiligtum der Juden - bis heute. Nach Salomon spaltete sich Israel in das Nordreich Israel und in das Südreich Juda. Wiederum griff die Aufteilung der zwölf Stämme und es erfolgte eine Trennung nach deren Ländereien. Der Stamm Benjamin und der Stamm Juda gehörten zum Südreich. Die restlichen zehn Stämme zählten zum Nordreich.

Als das Assyrische Reich an Stärke gewann, verleibte es sich 722 v.u.Z. das Nordreich ein. 586 v.u.Z. wurde dann das Südreich durch die Babylonier zerstört. Seit dem Jahr 722 v.u.Z. gelten zehn Stämme Israels als verschollen.

Im Jahre 538 durfte das jüdische Volk wieder aus Babylon zurückkehren. Man nimmt aber an, als das das assyrische später ablöste.

Zur gleichen Zeit wurden die Pythagoreer anderswo aktiv. Auch sie zählen zur Gruppe von Wächtern. Sie waren die Hüter im 6. und 5. Jahrhundert v.u.Z. eines Vermächtnisses, das über Ägypten nach Griechenland kam. Das Wissen um das ursprüngliche Vermächtnis Henochs war bei den Griechen fast in Vergessenheit geraten. Das erklärt wiederum ihre Reisen zu den asiatischen und ägyptischen Völkern. Pythagoras[467], ein Schüler des Thales, war Gründer eines Geheimordens. Sein Wissen erlangte er in Ägypten und dort lernte er auch das Erbe der alten, vorsintflutlichen Welt kennen.
Die Pythagoreer fühlten sich einer geheimen Lehre bis in den Tod verpflichtet. Ihre Lehren besagten, dass die natürlichen Zahlen das Urprinzip aller Dinge sind. Alle anderen Zahlen könnten sich deshalb als Brüche aus den natürlichen Zahlen darstellen lassen. Man bezeichnet sie heute auch als rationale Zahlen. Der Legende nach soll der Philosoph Hippasos von Metapont die Pythagoreer so erzürnt haben, dass sie ihn im Meer ertränkten. Er hatte eine Zahl gefunden, die nicht als Bruch aus natürlichen Zahlen darstellbar ist. Man bezeichnet sie heute als irrationale Zahl. Sie hat unendlich viele Nachkommastellen, die sich nicht wiederholen. Er hatte die Zahl *phi* im Verhältnis von Diagonalen und Seitenlängen des Pentagramms errechnet. Der fünfzackige Stern war das heilige Erkennungszeichen dieses Geheimordens.
Es gibt ein freimaurerisches Dokument[468], das die Idee einer direkten Verbindung von Pythagoras zu den Freimaurern des 18. Jahrhunderts herstellt. Es ist ein von dem Freimaurer und Philosophen Carl Christian Friedrich Krause (1781-1832) erfundenes Werk, das anscheinend auf ältere Quellen zurückzuführen ist, beschreibt ein „Examine“ bzw. „Verhör“.[469]

Ende des dritten vorchristlichen Jahrhunderts entstand südlich von Alexandreia/ Ägypten die hebräisch-aramäische Bruderschaft der Essener (der Reinen), die einen hierarchischen Aufbau in Graden kannte und einen inneren Kern aus Therapeuten hatte, die eine Geheimlehre aus 42 Stufen pflegten. Sie haben die 42 Bände des Gottes Thot, den sie mit dem biblischen Henoch gleichsetzten, judaisiert und aramäisiert. Ihr Ziel war die Gründung des Gottesstaates unter

---

467 Pythagoras (570-510 v.u.Z.), Gründer eines religiös-philosophischen Ordens.

468 siehe in diesem Buch: Appendix. Kapitel *A3. Freimaurer-Examine*

469 Als ein „Examine“ oder „Verhör“ können heute die Katechismen der Freimaurer beschrieben werden, die förmlich genauso aufgebaut sind, wie das Dokument aus der vermeintlichen Schriftfeder Heinrichs VI (1421-1471).

dem Gesalbten Gottes (Messias). Die Therapeuten trugen weiße Gewänder mit roter Schärpe.
Die Suchenden nach der Weisheit Gottes unter den griechischen Ptolemäern mußten die Sprache Ägyptens erlernen, um die esoterischen Bänder der Thot-Mysterien lesen und den verborgenen Sinn erfahren zu können. Erst im Laufe von Jahrhunderten gelang es ihnen, die 42 Bände ins Griechische so zu übertragen, daß der allegorische Sinn sowie das Zahlen- und Buchstabenspiel gewahrt blieben. Das Geheimwissen wurde gräzisiert. Dabei wurde Thot zum Hermes Trismegistos und die Eingeweihten zu Hermetikern. Inzwischen waren weitere Bände der chinesischen Esoterik (kym-ya) hinzugekommen. [470]

Das Vermächtnis Henochs (alias *Weisheit Gottes*) hat bestimmte Archetypen bzw. Symbole, die in der Geschichte immer wieder aufflammen. Wenn sich ein Suchender auf den Weg begibt und diese Archetypen bzw. Symbole findet, so kann er sich sicher sein, dass er sich auf dem richtigen Weg befindet. Neben dem Goldenen Schnitt (Pentagramm), den zwei Säulen und dem Baum des Lebens ist ein weiteres zentrales Symbol des Erbes der alten Welt zu erwähnen, nämlich die mehrfach erwähnte und bereits erörterte Symbolik der Schlange. Alles dies wird mit den Namen Hermes Trismegistos (alias *Henoch*), in seinen unterschiedlichen Ausprägungen, in Verbindung gebracht. Es war König Hiskia, der lange nach der Wanderung des Volkes Israel, die Schlange Nehuschtan zerstörte. Der Schlangenstab hatte die Zeit der Wanderung überdauert.
Das Symbol der Schlange kennen wir aus Ägypten. Die gnostische Sekte der Ophiten (gr. *ophis* „Schlange“), der „Bruderschaft der Schlange“, verehrte Jesus als Schlange. Sie existierten um 100 n.u.Z. in Syrien und Ägypten. In ihren Mysterien wurde eine lebende Schlange, die Christus darstellte, zur Schau gestellt. Wie einst Moses es zum Heilszeichen erhob, so erhoben sie die Schlange zum Symbol der Erkenntnis und Weisheit. Die Ophiten sahen den Heilsbringer bzw. den Messias als gute bzw. gekrönte Schlange. Die Schlange aus dem Paradies wurde zum Erlöser. Viele Hinweise auf das Erbe Henochs finden sich deshalb in den Apokryphen.

Als Entstehungsphase der meisten Apokryphen wird der Zeitraum von 300 v.u.Z. bis 100 n.u.Z. genannt. Im 4. Jahrhundert v.u.Z. wurde das israelitische Gebiet Teil des Großreichs von Alexander des Großen. Die Verbreitung der

---

470 Zitat: *Die Geheimlehre der Tempelritter: Geschichte und Legende.* Allan Oslo. 3. Aufl. Patmos-Verlag. Düsseldorf 2000. Seite 167.

griechischen Kultur, der so genannte Hellenismus, fand überall im Reich statt. Alexander der Große förderte den Hellenismus. Die Juden in Israel und in der Diaspora (Ägypten und Syrien) waren gegen den Hellenismus nicht gefeit. Zunehmend beeinflusste es ihre Art zu Leben, das Verständnis für ihren Eingottglauben und [in] Folge dessen ihre Schriften. Einige Apokryphen zeigen hellenistische Züge und eine griechische Gottessicht. [471]

Nach der griechischen Herrschaft gewann das Römische Reich an Macht. Im Jahr 66 v.u.Z. wurde Kleinasien Teil des Römischen Reichs. Israel und Syrien wurden zu einer Provinz zusammengefasst, die Syria genannt wurde.

Als der zweite Tempel in Jerusalem 70 n.u.Z. von den Römern zerstört wurde, starben viele Anhänger Henochs und viel Wissen ging verloren. Zum damaligen Zeitpunkt war das Henochische Judentum stärker als die zadokitische Priesterschule. Die Henochischen Lehren bleiben immer im Judentum lebendig. Ab dem 1. Jahrhundert n.u.Z. ging erneut ein Teil der Schriften der Weisheit verloren. Das Wissen blieb aber immer im kollektiven Unterbewusstsein der westlichen Menschen erhalten. Die Wahrheit geht nie verloren. Das Vermächtnis ist mit allen Menschen des Westens verbunden. Es bildet ein nations-übergreifendes Kollektiv. Manche esoterische Richtungen nennen das kollektive Unterbewusstsein Akasha-Chronik.

Durch die Zerstörung des zweiten Tempels traten zwei Richtungen der Kabbalah zutage: Die Kunde von den Anfangsdingen (Maseh Bereschit) und die Kunde vom Thronwagen Gottes (Maseh Merkaba). Mystische Spekulationen über die Schöpfung und den Thronwagen Gottes waren Hauptthemen dieses Zeitraums. Das Buch der Schöpfung (Sepher Jesirah) wurde verfasst, welches auf Abraham zurückgehen soll. Es wurden die zehn Welten, die so genannten Sephiroth, vorgestellt.

---

[471] Zitat: G. Grippo: *Gott, Schöpfung und Mensch - Judentum, Christentum und Islam*, 1. Auflage – Steinbach 2009.

Das Buch der Schöpfung erklärt in poetischer Manier deren schöpferische Funktions- und Wirkungsweise. Es soll das einzige schriftliche Zeugnis der Maseh Bereschit Strömung sein. Die Kunde von den Anfangsdingen (Maseh Bereschit) gelangt nie zu dem Ruhm, den die zweite Richtung einnahm. Die Juden der Diaspora brachten das Wissen bis nach Rom und Alexandria.

Im 3. Jahrhundert förderte Kaiser Konstantin I das Christentum und nahm eine kritische Haltung den Juden gegenüber ein. Nicht Konstantin I sondern Theodosius I erhob das Christentum im 4. Jahrhundert zur Hauptreligion des Römischen Reiches. Im 5. Jahrhundert verschlechterte sich die Lage der Juden zunehmend. Kaiser Justinian I beschränkte ihre religiösen Praktiken.

Von 636 bis 1099 herrschte der Islam über Palästina. Bevor der Islam aufkam, waren jüdische Gemeinden über die ganze Arabische Halbinsel verbreitet. Auch gab es eine große christliche Gemeinde im Süden der Arabischen Halbinsel. Es kam zu einer Trennung der damals bekannten Welt, die in groben Zügen bis heute anhält. Europa war aufgrund des Römischen Reichs christlich geprägt und der Nahe und Mittlere Osten bis zum Hindukusch und Nordafrika waren islamisch geprägt. In beiden Hälften gab es jüdische Gemeinden.

Im 8. Jahrhundert kamen Juden vermehrt nach Spanien. Der arabische Wunsch die Welt zu islamisieren, führte afrikanisch-arabische Heere nach Spanien. Von 711 n.u.Z. begann der Islam auf der Iberischen Halbinsel Fuß zu fassen. Die Inquisition[472] hatte nach der Rückeroberung (lat. „reconquista") Spaniens im 13. Jahrhundert vergeblich versucht nicht-christliche Spuren in Europa auszumerzen. Der Islam wurde nicht nur Bewahrer und Hüter der griechischen Philosophien, sondern auch Vermittler zwischen Ost und West, jüdischen und christlichen Lehrinhalten.

Ein König der Westgoten wurde im Jahr 589 römisch-katholisch getauft, zuvor waren die Westgoten Arianer[473]. Auch im Norden Italiens herrschte der Arianismus. Die Lombarden blieben bis ins

[472] Als Inquisition (lat. „Untersuchung") werden spätmittelalterliche Gerichtsverfahren bezeichnet. Sie bestanden aus institutionellen Verfahrensweisen, die Ketzer und Andersgläubige verfolgte und verurteilte.

[473] Die Arianer, benannt nach Arius, glaubten u. a. an Jesus als Propheten und nicht als Sohn Gottes.

späte 6. Jahrhundert Arianer, bis zur Zeit Karl des Großen[474]. Durch Thronfolgerwechsel wurde die Lombardei römisch-katholisch.

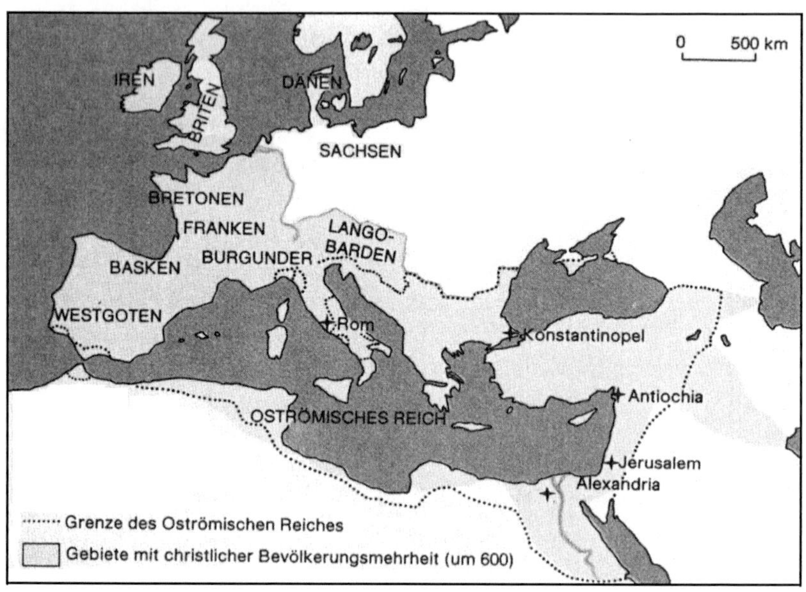

Die Juden unterstützten die christenfeindliche Haltung im Persischen Reich. Dies war die Reaktion der persischen Großkönige auf das immer stärker werdende Christentum im Römischen Reich. Die Juden halfen den Persern nicht nur 614 Jerusalem zu erobern, sondern sie unterstützten die christenfeindliche Haltung der persischen Großkönige tatkräftig.

Zu Beginn des 7. Jahrhunderts sahen sich die Christen des Westens noch immer als Teil des gesamtrömischen Reichs, welches von Byzanz[475] aus geleitet wurde. Ab 800 nahm der Kontakt zwischen den getrennten Reichen mehr und mehr ab. Die Katholische Kirche des Westens nahm barbarische Einflüsse auf, wohingegen die Kirche des Ostens islamische Tendenzen übernahm. Im 7. und 8. Jahrhundert waren Anatolien und Nordafrika überwiegend christliche Länder. Die Uneinigkeit in den urchristlichen Gemeinden verursachte Unklarheit bei ihren Anhängern. Die Apokryphen wurden in Arabien zu Leitfäden des täglichen, christlichen Lebens. Insbesondere bei den Apokryphen des Neuen Testaments wurde das

---

474 Karl der Große (747-814 n.u.Z.), König des Fränkischen Reichs und Kaiser.

475 Die Stadt Byzanz wurde Konstantinopel und dann Istanbul genannt.

Leben von Jesus Christus und das Nachahmen seines Lebens hervorgehoben.
Als islamische Feldherrn nach dem Tode des Propheten Mohammed in kürzester Zeit den gesamten Raum zwischen Nil und Tigris eroberten, vereinnahmte der Islam viele Millionen Christen. Diese waren zuvor Untertanen des Herrschers von Byzanz gewesen oder unterstanden der persischen Herrschaft. Ein Zentrum der frühen Christenheit war die Stadt Ktesiphon in der Nähe von Babylon.

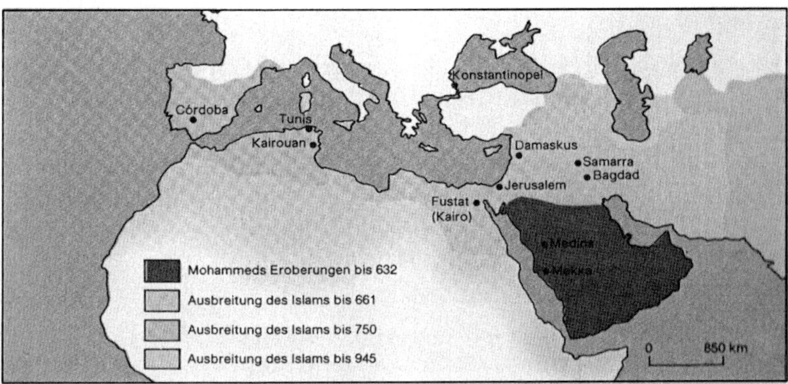

Die Altertumsforschung mutmaßt schon seit längerer Zeit, dass die Islamisierung zwangsloser stattgefunden haben könnte, als man lange annahm. Viele der in Spanien ansässigen Westgoten waren immer noch Arianer. Der Arianismus weist einige Parallelen zum Islam auf. Der Islam herrschte dort bis in das 12. Jahrhundert vor. Solange bis christliche Heere weite Teile der Iberischen Halbinsel mit Hilfe der Tempelritter (Templer) zurückerobern konnten.
Im 9. Jahrhundert n.u.Z. begann sich die Kabbalah in Spanien und Südfrankreich als eigenständige Strömung zu behaupten. Dies war aufgrund der toleranten Verhältnisse im maurischen besetzen Spanien möglich. Neben Spanien war das Rheinland ein weiteres Zentrum kabbalistischer Studien im Mittelalter. Dieser Zeitraum dauerte bis ins 13. Jahrhundert an. Auch die Islamisierung in den christlichen Gemeinden des Orients könnte zwangsloser geschehen sein, als heute angenommen wird. Denn die arabischen, syrischen und nordafrikanischen Gemeinden der Christen waren aufgrund der unterschiedlichen Lehrmeinungen gespalten.[476]

---

[476] Quelle: G. Grippo: *Gott, Schöpfung und Mensch - Judentum, Christentum und Islam*, 1. Auflage – Steinbach 2009.

Zur gleichen Zeit fasste Symeon I (auch Simeon der Große genannt; 893-927) die Idee eines großbulgarischen Reichs. Er unterwarf Konstantinopel und nannte sich selbst ab 925 Zar (Kaiser) der Römer und Bulgaren. Sein großbulgarisches Reich setzte sich aus Makedonien, Moesien, Serbien und Thrakien[477] zusammen. Um 935 wirkte ein Bogomil in Makedonien. Er wurde zum Rädelsführer der Christen im großbulgarischen Reich.
Es gab aber zwei Varianten des Christentums. Die esoterische Variante war nur einem Kreis von Eingeweihten zugänglich. Die exoterische Variante blieb nach außen hin den Vorschriften der christlichen Kirche treu. Für die Bogomilen hatte der Demiurg, d.h. der König der Welt (alias *Rex Mundi*), die Schöpfung eingeleitet und die Lebewesen erschaffen. Sie lehnten das Alte Testament ab und das Kreuz, das Zeichens des Leidens Christi, hatte für sie keinerlei Bedeutung und keinerlei Wert.
Die Katharer (gr. „kathari" für „rein") eine Sekte des 11 bis zum 14. Jahrhundert n.u.Z., sahen die stoffliche Schöpfung als Ausfluss des Bösen, also Satans, dem sie den Namen „Rex Mundi" (lat. „König der Welt") verliehen hatten, an. Das Universum sei das Werk des Gottes des Bösen und deshalb von Grund auf böse. Da den Katharern alle Materie als böse galt, leugneten sie, dass der Messias Menschengestalt angenommen habe und Gottes Sohn gewesen sei. Jesus Christus wurde nur als Prophet und nicht als des guten Gottes Manifestation auf Erden angesehen. Das Konzil von Nicäa (325 n.u.Z.) sah und beschloss es anders. Den Tempelrittern warf die Staatskirche des 14. Jahrhunderts genau diese Art Ketzereien vor.
Im Jahre 1018 schloss sich eine bedeutende Gruppe von Katharern im Limousin zusammen. Das Limousin war eine Region in Mittelfrankreich. Das Gebiet gehörte zum Herzogtum Aquitanien und man sprach langue d´oc oder okzitanisch dort, die Sprache des südlichen Frankenreichs. Sie lehnten, wie die Bogomilen, das Kreuz, die Taufe, die Eheschließung und bestimmte Nahrungsmittel ab.
Mit ihren Predigten gewannen sie Adlige und Priester als Anhänger und genossen den Schutz des Herzogs Wilhelm V von Aquitanien und Poitou. Bereits vier Jahre später konnte ein Bauer aus dem Perigord mit seinen Predigten Adlige und Priester von Sainte-Croix d´Orleans als Anhänger gewinnen. Sie trugen seine Botschaft bis nach Rouen in der Normandie. Was sie verkündeten, entsprach den Theorien der Katharer und Bogomilen. Solche esoterischen oder

---

477 Thrakien, jene Region Griechenlands in der die Orphik aufkam.

christlichen Sekten traten in der ersten Hälfte des 11. Jahrhunderts stärker auf. Obwohl die Katharer eine extreme Askese predigen, wurden sie in Frankenreich und Norditalien zu einer populären Sekte.

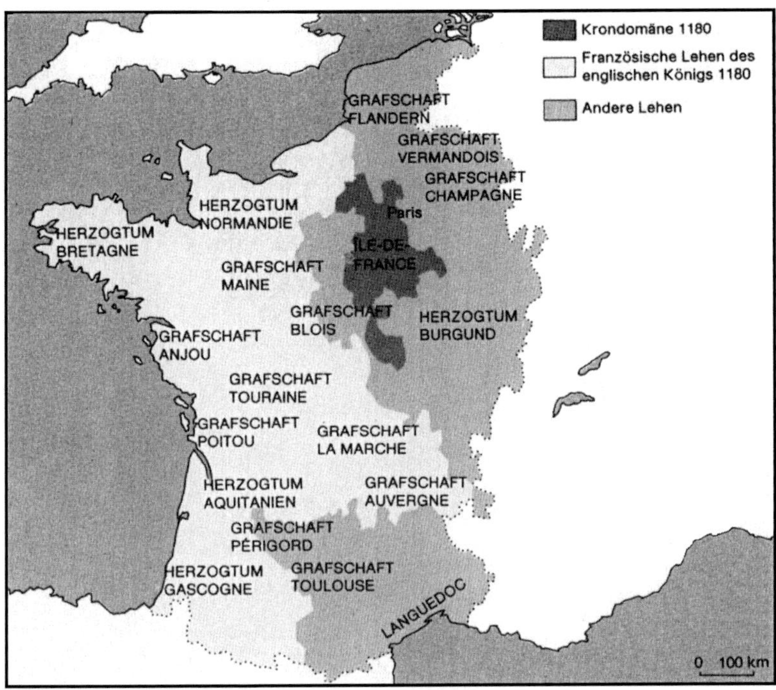

Es war auch die Zeit des Investiturstreits. Bei diesem Konflikt des mittelalterlichen Europas ging es um die Amtseinsetzung von Geistlichen. Geistliche sowie weltliche Macht erhoben Anspruch darauf. Während dieser innereuropäischen Unruhen wurden die Kreuzzüge ins Leben gerufen. Der erste Kreuzzug dauerte von 1096 bis 1099 an und endete mit der Eroberung Jerusalems. Kurze Zeit danach wurde der Orden der *Armen Ritterschaft Christi* gegründet. König Balduin I [478] bot dem jungen Orden einen Flügel seines Palastes auf dem Tempelberg in Jerusalem als Quartier an. Dieser war auf den Grundmauern des Salomonischen Tempels gebaut worden. Der Orden nannte sich daraufhin *Arme Ritter Christi und des Tempels von Salomon zu Jerusalem* [479], woraus sich die Namensgebungen *Templer*, *Tempelritter*, *Tempelherren* bzw. *Templerorden* ableiten.

[478] eigtl. Balduin von Boulogne (ca. 1080-1131 n.u.Z.), König von Jerusalem.

[479] lat. „*Pauperes commilitones Christi templique Salomonici Hierosalemitanis*"

Die Idee hinter der Gründung der Templer war der Schutz der Pilger in Outremer (franz. „Outre mer" für „jenseits des Meeres"). Diese Pflicht findet sich aber in den 72 Artikeln ihrer Ordensregel nicht. Der Orden gelangte schnell zu Ländereien und beteiligte sich an der Rückeroberung (lat. „reconquista") Spaniens im 13. Jahrhundert. Die Macht, der politische, militärische und ökonomische Einfluss des Ordens schürten den Neid der weltlichen Machthaber.
Sie wirkten von ca. 1118 bis 1312 in Europa und den Nahen Osten. Seit dem 14. Jahrhundert galten die Tempelritter als Ketzer und Teufelsanbeter. Sie sollen das Kruzifix bespuckt, Gott und Jesus verleugnet, den Teufel in Gestalt eines Götzen „Baphomet" (siehe Abbildung) angebetet haben.

Die Inquisition warf ihnen vor, gegen das Keuschheitsgelübde zu verstoßen, weibliche Mägde missbraucht und umgebracht, manchmal sogar verspeist sowie ungeniert Unzucht untereinander und mit ihren Knappen und Knechten getrieben zu haben. Allen Vorwürfen der Ketzerei zum Trotz waren die Templer an sich loyale Christen, die im

Namen des Papstes Gottes Ruhm mehren wollten. Ihr Leitspruch lautete: *Nicht uns, o Herr, nicht uns, sondern deinem Namen sei Ehre.*[480]
Sie hatten Kontakt mit der islamischen Welt, aber sie waren nie so weit vorgedrungen, als dass sie die Lehren bspw. der Assasinen hätten kennen lernen oder gar übernehmen können. Sie kamen zwar sicherlich in Kontakt mit den Katharern, aber die Templer zählen nicht zu den Wächtern eines geheimen, vorsintflutlichen Erbes.
Es ist nachgewiesen, dass sich die Templer bei den Kreuzzügen der katholischen Kirchen gegen die Katharer zurückhielten. Ein Grund hierfür liegt in den verwandtschaftlichen Bindungen des okzitanischen Adels zu den Templern und Katharern. Templer und Katharer hatten demnach ketzerische Lehren gemeinsam. Auch ihr Siegel (siehe Abbildung) führte zu unzähligen Spekulationen.

Es war die Popularität der Artus-Sage, die mitunter die romantischen Vorstellungen von Bernard de Clairvaux (ca. 1090-1153), dem stärksten Fürsprecher der Templer, geschürt hatten. Ein Orden der zugleich Ritter und Mönche vereinigte, die sich unter den Schutz der Mutter Gottes stellten. Seit dem 9. Jahrhundert überlieferten britische Chroniken Artus´ Kämpfe gegen die Angeln und Sachsen. Seine Tafelrunde und die ritterlichen Tugenden wurden mit der Zeit idealisiert. Die Tempelritter wurden 1314 durch die Hinrichtung ihres letzten Großmeister Jacques de Molay demoralisiert. Obwohl Papst Clemens V sie von allen Anklagen freigesprochen hatte, so war es auf Frankreichs König Philipp den Schönen[481] Betreiben hin für die Templer endgültig vorbei.
Hauptgrund des Königs war die leere Staatskasse Frankreichs. Die Macht, der politische, militärische und ökonomische Einfluss des Tempelordens, seine Funktion als erstes international tätiges Bankinstitut des Mittelalters, kamen dem König gelegen. König Philipp IV ging es darum, das Vermögen der Templer an sich zu reißen und die Kirche durch die Zerschlagung des Ordens zu schwächen. Der Reichtum des Ordens ist bis heute legendär.
Die Katholische Kirche stempelte auf Druck des französischen Königs die Templer zu Ketzern. Diese seit siebenhundert Jahren

---

480 lat. „Non nobis Domine, non nobis, sed nomini tuo da gloriam!"
481 eigentl. Philipp IV (1268-1314), König von Frankreich und Navarra.

festgeschriebene „historische Wahrheit“ erfährt eine Totalrevision mit offensichtlicher Absegnung seitens höchster kirchlicher Autorität. Nach 200 Jahren begannen für die Templer sieben grausame Jahre unmenschlicher Haftbedingungen. Hunger, Durst, Kälte und Verhöre standen auf der Tagesordnung. Viele Templer überlebten die Torturen der Haft nicht. Hunderte verbrannten nach zwei bzw. drei Jahren in den Feuern der Scheiterhaufen. Den Ordensmeister Jacques de Molay[482] und seine beiden noch lebenden nächst ranghöchsten Vertreter traf es am Härtesten.

Ihre Hinrichtung, wie schon zuvor die gesamte Hetzjagd auf den Tempelorden, war ein Komplott Philipps IV, ein bewusst inszenierter Justizskandal. Kein einziger Vorwurf entsprach den Tatsachen. Es waren Standardvorwürfe, die die Inquisitoren bei fast jedem, der in ihren Fokus geriet, zu finden suchten. Der haltlose Ketzervorwurf bleibt an den Templer bis heute haften. Er nährt allerlei Auswüchse von Legenden, die sich bis heute um diese Männer mit dem roten Kreuz auf dem weißen Mantel ranken.

Ein neues Buch bestätigt alle diese Erkenntnisse. Das im offiziellen Verlag des Vatikan am 25. Oktober 2007 der Öffentlichkeit präsentierte Werk „Processus contra Templarios“ der Professorin Barbara Frale und ihrer Mitarbeiter basiert auf Dokumenten, die im päpstlichen Geheimarchiv wieder entdeckt wurden. Dieses Buch

[482] Jaques de Molay (1244-1314), letzter Großmeister des Templerordens.

enthält sämtliche vatikanischen Akten des 14. Jahrhunderts über den Prozess gegen die Templer. Das interessanteste Dokument dieser Aktensammlung ist das „Chinon-Pergament“, benannt nach dem französischen Ort Chinon. Erst 2001 fand die oberste Vatikan-Archivarin das „Chinon-Pergament“ wieder. Es sei deshalb Jahrhunderte lang verschollen gewesen, weil es wohl falsch abgelegt gewesen war. Es liegt jenem Buch in einer hervorragenden Faksimile-Version bei. Das Pergament lag sieben Jahrhunderte in den Geheimarchiven herum.

Das „Chinon-Pergament“ enthält die Protokolle der Vernehmung im Jahr 1308 der drei obersten Tempelritter durch Papst Clemens V. Es endet mit der päpstlichen Absolution des Ordens und seinen Rittern. Der Papst sprach die Templer frei, nachdem sich diese für allerlei Missstände in ihrem Orden entschuldigt hatten. Damit stand fest, dass die Templer keine Ketzer waren. Papst Clemens V wollte den Orden, der ihm allein unterstellt war, erhalten und reformieren. Der gesundheitlich angeschlagene Papst residierte damals in Avignon und war dem unmittelbaren Druck des französischen Königs Philipp IV ausgesetzt. Der schwache Papst veröffentlichte sein Urteil aber nicht. So wurden die Templer auf Betreiben des französischen Königs weiterhin verfolgt.

König Philipp IV hatte das Ergebnis der päpstlichen Untersuchung nie interessiert. Er wollte die Templer, bei denen er riesige Schulden hatte, vernichten und entfesselte eine Verleumdungskampagne sondergleichen. Der Orden wurde vom Papst 1312 suspendiert. Der König konnte sich gegen den Papst behaupten. Folglich ließ er das Todesurteil über die drei höchsten und aufrechten Tempelritter vollstrecken, die bis zuletzt ihre persönliche Unschuld und die Schuldlosigkeit des gesamten Ordens beteuert hatten.

Durch die Veröffentlichung des Buches möchte der Vatikan eine sachliche Auseinandersetzung mit dem Thema „Tempelritter“ fördern. Das „Chinon-Pergament“ soll beweisen, dass Papst Clemens V versucht hat, den Orden zu retten. Der Orden wurde letztendlich aufgelöst und komplett vernichtet. Das Vermögen auf die habgierigen Interessenten verteilt: Könige, Fürsten, Bischöfe, Abteien und Klöster sowie der Johanniterorden (der sich seit seiner Ansiedlung auf der Mittelmeerinsel Malta „Malteser-Orden“ nennt). Bis auf die drei höchsten Würdenträger mussten die wenigen Tempelritter, welche die vorausgegangenen Pogrome überlebt hatten,

den Orden verlassen. [483] Obwohl sie mit dem Tod DeMolays (1314) untergegangen waren, so kam es über 4. Jahrhunderte später durch Andrew Michael Ramsay[484] und Reichsfreiherrn Karl Gotthelf von Hund und Altengrotkau zu einer vermeintlichen Wiederbelebung.
Andrew Michael Ramsay war von ritterlichen Tugenden und von den Ideen des vom Pariser Hofe verdrängten Erzbischof Fènelon inspiriert. Als Fènelon starb, ging Ramsay 1724/25 nach Paris. Er wurde in London Mitglied der Royal Society. Er war ein starker Fürsprecher der Freimaurerei.
Die Freimaurerei war ursprünglich eine Geheimgesellschaft, die sich im 17. und 18. Jahrhundert auf naturphilosophischer, oft auch mystisch-alchemistischer, kabbalistischer Grundlage darum bemühte, die göttliche Schöpfung zu verstehen. Herausgebildet aus den mittelalterlichen Steinmetzbruderschaften.
Am 24. Juni 1717 haben sich in London vier Logen zur Großloge von London zusammengeschlossen. Ab diesem Zeitpunkt ist die Freimaurerei geschichtlich erfassbar. In England wurde sie als Sammelbecken der Aufklärungsphilosophie verstanden.

Eine Art Freimaurerei bzw. spekulativer Maurerei gab es schon – wie gesagt – vor dem Gründungsjahr 1717 in England. Beispiel hierfür sind die beiden bereits erwähnten Personen: Elias Ashmole (1646) und Christopher Wren (1691). Sie wurden vor dem Gründungsdatum 1717 in die Geheimnisse der Freimaurerei eingeweiht. Die Verbindungen sind verblüffend. Im Jahr 1646 wurde Elias Ashmole Freimaurer und im gleichen Jahr gründete er mit anderen das „Haus Salomonis". Diese Bezeichnung lässt sich auf den zuvor erwähnten Roman von Francis Bacon zurückführen. Es sind wiederum die gleichen Kreise, die 14 Jahre später, die Royal Society ins Leben rufen. Beispielsweise waren Elias Ashmole und Christopher Wren Gründungsmitglieder der Royal Society. Ziel der Royal Society war dasselbe, wie das der Rosenkreuzer, die Förderung wissenschaftlicher Forschung und empirischer Naturbeobachtung. Die Alchemie war damals wissenschaftliches Betätigungsfeld. Die Royal Society widmete sich hauptsächlich der Mathematik und den Naturwissenschaften. Es sind dann wieder die gleichen Kreise, die an der Gründung der Großloge von England maßgeblich beteiligt waren. [485]

[483] Quelle: http://www.zurfreundschaft.de/aktuell.php#tempelorden700
[484] Andrew Michael Ramsay (1686-1743), Bäckersohn aus Ayr in Schottland.
[485] siehe in diesem Buch: Appendix. Kapitel *A2. Freimaurerei und Rosenkreuzertum*

In ihren Legenden, Ritualen und Hochgraden findet sich - neben dem aufgezwungenen Erbe der Templer - das Vermächtnis der alten, vorsintflutlichen Welt. Die Abstammung der Freimaurerei vom Templerorden ist nicht stichhaltig nachweisbar. Das Vorhandensein freimaurerischer Templer bereits im Jahre 1743 (dem Todesjahr von Ramsay) wird als Erfindung des Reichsfreiherrn von Hund angesehen, der selbst im Jahre 1751 den ersten freimaurerischen Templerorden gründete. (Runkel)
Beteiligt an dieser Welle der Verwirrung in der Freimaurerei war Andrew Michael Ramsay. Im Jahre 1737 hielt er in Paris seinen berühmten „Discours". Die Rede enthielt Vorschläge zur Vereinfachung der französischen Freimaurerei. Grundlage seiner Rede war neben Fènelons Ideen von Menschenliebe auch die Idee des Rittertums und seiner christlichen Tugenden. Er selbst war mit einem Orden ausgezeichnet und zum Chevalier geschlagen worden. Er führte die Freimaurerei auf die Johanniter zurück.

Unsere Vorfahren, die Kreuzfahrer, die sich aus allen Teilen der Christenheit im Heiligen Lande zusammengefunden hatten, wollten so die Menschen aller Nationen in eine einzige Bruderschaft vereinigen. Sie taten sich mit den „Rittern des heiligen Johannes zu Jerusalem" zusammen, die sich dann im Abendlande Freimaurer nannten. Wie sehr ist man diesen vortrefflichen Männern verpflichtet, die ohne Großen Eigennutz, selbst ohne der natürlichen Herrschsucht Gehör zu geben, eine Einrichtung ersonnen haben, deren einziger Zweck die Einigung der Geister und Herzen ist, um sie zu bessern und in der Folge eine ganz geistige Nation zu bilden, worin man, ohne daß den Pflichten Abbruch geschieht, welche die verschiedenen Staaten fordern, ein neues Volk schaffen wird, welches, aus verschiedenen Nationen zusammengesetzt, sie alle bis zu einem gewissen Punkt durch das Band der Tugend und der Wissenschaft verknüpfen wird. [486]

Ramsay wollte nicht die französische Freimaurerei revolutionieren, sondern zur Einfachheit gemahnen. Es mag wohl vielfach übersehen worden sein, dass sein „Discours" viele wesentlichere, teilweise auf den Einfluss von Fènelon zurückgehende, Stellen enthält.
Als ein Auswuchs seiner Rede wird die „Strikte Observanz" des Reichsfreiherrn von Hund (1722-1776) angesehen. Bei der „Strikten Observanz" handelt es sich um ein freimaurerisches Hochgradsystem 18. Jahrhunderts. Sie bot ihren Mitgliedern ein komplexes, dem untergegangenen Templerorden nachempfundene, System.

---

[486] Quelle: http://freimaurer-wiki.de/index.php/Andrew_Michael_Ramsay

Als der zweite Tempel in Jerusalem 70 n.u.Z. von den Römern zerstört wurde, starben viele Anhänger Henochs und viel Wissen ging verloren. Zum damaligen Zeitpunkt war das Henochische Judentum stärker als die zadokitische Priesterschule.

XXIV. Der Prophet Henoch

Henoch wurde im Jahre 3139 v.u.Z. (laut jüdischer Zeitrechnung) in Kanaan - östlich des Gartens Eden - geboren. Obwohl er in der Bibel nur wenige Male thematisiert wird, so sind die wenigen Aussagen über ihn rätselhaft.

Und Kain erkannte sein Weib, die ward schwanger und gebar den Henoch. Und er baute eine Stadt, die nannte er nach seines Sohnes Namen Henoch. [487]

Henoch war fünfundsechzig Jahre alt und zeugte Methusalah. Und nachdem er Methusalah gezeugt hatte, blieb er in einem göttlichen Leben dreihundert Jahre und zeugte Söhne und Töchter; daß sein ganzes Alter ward dreihundertfünfundsechzig Jahre. Und dieweil er ein göttliches Leben führte, nahm ihn Gott hinweg, und er ward nicht mehr gesehen. [488]

Durch den Glauben ward Henoch weggenommen, daß er den Tod nicht sähe, und ward nicht gefunden, darum daß ihn Gott wegnahm; denn vor seinem Wegnehmen hat er Zeugnis gehabt, daß er Gott gefallen habe. [489]

Es hat aber auch von solchen geweissagt Henoch, der siebente von Adam, und gesprochen: „Siehe, der Herr kommt mit vielen tausend Heiligen, Gericht zu halten über alle und zu strafen alle Gottlosen um alle Werke ihres gottlosen Wandels, womit sie gottlos gewesen sind, und um all das Harte, das die gottlosen Sünder wider ihn geredet haben." [490]

Wir haben bereits mehrfach Henochs Erwähnung in den Schriften, den Apokryphen, die nicht in den jüdischen Kanon (Tanach) oder denjenigen christlicher Kirchen aufgenommen wurden, erörtert. Das Wissen, das er nach seinen Reisen durch die sieben Himmel den Urvätern und Nachkommen des Festlandes (alias *Erde*) mitteilte – laut dem äthiopischen Henoch-Buch – ging immer wieder durch die dunklen Zeitalter des Vergessens verloren.
Es waren tatsächlich die alten Griechen, die Begründer der modernen Wissenschaft, die durch das Erbe Henochs immer wieder zu geistigen Hochleistungen angetrieben wurden. Die erste Einwanderungswelle

---

487 Zitat: 1. Buch Moses 4,17 (Luther-Bibel)
488 Zitat: 1. Buch Moses 5,21-24 (Luther-Bibel)
489 Zitat: Hebräer 11,5 (Luther-Bibel)
490 Zitat: Judas 1,14-15 (Luther-Bibel)

des Henochischen Vermächtnisses kam nach dem Tode Echnatons im Jahre 1310 v.u.Z., als alle Priester des Aton aus Ägypten verbannt wurden. Viele von ihnen flohen nach Thrakien. Jedoch gerät dieses Erbe in frühen 12. Jahrhundert v.u.Z. durch die Zerstörung vieler mykenischer Ballungszentren auf dem griechischen Festland (Iolkos, Mykene, Pylos, Tiryns, u.s.w.) verloren.
Die zweite Einwanderungswelle erfolgte um das Jahr 1100 v.u.Z. als der Bürgerkrieg zwischen dem Stamm Benjamin gegen das Bündnis der zehn Stämme ausgefochten wurde. Diese Geschichte wird im biblischen Buch der Richter erwähnt. Das biblische Buch beschreibt den Zeitraum von 1450-1120 v.u.Z. und wurde wohl um das Jahr 1100 v.u.Z. niedergeschrieben. Im 12. Jahrhundert v.u.Z. gab es eine starke Bevölkerungsabnahme in einigen Regionen Griechenlands. Die israelitischen Einwanderer aus dem Nahen Osten besiedelten weite Teile des griechischen Festlands.
Einem Bericht der Zeitschrift *Proceedings of the National Academy of Science* zufolge, haben Aschkenasen-Juden einen größeren Anteil an italienischen, griechischen und türkischen Genen als die Sepharden-Juden. Als Aschkenasim bezeichnen sich West- und Ost-Juden. Man ging lange davon aus, dass auch bei den aschkenasischen Juden wie bei den sephardischen Juden ein größerer Anteil an spanischen, deutschen und österreichischen Gene vorläge. Als Sepharden bezeichnen sich Juden, die bis zu ihrer Vertreibung 1492 und 1531 in Spanien und Portugal lebten. Ihre Kultur beruhte weiterhin auf der iberischen Kultur. Es gibt geschichtlich gewachsene kulturelle und ethnische Unterschiede zwischen aschkenasischen und sephardischen Juden der Diaspora. Dies würde die Flucht der Juden nach Griechenland und nach der Eroberung Konstantinopels (1453) nach Italien zumindest genetisch bestätigen.
An Henoch erinnert man sich im Judentum, im Christentum und im Islam. In der Auflistung der 28 namentlich bekannten Propheten des Islams kommt nach Adam umgehend Henoch (Idris). Anfänglich trat auch Adam als Wortführer Gottes auf, indem er seiner Frau Eva Gottes Anweisungen übermittelte und auf diese Weise diente er Gott als Prophet. Er diente Gott aber auch als Baumeister, denn er sollte den Garten Eden bebauen und bewahren.[491] Adam war der erste Mensch im Westen. Die Bezeichnung „Westen“ wird in diesem Buch in Bezug auf Asien benutzt. Adams Prophetenschaft endete mit einem Biss.

---

[491] siehe: 1. Buch Moses 2,15 (Luther-Bibel)

Im 4. Kapitel des 1. Buch Moses (Vers 17) wird Henoch als Sohn des Kain erwähnt. Kain ist der Bruder Abels, den er aus Neid getötet hat. Kain war der älteste, Abel der mittlere und Seth war der jüngste Sohn von Adam und Eva außerhalb des Paradieses. Nach der Ermordung seines Bruders wurde Kain gebrandmarkt. Er floh in das Land Nod und errichtete dort das mächtige und polytheistische Reich der Hanochiten. Eine Auffassung haben wird bereits erörtert: Henoch war bemüht die Anhänger Kains wieder zum Glauben an den einen Gott zurückzuführen. Dies verursachte eine Spaltung bei den Söhnen des Lichts. Als Henoch endgültig entschied in das Land Nod zu gehen, so spalteten sich seine Anhänger.
Henoch und die kleine Gruppe, die mit ihm ins Land Nod gingen, waren bemüht die Anhänger Kains wieder zum Glauben an den einen Gott zurückzuführen. Jene Söhne des Lichts, die in Kanaan blieben, erklärten nach Henochs Auswanderung, dass er von Gott hinweggenommen wurde. Henoch zog mit 65 Jahren nach Nod und wurde mit 365 Jahren endgültig von Gott entrückt. Die Söhne des Lichts spalteten sich, aber sie verehrten weiterhin ihren Lehrmeister.
Er blieb insgesamt 300 Jahre im Land Nod und wird als Baumeister der gleichnamigen Stadt angesehen, was mit dem Bericht des arabischen Historikers al-Makrizi [492] übereinstimmt. Al-Makrizi erwähnt, dass ein ägyptischer König namens Saurîd 300 Jahre vor der (biblischen) Sintflut mit dem Bau der Pyramiden von Giseh begonnen hat. Er wollte das gesamte Menschheitswissen über die Sintflut hinwegretten, so wie einst die Nachfahren Kains (Jabal, Jubal, Thubalkain und Naema) mit beiden Säulen verfahren hatten. In al-Makrizis Bericht wird später der ägyptische König Saurîd auch Henoch (alias *Hermes Trismegistos* alias *Idris*) genannt. Er lebte 300 Jahre in der Stadt Iram.

Ibn 'Ufair sagt, indem er sich auf seine Lehrer stützt: Gannad, der Sohn des Maijâd, des Sohnes des Šamir, des Sohnes des Šaddâd, des Sohnes des 'Âd, des Sohnes des 'Ûs, des Sohnes Iram, des Sohnes Sems, des Sohnes Noahs – man nannte es damals Iram, die Stadt der Säulenbauten – und er regierte lange und wurde 300 Jahre alt. Er war der, der hinging und die Pyramiden erbaute […]

Henoch wird im arabischen Raum Idris genannt. Die Ähnlichkeiten sind frappierend. Durch die Verbindung mit Henoch, mit Hermes Trismegistos und der Verweil- bzw. Lebensdauer von 300 Jahren in

492 Muhammad al-Makrizi (1364-1442 n.u.Z.), arabischer Autor und Historiker.

der Stadt Iram sieht man, dass im 15. Jahrhundert n.u.Z. auch in der arabischen Welt immer noch das Wissen um Henoch existierte. Verwirrend hingegen ist, dass Saurîd 300 Jahre vor der Sintflut mit dem Bau der Pyramiden begonnen haben soll. Er selbst wurde aber auch nur 300 Jahre alt. Folge dessen muss er als Säugling von wenigen Monaten mit dem Bau begonnen haben. So die Aussage des arabischen Historikers al-Makrizi. Eher handelt es sich wohl um Henoch, der mit 65 Jahren ins Land Nod kam und dann mit dem Bau begonnen hat. Diese Verwirrung ist leicht verständlich, wenn man den zuvor genannten Vers wörtlich nimmt. Bei der Geburt Henochs benannte sein angeblicher Vater Kain die Stadt nach seinem Sohn. Als Säugling von wenigen Monaten wurde eine Stadt nach ihm benannt.

Aus der arabischen Welt, insbesondere durch den Propheten Mohammed, ist noch eine weitere Legende überliefert. Mohammed glaubte an ein Buch, das er als Urbuch bezeichnete. Es wäre die Mutter aller Bücher, die Gott an die Menschen gesandt hatte. Dieses Buch kann nur von wenigen gerechten Menschen gelesen werden. Henoch hat dieses Buch besessen, zumindest berichten es arabische Legenden so. In der jüdischen und islamischen Welt gilt er als der gerechteste von allen Menschen. Es wurde in der Geschichte als „Buch des Gerechten" oder „Sepher ha-Jaschar" bekannt. In der kabbalistischen Tradition wird es als „Sepher Raziel" bezeichnet. „Sepher" bedeutet Buch und „Raziel" bedeutet „Geheimnis Gottes". Raziel ist zugleich der Name eines Engels. Auch beim Sepher Raziel scheint es, wie beim Sepher ha-Jaschar, mehr als eine Variante zu geben. Das heute als Sepher ha-Jaschar[493] bekannte Buch ist aber wohl eher weit nach Henochs Zeiten entstanden.

Henoch soll es persönlich von Gott erhalten haben. Nach seinen Reisen soll er das Buch des Gerechten (Sepher ha-Jaschar) verstanden haben und verfasste daraufhin seine eigenen Schriften und Lehren. Henoch beschäftigte sich darin mit dem Aufbau der Schöpfung und der Welt. Im äthiopischen Buch Henoch-Buch schrieb er dann, dass das „Gesprochene Wort" oder der Messias oder der „wahre Name Gottes" der Eckstein der realen und materiellen Welt ist. Dies ist das Geheimnis Gottes (alias *Raziel*). Wer den Eckstein zu bewegen weiß, der ist in der Lage die Schöpfung zu zerstören. Rabbinische Legenden berichten, dass Henoch entdeckt

---

[493] siehe: *Buch Jaschar - Das Buch, auf welches in Josua und 2. Samuel hingewiesen wird.* Herausgegeben von Holger Grimme. Inspire International 2006.

haben soll, dass wir uns im 26. Kosmos befinden. Alle seine Entdeckungen sind nach der Sintflut nicht verloren gegangen. Sie wurden in das kollektive Unterbewusstsein (alias *Akasha-Chronik*) der Menschen des Westens gepflanzt.

Im Bewusstsein der Menschen gab es unzählige Assoziationen mit Henoch. In alten mesopotamischen Legenden wird Henoch Utârid genannt. Henoch ist Thot, der ägyptische Gott des Schreibens und der Weisheit. Beide haben in den Überlieferungen ähnliche Eigenschaften, denn Henoch brachte den Menschen ebenfalls das Schreiben und die Astrologie. Für die alten Griechen war Thot ein anderer Name für Hermes Trismegistos. Er gilt heute als der Urvater der Alchemie. Wir haben bereits im dritten Kapitel dieses Buchs erörtert, dass es alte Überlieferungen gibt, welche eine Legende über zwei Säulen erzählt, die Henoch eigenhändig gemacht haben soll. In der Alchemie wird genau die gleiche Legende überliefert, dort heißt der Baumeister aber Hermes Trismegistos.

Henoch machte zwei Säulen auf denen er das gesamte Wissen der Menschheit anbrachte. Denn die Sintflut stand an. Die eine Säule war aus Ton und die andere aus Stein. Die Maseh Merkaba (alias *Merkaba-Kabbalah*) machte aus Henoch den höchsten aller Engel, nämlich Metatron. Im hebräischen Henoch-Buch erfährt der Leser, wie er durch die Himmelsabteilungen aufstieg und im siebten Himmel zum Metatron wurde. Metatron bedeutet entweder „Sprechorgan Gottes“ oder der „Gottes Thron am Nächsten“ steht.

Im Koran wird Henoch Idris genannt. Idris wird zweimal dort erwähnt. Islamische Mythen überliefern uns, dass er mit einem fliegenden Pferd den siebten Himmel erreichte, wie Mohammed es später auch von der „fernen Kultstätte“ aus tat. In der Kabbalah wird ausführlich über den ständigen Kontakt Henochs mit Engeln berichtet. Als Metatron, erzählt eine rabbinische Sage, stand er mit Moses am Berg Horeb in Verbindung. Alles dies blieb im Bewusstsein der Menschen lebendig.

Vor allen diesen Dingen war Henoch verborgen, auch wußte niemand von den Menschenkindern, wo er verborgen war, wo er gewesen und was geschehen war. Er war ganz beschäftigt mit den Heiligen und mit den Wächtern in seinen Tagen. Ich, Henoch; lobte den großen Herrn und König des Friedens. Und siehe! die Wächter nannten mich Henoch, den Schreiber. Dann sagte er zu mir: Henoch, Schreiber der Gerechtigkeit, gehe und verkünde den Wächtern des Himmels, welche den hohen Himmel verließen und ihre ewige Wohnung, sich mit den Weibern befleckten und taten, wie die Söhne der Menschen tun, indem sie sich

Weiber nahmen und sich sehr befleckten auf der Erde: daß sie auf der Erde nimmer Friede und Vergebung der Sünde erlangen werden. Denn sie werden sich ihrer Nachkommenschaft nicht freuen, sondern die Ermordung ihrer Geliebten schauen; sie werden klagen über den Untergang ihrer Söhne und bitten immerdar, aber sie werden keine Gnade noch Frieden erlangen. [494]

Der erste Mensch, der ins Himmlische Jerusalem bzw. ins Paradies zurückgekehrt ist, ist Henoch. Auch wenn die nach ihm benannten Bücher nicht alle Geheimnisse Preis geben, so kann jeder Mensch mit dem „Henochischen Vermächtnis" oder der „Akasha-Chronik" Kontakt aufnehmen. Für die praktische Arbeit eines Eingeweihten bedeutet dies, dass er sein Bewusstsein und sein Unterbewusstsein in eine aktive, kommunikative und kreative Verbindung bringen soll. Diese kann durch Visionen, Meditationen und anderen geistigen Übungen unterstützt werden. So wie es die Söhne des Lichts taten, als ihr Lehrmeister nach Nod zog.
Das slawische Henoch-Buch berichtet (Kapiteln 1-68) von der Aufnahme Henochs in den Himmeln und seinem Weg durch die sieben Himmelsabteilungen. In der slawischen Version kehrt jedoch Henoch auf das Festland zurück und berichtet der Menschheit als Prophet, Richter und himmlischer Verkünder von den göttlichen Geheimnissen. Er wurde unsterblich und wurde vor der Sintflut gerettet. Seine Unsterblichkeit befähigte ihn nach der Sintflut weiter auf das Festland (alias *Erde*) zurückzukehren. Auch das Sepher ha-Jaschar (Buch des Gerechten) berichtet in gewisser Weise davon. Adam erhielt oder verfasste auf Anweisungen des Engels Raziel das Buch „Sepher Raziel ha-Malakh". Henoch, dem die Henoch-Bücher zugeschrieben wurden, erhielt laut anderen Legenden vom Licht- bzw. Friedensengel Uriel ein Buch namens „Sepher ha-Jaschar". Jaschar bedeutet aus dem Hebräischen Gerechter. Redlichkeit und Gerechtigkeit sind spezielle Attribute Henochs. Es gibt wiederum Zweifel, ob es sich um das Sepher ha-Jaschar handelte, das im Buch Josua oder im 2. Buch Samuel erwähnt wird. Das Buch Josua wurde erst 1450 v.u.Z. und das zweite Buch Samuel 1040 v.u.Z. geschrieben. Henoch wurde aber 3139 v.u.Z. geboren. Im Buch Josua werden die Amoriter erwähnt, die es aber zur Zeit Henochs noch gar nicht gab. Im zweiten Buch Samuel werden die Philister, Jonathan und Saul in Bezug zum Sepher ha-Jaschar erwähnt, die es aber zur Zeit Henochs ebenfalls noch nicht gab. Es lässt sich wohl

[494] Zitat: äthiop. Buch Henoch, Kapitel 11: *Henochs Entrückung*

vermuten, dass es zwei Bücher aus biblischen Zeiten namens „Sepher ha-Jaschar“ gegeben hat.[495] Noah erhielt angeblich vom Engel Raziel ein Buch, dass „Sepher ha-Razim“ genannt wird.
Die slawische Version verweist auf den Thora-Abschnitt (1. Buch Moses 5,22-23), wo Henoch auf dem Festland 365 Jahre alt wird. Hier sind die Meinungen gespalten, denn Henoch wurde laut der einen nicht erst mit 365 entrückt, sondern sofort nach der Zeugung seines Sohnes Methusalah und laut der anderen erhielt er von Gott die Möglichkeit zwischen dem himmlischen Jerusalem und dem Festland zu interagieren, aber seine Entrückung fand erst mit 365 Jahren statt. Der redliche, gerechte, aufrichtige, fromme Prophet Henoch wird überall in den antiken Überlieferungen dort erwähnt, wo ein Hinweis auf Eingeweihte, Wächter oder Bewahrer eines geheimen, heiligen Wissens zu finden ist. Besonders verweist die Bedeutung seines Namens (hebr. „henoch“ für „Eingeweihter“) auf Wissen, das es vor der Sintflut gab.[496]
Der erste Verlust des Vermächtnisses trat nicht durch die biblische Sintflut, sondern durch die „Sprachverwirrung zu Babel“, ein. Henoch bzw. König Saurîd hatte Vorbereitungen getroffen, dass die Sintflut nicht zum Verlust der Weisheit der alten, vorsintflutlichen Welt führte. Seine Vorbereitungen und Bemühungen waren erfolgreich. Der zweite Verlust des Heiligen Wissens geschah im Jahre 70 n.u.Z. durch die Römer. Nachdem Jesus Christus starb und die Christen eine eigenständige Bewegung wurden, war das Andenken Henochs groß. Denn die Christen haben sich aus dem Henochischen Judentum entwickelt. Zurzeit der Römer gab es zwei Richtungen im Judentum: das Henochische und das Zadokitische Judentum. Die Zadokiten waren Anhänger des Moses und haben sein Ansehen hochgehalten. Nach der Vertreibung (Diaspora) der Juden durch die Römer aus Jerusalem setzte sich das mosaische oder Zadokitische Judentum durch.
Als nun die Christen im 3. und 4. Jahrhundert n.u.Z. zu einer organisierten Kirche wurden, wurden viele Weisheitsschriften nicht mehr toleriert. Henochs Schriften zum Beispiel werden bis heute nicht von den christlichen Kirchen (bis auf die äthiopische Kirche) anerkannt.

---

495 Nicht zu verwechseln mit dem „Sepher ha-Jaschar“ von Rabbenu Tam (1000-1171 n.u.Z.) aus Nordfrankreich - Encyclopedia Judaica, Bd. 15, S. 779-781.
496 siehe: äthiop. Buch Henoch, Kapitel 64-66: *Alle verborgenen Kräfte*

Alle apokryphen Schriften sind Seitenzugänge zum Henochischen Vermächtnis. Obwohl die ursprüngliche Thora alles enthält, so sind die Apokryphen ein Schlüssel zum besseren Verständnis dieser illusionären Welt, die nach der Kabbalah (und Henoch) aus dem 26. Urknall hervorging. Die Thora, wie sie heute vorliegt, ist aber wohl nicht die ursprüngliche Thora, die einst der Engel Metatron (alias *Henoch*) Moses auf dem Berg Sinai offenbart hatte.
Das Wissen um Henoch existiert auch im Neuen Testament der Bibel weiter. Die Teilhabe am Henochischen Vermächtnis von Jesus Christus leitet sich aus mehreren Stellen des Neuen Testaments ab. Eine Stelle zum Beispiel weist daraufhin, dass der Orden des Melchizedek noch zu Zeiten Jesu Christi bekannt war. Im Hebräer-Brief steht:

[…] dahin der Vorläufer für uns eingegangen, Jesus, ein Hohepriester geworden in Ewigkeit nach der Ordnung Melchisedeks. [497]

Das Neue Testament wurde in Altgriechisch verfasst. Das griechische Wort für „Ordnung" ist τάξις (*taxis* ausgesprochen). Es bedeutet auch „Organisation", „Anordnung" und „Orden".
Der ursprüngliche Gedanke war, dass alle Priester der jüdischen Geschichte durch den Orden des Melchizedek eingeweiht werden sollten. Dadurch sollten alle Priester das gleiche Wissen haben und von Melchizedek, dem ersten Hohepriester Gottes, abstammen. Doch Moses setzte seinen Bruder Aaron als Hohepriester ein. Es war Zadok, der Salomon auf den Thron verholfen hatte, der Jahrhunderte später wieder Moses und Aarons Ansehen anhob.
Als die biblische Sintflut vorüber war, sollte Noah das Heilige Wissen schützen. Er bewahrte die Schriften in einer Art Kasten auf, die er laut den Anweisungen Gottes an einen Priesterkönig überreichen sollte. Dieser Priesterkönig kam im Jahre 2018 v.u.Z. zu Noah. Bevor Noah starb und Abraham geboren wurde.
Abraham war kein Jude, sondern ein Chaldäer aus der Stadt Ur. Er wurde vom Priesterkönig Melchizedek in das Erbe der alten, vorsintflutlichen Welt eingeweiht. Es besteht also eine nahtlose Verbindung von Henoch zu Melchizedek bzw. Abraham.
Melchizedek gilt als der erste eingeweihte Priester des einen Gottes. Noah war es vergönnt, sich das Vermächtnis anzueignen. Eine Überlieferung besagt, dass er den Kasten während der Sintflut auf der

[497] Zitat: Hebräer 6,20 (Luther-Bibel)

Arche öffnete und eine zeitlang mit Wahnsinn bestraft wurde. Noah wird im Judentum als Vater aller Menschen angehen. Er war nicht ausschließlich nur der Vorfahre der Israeliten. Melchizedek hatte keine Kinder, deshalb wurde Abraham zum Hüter des Vermächtnisses.
Noah und Abraham starben, Melchizedek hingegen wurde wohl wie Henoch durch Gott entrückt. Beide starben nicht. Die Unterscheidung in jene Menschen die nie gestorben und jene die gestorben sind, ist sehr wichtig. Denn mit dem ersten Schlag Menschen hat Gott noch etwas vor, deshalb gelten sie als auserwählt. Henoch wird noch eine Aufgabe zuteil werden, wenn der Tag des Großen Gerichts - der letzte Sühnetag - über uns alle kommen wird. Er und Elias werden als die zwei Zeugen Gottes auf die Erde zurückkommen. Das letzte Buch des Neuen Testaments der Bibel – Die Offenbarung des Johannes – sagt folgendes hierzu:

Und ich will meinen zwei Zeugen geben, daß sie weissagen tausendzweihundert und sechzig Tage, angetan mit Säcken. Diese sind die zwei Ölbäume und die Fackeln, stehend vor dem Herrn der Erde. [498]

Henoch wird in der jüdischen Literatur zu einem Typus des Gerechten oder des Redlichen glorifiziert, der gemeinsam mit den 144.000 Erzvätern (neben *Melchizedek* und *Elias*) am Ende aller Tage bzw. beim eschatologischen Heil von Himmel und Erde ein unbekanntes, neues Lied anstimmen wird, das niemand sonst außer den 144.000 singen kann. [499]
Seltsamerweise finden wir solche gerechte oder redliche Menschen in Zarathustra[500], in Pythagoras und in Buddha[501] wieder. Zeitgleich treten sie mit dem gleichen Grundgedanken auf drei verschiedenen Kontinenten auf. Zarathustra wirkt in Mesopotamien (Naher und Mittlerer Osten). Pythagoras[502] wirkt in Europa (Großgriechenland) und Buddha in Indien (Asien). Auch Konfuzius[503] war zur Zeit Buddhas tätig (China) und die Propheten Jeremia[504] und Hesekiel[505]

---

498 Zitat: Offenbarung 11,3-4 (Luther-Bibel)
499 siehe: Offenbarung 14,1-20 (Luther-Bibel)
500 Zarathustra (630-553 v.u.Z.), Gründer der iranischen Religion.
501 Buddha (563-483 v.u.Z.), Gründer des Buddhismus.
502 Pythagoras (570-510 v.u.Z.), Gründer eines religiös-philosophischen Ordens.
503 Konfuzius (551-479 v.u.Z.), chinesischer Philosoph.
504 Jeremia (625-585 v.u.Z.), einer der drei Schriftpropheten des Tanach.
505 Hesekiel (600–560 v.u.Z.), einer der drei Schriftpropheten des Tanach.

fallen in den gleichen Zeitraum. Wurden sie vom gleichen Geiste (alias *Schekina*) erfasst? Gehörten sie einer Organisation, einem Orden an? War der eurasische Kontinent in der Antike doch stärker vernetzt als wir heute gemeinhin annehmen?
Kehren wir zurück zum Propheten Henoch, der als Prototyp des Gerechten oder des Redlichen angesehen werden kann. Es sind deshalb die gleichen Ahnen, die wir im Judentum und in Folge dessen im Christentum wieder finden. Neben den Ahnen und Propheten gibt es fundamentale Ähnlichkeiten zwischen Judentum und Islam. Der Islam entstand in einer Zeit von großer spiritueller Verwirrung. Deshalb betont der Koran schon in der ersten Sure[506], dass mit dem Islam nun ein gerader Weg begangen werden soll. Es gibt sechs Grundsätze und fünf Pflichten: Die fünf Säulen des Islam. Der Eingottglaube (Monotheismus) wird sehr stark betont, da der Islam auf der arabischen Halbinsel entstand. Die Araber glaubten vor dem Islam an viele Gottheiten. In einem Umfeld wo Steinkulte, Astrologie und Wahrsagerei weit verbreitet waren, war die Betonung des Eingottglaubens maßgebend: Es gibt nur einen Gott!
Das Hebräische Alphabet hat 22 Buchstaben, das alte Griechische Alphabet hat 27 und das Arabische Alphabet hat 28 Buchstaben. Islamische Gelehrte hatten darauf geachtet, dass der Koran mit dem Arabischen Alphabet übereinstimmt. Mit dem Koran wird durch 28 Buchstaben das Arabische Alphabet komplettiert.
Verfolgungen der christlichen Staatskirche gegen Andersdenkende und Andersgläubige nahm Ende des vierten Jahrhunderts n.u.Z. stark zu. Im Jemen gab es seit der Zerstörung des zweiten Tempels (70 n.u.Z.) eine große Gemeinde von Henochischen Juden. Während die zadokitischen Juden sich im Römischen Reich, besonders in Italien, niederließen. Ende des 6. Jahrhunderts kam es zu inneren Unruhen in Südarabien und einige Stämme wanderten nach Medina aus. So wie es im Jemen jüdische und christliche Gemeinden gab, so gab es sie auch in Medina.
Der Islam wurde nicht nur Bewahrer und Hüter des Hellenismus, sondern auch Vermittler zwischen Ost und West, jüdischen und christlichen Lehrinhalten und Wächter des Henochischen Erbes. Insbesondere verarbeitet im 7. Jahrhundert n.u.Z. der junge Islam vieles von den griechischen Philosophien, jüdischen und christlichen Traditionen. Es ist also nicht verwunderlich, dass das Kerngebiet der islamischen Ausbreitung bis heute deckungsgleich mit den Ausmaßen

[506] siehe: Sure 1 „Al-Fatiha“, Vers 6 (Koran)

des Reiches von Alexander des Großen ist. Der Islam nahm im Gegensatz zum Reich Alexanders noch Nordafrika und Mittelafrika sowie Indonesien in Beschlag.

	Wert	**Judentum**	**Christentum**	**Islam**
1.	1	1. Buch Moses	1. Buch Moses	
2.	2	2. Buch Moses	2. Buch Moses	
3.	3	3. Buch Moses	3. Buch Moses	
4.	4	4. Buch Moses	4. Buch Moses	
5.	5	5. Buch Moses	5. Buch Moses	
6.	6	Josua	Josua	
7.	7	Buch der Richter	Buch der Richter	
8.	8	I. Samuel	Ruth	
9.	9	II. Samuel	I. Samuel	
10.	10	I. Könige	II. Samuel	
11.	20	II. Könige	I. Könige	
12.	30	Jesaja	II. Könige	
13.	40	Jeremia	I. Chronik	
14.	50	Hesekiel	II. Chronik	
15.	60	Psalter	Esra	
16.	70	Hiob	Nehemia	
17.	80	Sprüche	Esther	
18.	90	Ruth	Buch Hiob	
19.	100	Hohelied	Psalter	
20.	200	Prediger	Sprüche	
21.	300	Klagelieder	Prediger	
22.	400	Esther	Hohelied	
23.	500	Daniel	Matthäus	
24.	600	Esra	Markus	
25.	700	Nehemia	Lukas	
26.	800	I. Chronik	Johannes	
27.	900	II. Chronik	Offenbarung	
28.	1000			Koran

Der gerade Weg wird soweit ausgeführt, dass laut islamischer Auslegung der Koran der Abschluss des göttlichen Gesetzes auf Erden ist. Dies zeigt sich auch im Arabischen Alphabet. Die Anordnung des Alten und Neuen Testaments zum Koran folgt einem bestimmten Muster. Das Muster des Arabischen Alphabets.

Jüdische Gelehrte hatten darauf geachtet, dass Thora, Prophetenbücher und Gesetzesschriften (alias *Tanach*) mit dem Hebräischen Alphabet übereinstimmen. Christliche Gelehrte hatten dann darauf geachtet, dass die vier Evangelien und die Offenbarung des Johannes mit dem Griechischen Alphabet übereinstimmten. Islamische Gelehrte hatten schließlich darauf geachtet, dass der Koran mit dem Arabischen Alphabet übereinstimmt. Mit dem Koran wird durch 28 Buchstaben das Arabische Alphabet komplett.
Man vermutet weiter, dass die hellenistischen Ideen aus Alexandria, mit den Lehren der Therapeuten (Essener), die ihre christlichen Anhänger noch pflegten, sich zu einer arabischen Ausprägung formten. Im siebten Jahrhundert entstand am Westrand der Arabischen Halbinsel die exoterische Ausrichtung dieses gebündelten Henochischen Vermächtnisses (Islam), die auch eine esoterische (Iman) Ausrichtung in sich barg. Ein Teil des Henochischen Vermächtnisses wurde islamisiert und ihre neuen Wächter nannten sich Sufi.

Die Sufis integrierten auch die esoterische Lehre des Islam und teilten ihr Geheimwissen in 99 Stufen analog der 99 Beinamen Gottes im Koran (arabisch qur´ân »Verkündigung«). Dazu kam die Alchemie (kim-ya), die 658 ins Arabische übersetzt wurde. […]
Nach dem Tode des sechsten Imam der esoterischen Muslime im Jahre 765 spalteten sich die Anhänger in zwei Lager. Die für seinen vor ihm vers(t)orbenen Sohn Ismail als siebten Imam eintraten, wurden Ismailiten oder Siebener-Schiiten genannt. Diese hielten sich im südlichen Irak verborgen und organisierten sich nach dem Vorbild der Essener/Therapeuten in einem Orden mit hierarchischem Aufbau und Initiationsriten, wobei der zweite Grad die Streiter Gottes (arabisch fidâ´i) zur Errichtung des Gottesstaates darstellte. Erst danach begann die Einweihung in den inneren Kern der Geheimlehre. Die Eingeweihten (arabisch bâtinî) trugen das weiße Gewand und die rote Schärpe der Therapeuten.
Um 800 gründete Maaruf Karkhi im südlichen Irak den Geheimorden der Baumeister als »anderen« Weg zur Erlangung der esoterischen Erkenntnis nach der arabischen Fassung der 42 Traktate des ägyptischen Gottes Thot. Die Bruderschaft war eine enge Assoziation, ein Geheimbund mit Initiationsriten, geheimen Schwüren, gewählten Häuptern, beratenden Gremien von Oberhäuptern und einer Ideologie, die sowohl mystisch als auch sozial war. Sie beschränkte sich auf die Vermittlung von höchstem okkulten Wissen an ihre Mitglieder, gab sich weltlich, unpolitisch und unreligiös und stand als interkonfessionelle Organisation jedem offen: Muslimen, Christen, Juden und Mazda-Anhängern. Ihre Ideologie war für die damalige Zeit völlig neuartig, basierte auf der Freiheit des

Individuums und hob den relativen Charakter eines jeden Systems von menschlichen Beziehungen hervor. Das Wissen wurde – wie bei den Sufis – in 99 Stufen aufgeteilt, analog den 99 Namen Gottes. Nur wer den hundertsten Namen Gottes erfährt, galt als der Kopf, das Haupt der Weisheit (arabisch abu-al-fihâmat). […]
970 begann man in Kairo, die Geheimlehre der Ismailiten in 50 Traktaten niederzuschreiben, welche die arabischen 42 Bücher der Hermetiker enthielten und ergänzten: ›Die Episteln der Lauteren Brüder‹. Somit wurde das Geheimwissen islamisiert. Um 1000 brachte der Esoteriker Maslama von Madrid die ›Episteln‹ nach Spanien. Im Schutze der ismailitischen Fatimiden konnte sich die Bruderschaft der Baumeister in ganz Syrien ausbreiten. Der Anblick der Batini in ihrem weißen Gewand und der roten Schärpe war allenthalben vertraut, und man begegnete ihnen als Gottes Männer mit Respekt.[…]
Nach dem Tode des letzten spanischen Kalifen 1031 in Cordoba bemächtigten sich fanatische Berber der Stadt. Die angesehene jüdische Philosophengemeinde rettet sich vor der befürchteten Intoleranz nach Saragossa im Norden, wo der zum Islam übergetretene Jude Hasdai und später sein Sohn Minister waren. Hier entfaltete sich nun das jüdische Goldene Zeitalter mit Übersetzungen der arabischen Esoterik und Studien in der Kabbala. Dorthin wandte sich auch Maslamas Schüler al-Karmani, um eine islamische Zelle zu gründen; somit machte er die gnostischen ›Episteln‹ dort bekannt. […]
Nach der Eroberung von Toledo durch das christliche Kastilien 1085 flohen die gelehrten Juden aus Angst vor Verfolgung oder Zwangstaufe an die Schule des gelehrten Raschi nach Troyes. Mit ihnen kam ein gewaltiger Schatz von arabischen und hebräischen Manuskripten dorthin, darunter die ›Episteln der Lauteren Brüder‹. So kamen alle Fäden in Troyes zusammen. Was in Ägypten seinen Anfang genommen hatte, kam nun in Frankreich wieder zusammen. [507]

Die Ismailiten, die es noch heute gibt, haben ein wesentlich offeneres System als das der meisten anderen Muslime. Manche sehen Elemente des Gnostizismus und des Neuplatonismus darin. Ebenso gibt es äußerliche Gemeinsamkeiten zu anderen religiösen Systemen. Der Koran wird weitgehend allegorisch ausgelegt. Auf diese Weise werden über den Text hinausgehende Botschaften des Korans entschlüsselt. Darin bestehen die größten Gemeinsamkeiten zu den beiden anderen Mystiker-Orden: den Sufis und den Imamiten. Es

507 Zitat: *Die Geheimlehre der Tempelritter: Geschichte und Legende.* Allan Oslo. 3. Aufl. Patmos-Verlag. Düsseldorf 2000. Seite 168-172.

gibt bei den Ismailiten zwar strenge Glaubensgrundsätze, die Auslegung des Korans bleibt aber jedem selbst überlassen.
Im 8. Jahrhundert n.u.Z. kamen Juden vermehrt nach Spanien. Der arabische Wunsch die Welt zu islamisieren, führte afrikanisch-arabische Heere nach Spanien. Von 711 n.u.Z. begann der Islam auf der Iberischen Halbinsel Fuß zu fassen. Nach der Rückeroberung (lat. „reconquista") Spaniens im 13. Jahrhundert mit Hilfe der Templer begannen islamische Heere 200 Jahre später Konstantinopel (alias *Istanbul* alias *Byzanz*) zu belagern.
1453 wurde Konstantinopels eingenommen. Viele Gelehrte flohen nach Italien. Dort begann man die alten griechischen Schriften ins Lateinische und Italienische zu übersetzen und sie dadurch zugänglich zu machen. 700 Jahre lang wurde in Italien kein Griechisch mehr gesprochen. Reuchlin, der große Pforzheimer Humanist, studiert zu Beginn des 16. Jahrhunderts die jüdische Kabbalah und als überzeugter Christ sucht er eine Versöhnung jüdischer, christlicher und sogar islamischer Vorstellungen. Sowie es der Katalane Ramon Llullus bereits versucht hat.
Die katholische Kirche hatte lange Zeit Schriften, die aus dem besetzten Spanien und aus der arabischen Welt kamen unter Verschluss gehalten und deren Besitz sanktioniert. Es war die Renaissance (14. bis 17. Jahrhundert), in der die griechisch-römische Antike in Europa wieder auflebte, die sich auf die geschichtlichen Quellen der Griechen und Römer beriefen.

Henoch erlangte in der Person des Hermes Trismegistos den größtmöglichsten Einfluss über ganz Europa. Nach über 4.600 Jahren galt Hermes Trismegistos von der Spätantike bis zur frühen Neuzeit als Verfasser einer Reihe von philosophischen, astrologischen, magischen und alchemistischen Schriften. Aufgrund seiner Gleichsetzung mit Henoch (alias *Thot*) wurden sie als Zeugnisse eines uralten Vermächtnisses wahrgenommen.
Die als *Corpus Hermeticum* bekannten Dialoge wurden in der Renaissance wieder entdeckt. Im Jahr 1462 gelangte Cosimo de Medici (1389-1464) in den Besitz einer griechischen Handschrift, die er von Marsilio Ficino (1433-1499) ins Lateinische übersetzen ließ.
Marsilio Ficino fasste die antiken Quellen zu Hermes (alias *Merkur*) zusammen und konstruierte eine Tradition eines ursprünglichen Vermächtnisses, das bereits wesentliche Elemente des Christentums einschließt. Genau auf diesen Ansatz werden die älteren Rosenkreuzer des 17. Jahrhunderts anknüpfen.

Die Rosenkreuzer vertraten eine unorthodoxe Weltanschauung des Christentums. Nach der rosenkreuzerischen Auffassung war das Christentum […] eine abermals geoffenbarte und ebenso durch die Natur wie durch die Bibel bestätigte uralte Geheimlehre. Natur und Bibel bildeten eine Konkordanz.[508] *So nahmen die Europäer ohne jegliches Bedenken an, dass überall in einer Kultur wo sich das „Kreuz" zeigte es als sicheres Symbol des Christentums aufzufassen sei. Wurde ein Kreuz entdeckt, wo und in welcher Form auch immer, kündigte es schlechthin von der Anwesenheit des Christentums. Dass die Europäer überhaupt glauben konnten, in einer fremden Schrift das „Kreuz" im Sinne des Christentums finden zu können, erklärt sich u. a. aus dem eigentümlichen Status des Kreuzes selbst. Das Kreuz galt im Abendland niemals als Abbild. Es war reines Zeichen, frei vom komplizierten Verhältnis von Abbild und Urbild.* [509]

Marsilio Ficino schreibt in seiner Vorrede an den Auftraggeber der Übersetzung Cosimo de Medici des *Corpus Hermeticum*:

Dieser [Hermes] stand nämlich in Scharfsinn und Gelehrsamkeit allen Philosophen voran. Als Priester hat er zudem die Grundlagen für ein

---

508 Frick, Karl. R.: *Die Rosenkreuzer als erdichtete und wirkliche Geheimgesellschaft.* In: Hrsg. Kaltenbrunner, Gerd-K. (1987): *Geheimgesellschaften und Mythos der Weltverschwörung.* (Herder TB), München. S. 110 f.

509 Zitat: G. Grippo: *Die Alchemie der Rosenkreuzer - Rosenkreuzertum und Freimaurerei.* Oberursel 2012. Kapitel: *Rose als Symbol des Weiblichen.*

heiligmäßiges Leben gelegt und übertraf in der Verehrung des Göttlichen sämtliche Priester. Schließlich übernahm er die Königswürde und verdunkelte durch seine Gesetzgebung und Taten den Ruhm der größten Könige. Daher wurde er zurecht der dreimal Größte genannt. Als erster unter den Philosophen wandte er sich von Naturkunde und Mathematik der Erkenntnis des Göttlichen zu. Als Erster diskutierte er voller Weisheit über die Herrlichkeit Gottes, die Ordnung der Dämonen und die Wandlungen der Seele. Daher nennt man ihn den ersten Theologen. Ihm folgte Orpheus, der in der ursprünglichen Theologie den zweiten Platz einnimmt. In die Mysterien des Orpheus wurde Aglaophemus eingeweiht. Aglaophemus folgte in der Theologie Pythagoras nach, diesem wiederum Philolaos, der Lehrer unseres göttlichen Platon. Daher gibt es eine in sich stimmige Lehre der ursprünglichen Theologie, die in wundersamer Ordnung aus diesen sechs Theologen erwachsen ist, ausgehend von Merkur [Hermes] und durch den göttlichen Platon vollendet. [510]

Ein wichtiger Träger des Henochischen Vermächtnisses ist die Alchemie und die Legenden um die sagenumwobene „Tabula Smaragdina Hermetis“ (siehe Abbildung). Die Alchemie geht auf Hermes Trismegistos (alias *Henoch*) zurück, der ein ägyptischer Weiser der Antike sein soll. Später wird er von den Griechen als der ägyptische Gott Thot ausgemacht und als Urvater der Alchemie und Astrologie angesehen. Er lebte angeblich zur biblischen Zeit in Ägypten.

Ab dem 13. Jahrhundert wurde Hermes Trismegistos die Tabula Smaragdina zugeschrieben. Eine Legende besagt, dass er ein Gelehrter war, der aus einem weit entfernten Land kam, um den

510 Zitat: http://de.wikipedia.org/wiki/Corpus_Hermeticum / Ficino 1493.

Menschen Wissenschaften, wie das Schreiben und die Astronomie, zu unterrichten.[511]

In der Renaissance (14. bis 17. Jahrhundert), trat die Suche nach dem Vermächtnis Henochs in der Gesellschaft verstärkt auf. Marsilio Ficino verdankt der Eroberung Konstantinopels im Jahre 1453 die Wiederentdeckung des Neuplatonismus´ in Europa. Gelehrte flohen aus Konstantinopel nach Italien. Dort begann man die alten griechischen Schriften ins Lateinische und Italienische zu übersetzen. Giovanni Pico della Mirandola (1463-1494) und Marsilio Ficino studierten zudem die jüdische Kabbalah. Ihre Werke erweckten hundert Jahre später in Deutschland großes Interesse.

Im 17. Jahrhundert wurden die Manifeste der Rosenkreuzer veröffentlicht. Eine Organisation, die es bis dahin gar nicht gab, wird populär. Die christliche Kabbalah, die durch das Kreuz und die Rose dargestellt wird, wird zu einem Gedankengebäude zusammengefügt. In den rosenkreuzerischen Manifesten geht es um eine geistige Revolution. Die Manifeste sind an die Gelehrten Europas gerichtet. Die besonderen Kenntnisse, die der fiktive Gründer Frater C. R. (1378-1484) auf seinen Reisen gesammelt hatte, sollen verbreitet und studiert werden.

Im 18. Jahrhundert finden in England alle Strömungen, die sich aus den Schriften der Weisheit entwickelt hatten, in der Freimaurerei zusammen.[512] Doch der Zusammenschluss im Jahre 1717 und die Aufnahme von Zivilisten in freimaurerische Logen, haben wahrscheinlich zur Folge gehabt, dass das Wissen um das Vermächtnisses Henochs ging. Zivilisten, die keinen praktischen Bezug zum Erbe hatten. Dies führte dazu, dass die Freimaurerei zu einer Gesellschaft von fiktiven, also nicht praktisch tätigen Werkmeistern, anschwoll. Die Freimaurer tragen das antike Erbe Henochs in ihren Legenden, Ritualen und Hochgraden bis heute fort. Doch sie haben das Verständnis und den Schlüssel zu jenem Vermächtnis verloren.

---

[511] siehe: Giovanni Grippo: *Die Kabbalah – Die Schöpfung neuer Sichtweisen.* Band II. 2. Auflage. Oberursel 2011. Seite 55.

[512] siehe in diesem Buch: Appendix. Kapitel *A1. Kabbalah und Freimaurerei*

Henoch erlangte in der Person des Hermes Trismegistos den größtmöglichsten Einfluss über ganz Europa. Nach über 4.600 Jahren galt Hermes Trismegistos von der Spätantike bis zur frühen Neuzeit als Verfasser einer Reihe von philosophischen, astrologischen, magischen und alchemistischen Schriften.

XXV. Das trennende Ego

Das Henochische Vermächtnis kann von jedem „angezapft" werden, weil wir alle untereinander verbunden sind. Man stelle sich ein riesiges Meer vor - soweit das Auge reicht. Darin sind viele kleine Inseln zu sehen. Jede für sich alleine und manche näher beieinander und andere Inseln ganz weit voneinander weg. Das Meer ist ein Ereignishorizont. Würde nun das Meer abfließen, könnte man erkennen, dass alle Inseln miteinander verbunden sind. So ist es mit den Menschen. Unsere menschlichen Körper trennen uns von anderen Menschen. Diese Trennung nennen wir Individualität (lat. „in dividere" für „nicht teilbar"). Unsere Seelen hingegen verbinden uns mit allen Menschen. Wir sind alle miteinander verbunden.

Diese heutige, vierteilige Welt ist eine Illusion, die uns verführt, um uns von Gott und uns selbst – als einzelne Inseln - zu entfremden. Das gesamte Universum ist Leben und dort wo Gott ausströmt, eben dort kehren die Emanationen[513] unumgänglich wieder zu ihm zurück. Die Menschheit ist ein Teil des göttlichen Bewusstseins. Wir befinden uns noch immer in der Zwischenzeit, die ein Ende finden wird, wenn die erste Posaune erschallt, wie der Prophet Jesaja verkündete:

Zu der Zeit wird man mit einer großen Posaune blasen; so werden kommen die Verlorenen im Lande Assur und die Verstoßenen im Lande Ägypten und werden den Herrn anbeten auf dem heiligen Berge zu Jerusalem. [514]

Der Prophet Jesaja spielt mit der Aussage „*die Verlorenen im Lande Assur*" auf den Mythos der Verlorenen Stämme Israels an. Damit werden die zehn Stämme Israels bezeichnet, die nach der Eroberung des Nordreichs durch Sargon II (721 v.u.Z.) verschleppt wurden.[515] Auf „*dem heiligen Berge zu Jerusalem*", damit ist Zion gemeint, wird das Ende aller Tage eingeleitet werden. Dort in Zion werden die 144.000 Erzväter (wie u.a. Henoch, Melchizedek und Elias) ein unbekanntes, neues Lied anstimmen, das niemand sonst außer den 144.000 singen kann. Dann wird der Gral (im Sinne des königlichen Blutes) über den ersten aller Erzengel Asasel (alias *Satan*) vergossen werden, und wir kehren zum Ursprung zurück.

---

513 Als Emanationen werden die Sephiroth des Lebensbaums bezeichnet.

514 Zitat: Jesaja 27,13 (Luther-Bibel)

515 siehe: 2. Buch Könige 17,6 (Luther-Bibel)

Das Paradies, das Allerheiligste im salomonischen Tempel und die vierteilige Unterwelt sind kubisch, denn Gottes *Bauplänen* liegt der Kubus zugrunde. Auf Befehl Gottes erhoben seine Heerscharen das Paradies, nach der Vertreibung des Menschen, in die Himmel. Dort wo das Paradies zuvor stand, ist nun ein kubisches Loch. Der Ort wird bis zum heutigen Tage Dudael genannt. Der erste aller Erzengel ist auf ewig in Finsternis darin gebunden. Er wird für ewig dort wohnen, damit er kein Licht schaue bis zum Tage des Jüngsten Gerichts und ein Deckstein hüllt ihn in Finsternis.
Ein Eingeweihter fürchtet das Böse, den Jüngsten Tag, den Tod und die Unterwelt nicht. Und wenn er sie doch fürchten sollte, dann hat Persephone, Göttin des Tartaros, Eingeweihten und Suchenden eine besondere Stellung in der Unterwelt eingeräumt.[516] Wir müssen uns für das Gute oder für das Böse entscheiden. (Zarathustra) Der Gral und das Kad sind am Ende aller Tage ein und dasselbe. Dieser Reinigungsprozess, der von Gott eingeleitet wurde aus Gründen, die wir weder körperlich, noch seelisch und noch geistig zu erfassen vermögen, endet am Jüngsten Tag.
Die Nephilim (alias *Mithras-Anhänger*) überlebten die erste Sintflut, aber sie vermischten sich danach ebenfalls mit den dort ansässigen Menschen.[517] Einige Mischlinge überlebten, denn Gott wollte nur die Abtrünnigen durch sein Gericht bestrafen. Ein paar Mischlinge oder Bastarde überlebten. Dies kann anhand folgenden Zitats indiziert oder abgeleitet werden:

Wir sahen auch Riesen daselbst, Enaks Kinder von den Riesen (hebr. „nephilim"); und wir waren vor unsern Augen wie Heuschrecken, und also waren wir auch vor ihren Augen.[518]

Das Ende der Schöpfung oder die Rückkehr zu Gott ist kein Weg der Bestrafung oder des Marters, sondern eine Heimkehr nach Hause. Es ist eine Selbstaufrichtung des Menschen durch Einweihung und Suche. Der Weg des Eingeweihten ist mühselig und von jeglicher konfessionellen Bindung befreit.
Es darf nicht – wie bereits gesagt – der Eindruck entstehen, dass die Schöpfung, weil sie in niederen Ebenen als Gottes Geist angesiedelt ist, sich außerhalb seiner Wahrnehmung befindet. Die Schöpfung ist

---

516 siehe in diesem Buch: *Orpheotelesten und Mithras-Kult* – Kapitel V.
517 Der erste, der in die Mysterien des Mithras eingeweiht wurde, war Kain.
518 Zitat: 4. Buch Moses 13,33 (Luther-Bibel)

keine Spaltung oder Abtrennung des Ganzen. Sie ist kein Verlust der Einheit. Sie ist keine Spaltung vom göttlichen Geiste, sondern ein Teil des Ganzen. Materie und Energie sind dasselbe und Raum und Zeit sind dasselbe; zumindest in der Kabbalah. Die Schöpfung, die Erde und der Mensch sind nichts Schlechtes. Sie sind nicht voll von Sünde, Materie und Verwesung.

Aus Märchen erfahren wir, dass Helden sich auf den Weg machen um Abenteuer zu erleben. Sie wollen aus der Langeweile des Elternhauses bzw. aus der vorgegebenen Geborgenheit des Zuhauses fliehen. Sie kommen mit gesammelter Lebenserfahrung zurück und haben Prüfungen bestanden. So ist das Leben. Sie sind nicht mehr dieselben. Doch die Märchen erzählen die Geschichte nicht immer zu ende. Wie oft sehnt sich der nach Hause zurückgekehrte Held, die Erlebnisse zu vergessen und in die gewohnte und geborgene Umgebung zurückzukehren, als wäre nichts geschehen. Obwohl es Zuhause am Schönsten ist, so vermag er nicht mehr Teil davon zu werden, denn auf dem Weg Lebenserfahrung zu sammeln und Prüfungen zu bestehen, ist ein Teil des Selbst in einem gestorben. [519]

So beginnt der Weg des Aufstiegs bzw. der Weg des Eingeweihten. Der Mensch soll in den Zustand vor dem Sündefall zurückkehren, wobei es kein „zurück" sein muss, sondern auch ein nach „vorne" sein kann. Die Erbsünde, die aus dem Sündenfall hervortritt, ist aber nicht erst durch Fehltritte auf den Menschen gekommen, sondern Gott gab den Menschen ein eigenes Ego, das der Mensch in einer Art Selbstreinigung zu überwinden hat, um Gott schauen zu können. Für einen Eingeweihten bzw. Wissenden gibt es keine Erbsünde, sondern nur ein Ziel: Die „unio mystica" des Christentums oder die „chymische Hochzeit" der Alchemie.

Die Verschmelzung mit Gott ist der erste Schritt der Menschheit und die Vereinigung mit dem ganzen Kosmos ist der letzte und endgültige Schritt Gottes. Dieser irreversible Zustand wird Kad (hebr. „Gefäß") genannt. Da im Abendland fälschlicherweise die „unio mystica", also die Vereinigung mit Gott als Endziel angesehen wird, muss ein Begriff neu geprägt werden, der den endgültigen und nicht revidierbaren Zustand beschreibt, den die gesamte universale Harmonie ausdrückt, die Gott und Mensch ins Kad zurückführt.

Das Paradies wurde am sechsten Schöpfungstag erschaffen und als Gegenstück wurde gleichzeitig die Unterwelt erschaffen. Sie war aber nicht fassbar oder reell, sondern sie befand sich hinter der

---

519 Zitat: *Das Tarot der Rosenkreuzer - Der Weg des Eingeweihten.* Oberursel 2011. S.9.

Wirklichkeit des Paradieses. Auch die Rabbiner sprechen von der Unterwelt (hebr. „Gehenna“), die es bereits vor dem Beginn der Schöpfung gegeben haben soll.[520] Die vierteilige Unterwelt, wie sie Henoch auf seinen Himmelsreisen sah, war ein verfluchtes Tal:

Von dort ging ich weiter an einen anderen Ort in der Richtung nach Westen bis zu den Enden der Erde. Ich sah ein loderndes Feuer, das rastlos hin und her lief und von seinem Laufe weder bei Tage noch bei Nacht abließ, sondern sich gleich blieb. Da fragte ich, indem ich sagte: Was ist dies da, das keine Ruhe hat? Darauf antwortete mir Raguel, einer von den heiligen Engeln, der bei mir war, und sagte zu mir: Dieses rotierende Feuer, das du in der Richtung nach Westen gesehen hast, ist das Feuer, das alle Lichter des Himmels in Bewegung setzt.
Von dort ging ich weiter an einen anderen Ort der Erde, und er zeigte mir ein Gebirge von Feuer, das Tag und Nacht brennt. Ich ging jenseits desselben und sah sieben herrliche Berge, einen jeden vom anderen verschieden; ferner herrliche und schöne Steine, und jeder war herrlich und prächtig an Aussehen und von schönem Äußeren: drei von den Bergen lagen gegen Osten, einer über dem anderen befestigt, drei gegen Süden, einer über dem anderen, und dazwischen tiefe, gewundene Schluchten, von denen keine an die andere grenzte. Der siebente Berg lag zwischen diesen und einem Thronsitz ähnlich überragte er alle an Höhe; es bedeckten ihn rings wohlriechende Bäume. Unter ihnen befand sich ein Baum, wie ich noch niemals einen gerochen hatte. Weder einer von ihnen, noch andere Bäume waren ihm gleich. Er verbreitete mehr Duft als alle Wohlgerüche; seine Blätter und Blüten und sein Holz welken nimmermehr, seine Früchte aber sind wie die Trauben der Palme. Da sprach ich: Wie schön ist dieser Baum und wie wohlriechend und lieblich seine Blätter und wie sehr ergötzlich seine Blüten für den Anblick! Darauf antwortete mir Michael, einer von den heiligen und geehrten Engeln, der bei mir war, ihr Führer, und sagte zu mir: Henoch, was fragst du mich und wunderst dich über den Geruch dieses Baumes und suchst die Wahrheit zu erfahren? Da antwortete ich, Henoch, ihm, indem ich sagte: Über alles möchte ich etwas erfahren, ganz besonders aber über diesen Baum. Er antwortete mir, indem er sprach: Dieser hohe Berg, den du gesehen hast, dessen Gipfel dem Throne Gottes gleicht, ist sein Thron, wo der große Heilige, der Herr der Herrlichkeit, der König der Welt, sitzen wird, wenn er herabkommt, um die Erde mit Gutem heimzusuchen. Diesen wohlriechenden Baum hat kein Fleisch die Macht anzurühren, bis zu dem großen Gericht, an welchem er an allen Rache nimmt, und die Vollendung für immer stattfindet; dann wird er den Gerechten

---

[520] Die Rabbiner selbst gaben im Talmud (SER 29 (31) (S. 160); TanBu §19/Tan§11; bPes 54a/bNed 39a; PRE 3 (6a); MidrTeh 93,3 oder MidrMisch 10a) vor, dass es entweder sechs oder sieben Dinge vor der Schöpfung gab.

und Demütigen übergeben werden. Seine Frucht wird den Auserwählten zum Leben dienen, und er wird zur Speise an den heiligen Ort bei dem Hause Gottes, des Königs der Ewigkeit, verpflanzt werden. Dann werden sie sich überaus freuen und fröhlich sein und in das Heiligtum eingehen, indem sein Duft ihre Gebeine erfüllt. Sie werden ein längeres Leben auf Erden führen, als das welches deine Väter gelebt haben, und in ihren Tagen wird weder Trübsal noch Leid, oder Mühe und Plage sie berühren. Da pries ich den Herrn der Herrlichkeit, den König der Ewigkeit, dass er solches für die gerechten Menschen zubereitet, solches geschaffen und verheißen hat, es ihnen zu geben.

Von hier ging ich nach der Mitte der Erde und sah einen gesegneten Ort, wo sich Bäume befanden mit Zweigen, die aus einem abgehauenen Baume hervortrieben und sprossten. Dort schaute ich einen heiligen Berg und unterhalb des Berges ein Wasser, das östlich davon in der Richtung nach Süden floss. Gegen Osten sah ich einen anderen Berg, höher als diesen, und zwischen beiden eine tiefe, aber nicht breite Schlucht; auch durch sie strömte ein Wasser unterhalb des Bergs. Westlich von diesem war ein anderer Berg, niedriger als jener und nicht hoch; zwischen ihnen war eine tiefe und trockene Schlucht und eine andere tiefe und trockene Schlucht (befand sich) am Ende von den drei Bergen. Alle Schluchten sind tief und aus starrem Felsgestein; kein Baum ist in ihnen gepflanzt. Ich wunderte mich über die Felsen, staunte über die Schlucht und verwunderte mich sehr.

Da sagte ich: Wozu ist dieses gesegnete Land, das ganz voll von Bäumen ist, und wozu ist diese verfluchte Schlucht dazwischen? Da antwortete mir Uriel, einer von den heiligen Engeln, der bei mir war, und sagte zu mir: Diese verfluchte Schlucht ist für die bis in Ewigkeit Verfluchten bestimmt; hier werden versammelt alle die, welche mit ihrem Mund unziemliche Reden gegen Gott führen und über seine Herrlichkeit frech sprechen. Hier werden sie gesammelt, und hier ist ihr Aufenthaltsort. In der letzten Zeit werden sie zum Schauspiel eines gerechten Gerichts vor den Gerechten dienen bis in alle Ewigkeit; hier werden die, welche Erbarmung fanden, den Herrn der Herrlichkeit, den König der Ewigkeit, preisen. In den Tagen des Gerichts über sie, die Gottlosen, werden sie, die Gerechten, ihn preisen wegen der Barmherzigkeit, die er ihnen erwiesen hat. Da pries ich den Herrn der Herrlichkeit und verkündete seinen Ruhm und stimmte einen geziemenden Lobgesang an. [521]

Es gibt für einen Eingeweihten bzw. Wissenden keine Hölle. Die zukünftige Religion wird spirituell sein. Das Vermächtnis Henochs zeigt uns, dass die Lehren des kommenden Wassermann-Zeitalters einen universellen Charakter haben werden. Sie sind eine harmonische Synthese der höchsten moralisch mystischen Prinzipien,

---

521 Zitat: äthiop. Buch Henoch, Kapitel 23-27: *Die Schlucht der Verfluchten*

sowie es die Söhne des Lichts der Menschheit überliefert haben. In gewisser Weise werden sie mit denen verwandt sein, die bereits heute existieren und als Basis einer zutiefst humanistischen Philosophie dienen. Die Glaubensansätze, das Credo, die Moral und die Liturgie der heutigen Religionen sind zu respektieren, aber mit der Entwicklung des Bewusstseins und der Mentalität haben sie nicht Schritt gehalten. Welcher Gott straft und peinigt noch? Alle Religionen können sich keine Hölle, kein Fegefeuer oder keine Bestrafungsinstanz mehr leisten. Gott ist einende Liebe. Keine grollende Gewalt. Wer den Weg des Eingeweihten geht, wird keine Furcht haben. Aber es gibt dennoch eine Hürde. Der Eingeweihte kann sich soweit es in seinem geistigen Vermögen liegt und unter Einhaltung universeller Prinzipien ganz nah bis zu seinem Ziel begeben. Er kann es ohne die Abhängigkeit von irgendwelchen Mittlern schaffen, aber sollte dennoch die Hilfe von eingeweihten Meistern suchen, annehmen und respektieren.
Noch in diesem Jahrtausend werden wir das Wassermannzeitalter aufkommen sehen, das um 2156 beginnen soll. Die Auslegungen des Henochischen Vermächtnisses berichten, dass es gekennzeichnet sein wird vom Ende der Religiosität und dem Beginn echter Spiritualität. Damit ist gemeint, dass die Religion in ihrer ursprünglichen Bedeutung, d.h. im Sinne der „Rückverbindung", nicht mehr religiös, sondern spirituell sein wird. Sie wird nicht mehr auf bloßem Glauben an Gott basieren, sondern auf der Erkenntnis der Gesetze, durch die Gott sich im Universum, in der Natur und im Menschen selbst zeigt. So wie es die Anhänger Henochs in allen Zeitalter geglaubt haben. Die Anhänger der zukünftigen spirituellen Religion werden durch ihren Glauben reinnaturieren. Damit ist der Zustand gemeint, den wir anstreben, um mit dem Höheren endgültig fusionieren zu können.
In fast allen Ritualen der Antike, wie auch im heidnischen Glauben, wurden Sonne und Mond, Wind und Meer, Tiere und Bäume, also die Natur zum Vorbild genommen und in abstrakter Form in Ritualen nachgeahmt. Unsere Vorfahren sahen die Tiere in einem vollkommen verbindenden göttlichen Gesetz mit dem Ganzen handeln. Somit war für sie klar, den Tieren die täglichen Vorgänge und Verhaltensweisen abzukupfern und in heiligen Ritualen wiederzugeben, in der Hoffnung, dass die Götter sehen würden, wie der Mensch sich bemühe wieder mit dem Ganzen im Einklang zu kommen. Es stellt sich auch nicht die Frage, ob wir uns vom Tier unterscheiden, sondern wie wir wieder zum Tier werden. Damit keine

Missverständnisse bei dieser Aussage entstehen, wurde der Begriff „reinnaturieren" (lat. „wieder in die Natur zurück") geprägt.
Die Schöpfung kann auch als eine Selbstreinigung vom immanenten Bösen angesehen werden. So ist alles Seiende auf das eine Ziel ausgerichtet, dieses Böse zu bekämpfen und letztendlich ein reines Sein zu schaffen und in den Zustand vor der Schöpfung zurückzukehren.
Wenn es die Erbsünde überhaupt gibt, dann ist es das eigene, von dem Ganzen trennende Ego. Die „unio mystica" des Christentums und der Höhepunkt der Vermählung des Gottes und der Göttin (alias *chymische Hochzeit*) sind ein Vorschritt des harmonischen Zustandes. Dieser irreversible Zustand wird Kad (hebr. „Gefäß") genannt.
Durch Mysterienspiele und Rituale versucht der Mensch eins mit dem Gott der Liebe, der Schöpfung bzw. Natur zu werden. Die Rituale haben immer schon auf den Menschen eine ursprüngliche, paradiesische und reinnaturierende Wirkung gehabt. Mit dem Hilfsmittel des Rituals vermag sich der Mensch, auf eine nicht rationale Weise, dem Göttlichen zu nähern.
Eine Einweihung kann Menschen einerseits körperlich, aber auch andererseits geistig an Gott so nahe wie möglich heranführen, wie es in der Mathematik die Eigenschaften der Asymptote wiedergeben.

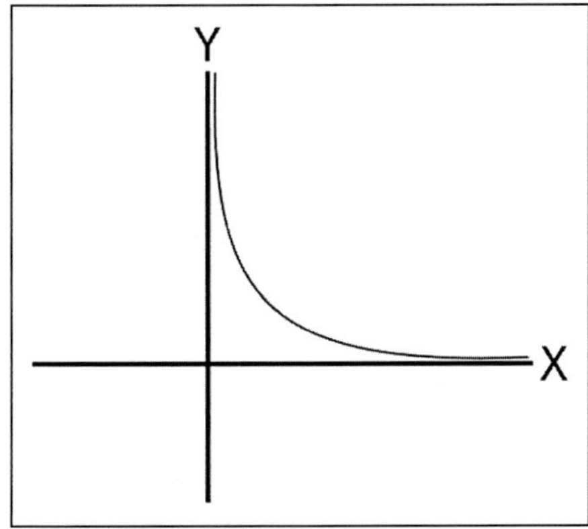

Eine Asymptote ist eine Kurve, die sich der Y-Achse soweit, wie grafisch nur möglich darstellbar annähert, aber nie die Y-Achse berührt. (Das kann gleichermaßen für die X-Achse gelten.) Die Kabbala kann mit einer Asymptote verglichen werden. Sie hilft einem Eingeweihten soweit wie nur möglich sich Gott zu nähern. Manche

Rabbiner der Antike sollen es tatsächlich geschafft haben - durch das Praktizieren dieser Lehre – Gott geschaut zu haben.
Die Trennung zwischen Gott und Mensch kann dann überwunden werden, wenn der Mensch seine eigene Trennung oder sein eigenes Ego überwunden hat. Die Trennung des zwei-geschlechtlichen Menschen (alias *Adam Kadmon* alias *Adam Rischon*) könnte folgend dargestellt:

Es existierte ein geschlechtsloses Wesen mit zwei Köpfen, vier Augen, zwei Mündern, vier Beinen usw. Dieses Wesen war an sich geistig und emotionell vollkommen, denn es war höchst human, tolerant und brüderlich, aber unumgänglich auch ohne Gefühl und Antrieb. Weil es nun einmal so beschaffen war und keine Ehrfurcht vor den Göttern haben brauchte, war es ein Dorn im Auge der Götter. Etwas in ihrem Reich, dass nicht sie zu ehren, zu fürchten und an sie zu glauben brauchte; das durfte nicht sein! Voller Zorn, Wut und Hass entbrannt, entschloss sich das Oberhaupt der Götter zu Handeln und spaltete dieses Wesen entzwei! Zu zwei Wesen mit jeweils einem Kopf, zwei Augen, einem Mund, zwei Beinen usw. Und mit voller Wucht wurden diese zweigeteilten Wesen in die weitesten Ecken der Welt geschleudert! Das arme Wesen fühlte sich nun hilflos, allein, ängstlich und ohne Halt in diesem riesigen Universum und auf dieser winzigen Welt und begann das andere Wesen zu suchen, aber nun mit Ehrfurcht vor den Göttern. Dieses Wesen nennt man Mensch.

Hier könnte ein Denkfehler sein, der möglicherweise unser seelisches Leid im zwischenmenschlichen Kontakt aufzeigt und erklärt. Sucht der Mensch wirklich nach seiner anderen Hälfte auf Erden, um sich mit ihr zu vereinigen und um wieder zu einem Wesen zu werden, das an sich geistig, emotionell vollkommen und ohne trennendes Ego ist? Der Mensch ist ein Rudeltier. Nichtsdestotrotz geschieht es oft, dass sich zwei Menschen treffen und nun glauben ihre andere Hälfte gefunden zu haben, aber dann doch enttäuscht und zutiefst verletzt werden. Unsere wirkliche Aufgabe ist es uns mit dem Höheren zu verbinden, um wirklich „ganz“ zu werden. Vielleicht könnte das Sprichwort: „Geteiltes Leid ist halbes Leid.“ zur Erklärung der Bereitschaft des Menschen immer wieder nach gescheiterten Beziehungen eine neue einzugehen, zur Erklärung dienen. Wir versuchen gemeinsam Lebensabschnitte zu meistern, ohne unserer angeblichen anderen Hälfte näher zu kommen.
Vielleicht reduzieren diese Ausführungen den Menschen zu sehr, aber unbewusst ist in uns die Verschmelzung mit dem Höheren vorprogrammiert, damit wir aber nicht am Leid der Welt zugrunde

gehen und damit wir uns fortpflanzen, suchen wir nach der Zweisamkeit. Gott erschuf uns nach seinem Abbilde, damit jeder Mensch im anderen das göttliche, wonach er streben sollte, sieht. Wir haben unser Ego zu überwinden, um uns überhaupt weiterentwickeln zu können und das Höhere erkennen und schauen zu können.
Ein gutes Beispiel ist die Hilfestellung der Technologie des dritten Jahrtausends. Diese Technologie sollte wieder zu einem Mittel der Humanisierung werden. Wir haben uns bewusst zu werden, dass die Lebensqualität Vorrang haben und unser zügelloser Drang nach künstlichem Fortschritt reduziert werden muss. Dafür müssen wir wieder lernen, in Harmonie zu leben, nicht nur mit der Natur, sondern auch mit uns selbst. Die Technologie sollte uns von den schwersten Arbeiten befreien und uns ermöglichen, uns harmonisch im Kontakt mit anderen Menschen zu entwickeln.
Die Wissenschaft, Katalysator der Technologie, befasst sich einseitig mit dem physischen Aspekt des Lebens und hat den Dialog mit ihrer metaphysischen Hälfte unterbrochen. Unsere derzeitigen Gelehrten sollten sich von echter Spiritualität inspirieren lassen. Kant[522] hatte nicht Recht. Eingeweihte und Suchende sind überzeugt, dass Gott existiert und nicht nur als höheres, lebendiges und aktives Prinzip, sondern auch der Ursprung aller Geheimnisse der Schöpfung sei. Das Vermächtnis der alten, vorsintflutlichen Welt basiert auf sieben Grundfesten:

1. Der Glaube an ein höheres, lebendiges und aktives Prinzip,
2. das zugleich die höchste Form von Liebe ist,
3. an die göttliche Hierarchie der Ordnung,
4. an die Unsterblichkeit der Seele des Menschen,
5. an ihre Wiedergeburt oder Seelenwanderung,
6. an den himmlischen Ursprung des Bösen,
7. und an das vorherbestimmende Schicksal.

Für Eingeweihte und Suchende haben Wissenschaften, wie die Philosophie den Zweck, die Gesetze zu analysieren, durch die dieses höhere, lebendige und aktive Prinzip, sich in der Natur und im Menschen selbst manifestiert.
Ziel sollte es sein, sich zu verstehen, wie alles funktioniert, um einen Nutzen zum Wohle der Menschen zu finden. Damit die Wissenschaft von ihrer Xenokratie (gr. „Fremdherrschaft“) befreit wird und ihre

---

522 Immanuel Kant (1724-1804), deutscher Philosoph der Aufklärung.

eigentliche Aufgabe wieder findet, ist es notwendig, dass die Wissenschaftler die ihrige wieder finden.
Den Tieren fehlt die Seele oder Psyche ganz, was sie zu besseren Lebewesen als uns macht. Von der Wiedergeburt (hebr. „Gilgul") ausgehend, sammelt der Mensch durch seine Fehltritte natürliche Erbsünde, auch Karma[523] genannt, an, die er abarbeiten muss. Am Ende von unzähligen Wiedergeburten wird er dann von einem überschatteten zu einem lichtenen Diamant werden. Als perfekt geschliffener, lichtener Diamant, ohne Erbsünde und makellos, geht er endgültig und harmonisch in Gott auf. Das Ende seiner Reise bringt ein unvorstellbares ewig andauerndes Glücksgefühl der Vereinigung mit dem Ganzen mit sich.
Die Erbsünde ist aber nicht erst durch Fehltritte auf den Menschen gekommen, sondern Gott gab den Menschen ein eigenes Ego. Das individuelle Ego muss er in einer Art persönlicher Selbstreinigung überwinden, um zu Gott zurückzukehren. Die „unio mystica" des Christentums und der Höhepunkt der Vermählung des Gottes und der Göttin, die „chymische Hochzeit" der Alchemie, sind ein Vorschritt dieses harmonischen Zustandes.
Nach Platon „ist die Utopie die ideale Gesellschaftsform, zu der sich die Menschheit hin entwickeln soll. Vielleicht ist es unmöglich sie auf Erden zu realisieren, aber auf sie sollte ein Weiser all seine Hoffnung setzen." Es ist jener gleiche Gedanke des Gottesstaates, den wir bei den Essenern und bei den anderen Wächtern des Vermächtnisses Henochs kennen gelernt haben. Die Politik bildet heutzutage einen Schauplatz für Konflikte, extreme Auseinandersetzungen und fehlendes Einfühlungsvermögen. Obwohl es bisher auf Erden keine vollkommene Zivilisation gegeben hat, die von idealen Menschen geleitet wurde, können wir uns dennoch eine Politik vorstellen, die der nahe kommt, die im antiken Griechenland auf dem Höhepunkt seiner Zivilisation vorherrschte. So waren die Politiker jener Epoche Philosophen und ihre oberste Motivation war, im Dienste des Guten zu arbeiten und das Bewusstsein des Volkes, das sie regierten, höher zu entwickeln. In dieser Hinsicht betrachteten sie ihre Mitbürger nicht als Wähler, die man kurz vor der Wahl unbedingt von einer Sache überzeugen musste. Sie sahen ihre Mitbürger als Seelenwesen, die auf den Pfad des Lichtes, der Liebe und des Lebens zu führen ihnen aufgegeben war. Sie waren Humanisten.

523 Karma bezeichnet ein spirituelles Konzept, nach dem jede Handlung eines Menschen unweigerlich eine Folge hat. Dies ist die Basis der Selbstaufrichtung.

Wir sollten wie Platon davon überzeugt sein, dass die menschlichen Gesetze sich in den göttlichen widerspiegeln müssen. Das ist die unbedingte Voraussetzung dafür, dass der Mensch sein eigenes, trennendes Ego überwindet.

Wie obiges nahe legt, wird die Religion, zu der sich die Menschheit hin entwickelt, universell und spirituell sein. Als solche wird sie die Wünsche und Bedürfnisse des Bewusstseins aller Menschen befriedigen, unabhängig von ihrer Rasse, ihrer Nationalität und ihrer Kultur. Die Spiritualität des dritten Jahrtausend müsste also gekennzeichnet sein, sowohl durch die Rückkehr als auch durch die Wiedereinführung der in vielen esoterischen Schriften dargelegten universellen Harmonie der gleichwertigen und gleichberechtigten Menschheit. Die Menschheit hat die Kraft zu Gott zurückzukehren; dazu ist es eben nötig, das individuelle (lat. „nicht teilbar") Ego zu überwinden, und sich einer Spiritualität hinzugeben, die aus Erkenntnis (hebr. „da´ath"), Einheit (hebr. „achad") und Liebe (hebr. „ahawah") emporsteigt.[524]

---

524 Notwendig dafür sind Umkehr (hebr. „Teschuwa"), Restauration (hebr. „Tiqqun"), Rettung (hebr. „Lechalez") und Reinigung (hebr. „Tihur").

Platon beschreibt (Phaidros) das Selbst als einen Wagen, der von einem schwarzen und weißen Pferd gezogen wird. [...] Er beschreibt das Selbst als einen Wagen, der von dem ruhigen, rationalen Teil des Geistes gelenkt wird. Platons Wagenlenker muss aber zwei Pferde im Zaum halten. Er unterscheidet zwischen erstrebenswerten Emotionen wie Ehrliebe oder Schamhaftigkeit und den Emotionen, die kontrolliert werden sollen: Begierden und Lüste. Das Ziel der Selbsteinweihung sei es sich selbst zu helfen, beide Pferde vollkommen unter Kontrolle zu bringen. Sigmund Freud[526] *übernahm diese Idee. Für ihn waren die Pferde die unbewussten Kräfte im Menschen, und zwar sowohl die triebhaften („Es") als auch die gesellschaftlichen Gebote und Normen („Über-Ich"). Dominiert eine der beiden Kräfte, dann verliert der Mensch seine innere Balance. Platon erklärt weiter, wie die Wagen der Götter über das Himmelsgewölbe fahren. Zeus, der Göttervater, fährt als Erster und weitere elf Götter folgen ihm, in deren Gefolge ziehen alle anderen Götter und Dämonen in elf Scharen mit. Dass Götter mit Wagen fahren, ist ein traditionelles Bild der griechischen Philosophen. [...] Nur mit einem geflügelten Wagen, sagten die griechischen Philosophen, Dichter und Autoren, kann man einen Weg zu den Göttern finden.*[527]

Der Baum des Lebens bleibt trotz seiner mehrfachen Evolution eine universelle Idee von Mensch, Natur, Universum und Gott. Der Thronwagen ist neben dem Baum des Lebens und der Kabbalah ein weiteres Indiz, das unter der Oberfläche der Geschichte pulsiert, und auf ein verborgenes Vermächtnis verweist.

Wir können im kabbalistischen Baum des Lebens einen Weg sehen, der von oben herab gebildet worden ist. Auf diese Weise kann aber der Weg nicht wieder zurück zum Ursprung gegangen werden. Wir müssen ihn von Sephirah zu Sephirah erklimmen.

Im Baum des Lebens ist die gesamte Lehre der Kabbalah enthalten. Er hat aber eine darstellerische Evolution erfahren. Im Buch der Schöpfung war er in zehn konzentrischen Kreisen, die bereits dort Sephiroth genannt wurden, angeordnet. Das „Buch der Schöpfung" wird auch „Sepher Jesirah" genannt. Es stammt aus dem 2.-6. Jahrhundert n.u.Z. Es wird als das älteste Buch, das es zur Kabbalah gibt, angesehen. Es soll das einzige schriftliche Zeugnis der Maseh Bereschit (hebr. „Kunde von den Anfangsdingen") Strömung sein. Sie ist die zweitälteste Strömung der Kabbalah und tritt zwischen dem 1. Jahrhundert v.u.Z. und dem 2. Jahrhundert n.u.Z. auf. Die

---

526 Sigmund Freud (1856-1939), österreichischer Arzt, Religionshistoriker und Begründer der Psychoanalyse.

527 Zitat: *Das Tarot der Rosenkreuzer - Der Weg des Eingeweihten.* Oberursel 2011. S. 65.

Vorstellung aus dem „Sepher Jesirah" ist dann im „Sepher ha-Bahir" durch die Vorstellung eines Baumes ersetzt worden, der mit seinen Wurzeln in den Himmel ragte und mit der Baumkrone zur Erde hinabreichte.

Im Sohar, wird die Struktur auf sieben untere Sephiroth, drei obere Sephiroth und einer elften Variablen entfaltet. Dabei wird im Sohar auf das Endlose Nichts (alias *Ain Soph* alias *Endloses Nichts*) und/oder auf eine elfte Sephirah angespielt. Der bereits erwähnte Mystiker Isaak Luria arbeitete beispielsweise mit dem kabbalistischen Baum des Lebens aus Abbildung B.

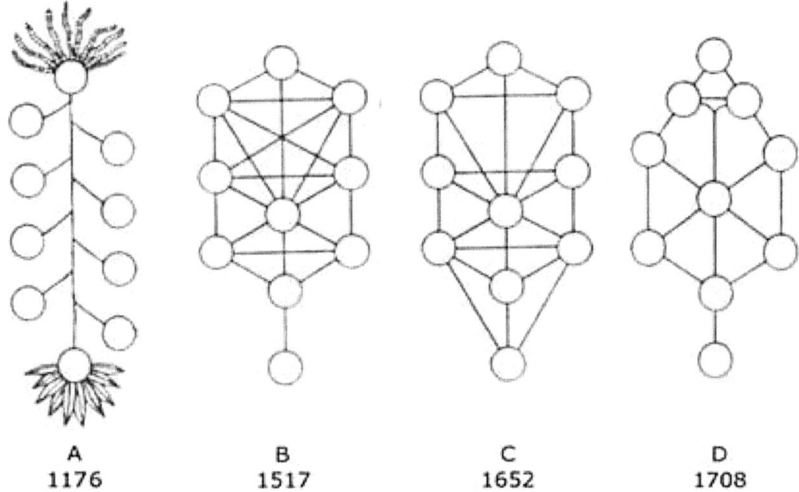

A
1176

B
1517

C
1652

D
1708

In der Abbildung A kann die Vorstellung aus dem Buch Bahir ersehen werden. Das Sepher ha-Bahir entstand 1176. Der Sohar (hebr. „Buch des Glanzes"), das heilige Buch der Kabbalah, wurde im 13. Jahrhundert veröffentlicht. Die Vorstellungen B, C und D sind aus dem Sohar entlehnt. Die Beschreibungen des Baums des Lebens aus dem Sepher ha-Sohar ermöglichen aber mehr als nur eine grafische Darstellungsmöglichkeit. Das Buch Sohar spricht nicht nur von zehn Sephiroth allein (wie das „Buch der Schöpfung"), sondern von zehn Sephiroth und von der einen verborgenen Sephirah der Erkenntnis oder von zehn Sephiroth und dem Ain Soph (alias *Chaos*) oder und einer elften Variablen.

Der Sohar bildet zwei gleichwertige Vorstellungen aus, wobei die eine mit der verborgenen Sephirah Da´at und die andere mit dem Ain Soph weiterentwickelt wird.

Die Sepher ha-Sohar Bäume unterscheiden sich von denen aus dem Buch der Schöpfung (siehe Abbildung) und aus dem Buch Bahir.

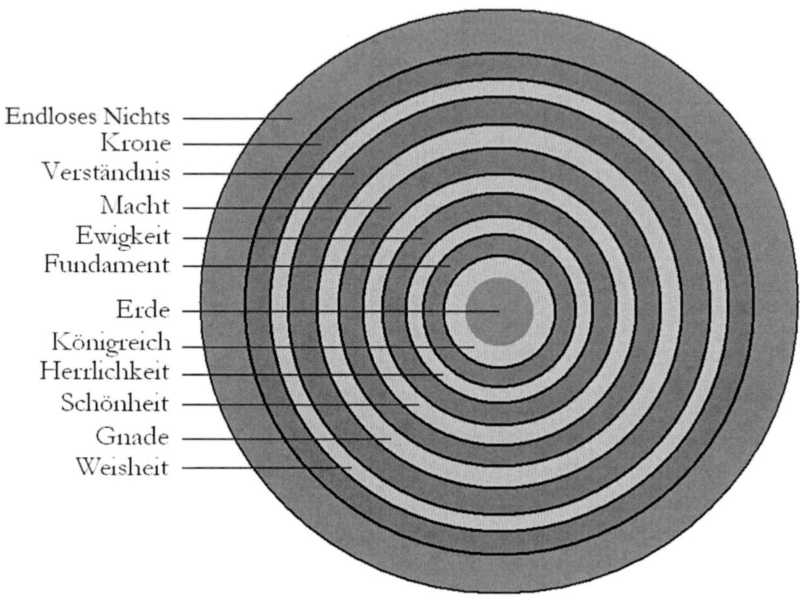

In der Gematria (alias *jüdische Zahlenmystik*) hat das hebräische Wort Kad den Zahlenwert 24. Diese Zahl symbolisiert die harmonische Einheit, die Gott mit dem Ganzen und der Menschheit wieder eingehen möchte. Dabei handelt es sich um das Gefäß, das alles beinhaltet, den Kosmos, die Sphären, die Menschheit und Gott selbst. Aus diesem Grunde kann die elfte Sephirah „Kad" genannt werden und wird entweder in der Mitte des kabbalistischen Baum des Lebens oder als den gesamten Baum des Lebens umschließender Kreis, dargestellt.

Wenn die elfte Sephirah mitten im Baum des Lebens dargestellt wird, nennt man sie „Da´at" (hebr. „Erkenntnis"). Wenn sie hingegen um den Baum des Lebens herum gezeichnet wird, so heißt sie „Kad" (hebr. „Gefäß"). Die Zahl 11 drückt bereits durch ihre Doppelform aus, dass der irdische Bereich verlassen wurde. Sie wird durch die Verdoppelung der ersten Grundzahl gebildet. Solche Zahlen zeigen bildlich die Verstärkung der betreffenden Grundzahl an. Sie geht über die Abschlusszahl 10 hinaus. Somit wird die 11 zum Beginn einer neuen Zehnerreihe. Die 11. Sephirah ist der Beginn von etwas Neuem. Sie ist die 1. Sephirah für einen anderen Baum des Lebens.

Das Tarot haben wir bereits mehrfach erwähnt. In diesem Buch werden die 22 Verbindungswege zwischen den zehn Sephiroth des Lebensbaums nicht mit den üblichen Kombinationsmöglichkeiten der 22 Tarot-Trümpfe angewendet:

Das Tarot ist an sich eine Abkürzung der kabbalistischen Ausbildung. Es ersetzt hebräische Zeichen durch Bilder und wird dadurch universeller. Muss man in der Kabbalah die hebräischen Zeichen auswendig kennen und ihre Bedeutung sowie ihren Zahlenwert im Schlaf wissen, so vereinfacht das Tarot diesen Zugang durch archetypische Bilder. Natürlich können die Bilder unterschiedlich gedeutet und auch verstanden werden. Die Buchstaben hingegen nicht, aber wir erkennen die abendländischen Spuren in den archetypischen Tarot-Bildern. Das Tarot ist ein Produkt des Abendlandes. Es ist zu einem Einweihungsweg der westlichen Zivilisation geworden. Nicht nur die Bilder sprechen dafür, sondern auch sein divinatorisches[528] *Potential. Für die Kabbalah gilt das gleiche, deshalb bezeichnet der Autor Heinrich Benedikt sie als jüdisch-christlichen Einweihungsweg.*[529] *Es gibt aber einen gravierenden Unterschied. Zu Beginn unseres Handbüchleins haben wir gesagt, dass die 22 Wege zwischen den zehn Sephiroth nicht durch die 22 Trumpfkarten ersetzt werden sollten. Die 22 Buchstaben des Hebräischen Alphabets können hingegen für sich alleine ein Tarot-Deck bilden. Wir finden auch häufig bei einzelnen Decks die hebräischen Zeichen auf den Tarot-Karten wieder. Die 22 hebräischen Buchstaben und die 22 Trumpfkarten können aber nicht auf diese Weise miteinander vermischt werden. Die 22 Trumpfkarten sind nicht den 22 Wegen zwischen den zehn Sephiroth gleichwertig. Die 22 Trumpfkarten entsprechen in ihrer Funktion und Aufgabe den zehn Sephiroth des kabbalistischen Lebensbaums. Sie sind in Folge dessen höherwertig als die 22 Wege zwischen den zehn Sephiroth.* [530]

Die 22 Trumpfkarten sind en 22 Verbindungswegen zwischen den zehn Sephiroth nicht gleichwertig. Dies stellt eine Besonderheit dar. Der Baum des Lebens muss durch den Baum der Erlösung erweitert werden, denn die Aussage, die hinter dem Prinzip des kabbalistischen Lebensbaums steht, ist die Vollendung des Seins. Das Tarot als Weg der Einweihung vermittelt uns die Möglichkeit eine Entwicklung anzustreben, die einen Eingeweihten zu jenem Ziel führt, welches im Baum der Erlösung endet.

---

528 *Divination* ist ein anderes Wort für *Wahrsagerei.*

529 siehe: Heinrich Elijah Benedikt. *Die Kabbala als jüdisch-christlicher Einweihungsweg Farbe, Zahl, Ton und Wort.* Ansata Verlag. 2. Auflage. München 2004.

530 Zitat: *Das Tarot der Rosenkreuzer – Der Weg des Eingeweihten.* Oberursel 2011. S. 70.

Der Baum der Erlösung zeigt uns das Wie. Nämlich durch die Erkenntnis, die auf hebräisch Da´ath genannt ist. Unser Ziel ist der Ursprung und jener befindet sich in Kad. Kad ist das Gefäß allen Seins und der kabbalistische Lebensbaum ist die Vollendung des Seins. Beides zusammen führt die Menschheit ans Ziel.

	Wege der Weisheit	**Hebr.**	**Buchstabe**	**Weg**
1.	Kether – Chokmah	א	Aleph	1 – 2
2.	Kether – Binah	ב	Beth	1 – 3
3.	Kether – Tiphareth	ג	Gimel	1 – 6
4.	Chokma – Binah	ד	Daleth	2 – 3
5.	Chokma – Gebura	ה	Héh	2 – 5
6.	Bina – Chesed	ו	Waw	3 – 4
7.	Chokma – Tiphareth	ז	Zajin	2 – 6
8.	Binah – Tiphareth	ח	Chet	3 – 6
9.	Chokma – Chesed	ט	Tet	2 – 4
10.	Binah – Gebura	י	Jod	3 – 5
11.	Chesed – Gebura	כ	Kaph	4 – 5
12.	Chesed – Tiphareth	ל	Lamed	4 – 6
13.	Gebura – Tiphareth	מ	Mem	5 – 6
14.	Chesed – Netzach	נ	Nun	4 – 8
15.	Gebura – Netzach	ס	Samech	5 – 7
16.	Tiphareth – Netzach	ע	Ajin	6 – 8
17.	Tiphareth – Hod	פ	Péh	6 – 7
18.	Tiphareth – Jesod	צ	Tzade	6 – 9
19.	Netzach – Hod	ק	Koph	8 – 7
20.	Netzach – Jesod	ר	Resch	8 – 9
21.	Hod – Jesod	ש	Schin	7 – 9
22.	Jesod – Malkhut	ת	Taw	9 – 10

Diese elfte Sephirah Da´ath ist der erste Schritt, den die Menschheit zu gehen hat, nämlich die Erkenntnis (hebr. „Da ´ath“) zu erlangen, dass das Ziel der Ursprung (alias *Gott*) ist.
Das Tarot kann uns mit seinen Bildern bis dahin führen. Es verwundert deshalb nicht, dass die in diesem Buch beschriebenen neun Indizien[531] sich im Tarot wieder finden. Um dieses Buch nicht

---

531 Die neun Indizien sind: Der Prophet Henoch, der Baum des Lebens, die Schlange, der vierbuchstabige Name Gottes, der Thronwagen Gottes, die zwei vorsintflutlichen Säulen, das Pentagramm, die Lebenszahl *phi* und die Kabbalah.

unnötig in die Länge zu ziehen, verweisen wir auf einschlägige Literatur zum Tarot.

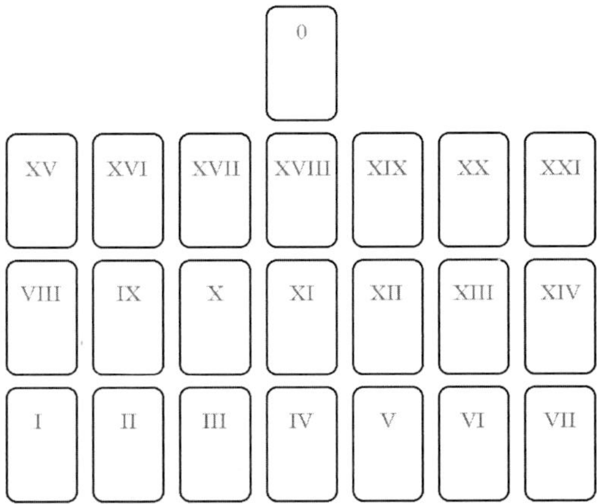

Das Tarot ist ebenfalls in vier Ebenen aufgeteilt, wie der Baum des Lebens. Sie zu erklimmen führt wie in der Kabbalah zur Erkenntnis. Nur durch Erkenntnis (hebr. „Da´ath"), können die vier Welten des kabbalistischen Lebensbaums beschritten werden. Mit den vier Welten sind die Dimensionen Azilut, Berja, Jetzira und Assja gemeint. Jede muss erklimmt und hinter sich gelassen werden.

Der erste Schritt wurde vom Menschen durch das Teilhaben am Baum der Erkenntnis über Gut und Böse begangen. Als Gott Adam und Eva verführte, sandte er seinen (einzigen) Stab aus, der sich als Schlange um den Baum der Erkenntnis über Gut und Böse windete. Der Sündenfall ist eine von Gott initiierte Notwendigkeit.

Gott hat dann den Weg zum Baum des Lebens durch die Cherubim versperrt. Er verlangt dennoch von uns, wenn wir in seinen Augen reif genug dafür sind, vom Baum des Lebens zu essen, um endgültig zu ihm zurückzukehren.

Der kabbalistische Baum des Lebens lässt weitere Assoziationen zu. Die vier Dimensionen Azilut, Berja, Jetzira und Assja können durch den Baum dargestellt und erklärt werden. Entsprechend diesen vier Welten ist die Reihenfolge am Ende aller Tage zu absolvieren. Als der Sündenfall eintrat, gelangte der ganze Kosmos in den Assja-Zustand. Dies wurde in der Bibel mit dem Sündefall dargestellt. Dafür steht der letzte Buchstabe des Namen Gottes JHWH: H. Wenn nun Gott, der den Weg zum Baum des Lebens wieder freigeben muss und wir in seinen Augen reif sind, erlaubt er uns vom Baum des Lebens zu essen, um dadurch endgültig zu ihm zurückzukehren. So besagt es das 11. Axiom:

11. Axiom:	Esse nicht ohne Einwilligung des Herren der Heerscharen vom Baum des Lebens!

Ist also die Einwilligung Gottes erfolgt, geraten wir in den Jetzira-Zustand und der Assja-Zustand erlischt. Dafür steht der vorletzte Buchstabe des Namen Gottes JHWH: W. Der zweite Schritt wird durch den Baum des Lebens aufgezeigt, wie wir ihn aus der Kabbalah kennen: zehn Sephiroth und 22 Pfade der Weisheit.

Der dritte Schritt ist der Baum der Erlösung: elf Sephiroth mit 27 Pfaden der Weisheit. Dabei kann die elfte Sephirah „Da´ath" (hebr. „Erkenntnis") oder Kad (hebr. „Gefäß") sein. Durch diesen Schritt erlangt die Religiosität einen spirituellen Charakter, wie wir ihn im vorhergehenden Kapitel beschrieben haben. Die Verschmelzung mit Gott ist der nächste (bzw. letzte) Schritt für die Menschheit und wird durch den Baum der Erlösung (mit 32 Pfaden der Weisheit) dargestellt. Dafür steht der drittletzte Buchstabe des Namen Gottes JHWH: H. Dieser Zustand wird Berja genannt. Die beiden Zustände (alias *Dimensionen*) zuvor erlöschen bei Eintritt.

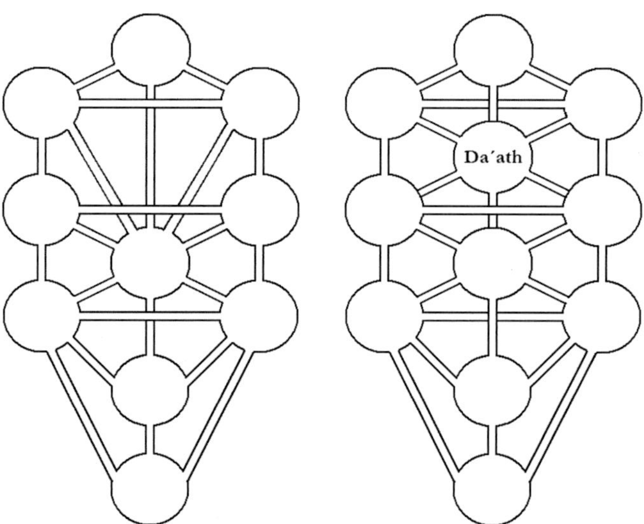

Die Wiederholung des Buchstabens H im vierbuchstabigen Namen Gottes (JHWH) in diesem prägöttlichen Zustand (alias *Apotheose*) ist ein Verweis auf das individuelle, trennende Ego eines jeden einzelnen Menschen. Zu jenem Zeitpunkt wird die gesamte Menschheit zu einem Sein, Werden und Wesen werden. Auf Hebräisch schreibt sich nämlich Sein, Werden und Wesen mit genau den gleichen vier Buchstaben, wie der unaussprechbare und vierbuchstabige Name Gottes. Das Wort für Sein, Werden und Wesen beginnt und endet aber mit einem H: HVJH (*havaja* ausgesprochen). Dies führt zur Verschmelzung mit Gott. Der letzte Schritt der Menschheit bevor Gott seine Vereinigung mit dem ganzen Kosmos einleitet.

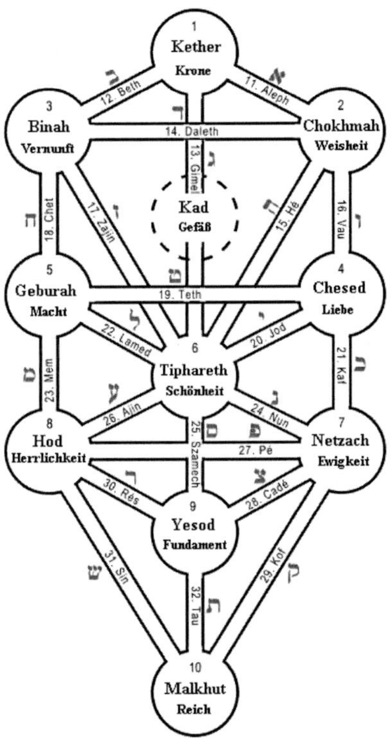

Die Vereinigung mit dem ganzen Kosmos ist der letzte und endgültige Schritt Gottes. Wir werden Teil Gottes sein, wenn er diesen letzen Schritt *tun* wird. Dieser irreversible Zustand wird Kad genannt. Da im Abendland fälschlicherweise die „unio mystica", also die Vereinigung mit Gott als Endziel angesehen wird, nutzen wir den Begriff „reinnaturieren", der für die Zurückführung der Menschen und Gott ins Kad stehen soll. „Reinnaturieren" bedeutet allgemein: zurück in den natürlichen Zustand der Dinge.

Der Baum der Erlösung erfasst alle 27 Zeichen des hebräischen Alphabets und verweist auf den (perfekten) Würfel. Die 27 ist die Kubikzahl der Drei (3x3x3) und Symbol des gesamten Universums. Die erste Drei steht für Gott, die zweite für die Materie und die dritte für den leeren Raum. Im 1. Buch Moses stieß die Arche Noahs am 27. Tag auf Grund[532], was den Bezug zum Ende der Sintflut setzt. Das Universum befindet sich immer noch in einem sintflutartigen Fluss, denn es expandiert und am „27. Tage" wird das Ende der universalen Sintflut kommen, die endgültige Wandlung (Implosion).

	Wege der Weisheit	Hebr.	Buchstabe	Weg
1.	Kether – Malkuth	א	Aleph	0 – 1
2.	Kether – Chokmah	ב	Beth	1 – 2
3.	Kether – Bina	ג	Gimel	1 – 3
4.	Kether – Kad	ד	Daleth	1 – 4
5.	Chokmah – Bina	ה	Héh	2 – 3
6.	Chokmah – Kad	ו	Waw	2 – 4
7.	Bina – Kad	ז	Zajin	3 – 4
8.	Chokma – Tiphareth	ח	Chet	2 – 7
9.	Binah – Tiphareth	ט	Tet	3 – 7
10.	Chokma – Chesed	י	Jod	2 – 5
11.	Bina – Gebura	כ	Kaph	3 – 6
12.	Kad – Chesed	ך	Kaph Sophit	4 – 5
13.	Kad – Gebura	ל	Lamed	4 – 6
14.	Kad – Tiphareth	מ	Mem	4 – 7
15.	Chesed – Gebura	ם	Mem Sophit	5 – 6
16.	Chesed – Tiphareth	נ	Nun	5 – 7
17.	Gebura – Tiphareth	ן	Nun Sophit	6 – 7
18.	Chesed – Netzach	ס	Samech	5 – 9
19.	Gebura – Hod	ע	Ajin	6 – 8
20.	Tiphareth – Netzach	פ	Péh	7 – 9
21.	Tiphareth – Hod	ף	Péh Sophit	7 – 8
22.	Tiphareth – Jesod	צ	Tzade	7 – 10
23.	Netzach – Hod	ץ	Tzade Sophit	9 – 8
24.	Netzach – Jesod	ק	Koph	9 – 10
25.	Hod – Jesod	ר	Resch	8 – 10
26.	Jesod – Malkhut	ש	Schin	10 – 11
27.	Malkhut – Kether	ת	Taw	11 – 0

532 siehe: 1. Buch Moses 8,14 (Luther-Bibel)

Der Kreis schließt sich, wenn man bedenkt, dass wir uns im 26. Kosmos befinden. Der Name JHWH (יהוה), den kein Mensch auszusprechen vermag, hat Gott zum Fundament unseres Seins bestimmt. Es besteht aus vier Buchstaben und hat den Zahlenwert 26. Diese Zahl spiegelt sich in unseren Genen wieder.

Jeder Buchstabe des Hebräischen Alphabets hat einen Zahlenwert. Dies tritt im Morgen- und Abendland nur bei insgesamt drei Alphabeten auf: bei dem Hebräischen, bei dem Griechischen und bei dem Arabischen. Dieser Name, den kein Mensch auszusprechen vermag, besteht aus vier Buchstaben und hat den Zahlenwert 26. Diese spiegelt sich folgendermaßen in unseren Genen wieder.

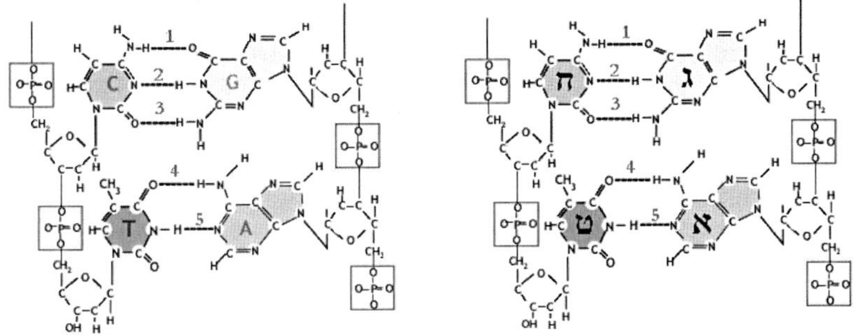

Die in der Abbildung befindlichen vier Buchstaben oder zwei Paare stehen für Adenin (A), Thymin (T), Cytosin (C) und Guanin (G). Sie haben feste Verbindungen. Zwischen dem Paar Adenin und Thymin sind es zwei und zwischen den Paar Cytosin und Guanin sind drei. Die Buchstaben G (Gimel ג = 3), C (Chet ח = 8), T (Tet ט = 9), A (Aleph א = 1) zuzüglich den fünf Verbindungen ergeben insgesamt den Zahlenwert 26. Auf der linken Seite der obigen Abbildung, kann man die beiden Basenpaare C-G (ח-ג) und T-A (ט-א), so wie die Verbindungslinien 1, 2, 3, 4 und 5 sehen. Zählt man die Zahl Fünf, für die fünf Verbindungslinien, zu den Zahlenwerten der Buchstaben C (Chet ח = 8), G (Gimel ג = 3), T (Tet ט = 9) und A (Aleph א = 1), ergibt sich der Gesamtwert von 26 (=5+8+3+9+1). Da es das vorherbestimmende Schicksal gibt, wie erklärt sich dann, dass der Name Gottes ebenfalls den Zahlenwert 26 ausmacht? Der vierbuchstabige Name Gottes JHWH (יהוה) hat den Zahlenwert 26. Die Buchstaben J (י) = 10, H (ה) = 5 (2x) und V (ו) = 6 haben einen Gesamtwert von 26.

Der vierte Schritt ist kaum darstellbar und wenn er eintritt, so erlöschen die drei Zustände Assja, Jetzira und Berja. Der vierte Zustand ist Atziluth:

Atiluț ist eine vollkommene und reine Welt. Aus ihr ergießen sich alle anderen Wirklichkeiten. In ihr existiert alleine göttliches Licht und permanentes Glück. Sie ergeht direkt aus Gott und ist an Harmonie, Perfektion und Vollendung unübertrefflich. Das kollektive Bewusstsein und die kollektive Seele finden dort ihren Ursprung. Hier sind Spiritualität und Erleuchtung beheimatet. [537]

Obwohl der vierte Schritt nicht darstellbar ist, haben wir hier versucht einen Weg aufzeigen. Der letzte Schritt ist der Baum der Erlöschung: 14 Sephiroth mit 32 Pfaden der Weisheit. Dafür steht der letzte Buchstabe des Namen Gottes JHWH: J. Dabei ist zu berücksichtigen, dass sich Hebräisch von rechts nach links schreibt. Der Buchstabe J (**י**) ist der erste Buchstabe des unaussprechlichen Namen Gottes: J-H-W-H (**יהוה**).

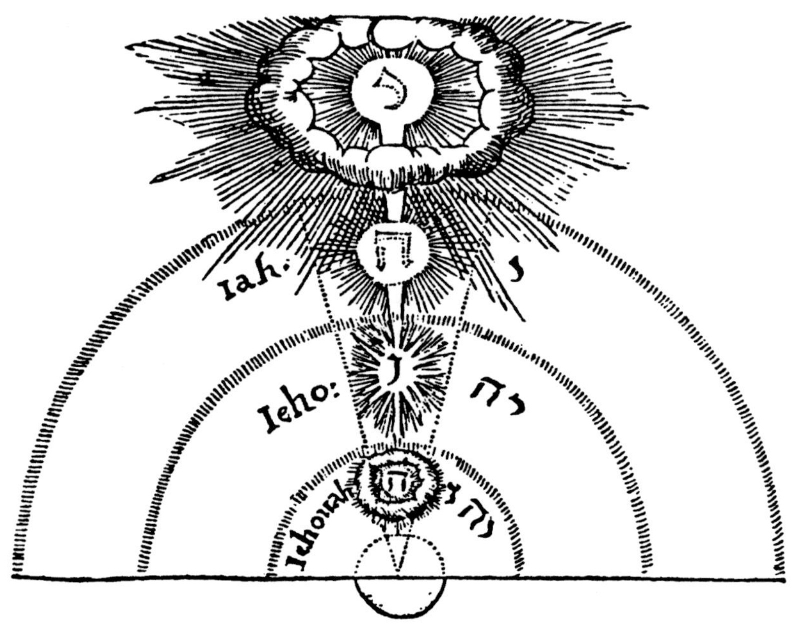

537 Zitat: *Die Kabbalah - Die Vereinigung vieler Philosophien.* Band III. 1. Auflage. Steinbach 2009. G. Grippo. Seite 56.

Der christlichen Ausrichtung der Kabbalah folgend hat Gott als er die Welt erschuf, nicht sein Pseudonym JHWH (יהוה) sondern den wahren, verborgenen Namen des Messias, in das Ain Soph (alias *Endloses Nichts*) geflüstert. Ausgehend vom Gottesnamen JHWH, fügt man in die Mitte des Pseudonyms JH-WH den hebräischen Buchstaben Schin (ש) ein und erhält den Namen Jehschuah JH-S-WH (יהשוה). Jehschuah ist der Hebräische Vorname von Jesus.
Auf der folgenden Abbildung ist ganz links der Baum der Erlöschung zu erkennen. Fügen wir in den Baum der Erlöschung die fünf hebräischen Buchstaben des Vornamens Jesus (JHSWH), so erhalten wir ein Kreuz (siehe Abbildung unten in der Mitte), das die unteren fünf Sephiroth einnimmt. Diese unteren fünf Sephiroth können in einer einzigen zusammengefasst bzw. komprimiert werden.

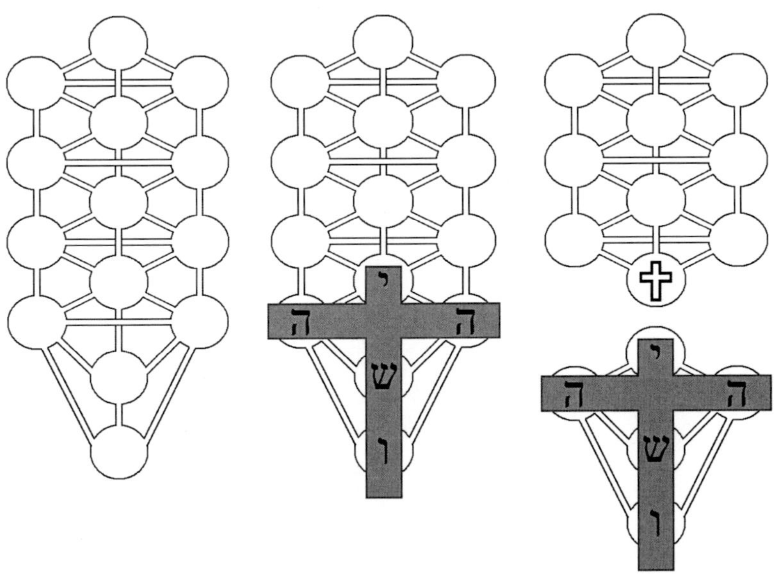

Dadurch entsteht wiederum ein ursprünglicher Baum des Lebens mit zehn Sephiroth und 22 Pfaden der Weisheit (siehe oben rechts). Das ist die ursprüngliche Keimzelle eines immerwiederkehrenden Urknalls. Er symbolisiert den ursprünglichen Ruhezustand des Kosmos.
Das Kreuz in der rechten Abbildung (unten) bestätigt in diesem Fall, dass die Behauptung der jüdischen sowie christlichen Kabbalisten, dass der Messias oder zumindest der Name des Messias schon vor

der Schöpfung existiert haben muss, zutrifft. Das Kreuz wird dadurch zum Symbol des Lebens, der Erlösung und der Liebe zugleich unabhängig von seiner Bedeutung für das Christentum.
Der Baum des Lebens stellt die Gnade dar, die uns Gott bereits im Paradies zur Verfügung gestellt hat.[538] Krankheit und deren Heilung waren seit Anbeginn der Zeit da. Der Baum der Erlösung, jenes Symbol für den Schritt den die ganze Menschheit gehen muss, stellt die Wahrheit dar.[539] Der Baum der Erlöschung ist einende Liebe.[540]

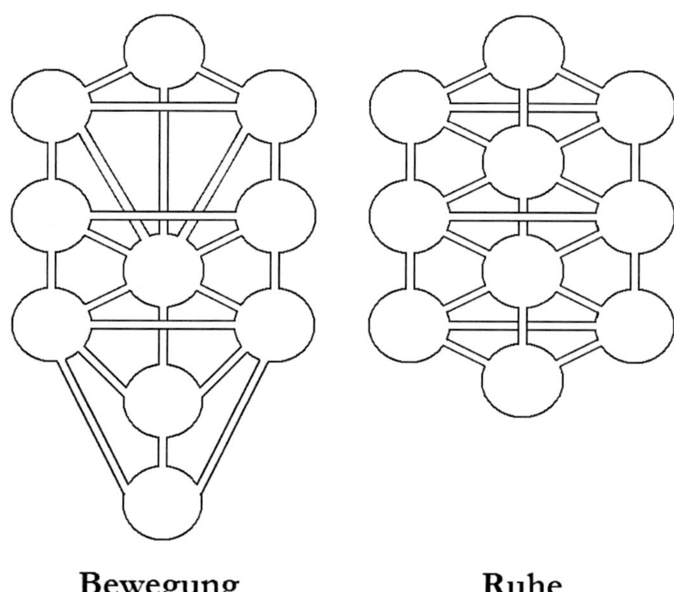

Der Baum des Lebens wird durch den Baum der Erlösung erweitert. Dabei gelangen eine Sephirah (alias *Da´ath* alias *Kad*) und fünf Verbindungswege (alias *Pfade der Weisheit*) zeitweise hinzu. Der Baum des Lebens symbolisiert in seiner ursprünglichen Form Bewegung und Dynamik.

---

[538] siehe: *der dir alle deine Sünden vergibt und heilet alle deine Gebrechen, der dein Leben vom Verderben erlöst, der dich krönt mit Gnade und Barmherzigkeit,* (Psalm 103,6-4)
[539] siehe: *Lobet den Herrn, alle Heiden; preiset ihn, alle Völker! Denn seine Gnade und Wahrheit waltet über uns in Ewigkeit.* (Psalm 117,1-2)
[540] siehe: *Denn Liebe ist stark wie der Tod, und ihr Eifer ist fest wie die Hölle. Ihre Glut ist feurig und eine Flamme des Herrn, daß auch viele Wasser nicht mögen die Liebe auslöschen noch die Ströme sie ertränken.* (Hohelied 8,6-7)

Der Baum der Erlösung gibt dann eine Sephirah (alias *Malkuth*) und fünf Verbindungswege (alias *Pfade der Weisheit*) wieder ab. Dabei nimmt er nicht die Form, wie zuvor (siehe Abbildung oben links) an, sondern „verformt" sich (siehe Abbildung oben rechts). Aus der Bewegung und Dynamik ist Ruhe und Harmonie geworden.
Wer die Kenntnisse um dieses Vermächtnis weiß, der kann sich selbst Sohn und Auserwählter des lebendigen Vaters nennen:

Jesus sagte: „Wenn man zu euch sagt: „Woher seid ihr gekommen?", sagt zu ihnen: „Wir sind aus dem Licht gekommen, dem Ort, wo das Licht durch sich selbst geworden ist. Es stand/ befestigte [sich selbst], und es erschien in ihrem (pl.) Bild." Wenn man zu euch sagt: „Wer seid ihr?", sagt: „Wir sind seine Söhne und wir sind die Auserwählten des lebendigen Vaters." Wenn man euch fragt: „Was ist das Zeichen eures Vater in euch?", sagt zu ihnen: „Bewegung ist es und Ruhe." [541]

Die maximale Expansion des Seins zeigt der Baum der Erlöschung mit 14 Sephiroth und 32 Verbindungswegen an. Doch am Ende aller Tage minimiert sich der Baum des Lebens zu einer kosmischen, galaktischen Mikrozelle. Der Baum des Lebens, der durch Wandlung zum Baum der Ruhe geworden ist, reduziert sich weiter.

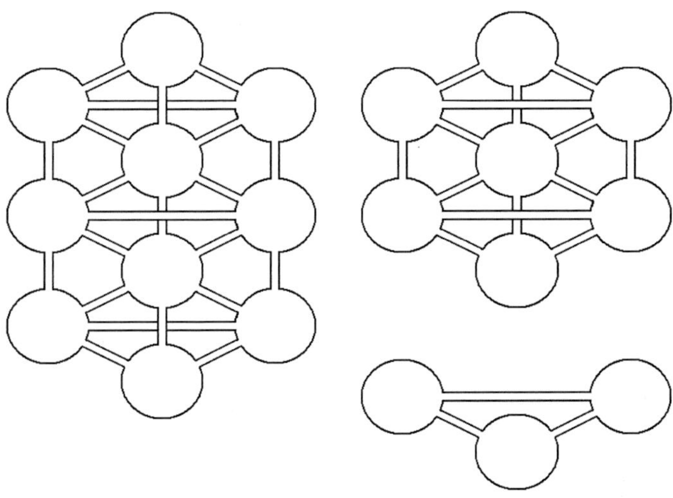

Ruhe

[541] Zitat: Thomas-Evangelium, Logion 50.

Der Baum der Ruhe wird in drei untere und sieben obere Sephiroth getrennt. Der Baum der Erlösung erfasst zeitweise alle 27 Zeichen des hebräischen Alphabets und verweist auf den (perfekten) Würfel. Die 27 ist die Kubikzahl der Drei (3x3x3) und Symbol des gesamten Universums. Die erste Drei steht für Gott, die zweite für die Materie und die dritte für den leeren Raum.
Die drei unteren Sephiroth symbolisieren die Materie, die sich vom restlichen Baum der Ruhe losgelöst hat. Sie erlöschen und es bleiben die sieben oberen Sephiroth für sich allein.

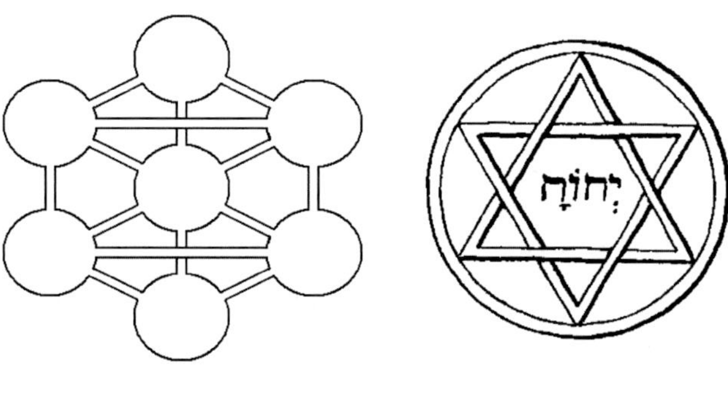

Hexagramm **Salomos Siegel**

Die Eingeweihten haben im Symbol des Salomonischen Siegels den Erlös(ch)ungsprozess dargestellt. Das Symbol zeigt Gottes Namen mitten in seinem Sechstagewerk. Es ist als Symbol der vollendeten Schöpfung und des Ordnungswirkens Gottes in seiner Schöpfung zu verstehen. Das Buch der Schöpfung (alias *Sepher Jesirah*) geht auf die Zahl Sieben ein, welche sich aus dem Hexagramm (6) und dem Namen Gottes (1) ergibt.[542]
Dabei ist der Kreis, der sich am Ende unserer Ausführungen schließt, verblüffend. Wir befinden uns durch die Darstellung des Hexagramms (siehe obige Abbildung links) wieder dort, wo unsere theoretischen Ausführungen begannen.
Vor der Schöpfung gibt es Gott, der die nächste Schöpfung (alias *27. Kosmos*) einleitet mit den sechs Fundamentalkräften, die der gesamten Schöpfung zugrunde liegt.

---

542 siehe: Zitat: *Sepher Jesirah - Buch der Schöpfung.* 5. Auflage. Oberursel 2012.

Diese sechs Fundamentalkräfte können mit sechs Stufen aber auch mit dem Sechstagewerk bzw. dem Schöpfungsakt[543], der in der Bibel beschrieben wird, assoziiert werden.

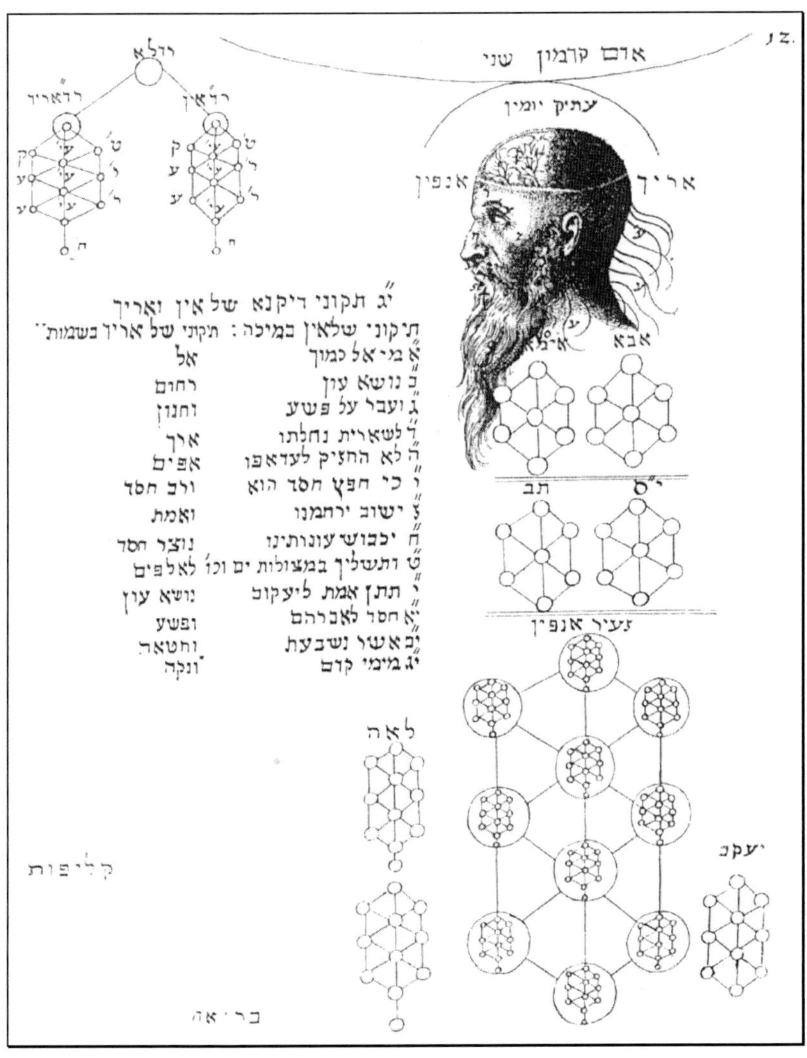

543 Zitat: 1. Buch Moses 1,1-31 (Luther-Bibel)

Felsen zerbrach, vor dem Herrn her; der Herr war aber nicht im Winde. Nach dem Winde aber kam ein Erdbeben; aber der Herr war nicht im Erdbeben. Und nach dem Erdbeben kam ein Feuer; aber der Herr war nicht im Feuer. Und nach dem Feuer kam ein stilles, sanftes Sausen. Da das Elia hörte, verhüllte er sein Antlitz mit seinem Mantel und ging heraus und trat in die Tür der Höhle. Und siehe, da kam eine Stimme zu ihm und sprach: „Was hast du hier zu tun, Elia?“ [549]

Da stiegen Mose und Aaron, Nadab und Abihu und siebzig von den Ältesten Israels hinauf und sahen den Gott Israels. Unter seinen Füßen war es wie ein schöner Saphir und wie die Gestalt des Himmels, wenn´s klar ist. Und er reckte seine Hand nicht aus wider die Obersten in Israel. Und da sie Gott geschaut hatten, aßen und tranken sie. [550]

Und über dem Himmel, so oben über ihnen war, war es gestaltet wie ein Saphir, gleichwie ein Stuhl; und auf dem Stuhl saß einer gleichwie ein Mensch gestaltet. Und ich [Hesekiel] sah, und es war lichthell, und inwendig war es gestaltet wie ein Feuer um und um. Von seinen Lenden überwärts und unterwärts sah ich's wie Feuer glänzen um und um. [551]

Die „Gottesschau“ ist eine Vorstufe der Erlösung. Sie wird nur denjenigen zuteil, denen Gott ermöglicht sein Antlitz zu schauen. Meist zeigt sich Gott hinter dem Schleier oder Vorhang von Licht, Blitzen und Donner. Aber nicht alle, die Gott schauen durften, werden auf die gleiche Weise erlöst.
Adam, Abraham, Moses und Hesekiel fuhren beispielsweise nicht lebendig bzw. körperlich in den Himmel. Obwohl es Apokryphen gibt, wie zum Beispiel die „Himmelfahrt des Mose“[552], welche was anderes behauptet als in der Bibel über den Tod des Moses steht:

Also starb Mose, der Knecht des Herrn, daselbst im Lande der Moabiter nach dem Wort des Herrn. Und er begrub ihn im Tal im Lande der Moabiter gegenüber Beth-Peor. Und niemand hat sein Grab erfahren bis auf diesen heutigen Tag. [553]

---

549 Zitat: 1. Buch Könige 19,11-13 (Luther-Bibel)
550 Zitat: 2. Buch Moses 24,9-11 (Luther-Bibel)
551 Zitat: Hesekiel 1,26-27 (Luther-Bibel)
552 Die Entstehung dieser Apokryphe reicht in das 1. Jahrhundert v.u.Z. zurück.
553 Zitat: 5. Buch Moses 35,5-6 (Luther-Bibel)

Die Apokryphe namens „Himmelfahrt des Jesaja", die später als die zuvor erwähnte entstand, berichtet von seiner Himmelfahrt, die in der Bibel ebenfalls nicht geschildert wird.[554]
Auch Jesus zählt zur Kategorie der Eingeweihten, weil er seinen Vater schauen durfte und seine Himmelfahrt ist in der Bibel bezeugt. Jesus lebt uns das Leben eines Eingeweihten vor und zeigt uns den Weg des Eingeweihten.
Über Jesus Christus herrscht in allen drei Abrahamitischen Religionen Uneinigkeit. Im Islam ist er der Prophet namens Isa ibn Marjam. Im Judentum wird Jesus Christus weder als Messias noch als Prophet anerkannt. Hauptgründe hierfür sind einerseits seine Kreuzigung und andererseits seine Machtlosigkeit gegenüber den römischen Besatzern. Weder ein Messias noch ein Prophet hätte laut jüdischem Verständnis gekreuzigt werden können. Ein Merkmal eines Messias ist die Änderung der politischen Lage zugunsten des jüdischen Volkes. Jesus Christus wurde laut den Evangelien (Neues Testament der Bibel) gekreuzigt und hat keine politische Änderung zugunsten des jüdischen Volkes erwirkt.
Es muss zwischen zwei Arten von Messias unterschieden werden. Die eine Art ist ein politischer Rebell. Davon gab es zur Zeit der römischen Besatzung mehr als einen. Der andere Messias ist jener, der während des Jüngsten Gerichts auf die Erde kommen wird. Die Prophezeiungen aus der Thora spielen meistens auf den zweiten Messias an. Zwar ist im Islam Jesus Christus ein Prophet, aber auch dort bestand die Auffassung, dass ein Prophet nicht hätte gekreuzigt werden können. Die oder der Verfasser des Korans haben diese Hürde dadurch genommen, dass sie Jesus Christus nicht durch die Kreuzigung haben sterben lassen.[555,556]
Henoch wurde von Gott persönlich hinweg genommen[557] und Elias wurde in einem Feuerwagen in den Himmel gefahren[558]. In den Apokryphen des Neuen Testaments wird auch die Himmelfahrt des Simon Petrus beschrieben. Im Christentum (katholische und orthodoxe Kirche) gibt es den Glauben an die leibliche Aufnahme Marias, der Mutter Christi, in den Himmel (Mariä Himmelfahrt).

---

554 Die „Himmelfahrt des Jesaja" stammt aus dem 3. bis 4. Jahrhundert n.u.Z. - einzelne Teile sind auf Hebräisch und Griechisch verfasst.

555 Quelle der Ausführungen: Giovanni Grippo: *Gott, Schöpfung und Mensch - Judentum, Christentum und Islam.* 1. Auflage. Steinbach 2009. S. 23-24.

556 Zitat: Sure 4 „an-Nisa", Vers 154 (Koran)

557 siehe: 1. Buch Moses 5,24 (Luther-Bibel)

558 siehe: 2. Buch Könige 2,11 (Luther-Bibel)

Der islamischen Tradition folgend wurde der Prophet Mohammed zur fernen Kultstätte[559] teleportiert und stieg dann von dort lebendig in den Himmel auf. Der bereits erörterte Mithraismus gibt Anweisungen für eine Reise in den Himmel. Der Weg eines Eingeweihten zu seinem Ursprung (Gott), ist die Vorstufe der Erlösung. Die Gottesschau könnte man mit der Erleuchtung der Philosophien des Ostens vergleichen. Das Ziel ist das gleiche, nur der Weg dahin unterscheidet sich. Es ist vergleichbar mit einem Schleier oder Vorhang vor dem man steht. Der Weg dahin, die Suche nach den in diesem Buch besprochenen Indizien[560], der gerechte und richtige Lebenswandel, den ein Eingeweihter vorleben muss, führen bis zum Vorhang.

Eine Einweihung kann Menschen einerseits körperlich, aber auch andererseits geistig an Gott so nahe wie möglich heranführen, wie es in der Mathematik die bereits beschriebenen Eigenschaften der Asymptote sind. Das Ende der Schöpfung oder die Rückkehr zu Gott ist kein Weg der Bestrafung oder des Marters, sondern eine Heimkehr nach Hause. Am Ende aller Tage werden Tod und Schattenwelt (alias *Hades*) vernichtet und bedeutungslos sein.[561] Es ist eine Selbstaufrichtung des Menschen durch Einweihung und Suche. Der Weg des Eingeweihten kann aber mühselig und von jeglicher konfessionellen Bindung befreit sein.[562]

Vor den Vorhang angelangt hat man sein Bestmöglichstes getan. Doch hinter den Vorhang vermag man nicht zu schauen und ihn durchdringen kann man auch nicht ohne die Zustimmung Gottes. Es ist wie mit einem Gastbesuch. Man wurde eingeladen und man kommt von selbst bis vor die Haustür. Aber ob sich die Eingangstür (alias *Vorhang*) öffnet oder ob man sie durchschreiten darf, hängt vom Gastgeber ab. Lässt uns der Gastgeber hinein, so sind wir keine Fremden oder Gäste mehr, sondern nach Hause zurückgekehrt:

So seid ihr nun nicht mehr Gäste und Fremdlinge, sondern Bürger mit den Heiligen und Gottes Hausgenossen, erbaut auf den Grund der Apostel und Propheten, da Jesus Christus der Eckstein ist, auf welchem der ganze Bau

559 siehe: Sure 17 „Die nächtliche Reise", Vers 1 (Koran)

560 Die neun Indizien sind: Der Prophet Henoch, der Baum des Lebens, die Schlange, der vierbuchstabige Name Gottes, der Thronwagen Gottes, die zwei vorsintflutlichen Säulen, das Pentagramm, die Lebenszahl *phi* und die Kabbalah.

561 siehe: Offenbarung 20,14 (Luther-Bibel)

562 siehe in diesem Buch: *Das trennende Ego* – Kapitel XXV.

ineinandergefügt wächst zu einem heiligen Tempel in dem Herrn, auf welchem auch ihr mit erbaut werdet zu einer Behausung Gottes im Geist.[563]

Jener allestragende Eckstein, der von den Bauleuten verworfen wurde, ist identisch mit dem Wort, das ins Dasein gerufen und das seit jeher der Eckstein der Schöpfung „auf welchem der ganze Bau ineinandergefügt" worden ist.

Der Messias (alias *Logos*) bzw. das fleischgewordene Wort bzw. der Eckstein, wird als Mensch durch den Tod gehen und in alle Ewigkeit leben. Er wird jener sein, der würdig ist die sieben Siegel des Buches des Lebens[564] am Ende aller Tage zu öffnen.

Das Vermögen, den Gedanken Gottes Ausdruck zu geben, besaß das Wort vor der Grundlegung des Kosmos´ an, deshalb war es das Gesprochene Wort. Durch seine Fleischwerdung konnte es denselben Gedanken Gottes Ausdruck in der Welt geben und den Menschen bekannt machen.

Die zukünftige Religion wird spirituell sein. Sie wird nicht mehr auf bloßem Glauben an Gott basieren, sondern auf der Erkenntnis der Gesetze, durch die Gott sich im Universum, in der Natur und im Menschen selbst zeigt. Es werden keine Boten, Engel und Zeichen mehr erforderlich sein. Das Vermächtnis Henochs hat uns gezeigt, dass die Lehren eines kommenden Zeitalters (Äon) einen universellen Charakter haben werden. Sie sind eine harmonische Synthese der höchsten moralisch mystischen Prinzipien, sowie es die Söhne des Lichts der Menschheit überliefert haben. Das Vermächtnis ist geistige Nahrung (alias *Manna*), die uns von den Lasten unserer alten Namen und den Banden unserer beschränkenden, vorurteilsvollen Sicht auf die Dinge befreit.

Die individuelle bzw. persönliche Himmelfahrt wurde bereits in den frühen Christengemeinden thematisiert. Paulus berichtet von seiner Reise in den dritten Himmel:

Ich kenne einen Menschen in Christo; vor vierzehn Jahren ward derselbe entzückt bis in den dritten Himmel. Und ich kenne denselben Menschen; der ward entzückt in das Paradies und hörte unaussprechliche Worte, welche kein Mensch sagen kann. [565]

---

563 Zitat: Epheser 2,19-22 (Luther-Bibel)

564 siehe: Offenbarung 5,5-9 (Luther-Bibel)

565 Zitat: 2. Korinther 12,3-4 (Luther-Bibel)

Paulus selbst besagt, dass seine Einweihung durch die Himmelfahrt nicht anderen Menschen vermittelt werden kann, denn er *„hörte unaussprechliche Worte, welche kein Mensch sagen kann*“.
Ein Kampf zwischen Religion und Mysterienschulen brach ca. von 200 v.u.Z. bis 200 n.u.Z. aus. Im Kampf zwischen griechischer und römischer Herrschaft und dem Aufkommen neuer Religionen und Mysterienschulen gab es eine starke Verunsicherung. Das Begehren die Welt selbst erfahren zu können, so wie es von Mysterienschulen angeboten wurde, und der Wille einer integrierenden, schützenden und größeren Gemeinschaft anzugehören, standen sich gegenüber. Die Menschen suchten nach eigener geistiger Erfahrung und in allem nach einem universalen, göttlichen Prinzip. Vergleichbar heute mit den Physikern und Mathematikern, die nach der Weltformel [566] suchen. In solch einem aufgewühlten Umfeld wurde die jüdische Mystik populär. In einem separaten und hermetischen Bereich sollte, ohne die jüdische Religion zu verändern oder anzutasten, die persönliche Gotteserfahrung gepflegt und erlebt werden, analog den anderen Mysterienschulen jener Zeitepoche.
Die jüdischen Mystiker nahmen sich der Gematria an. Zu dieser Zeit war die griechische Zahlenbuchstabenmystik bereits in Gebrauch. Deshalb nimmt man heute allgemein an, dass die Gematria auf die pythagoreische Zahlenbuchstabenmystik zurückgeht. Der Ursprung des griechischen und hebräischen Alphabets aus dem Phönizischen spricht ebenfalls dafür.
Als Erfahrungsbericht und Anweisung dienten die eigenen Schriften, insbesondere die Vision des Propheten Hesekiel (alias *Maseh Merkaba*). In seiner Vision berichtet er uns, wie er den himmlischen Thronwagen Gottes erblickt hat. Durch diese Vision wurde Hesekiel durch Gott persönlich eingeweiht. Über Visionen, Meditationen und anderen geistigen Übungen vermöchten auch andere mystische Gruppen ihre Einweihung zu erlangen.
Auch Johannes, der durch eine Tür im Himmel (alias *Vorhang*) gerufen wurde, durfte in die Sphäre des himmlischen Hofstaates und auf den Thron Gottes und Gott selbst schauen. Johannes schrieb im Patmos´schen Exil die Visionen seiner Offenbarung nieder. Er sah

566 Die Weltformel oder „Theorie von Allem“ (TOE, Theory Of Everything) ist eine Formel, die alle bekannten physikalischen Phänomene und grundsätzlichen Gegenwirkungen der Natur gänzlich erklären möchte.

zuerst den Thron als Symbol der Herrschaft Gottes. Er tritt in die Tradition der Merkaba-Kabbalisten.[567]
In der Offenbarung des Johannes, dem letzten Buch der christlichen Bibel, nehmen drei Dinge eine zentrale Rolle ein: Der Thron Gottes, das Buch des Lebens und der Messias (alias *Lamm* alias *Jesus Christus*). Der Thron Gottes war für die alten Israeliten der ganze weite Himmel.[568]

Wer überwindet, dem will ich geben, mit mir auf meinem Stuhl zu sitzen, wie ich überwunden habe und mich gesetzt mit meinem Vater auf seinen Stuhl. [569]

In der Offenbarung wird der göttliche Thron auch zum Thron des Lammes (alias *Messias* alias *Jesus Christus*). Nicht nur das Lamm wird zu Gott und seinem Thron entrückt, sondern auch der bessere Anteil der Menschheit wohnt bereits dort. Das Lamm nimmt in der Mitte des Thrones seinen Platz ein.

Wer überwindet soll mit weißen Kleidern angetan werden, und ich werde seinen Namen nicht austilgen aus dem Buch des Lebens, und ich will seinen Namen bekennen vor meinem Vater und vor seinen Engeln. Wer Ohren hat, der höre, was der Geist den Gemeinden sagt![570]

Während Gott auf dem Thron hinter dem Schleier oder Vorhang von Licht, Blitzen und Donner erscheint, gewinnt er auf dem Thron durch den Messias ein menschliches Antlitz. Am Ende aller Tage wird der Thron Gottes auf der neuen Erde sein. Von ihm geht dann nicht mehr Gericht aus, sondern Versöhnung und ein Strom des Lebenswassers, an dem Bäume des Lebens wachsen, die jeden Monat Frucht tragen.

Und er zeigte mir einen lautern Strom des lebendigen Wassers, klar wie ein Kristall; der ging aus von dem Stuhl Gottes und des Lammes.[571] *Mitten auf ihrer Gasse auf beiden Seiten des Stroms stand Holz [Baum] des Lebens,*[572] *das trug zwölfmal Früchte und brachte seine Früchte alle Monate; und die Blätter des*

---

567 siehe: 1. Buch Könige 22,19-22 und Jesaja 6,8 (Luther-Bibel)
568 siehe: Jesaja 66,1 (Luther-Bibel)
569 Zitat: Offenbarung 3,21 (Luther-Bibel)
570 Zitat: Offenbarung 3,5-6 (Luther-Bibel)
571 siehe: Hesekiel 47,1; 47,12; Sacharja 14,8 (Luther-Bibel)
572 siehe: 1. Buch Moses 2,9 (Luther-Bibel)

[Baumes] Holzes dienten zu der Gesundheit der Heiden. Und es wird kein Verbanntes mehr sein. Und der Stuhl Gottes und des Lammes wird darin sein; und seine Knechte werden ihm dienen und sehen sein Angesicht; und sein Name wird an ihren Stirnen sein. Und wird keine Nacht da sein, und sie werden nicht bedürfen einer Leuchte oder des Lichts der Sonne; denn Gott der Herr wird sie erleuchten, und sie werden regieren von Ewigkeit zu Ewigkeit.[573]

Der Thron befindet sich im Paradies, genau gesagt neben dem Baum des Lebens. Johannes wusste um die abschließende Funktion seines Buches. Alles ist auf die Rückkehr ins Paradies ausgerichtet. Gott erschuf den Kosmos durch den Messias. Er ist der Schlüssel zur Schöpfung. Der Messias behebt während des Jüngsten Gerichts alle Missstände. Ist der Messias der Schlüssel zur Schöpfung, so ist er zugleich der Schlüssel zur Erlösung.[574]
Die Erlösung, die auf den Messias hinarbeitet, ist seit Adams Abfall vorbestimmt. Die hohe Kunst der Gematria bestätigt uns, dass Adam den gleichen Zahlwert wie das Wort **גאולה** (*ge´ula* ausgesprochen) hat, nämlich 45. Ge´ula bedeutet im Hebräischen Erlösung und diese ist Adam bereits in die Gene[575] gelegt worden.
Die Christen sehen das Kreuz, an dem Jesus Christus starb, als Symbol der Erlösung an. Die Urchristen sahen den Olivenbaum als Baum des Lebens an. Das Olivenöl - ein Produkt des Lebensbaums - wurde im Alten Testament für die rituelle Salbung von Priestern und Königen verwendet und hingegen im Neuen Testament auch für die Salbung von Kranken. Das griechische Wort Christos (**Χριστος**) oder das hebräische Wort Maschiach (**משיח**) bedeuten Gesalbter und verweisen auf den Baum des Lebens.
Die Hochkulturen des Nahen und Mittleren Ostens kannten bereits Salbungsriten durch Gebrauch von Salbölen zur Heilung, Heiligung, Übertragung und Legitimation politischer Macht. In Sumer, Akkad und Babylon wurden sie als Rechtshandlung bei der Einsetzung von Priestern und Beamten praktiziert. Auch im Alten Testament werden Salbungen erwähnt:

– Aaron (Bruder des Moses) und seine Söhne in ihrer Funktion als Priester (2. Buch Moses 30,22-33),

[573] Zitat: Offenbarung 22,1-5 (Luther-Bibel)
[574] Offenbarung 1,8: *Ich bin das A und das O, der Anfang und das Ende, spricht Gott der Herr, der da ist und der da war und der da kommt, der Allmächtige.*
[575] siehe in diesem Buch: *Der Baum der Erlös(ch)ung* – Kapitel XXVI.

- Bundeslade, Brandopferaltar und liturgische Gerätschaften (2. Buch Moses 30,22-33),
- die Stiftshütte (2. Buch Moses 40,9),
- jüdische Priester (3. Buch Moses 4,3) und
- Propheten (Jesaja 61,1).

Es war der Prophet Samuel, der die rituelle Salbung eines Königs von Israel erstmals durchführt. Es wird berichtet, das er durch Salbung Saul zum ersten König von Israel gemacht hatte.[576] Das Ritual, das auch an Sauls Nachfolgern, David und Salomon, vollzogen wurde, sollte dem Herrscher einen herausgehobenen Status verleihen. Deshalb bezieht sich die Heilserwartung des Judentums auf die Wiederherstellung des alttestamentlichen Königtums durch die Ankunft eines gesalbten Heilsbringers (alias *Messias*). Das Judentum wartet bis heute auf das Kommen des Messias.

Die Salbung als religiöse Komponente der Krönung verlieh den Königen zusätzlich zu ihrer weltlichen Macht eine sakrale, priestergleiche Stellung. Eine lange auf die fränkische Zeit zurückgehende Tradition wurde in der Kathedrale von Reims, der Krönungskirche der französischen Könige, bis zur französischen Revolution durchgeführt. Dort wurde eine Phiole mit heiligem Salböl aufbewahrt, die der Legende nach von einer Taube zur Taufe des Merowingerkönigs Chlodwig I im Jahr 496 (oder 499) vom Himmel herab gebracht worden sein soll. Tatsächlich wurde wohl erst der Karolinger Pippin III, der den letzten Merowinger abgesetzt hatte, im Jahr 751 zum König der Franken gesalbt. Dieses kirchliche Ritual sollte Pippin das Königsheil verleihen, das bis dahin allein durch königliches Blut (alias *Sang Real* alias *Heiliger Gral*) bzw. Geblütsrecht in der herrschenden Dynastie weitergegeben werden konnte.

Die Blutlinie der fränkischen Könige ging weit in die Vergangenheit. Gaius Iulius Caesar entstammte dem römischen Geschlecht der *Iulier*. Dieses Patriziergeschlecht führte seine Wurzeln auf Askanius-Iulus, den Sohn des trojanischen Adligen Äneas, zurück. Die Merowinger beriefen sich im fünften Jahrhundert n.u.Z. ebenfalls auf die Abstammung von den Trojanern. Jenen Griechen, die zurzeit des beschriebenen Stammeskrieges den Stamm Benjamin aufgenommen hatten. Das königliche Blut floss der Überlieferung nach in den fränkischen Königen.

---

576 siehe: 1. Samuel 10,1 (Luther-Bibel)

Die Benjaminiter als Stamm in der Minderheit und die Wächter des Henochischen Vermächtnisses, die mit nach Kanaan gewandert waren, zählten zum Stamm Benjamin. Auch König David, König Salomon und Jesus gehörten zu demselben Stamm.
Andere Überlieferungen berichten, dass die Ehefrau von Jesus Christus Maria Magdalena gewesen sein soll. Sie floh aus Palästina nach Frankreich nach dem möglichen Tode ihres Ehegatten. Die Legenden über das königliche Blut beginnen gleichzeitig mit der Ankunft Maria Magdalenas in Südfrankreich. Das königliche Blut floss in den Adern der Kinder Jesus´ und Maria Magdalenas. Ihre Flucht führte sie nach Marseille und dort ist auch der Anfang aller Gralssagen zu suchen. Marseille ist eine Gründung der Griechen (alias *Großgriechenland* alias *Graecia Magna*).
Bis zur Revolution entstanden in Frankreich aus der Salbung die Vorstellungen vom Gottesgnadentum der Könige. Darüber hinaus war mit der Salbung in Frankreich und England die Vorstellung verbunden, sie verleihe dem König wundertätige Heilkraft. Die Salbung als religiöse Komponente der Krönung verlieh den Königen – wie bereits dargestellt – zusätzlich zu ihrer weltlichen Macht eine sakrale, priestergleiche Stellung.
Der Prophet Elisa ließ Jehu an einem besonderen Ort zum König salben, nämlich in der „innersten Kammer". Manche Übersetzungen dieser Bibelstelle sprechen vom „mittelsten Raum":

Elisa aber, der Prophet, rief der Propheten Kinder einen und sprach zu ihm: „Gürte deine Lenden und nimm diesen Ölkrug mit dir und gehe hin gen Ramoth in Gilead. Und wenn du dahin kommst, wirst du daselbst sehen Jehu, den Sohn Josaphats, des Sohnes Nimsis. Und gehe hinein und heiß ihn aufstehen unter seinen Brüdern und führe ihn in die innerste Kammer und nimm den Ölkrug und schütte es auf sein Haupt und sprich: So sagt der Herr: Ich habe dich zum König über Israel gesalbt. Und sollst die Tür auftun und fliehen und nicht verziehen."[577]

Am Ende aller Tage geht es um den Gesalbten, der Prophet, König und Priester in einem ist. In der Offenbarung geht es um Gott, der seine Schöpfung vollendet indem er sein Reich offenbart und die Herrschaft an den Christos Trismegistos übergibt.[578]

577 Zitat: 2. Buch Könige 9,1-3 (Luther-Bibel)
578 „Trismegistos" ist auch der Beiname von Hermes und bedeutet „dreifach groß" und spielt auf das Amt des Propheten, Königs und Priesters an.

Das Buch des Lebens mit den sieben Siegeln ist die ursprüngliche Thora. Jenes Urbuch über das der Geist Gottes schwebte als das Universum noch leer war.[579] Jenes Urbuch, die unverfälschte und vollständige Thora, wird nun in die Hände dessen gegeben, der Prophet, König und Priester über das kommende Reich ist.
Der Sohar, das heilige Buch der Kabbalah, sagt zum Verhältnis der Thora zum Kosmos folgendes:

Solange die Thora in der Welt ist, hat die Welt Bestand, weil die Thora der Baum des Lebens ist, durch den sie Bestand hat. Solange die Thora unten wach erhalten wird, weicht der Baum des Lebens nicht von oben. Wird die Thora unten unterbrochen, dann kann sich der Baum des Lebens aus der Welt entfernen. Solange daher die Weisen an der Thora ihre Wonne haben, hat Samael keine Macht, denn es ist geschrieben: »Die Stimme ist die Stimme Jakobs[580] *und die Hände sind die Hände Esaus«. Es ist die obere Thora, welche »Stimme Jakobs« genannt wird. Solange diese Stimme nicht unterbrochen wird, hat das Wort die Macht. Darum soll das Studium der Lehre niemals unterbrochen werden.* [581]

Mit seiner Aufmerksamkeit auf das Ende aller Tage ausgerichtet, beginnt Johannes mit dem Erlös(ch)ungswillen Gottes. Es geht nicht um zwei Götter, sondern um die Sephirah Kether (alias *Krone*) und Malkuth (alias *Königreich/Herrschaft*) bzw. Schekina[582].
Die beiden Säulen, die das gesamte Wissen der Menschheit auf sich trugen, sollen in stilisierter Form den Salomonischen Tempel als Jachin und Boas [583] verziert haben. Andere Exegeten meinen wiederum, dass die beiden Säulen des Salomonischen Tempels eine stilisierte Darstellung der beiden paradiesischen Bäume sei.

Wer überwindet, den will ich machen zum Pfeiler in dem Tempel meines Gottes, und er soll nicht mehr hinausgehen; und will auf ihn schreiben den Namen meines Gottes und den Namen des neuen Jerusalem, der Stadt meines Gottes, die vom Himmel herniederkommt von meinem Gott, und meinen Namen, den neuen. Wer Ohren hat, der höre, was der Geist den Gemeinden sagt![584]

---

579 siehe in diesem Buch: *10.000 Jahre vergehen* – Kapitel XIX.
580 Ein weiterer kabbalistischer Aspekt der vier Wirklichkeitsebenen ist die Jakobs-Leiter auf die in diesem Sohar-Zitat angespielt wird.
581 Zitat: G.Grippo. *Das Buch des Glanzes – Sepher ha-Sohar.* III: fol. 35b-36a
582 alias *Die Einwohnung Gottes über der Bundeslade oder im Allerheiligsten des Tempels.*
583 siehe: *Und er richtete die Säulen auf vor der Halle des Tempels. Und die er zur rechten Hand setzte, hieß er Jachin, und die er zur linken Hand setzte, hieß er Boas.* (1. Buch Könige 7,21)
584 Zitat: Offenbarung 3,12-13 (Luther-Bibel)

Die beiden Säulen können auch für das Priestertum und Königtum stehen, die am Ende aller Tage vereint werden. Die Vereinigung beider Ämter sah man bereits in der biblischen Gestalt des Melchizedeks. Er war zwar Hohepriester Gottes aber kein König aus dem Geschlechte David. Man weiß wenig über ihn und kann deshalb auch wenig über seine Abstammung sagen. In kabbalistischen Legenden gilt er als Lehrmeister Abrahams. Er war ein Vorbote des endgültigen Heils am Ende aller Tage.

Es ist nicht ausgeschlossen, daß in die spekulative Auseinandersetzung mit den dualen Tempelsäulen Elemente der Kabbala, der jüdischen Geheimlehre, eingeflossen sind, wenn sich dies auch nicht schlüssig beweisen läßt. In der Kabbala werden zehn „Sefirot", Emanationen (Ausprägungen) der Gottheit, unterschieden, die mit einem vom Himmel zur Erde wachsenden Baum verglichen werden. Die dem Himmel am nächsten stehende Sefira heißt Kether (Krone), die erdnächste Malchut (Reich), und beide stehen in einem Verhältnis der polaren Wechselbeziehung und Zusammengehörigkeit, die in geheimen Schriften mit der heiligen Hochzeit (dem Hieros Gamos der alten Kulte) verglichen wird. Malchut oder „Schechina" wird im kabbalistischen Buch „Bahir" als „die Weisheit Salomos" bezeichnet, die „zugleich oben und unten ist" – eine Ausdrucksweise, die an den alchemistischen Leitspruch des „Hermes Trismegistos" erinnert. Es heißt: „Was für eine Weisheit gab Gott dem Salomo? Salomo trug den Namen Gottes…

Gott sagt: Weil dein Name wie der Name meiner Glorie lautet, will ich dir meine ‚Tochter' vermählen." […] interpretiert: „Die Schechina, die die Glorie Gottes ist, ist die himmlische Tochter… Sie wird dem Salomo vermählt und zum Geschenk gemacht, ‚so wie es heißt: Und Gott schenkte dem Salomo Weisheit'…" Der Kabbalist Josef Gitkilla wies darauf hin, daß durch den Sündenfall Adams die Ordnungen zerbrochen und die Sefira „Schechina" in diesen Tagen in der Luft hing. Sie „fand keine Ruhestatt für ihre Füße auf Erden, wie am Anfang der Schöpfung…"

Während der Wanderzüge des israelitischen Volkes nahm die Schechina (als feurige Wolke, die als Wegweiser vor den Wanderern schwebte) ihre Wohnung in der Stiftshütte (dem heiligen Zelt), wobei sie „wie ein Gast mit Israel von Ort zu Ort zog, bis David und Salomo ihr dann einen ‚festen Boden unter den Füßen' im Tempel schafften" […]

Salomo ist also in dieser Schau weit mehr als ein großer König – er hat es fertiggebracht, dem Jahweh-Reich einen irdisch Standort zu verleihen, und die Sefira „Schechina/Malchut", Spiegelbild der Sefira „Kether", kann sich nun einwurzeln. Ob bereits in der Epoche des Tempelbaues so verstanden oder erst späterer Zeit in die Texte hineininterpretiert: Die beiden Säulen, deren Namen von „Beständigkeit", „Festigkeit" und „Dauer" ebenso künden wie ihr symbolischer Ausdruckwert, können ohne große Schwierigkeit als irdische Manifestation der polaren Sefirot „Kether" und „Malchut/Schechina" aufgefasst werden. [585]

[585] Zitat: *Das verlorene Meisterwort. Bausteine zu einer Kultur- und Geistesgeschichte des Freimaurertums.* Hans Biedermann. 3. Auflage. Wien; Köln; Weimar; Böhlau 1999.

Erst als Jesus Christus gekreuzigt wurde, zerriss der Vorhang zum Allerheiligsten. Die Schekina fand wieder *keine Ruhestatt für ihre Füße auf Erden, wie am Anfang der Schöpfung* und im Allerheiligsten des Salomonischen (dann des Herodianischen) Tempels nicht. Der zweite Tempel verlor dadurch seine Legitimität und ab diesem Zeitpunkt jegliche Bedeutung für die Welt (alias *Malkuth*).

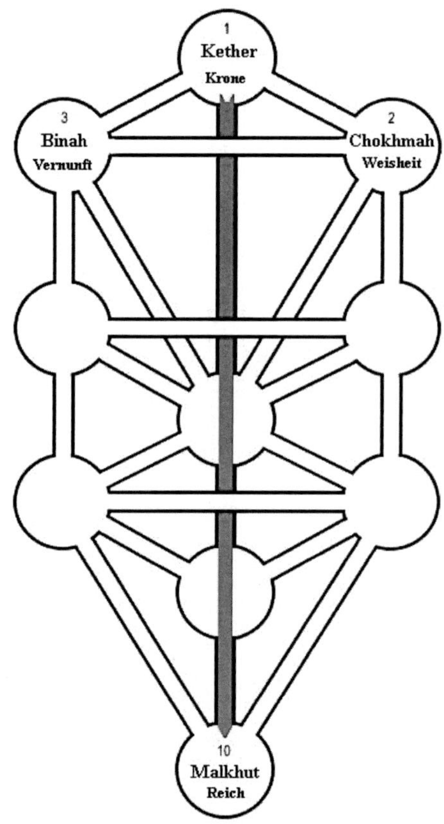

Seit dem Sündenfall hing die Schekina in der Luft. Zur Zeit der 40jähringen Wanderung Israels nahm sie Platz in der Stiftshütte und wanderte mit. Dann verweilte sie im Salomonischen Tempel bis zu seiner Zerstörung 586 v.u.Z. durch die Assyrer. Erst 515 v.u.Z. verweilte sie als Ewiges Licht[586] wieder im neuen, zweiten Tempel bis

586 Auch *Ner Tamid* genannt, ist heute ein in Synagogen brennendes Licht.

zur Kreuzigung von Jesus Christus. Als er gekreuzigt wurde, zerriss der Vorhang zum Allerheiligsten. Die Schekina fand wieder keine Ruhestatt, wie zu der Zeit als der paradiesische Urzustand vorherrschte und im Allerheiligsten des Salomonischen und im Herodianischen Tempel auch nicht mehr.
Johannes sieht deshalb im Zentrum seiner Vision *„ein Lamm wie geschlachtet"*. Als das Lamm das versiegelte Buch aus der Rechten Gottes übernimmt, werfen sich alle himmlischen Wesen nieder. Gott erscheint also an dieser Stelle als derjenige, der das Buch mit dem vorherbestimmenden Schicksal[587] seines Schöpfungsplans in Händen hält.[588] Jesus Christus, das fleischgewordene Wort, der als Mensch für den Menschen durch den Tod gegangen ist. Er lebt in alle Ewigkeit und ist würdig das Buch des Lebens zu öffnen. Er hat uns durch sein Blut gewaschen …

[…] und von Jesu Christo, welcher ist der treue Zeuge und Erstgeborene von den Toten und der Fürst der Könige auf Erden! Der uns geliebt hat und gewaschen von den Sünden mit seinem Blut und hat uns zu Königen und Priestern gemacht vor Gott und seinem Vater, dem sei Ehre und Gewalt von Ewigkeit zu Ewigkeit! Amen. [589]

Das Lamm wird in der Offenbarung zum wichtigsten Symbol für Jesus Christus. Es öffnet die Siegel des versiegelten Buches. Er begleitet die Menschheit bis hin zur Herabkunft des neuen, himmlischen Jerusalems und zur erneuten Hochzeit (alias *Hieros Gamos*) des Lammes mit der Schekina.

Und wer da überwindet und hält meine Werke bis ans Ende, dem will ich Macht geben über die Heiden, und er soll sie weiden mit einem eisernen Stabe, und wie eines Töpfers Gefäße soll er sie zerschmeißen, wie ich von meinem Vater empfangen habe; und ich will ihm geben den Morgenstern. [590]

Das Gesprochene Wort spricht von einem Gott, der Schöpfer, Richter und Gebieter ist, das Fleischgewordene Wort deutet uns Gott als Vater an und bezeugt ihn als Liebe, Wahrheit und Gnade. Das Fleischgewordene Wort war der Ausdruck von Liebe, Wahrheit und

---

587 siehe: 7. Henochisches Prinzip: *Der Glaube an das vorherbestimmende Schicksal.*
588 siehe: Offenbarung 5,9 (Luther-Bibel)
589 Zitat: Offenbarung 1,5-6 (Luther-Bibel)
590 Zitat: Offenbarung 2,26-28 (Luther-Bibel)

Gnade. Gnade ist Liebe, die das Böse überwindet, und Wahrheit verbindet die Natur Gottes mit der menschlichen. Es besteht ein Unterschied zwischen den Ausdrücken „Gott“ (gr. „theos“), „Wort“ (gr. „logos“) und „Sohn“ (gr. „yios“). Der Schlüssel zum Baum des Lebens ist Gnade, der Schlüssel zum Baum der Erlösung ist Wahrheit und der Schlüssel zum Baum der Erlöschung ist Liebe. [591]
Die Notwendigkeit eines Ausgleichs von zwei Komponenten durch eine dritte, kennen wir bereits aus der ägyptischen, mesopotamischen und altorientalischen Mythologie. Insbesondere treten die ägyptischen Gottheiten als Paar (männlich und weiblich) auf, während bei Isis und Osiris die dritte Komponente, nämlich ihr gemeinsamer Sohn Horus, hinzukommt.
Die Parallelen zum oben beschriebenen Spannungsverhältnis zwischen Gott (gr. „theos“), „Wort“ (gr. „logos“) und „Sohn“ (gr. „yios“) zeigen sich auf. Osiris ist Herrscher im jenseitigen Reich und sein Sohn Horus handelt in seinem Namen als stellvertretender König auf Erden. Er wird auf mysteriöse Weise von Isis empfangen. Sie ist es auch, die ihrem Sohn den geheimen Namen des Sonnengottes Ra verschafft, damit ihm seine Schöpfermacht zu Eigen wird.

Wer überwindet, der wird es alles ererben, und ich werde sein Gott sein, und er wird mein Sohn sein. [592]

Der Weg des Eingeweihten besagt also zu einem Sohn Gottes (alias *Sohn des Lichts*) zu werden. Der Eingeweihte wird zum Sohn und zum Auserwählten des lebendigen Vaters (alias *Gott*). Dadurch soll ein Eingeweihter das Zeichen seines Vaters in sich tragen.
Eine weitere Interessante Nuance, die Johannes seiner Offenbarung beimengte, war nicht nur seine eigene Einweihung. Johannes wurde durch eine Tür im Himmel (alias *Vorhang*) gerufen und durfte auf Gottes Thron und Gott selbst schauen. Er sah zuerst den Thron als Symbol der Herrschaft Gottes.
Erst nachdem die sieben Siegel[593] geöffnet wurden, sah er Gottes Antlitz aber schweigt darüber. Meist zeigt sich ja Gott hinter dem Schleier oder Vorhang von Licht, Blitzen und Donner. Johannes tritt

---

[591] siehe: *Wer überwindet, dem will ich zu essen geben vom Holz [Baum] des Lebens, das im Paradies Gottes ist.* Offenbarung 2,7 (Luther-Bibel)
[592] Zitat: Offenbarung 21,7 (Luther-Bibel)
[593] siehe: Offenbarung 6 und 8 (Luther-Bibel)

folglich in die Tradition der Merkaba-Kabbalisten und weiß um diese mystischen Dinge.

Wer überwindet, dem will zu essen geben von dem verborgenen Manna und will ihm geben einen weißen Stein und auf den Stein einen neuen Namen geschrieben, welchen niemand kennt, denn der ihn empfängt.[594]

[594] Zitat: Offenbarung 2,17 (Luther-Bibel)

Am Ende aller Tage geht es um den Gesalbten, der Prophet, König und Priester in einem ist. In der Offenbarung geht es um Gott, der seine Schöpfung vollendet indem er sein Reich offenbart und die Herrschaft an den Christos Trismegistos übergibt.

Zusammenfassung

Wer sich bemüht das vorliegende Buch verstehen zu wollen, der hat sich mit Themen zu befassen, die sein/ihr Verständnis über Gott, die Welt und den Messias ändern werden. Vor der Schöpfung existiert Gott, der Messias und einige andere „Dinge". Gott ist der Beginn allen Seins in der Schöpfung. Der Messias ist der Schlüssel zur Schöpfung und zur Erlösung.

Alles in der Schöpfung bewegt sich im Rahmen der Gesetze Gottes. Und die Symbolzahl der endgültigen Wandlung ist die Elf, denn die elfte Sephirah ist das Allumfassende Gefäß (alias *Seins* alias *Kad*). Die Verschmelzung mit Gott ist der erste Schritt der Menschheit und die Vereinigung mit dem ganzen Kosmos ist der letzte und endgültige Schritt Gottes. Dieser irreversible Zustand wird Kad (hebr. „Gefäß") genannt.

Es ist der Messias und nicht Gott, der das was war, was ist und was sein wird; das Sichtbare wie das Nichtsichtbare nimmt und damit den Kosmos erschafft. Auch die Erde ist ein Produkt des Messias. Der Messias ist der Sündenbock, der vom Hohepriester für Gott geopfert wird, und Asasel ist der Sündenbock, der durch das Blut des Messias zum Träger aller Sünden der Menschheit wird. Über Asasel (alias *Satan*) muss als letzter das im Gral gesammelte Blut des Messias vergossen werden, damit Gott selbst seine endgültige Wandlung (Reinigung), die Rückkehr (Umkehr) in die Finsternis (alias *Ain Soph* alias *Endlose Nichts*) vollenden kann.

Der erste Schritt wurde vom Menschen durch das Teilhaben am Baum der Erkenntnis über Gut und Böse begangen. Als Gott Adam und Eva verführte, sandte er seinen (einzigen) Stab aus, der sich als Schlange um den Baum der Erkenntnis über Gut und Böse windete. Der Sündenfall ist eine von Gott initiierte Notwendigkeit.
Der zweite Schritt ist das Teilhaben am Baum des Lebens, wie wir ihn aus der Bibel und Kabbalah kennen. Wenn nun Gott, der den Weg zum Baum des Lebens wieder freigibt und wir in seinen Augen herangereift sind, erlaubt er uns vom Baum des Lebens zu essen, um dadurch Unsterblichkeit zu erlangen und zu ihm zurückzukehren.
Der dritte Schritt ist der Baum der Erlösung. Dabei kann die elfte Sephirah entweder „Da´ath" (hebr. „Erkenntnis") oder Kad (hebr. „Gefäß") sein. Durch diesen Schritt erlangt die Religiosität einen spirituellen Charakter. Es ist das Zeitalter des Wassermanns gemeint. Die Verschmelzung mit Gott ist der letzte Schritt für die Menschheit und wird durch den Baum der Erlösung dargestellt.
Der vierte Schritt ist Gottes Vereinigung mit dem ganzen Kosmos. Bevor Gott diesen Schritt gehen kann, muss die Menschheit erkannt haben, dass der Ursprung unser aller Ziel ist und dass Individualität, Ego und Freier Wille Teil von Gottes Plan. Unsere menschlichen Körper trennen uns von anderen Menschen. Diese Trennung nennen wir paradoxerweise Individualität (lat. „in dividere" für „nicht teilbar"). Unsere Seelen hingegen verbinden uns mit allen Menschen. Diese Verbindung nennen wir kollektives Unterbewusstsein (alias *Akasha-Chronik*).
Ein Eingeweihter bzw. Suchender hat sich philosophisch zu bilden, sowie Tugendhaftigkeit, Rechtschaffenheit und edles Betragen zu leben. Solche moralischen Forderungen, die bis auf die Freimaurer des 18. Jahrhunderts überkommen sind, wurden schon bei den Pythagoreern gefordert und sind in geistliche Bruderschaften, Orden und Bauhütten (engl. „lodge") beibehalten worden. Der Weg des Eingeweihten, den dieses Buch andeuten möchte, kann mühselig sein aber von jeglicher konfessionellen Bindung befreit.[595]
Der Prophet Henoch ist eines von neun Indizien[596], die unter der Oberfläche der Geschichte pulsieren. Sein Name verbirgt ein riesiges

---

595 siehe in diesem Buch: *Das trennende Ego* – Kapitel XXV.

596 Die neun Indizien sind: Der Prophet Henoch, der Baum des Lebens, die Schlange, der vierbuchstabige Name Gottes, der Thronwagen Gottes, die zwei vorsintflutlichen Säulen, das Pentagramm, die Lebenszahl *phi* und die Kabbalah.

Vermächtnis in sich und kann nur von jenen bewacht und gehütet werden, die um diese hehre Aufgabe wissen.
Um die Idee hinter Henochs Vermächtnis verstehen zu können, gelten allein sieben Prinzipien, ohne die die Lehre Henochs oder sein Vermächtnis nicht greifen können:

1. Der Glaube an ein höheres, lebendiges und aktives Prinzip,
2. das zugleich die höchste Form von Liebe ist,
3. an die göttliche Hierarchie der Ordnung,
4. an die Unsterblichkeit der Seele des Menschen,
5. an ihre Wiedergeburt oder Seelenwanderung,
6. an den himmlischen Ursprung des Bösen,
7. und an das vorherbestimmende Schicksal.

Wer sich in diesen sieben Prinzipien selbst wieder findet, der wird auch nicht mehr aus dem Buch des Lebens[597] getilgt werden. Er wird zu einem Eingeweihten. Henoch ist der siebente nach Adam und er steht in direkter Blutlinie mit dem Messias (alias *Maschiach* alias *Gesalbter* alias *Christos*), der nach 10.000 Jahren als Richter und Vollstrecker des Buches des Lebens auf die Bühne der Welt treten wird.
Gott gewann den ersten Himmelskrieg gegen den hochmütigen Erzengel Asasel (alias *Satan*) und verbannte ihn auf die Erde. Asasel kann genauso wenig, wie das Böse selbst zerstört werden, weil das Böse Teil Gottes ist. Da Gott unzerstörbar ist, kann er auch nicht teilweise zerstört werden. Das ist ein kabbalistischer Grundsatz. Jeder Suchende, der es aufrichtig meint, kann ein Wächter des Vermächtnisses werden. Er muss aber weise und schweigsam sein, sowie es das Salomonische Siegel darstellt:

[597] siehe: Offenbarung 3,5 (Luther-Bibel)

Gott hat den Weg zum Baum des Lebens durch die Cherubim versperrt, aber er wird uns eines Tages ermächtigen vom Baum des Lebens zu essen. Die erste Voraussetzung auf unserem Weg sind die Grundkenntnisse, wie jene die wir im vorliegenden Buch als die zehn „Prinzipien des ewigen Lebens“ oder die zehn „Axiome des ewigen Lebens” bezeichnet haben.

1. Axiom:	Der Ursprung ist das Ziel.
2. Axiom:	Energie kann nicht verloren gehen.
3. Axiom:	Das Schicksal und Gottes Gesetze sind das Gleiche.
4. Axiom:	Alle Wirkung hat eine Ursache.
5. Axiom:	Alles ist dreifach, selbst das Göttliche ist dreifach.
6. Axiom:	Stillstand existiert nicht; alles ist in Bewegung.
7. Axiom:	Der freie Wille unterwirft sich dem Schicksal.
8. Axiom:	Alles geschieht im Rahmen der Gesetze Gottes.
9. Axiom:	Es gibt keine Gegensätzlichkeiten.
10. Axiom:	Individualität existiert nicht.

Es verwundert sicherlich nicht, dass es in alten Grimoires um die Bändigung der Cherubim, also um Engelsmagie, ging. Dabei waren die Cherubim Eigenschaften der eigenen Persönlichkeit. Sie zu beschwören oder zu bändigen, bedeutete, sich selbst zu verändern.

Die gesamte Menschheit wird durch die 13 Cherubim, die den Weg zu dem Baum des Lebens bewachen, gerichtet und gewogen werden. Nur alle 13 Stämme, also die gesamte Menschheit gemeinsam, können gegen die Feder der Maat (siehe Abbildung) gewogen werden. Und ein jeder wird aufgrund seiner Beziehung zu Gott einem ganz bestimmten Cherub zugewiesen werden.

Um an den 13 Cherubim mit dem flammenden Schwert[598] vorbei kommen zu können, muss sich ein Eingeweihter und Suchender als würdig erweisen. Sie verlangen nach Wahrheit (hebr. „mäth"), Wissen (hebr. „jeda"), Erkenntnis (hebr. „da´ath") und den sich daraus ergebenden Erkennungszeichen.

Die zweite Voraussetzung sind die Zehn Gebote. Ein Eingeweihter bzw. Suchender muss nach den Geboten leben und er darf sich auf seinem Weg nicht beirren lassen. Aber die Zehn Gebote sind unkonfessioneller Natur, auch wenn sie aus einem konfessionellen Kontext stammen.

Die Verfasser der Thora waren in der Lage durch die vokallose hebräische Schrift nicht nur einen offensichtlichen Text aufschreiben, sondern sie gaben jedem Buchstaben einen Zahlenwert, damit sie sich nicht nur auf das Offensichtliche beschränken lassen mussten. Die Zehn Gebote lauten:

1. Gebot	Ich bin der Herr, Dein Gott.
2. Gebot	Du sollst keine anderen Götter haben neben mir.
3. Gebot	Du sollst den Namen deines Gottes, nicht missbrauchen.
4. Gebot	Gedenke des Sabbattages, dass du ihn heiligest.
5. Gebot	Du sollst deinen Vater und deine Mutter ehren.
6. Gebot	Du sollst nicht töten.
7. Gebot	Du sollst nicht ehebrechen.
8. Gebot	Du sollst nicht stehlen.
9. Gebot	Du sollst nicht falsch Zeugnis reden.
10. Gebot	Du sollst nicht begehren …

Die Zehn Gebote sind universeller zu betrachten, als sie heute von uns wahrgenommen werden. Ein Eingeweihter und Suchender muss über das geschriebene Wort hinaussehen können.

598 siehe: 1. Buch Moses 3,24 (Luther-Bibel)

Interpretation des 1. Gebotes:
Das 1. Gebot entspricht der ersten Grundfeste: *Der Glaube an ein höheres, lebendiges und aktives Prinzip.* Das Gebot bedeutet nicht, dass man andere Götter verachten, missachten oder verleugnen soll. Ein Eingeweihter respektiert jegliche Religion und jeglichen Gott. Alle Götter sind gleich. Weil dies immer zu einem Wettstreit zwischen Anhängern der verschiedenen Religionen führt, soll ein Eingeweihter weder über Gott, seine Eigenschaften oder Ähnlichkeiten zu andern Göttern und Religionen sprechen.

Interpretation des 2. Gebotes:
Die wichtigste Verhaltensnorm im Fall des 2. Gebots ist, jegliche Religion und jeglichen Gott gleichwertig zu respektieren. Seine eigene Religion zu leben aber nicht über seine oder andere Konfessionen zu debattieren. Das Gebot selbst besagt, dass es andere Götter gibt.

Interpretation des 3. Gebotes:
Das 3. Gebot zielt in die gleiche Richtung, aber es kann um die höchste Form von Liebe erweitert werden. Wenn Gott die höchste Form von Liebe (hebr. „ahawah“; gr. „agape“) ist, wie könnte man dann den Namen Gottes missbrauchen? Man missbraucht nicht den Namen jener, die man liebt.

Interpretation des 4. Gebotes:
Bei dem 4. Gebot geht es nicht um den Sabbat, also den heiligen Tag der Juden, sondern um einen Tag in der Woche, den ein Eingeweihter allein für sich selbst einnimmt und widmet. Es geht um den Ursprung, um das Schicksal welches mit Gottes Gesetzen identisch ist, um alle Wirkung, die eine Ursache hat, um die Dreifachheit des Seins, um den freien Willen und die Individualität, die sich dem Schicksal und einer größeren Aufgabe opfern. Es geht um die Pflege der eigenen Balance, die zur Aufhebung von Gegensätzlichkeiten, die es gar nicht gibt, führt.

Interpretation des 5. Gebotes:
Das 5. Gebot bezieht sich nicht nur auf die eigenen Eltern, sondern auf die gesamte Familie. Ein Eingeweihter soll seine Eltern, Geschwister und seine Verwandten respektieren und ihre Ansichten tolerieren. Wenn man zudem die ganze Welt als mit Schwestern und Brüdern bevölkert ansieht, dann bezieht sich das Gebot nicht nur auf die eigene Familie, sondern auf die gesamte Menschheit. Die 13

Stämme der Menschheit sind letztendlich eine Familie und stammen von einem Ursprung ab.

Interpretation des 6. Gebotes:
Wer an die Unsterblichkeit der Seele und an das vorherbestimmende Schicksal glaubt, der sieht im 6. Gebot einen Widerspruch. Doch das „Töten" oder das „Morden", wie es auch in manchen Übersetzungen heißt, ist ein drastischer Eingriff in das Leben eines anderen Menschen. Sicherlich geht Energie nicht verloren, jedoch muss jeder Mensch die Möglichkeit haben sein eigenes Leben so zu gestalten, wie es ihm beliebt. Die Unsterblichkeit der Seele geht mit der Wiedergeburt der Seele oder mit der Seelenwanderung einher.

Interpretation des 7. Gebotes:
Das 7. Gebot bezieht sich nicht nur auf verheiratete Menschen. Ehebruch begeht man auch schon wenn man seinen Lebenspartner betrügt, weil man nicht in einer offenen Beziehung lebt. Ehebruch ist Vertragsbruch. Ehebruch, im Sinne eines Eingeweihten, geht weit über etwas Körperliches hinaus. Es ist auch der Seelenbruch damit gemeint.
Das Herz ist in der ägyptischen Mythologie nicht nur der Sitz der Lebenskraft, sondern auch die Quelle der guten und schlechten Gedanken, sowie der Sitz der Seele und des Gewissens. Deshalb können wir bei Liebesdingen unsere Gedanken nicht ordnen, unsere Seele ist zutiefst verletzt und Lebenskraft stockt; kurzum unser Herz ist gebrochen.

Interpretation des 8. Gebotes:
Das 8. Gebot spricht von „stehlen" und meint damit nicht nur materiellen Besitz, sondern auch geistiges Eigentum. Es ist auch die Besitznahme von Ämtern gemeint, die schon längst an Jüngere übergehen müssen. Dabei ist nicht nur die Übergabe erforderlich, sondern auch die Hilfestellung damit gemeint, um Jüngere nicht ihrer Zukunft zu bestehlen. Es ist damit jegliche Art von Stehlen auch in Gedanken gemeint, welcher ein Lehrer einem Schüler (und auch umgekehrt) antut. Wer dem anderen nichts gönnt, der bestiehlt sich selbst.

Interpretation des 9. Gebotes:
Eines der heute am meisten übertretenen Gebote wird das 9. Gebot sein. Du sollst nicht falsch Zeugnis reden wider deines Nächsten,

besagt in seiner Gänze, dass Verleumdung auch in Gedanken beginnt. Jemand zu belügen, ist nur ein Drittel des Gebotes. Das andere Drittel spricht von Selbstverleugnung und das sich selbst belügen. Das letzte Drittel spielt auf das Lügen verbreiten an, nicht nur über sich selbst sondern auch gegen andere.

Interpretation des 10. Gebotes:
Das 10. Gebot hat etwas mit begehren und meiden zu tun. Begehren bedeutet die Erreichung des Begehrten. Meiden bedeutet hingegen, nicht dem anheim zu fallen, was gemieden wird. Denn wenn ein Eingeweihter etwas begehrt von dem, was wir nicht besitzen oder gar beherrschen können, so werden wir notgedrungen unglücklich. Neben dem Begehren und Meiden spielt dieses Gebot auf den Neid an. Wir beneiden aus Missgunst andere. Wir sind neidisch auf andere, weil sie mehr haben als man selbst, dabei ist materieller und geistiger Besitz gleichwertig zu betrachten. Wer neidet, der leidet.

Wenn also ein Suchender die Zehn Gebote universell betrachtet, gelangt er vor den bereits erwähnten Vorhang.[599] Der Weg dahin, die Suche nach den in diesem Buch besprochenen Indizien[600], der gerechte und richtige Lebenswandel, den ein Eingeweihter vorleben muss, führen bis vor den verschlossenen Vorhang.
Eine Einweihung kann deshalb Menschen einerseits körperlich, aber auch andererseits geistig an Gott so nahe wie möglich heranführen. Das Ende der Schöpfung oder die Rückkehr zu Gott ist kein Weg der Bestrafung oder des Marters, sondern eine Heimkehr nach Hause. Es ist eine Selbstaufrichtung des Menschen durch Einweihung und Suche.
Dieser Weg, der Weg des Eingeweihten, kann dem Suchenden zu einem heiligen Wächter (hebr. „schamarael“) machen. Sie können sich in die Namenslisten jener Wächter, Hüter oder Bewahrer, die es seit Anbeginn der Zeit gab und gibt.
Wir bezeichnen diese Wächter, Hüter oder Bewahrer in unseren Ausführungen als Henochischen Orden oder Orden des Propheten Henoch. Einerseits wegen Henoch (alias *Hermes Trismegistos*), der als Bindeglied der Geheimnisse der Wächter, Hüter oder Bewahrer

[599] siehe in diesem Buch: *Der Weg des Eingeweihten* - Kapitel XXVII.
[600] Die neun Indizien sind: Der Prophet Henoch, der Baum des Lebens, die Schlange, der vierbuchstabige Name Gottes, der Thronwagen Gottes, die zwei vorsintflutlichen Säulen, das Pentagramm, die Lebenszahl *phi* und die Kabbalah.

verstanden werden kann, und andererseits weil diese Gruppe wie ein Orden mit Graden, Hierarchien und durch Disziplin organisiert war.
Der redliche, gerechte, aufrichtige, fromme Prophet Henoch (hebr. „Eingeweihter") wird überall in den antiken Überlieferungen dort erwähnt, wo ein Hinweis auf Eingeweihte, Wächter oder Bewahrer eines geheimen, heiligen Wissens zu finden ist. Besonders verweist die Bedeutung seines Namens auf Wissen, das es vor der Sintflut gab.
Der Prophet Henoch wird überall in den antiken Überlieferungen dort erwähnt, wo ein Hinweis auf Eingeweihte, Wächter oder Bewahrer eines geheimen, heiligen Wissens zu finden ist. Als das Abendland eine dominierende Religion hatte, war es für viele Menschen nicht leicht. Aber seit das Abendland viele Religionen hat und seinen Weg und seine Richtung verloren hat, so sehen wir die Prophezeiungen Henochs und Johannes näher kommen.
Wer nach den sieben Prinzipien, zehn Axiomen und zehn Geboten lebt, wird zu einem Eingeweihten. Diese 27 Regeln führen ihn/sie zum 11. Axiom, welches besagt:

Esse nicht ohne Einwilligung des Herren der Heerscharen vom Baum des Lebens!

All unser Handeln als Eingeweihte und Suchende führt uns zum Vorgang, hinter dem nicht nur Licht, Wahrheit und Erkenntnis wartet, sondern auch Erlösung …

Die Lippen der Weisheit sind verschlossen, nur nicht für die Ohren des Verständnisses. Erkenne Dich selbst, und Du erkennst Gott und die Schöpfung.

Zeittafel

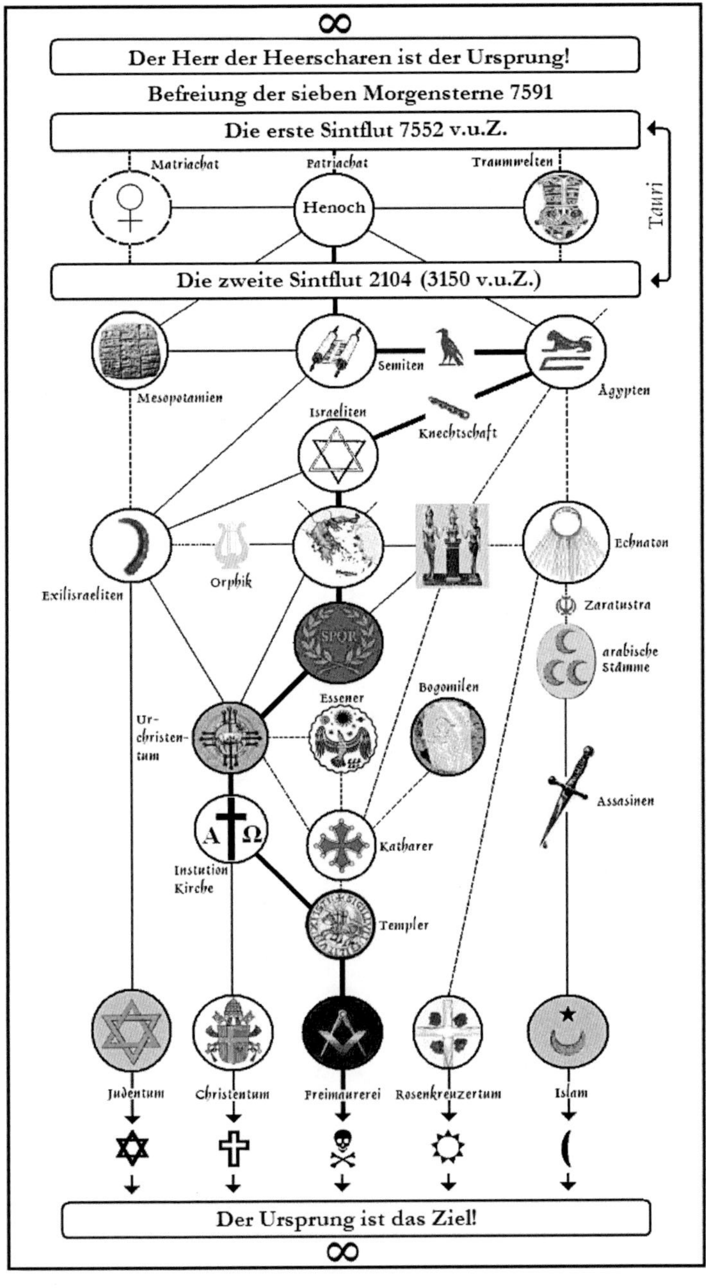
∞
Der Herr der Heerscharen ist der Ursprung!
Befreiung der sieben Morgensterne 7591
Die erste Sintflut 7552 v.u.Z.
Matriachat
Patriachat
Traumwelten
Henoch
Tauri
Die zweite Sintflut 2104 (3150 v.u.Z.)
Semiten
Mesopotamien
Ägypten
Israeliten
Knechtschaft
Exilisraeliten
Orphik
Echnaton
Zaratustra
arabische Stämme
SPQR
Essener
Bogomilen
Ur-christen-tum
Assasinen
Instution Kirche
Katharer
Templer
Judentum
Christentum
Freimaurerei
Rosenkreuzertum
Islam
Der Ursprung ist das Ziel!
∞

Appendix

A1. Kabbalah und Freimaurerei

Wir wissen, dass es vor dem Datum – **24. Juni 1717** – bereits die Freimaurerei gab. Sicherlich stimmt es, dass es zu allen Zeiten Menschen gab, die tiefer nach Licht und Wahrheit suchten. Aus diesem Streben entstanden in der Antike Mysterienbünde in Kleinasien, Ägypten und Griechenland. Dieses Streben hat sich auch in späteren Zeiten fortgesetzt. Aber vor dem 24. Juni 1717 wurde es nicht Freimaurerei genannt.

Die geschichtlichen Anfänge der Freimaurerei können eher mit den allgemeinen Gedanken der Menschenwürde in Verbindung gebracht werden. Das Christentum entwickelt das Bild der Menschenwürde der Stoiker[601] weiter und der Humanismus[602] des 15. Jahrhunderts brachte diese Idee zu ihrer größten Entfaltung. In der amerikanischen Verfassung und in der Menschenrechtserklärung der Französischen Revolution (18. Jahrhundert) ist der Gedanke der Menschenwürde zum unveräußerlichen und unantastbaren Recht jedes Menschen geworden.

Das Konzept der Menschenwürde ist eines, das seit es die Freimaurerei „offiziell" gibt auch mit ihr in Verbindung gebracht wird. Wir müssen hierbei drei geschichtliche Strömungen unterscheiden:

1. Der Jahrtausendbund der Maurerei,
2. die jüdische Kabbalah und
3. die christlich-polysophischen[603] Rosenkreuzer.

(1.) Der Jahrtausendbund der Maurerei: Die fiktive Geschichte der Freimaurerei, wie wir sie im Konstitutionenbuch von James Anderson[604] im Jahre 1723 lesen, führt den Bund der Maurer auf Adam, den ersten Menschen auf Erden, zurück. Diese Geschichte ist wunderbar ausgearbeitet. Sie wird anhand von Baudenkmälern erzählt. Hierbei spielen die sieben Weltwunder der Antike eine große Rolle. Die Fakten sind hauptsächlich aus der Bibel entliehen. Diese Geschichte wurde damals von den Lesern als Tatsachenbericht verstanden. Die englischen

---

601 Stoa wird ein philosophischer Lehrgebäude, das auf den Griechen Zenon von Kliton um 300 v. Chr. zurückgeht, bezeichnet.

602 Humanismus des 15./16. Jhdts. greift auf die Philosophie der Antike zurück.

603 Polysophisch = „poly" bedeutet „viel" und „sophia" bedeutet „Weisheit". Viele andere Lehren, wie bspw. Alchemie, christliche Kabbalah, Astrologie, Tarot etc.

604 James Anderson (1678-1739) war Reverend der schottisch-presbyterianischen Kirche in London, England.

Maurer nannten sich somit Jahrtausendbund, da Adam laut früher maurerischer Zeitrechnung bis zur Geburt Jesu Christi 4000 Jahre alt wäre. Nicht nur die Fakten sind aus der Bibel entliehen, sondern auch Rituale, Symbole (Figuren) und Passwörter der Maurer sind biblischen Ursprungs.

Die zweite geschichtliche Strömung, nämlich **(2.) die jüdische Kabbalah** findet ihren geschichtlichen Ursprung in Palästina im 1. und 2. Jahrhundert n. Chr. - explizit nach der Zerstörung des jüdischen Nationalheiligtums (70 n. Chr.) durch die Römer. Das Christentum ist uneins. Es gibt mehr Christen, die an Jesus als Propheten, denn als fleischlichen Sohn Gottes, glauben.[605] Viele mystische Ideen entwickeln sich. Insbesondere greift im 7. Jahrhundert n. Chr. der junge Islam viele dieser Ideen auf, wobei die heimatlosen Juden die Verbreiter der mystischen Ideen bleiben. Sie kommen mit ihrem Fachwissen und den mystischen Ideen, die sich im Islam niedergeschlagen haben, über das Mittelmeer nach Spanien. Dort befruchten sich Juden, Christen und Moslems mit ihren Weltanschauungen gegenseitig und haben einen regen, geistigen Austausch. Dies ist die geschichtliche Geburtsstunde des Wortes „Kabbalah".

Kabbalah bedeutet zu Beginn: die mündliche Überlieferung religiös-mystischer Ideen des Judentums. *Die Altertumsforschung besagt, dass die Qabala erst im 9. Jahrhundert als selbstständige Strömung in Spanien auftritt. Sie hielt bis in das 13. Jahrhundert an.*[606] Ihre Ausführungen basieren auf der Tora (Tanach), der heiligen Schrift des Judentums. *Die Kabbalah ist eine mystische Tradition des Judentums. Die Bezeichnung Kabbalah leitet sich vom hebräischen Wortstamm für Überlieferung oder Weitergabe ab und als Verb kann er auch offenbart oder empfangen bedeuten.*[607] Die Lehre beschäftigt sich zum einen mit der Schöpfung (Bereschit) und ihren göttlichen Gesetzen, zum anderen mit dem Thron Gottes (Merkaba). Die religiös-mystischen Ideen der jüdischen Kabbalah finden sich noch heute in der Freimaurerei. Das Selbstverständnis des Menschen in der Schöpfung und seine Fähigkeit den Weg zurück ins Paradies zu finden, sind Ideen der jüdischen Kabbalah. Bereits zu dieser Zeit versucht der Spanier Ramon Llullus[608] die Kabbalah mit christlichen Elementen zu verbinden. Die Kabbalisten galten als Zauberer, die mit den 10 Zahlen (1-10) und

---

605 siehe: Gott, *Schöpfung und Mensch - Judentum, Christentum und Islam* (2009), 1. Auflage – G. Grippo

606 Zitat: *Die Kabbalah - Die Vereinigung vieler Philosophien* (2009) Band III, 1. Auflage – G. Grippo. Seite 21.

607 Zitat: *Die Kabbalah - Wege zurück ins Paradies* (2010) Band I, 1. Auflage – G. Grippo. Seite 9.

608 Ramon Llull (1232-1316) katalanischer Philosoph und Theologe.

den 22 Buchstaben ihres Alphabets Vorhersagen machen konnten, Amulette und Zauberformeln herstellen konnten. Sie waren in der Lage wundertätige Dinge zu tun, weil sie um das Geheimnis der Schöpfung wussten, da in den 10 Zahlen (1-10) und den 22 Buchstaben des Hebräischen Alphabets die gesamte Schöpfung enthalten sei. Hier könnte das sagenumwobene „Geheimnis der Freimaurerei“ seinen Ursprung genommen haben.[609]

Die dritte Strömung, jene die **(3.) die christlich-polysophischen Rosenkreuzer** anbetrifft, ist von der christlichen Kabbalah untrennbar. Das Religionskonzept von Giovanni Pico della Mirandola[610] fußt auf Gedanken des Florentiner Neuplatonismus´, die wiederum Marsilio Ficino[611] im 15. Jahrhundert formuliert hatte.

Marsilio Ficino verdankt der Eroberung Konstantinopels im Jahre 1453 durch islamische Heere die Wiederentdeckung des Neuplatonismus´ in Europa. Nachdem 700 Jahre lang in Italien kein Griechisch mehr gesprochen wurde, flohen Gelehrte aus Konstantinopel und Byzanz nach Italien. Dort begann man die alten griechischen Schriften ins Lateinische und Italienische zu übersetzen und sie dadurch zugänglich zu machen. Zugleich ist Pico della Mirandola – wie Marsilio Ficino – von der jüdischen Kabbalah tief beeinflusst. Johannes Reuchlin[612] ist Picos geistiger Schüler. Reuchlin, der große Pforzheimer Humanist, studiert zu Beginn des 16. Jahrhunderts die jüdische Kabbalah und als überzeugter Christ sucht er eine Versöhnung jüdischer, christlicher und sogar islamischer Vorstellungen. Sowie es der Katalane Ramon Llullus bereits 200 Jahre vor seiner Zeit versucht hat.

Der Gedanke der Menschenwürde der Stoiker wird durch die Humanisten des 15. und 16. Jahrhunderts aufgegriffen. Pico della Mirandola und Reuchlin beginnen die jüdische Kabbalah in ein christliches Denkmodell zu übertragen und bereichern zudem die Idee der Menschenwürde mit einer weiteren Nuance, nämlich mit dem Gedanken der Toleranz. Die christliche Kabbalah wurde nördlich der Alpen heimisch und aufgrund vielfältiger Beziehungen weiter nach England getragen. Die Gedanken von Menschenwürde und Toleranz werden zu einem Teil der europäischen Kulturgeschichte, mit großen Auswirkungen (amerikanische Verfassung und Menschenrechtserklärung der Französischen Revolution).

Im 17. Jahrhundert werden die rosenkreuzerischen Manifeste veröffentlicht. Eine Organisation, die es bis dahin gar nicht gab, wird

---

609 siehe: *Sepher Jesirah - Das Buch der Schöpfung* (2008), 2. Auflage – G. Grippo

610 Giovanni Pico della Mirandola (1463-1494) ital. Humanist und Philosoph.

611 Marsilio Ficino (1433-1499) italienischer Humanist und Philosoph.

612 Johannes Reuchlin (1455-1522) deutscher Humanist und Philosoph.

populär. Die christliche Kabbalah, die durch das Kreuz und die Rose dargestellt wird, wird zu einem Gedankengebäude zusammengefügt. Die kabbalistischen Gedanken von Menschenwürde und Toleranz finden sich noch heute in der Freimaurerei. In den rosenkreuzerischen Manifesten geht es um eine geistige Revolution. Die Manifeste sind an die Gelehrten Europas gerichtet und mit der Aufforderung verbunden, ihren verbohrten Geist zu öffnen. Zudem sollen besondere Kenntnisse (wahrscheinlich kabbalistische?), die der Gründer Frater C. R.[613] auf seinen Reisen gesammelt hatte, verbreitet und studiert werden.
Im 18. Jahrhundert finden in England alle Strömungen zusammen. Die hebräische Kabbalah aus Spanien, die christliche Kabbalah aus Italien und das polysophisch-kabbalistische Weltbild der Rosenkreuzer aus Deutschland. Am 24. Juni 1717 entsteht aus diesen geschichtlichen Strömungen ein neuer Bund in England, der

1. auf die Jahrtausende alte Geschichte der Maurer zurückgreifen kann, was aber den neuen Bund nötigt handwerkliche Symbole der Bauhüttentradition in geistige Werkzeuge der Frei-Maurer umzuwandeln,
2. die spekulativen Ideen der hebräischen Kabbalisten zu Gott, Schöpfung und Mensch, sowie ihr Wissen um das Geheimnis der Schöpfung, in sein Lehrgebäude aufnimmt, und
3. den Gedanken der Menschenwürde der Humanisten des 15. und 16. Jahrhunderts aufgreift. Insbesondere tritt der Toleranzgedanke der christlichen Kabbalisten – vermischt mit dem Aufruf der Rosenkreuzer-Manifeste nach einer geistigen Revolution – zutage.
4.

Obwohl die heutige Freimaurerei sich auf die Bauhüttentradition des Mittelalters beruft, ist es die Kabbalah, die das innerste Wesen der Freimaurerei ausmacht. Selbstverständnis des Menschen, Menschenwürde und Toleranzgedanke sind bis heute weltweite Themen der Freimaurer!

613 Frater C.R. steht für Bruder Christian Rosencreutz (1378-1484), fiktive Gründerfigur der Rosenkreuzer.

A2. Rosenkreuzertum und Freimaurerei

Am 24. Juni 1717 wurde die Großloge von England durch Zusammenschluss von vier Freimaurerlogen gegründet. Schnell entstand ein Dachverband, dem sich die meisten englischen Logen anschlossen. Die Gründer sahen sich in der Tradition der alten Steinmetzbruderschaften. Vor dem Gründungsjahr 1717 gab es aber die Freimaurerei, d.h. die spekulative Maurerei, schon in England. Das können wir nicht nur daraus ableiten, dass sich vier bereits existierende englische Logen zu einer Großloge zusammenschließen konnten, sondern es gibt auch andere Beweise dafür. Elias Ashmole (1617-1692) und Christopher Wren (1632-1723) – keine operativen Maurer – wurden vor dem Gründungsdatum bereits Freimaurer. Das ist u. a. aus den Tagebüchern und den Korrespondenzen der beiden benannten Personen bekannt.

Eine Strömung der Geschichte, die zur Gründung der Großloge von England geführt hat, beginnt verblüffender Weise in Deutschland. Man könnte sich sogar dazu hinreißen lassen zu sagen, dass die moderne Freimaurerei ein deutsches Exportprodukt ist. In Deutschland erschienen in den Jahren zwischen 1614 bis 1616 vier Manifeste. Es waren Revolutionsaufrufe der bis dahin unbekannten Rosenkreuzer. Eine Bruderschaft, die es bis dahin gar nicht gab, wird über Nacht Gesprächthema Nummer Eins. Heute unterscheidet man zwischen den älteren und modernen Rosenkreuzern. Die älteren Rosenkreuzer flammen im 17. Jahrhundert kurz auf. Eine Art Freimaurerei gab es auch schon vor den vier Manifesten des 17. Jahrhunderts, aber die rosenkreuzerischen Einflüsse aus Deutschland auf die moderne Freimaurerei lassen sich nicht leugnen. Wie die in den Schriften beschriebene rosenkreuzerische Bruderschaft, beschäftigte sich die Freimaurerei ursprünglich mit Naturphilosophie, Mystik und Alchemie. Die Alchemie ist vergleichbar mit den Geistes- und Naturwissenschaften in unserer Zeit. Zwei Ziele der Alchemie waren bspw. die Suche nach dem Stein der Weisen und nach einem Allheilmittel. Es ist also nicht verwunderlich, dass im letzten Manifest (1616) das Symbol der *Monas Hieroglyphica* [614] von John Dee[615] als

---

614 siehe: *Monas Hieroglyphica von John Dee* - Übersetzt und herausgegeben von G. Grippo nach dem lat. Text der Ausgabe von 1564 zu Antwerpen. Oberursel 2011.

615 John Dee (1527-1608), englischer Astronom, Astrologe, Alchemist, Geologe, Mathematiker und Mystiker.

alchemistisches Schlüsselsymbol für Eingeweihte und Wissende eingefügt wurde.
Man spricht heute meistens nur von drei Manifesten, aber es sind in Wirklichkeit vier. Das allererste Manifest wird als solches nicht wahrgenommen. Die ersten beiden Manifeste erscheinen in einer gemeinsamen Veröffentlichung. Der erste Teil der Veröffentlichung (das erste Manifest) ist eine Satire, die von Traiano Boccalini[616] verfasst wurde. Der zweite Teil (das zweite Manifest) wurde ohne Autorenangabe veröffentlicht. Ein Jahr später erscheint in Frankfurt am Main, ebenfalls ohne Autorenangabe, das dritte Manifest. 1616 wurde das vierte Manifest - die *Chymische Hochzeit des Christiani Rosencreutz Anno 1459* - ebenfalls ohne Autorenangabe, in Straßburg veröffentlicht. Die im Titel erwähnte Jahreszahl 1459 ist wahrscheinlich eine Anspielung auf die Straßburger Ordnung. Deshalb wird es wohl kein Zufall sein, dass dieses Manifest in Straßburg veröffentlicht wurde. Die Straßburger Ordnung wurde nämlich im Jahr 1459 dort beschlossen. Für Steinmetze des gesamten damaligen deutschen Reiches war die Straßburger Ordnung ein erster Schritt zu einem gemeinsamen Dachverband, dem sich vielleicht später die Gründer der Großloge von England 1717 verbunden fühlten. Die Straßburger Ordnung war ein Regelwerk für alle Steinmetzbruderschaften des gesamten damaligen deutschen Reiches. Die Großloge, die 1717 in England gegründet wurde, sah sich in erster Linie der Tradition der alten Steinmetzbruderschaften verpflichtet.
Besonders im letzten Rosenkreuzer-Manifest, der Chymischen Hochzeit, verstecken sich viele geheime, spielerische und rechnerische Hinweise. Die fiktive Gründerfigur der älteren Rosenkreuzer, Christian Rosencreutz[617], wird in den Orden des Goldenen Vlieses aufgenommen. Den Orden des Goldenen Vlieses gibt es tatsächlich und ist keine literarische Erfindung. Der Ritterorden vom Goldenen Vlies hatte alchemistische Einflüsse.
Das Veröffentlichungsdatum des letzten Mainfests – das Jahr 1616 – wird ebenfalls eine Anspielung gewesen sein. 1515 war der eigentliche Beginn der protestantischen Reformation. Martin Luther[618] verkündete in jenem Jahr öffentlich sein neues Verständnis der

---

616 Traiano Boccalini (1556-1613), Richter und Verwaltungsbeamter im päpstlichen Dienst und Autor von Satiren.
617 Christian Rosencreutz (1378-1484), fiktive Gründerfigur des 17. Jhdts.
618 Martin Luther (1483-1546), theol. Urheber der protestantischen Reformation.

Gottesgnade (Rechtfertigungslehre). 1616 wurde das letzte Manifest der Rosenkreuzer veröffentlicht. In den Manifesten selbst werden Zahlenspiele mit Jahreszahlen dargeboten. Das Datum der Veröffentlichungen scheint ebenfalls bewusst gewählt worden zu sein. 1717 wurde der Dachverband der Großloge von England gegründet. Der Tag und der Monat sind kein Zufall, sie beziehen sich auf Johannes den Täufer. Johannes der Täufer war/ist der Schutzpatron der Steinmetzbruderschaften. Das Gründungsjahr 1717 wurde demzufolge mit einer bestimmten Absicht gewählt. Vermutlich ist das Gründungsdatum 24. Juni 1717 geschichtlich nicht haltbar.
Die rosenkreuzerischen Manifeste erscheinen nicht zufällig im 17. Jahrhundert und fast genau ein Jahrhundert nachdem Martin Luther aktiv wurde. Die vier Manifeste sind ein protestantischer Hilfeschrei. Sie fordern eine geistige Revolution und sind an die geistige Führung Europas gerichtet. Seit Martin Luthers Reformbestrebungen liegt in Europa und insbesondere in Deutschland eine düstere Stimmung in der Luft.

Vielmehr deuten alle Zeichen daraufhin, daß die unheimliche Stimmung, die die Epoche beherrscht, sich entladen wird in einer Katastrophe, im großen Krieg, der die erste Hälfte des kommenden Jahrhunderts prägen soll. Solche Zeichen sind Beugung des Rechts und Willkür des Adels, finsterster Aberglaube und gehässigste theologische Streiterei, Ämterkauf in den Kirchen und Titelkauf in den Universitäten, zunehmende Geldentwertung und Erschütterung der Wirtschaft, militärische Auseinandersetzungen zwischen den Konfessionen. [619]

1618 eskaliert die Situation. Der Dreißigjährige Krieg bricht aus. Es ist die Zeit der Türkenkriege, der Pest und der Hexenverfolgung. Die Päpste sind nicht sonderlich angesehen. Die Kardinäle werden bei den Papstwahlen bestochen, alle kirchlichen Ämter stehen zum Verkauf frei, die Borgia-Päpste häufen Privatvermögen an, unter anderem durch den Ablasshandel, der Martin Luther so sehr provoziert hatte.
Der 1534 durch den Spanier Igantius de Loyola (1491-1556) gegründete Jesuitenorden wird zur Speerspitze der katholischen

[619] Zitat: *Johann Valentin Andreae: Christianopolis.* Hrsg. von Wolfgang Biesterfeld, S. 154 ff. (Nachwort)

Gegenreformation.[620] Das erste Manifest war die deutsche Übersetzung einer Satire. Der Italiener Traiano Boccalini war der Verfasser. Er kritisierte die politische Bevormundung der päpstlichen Kurie in Rom durch die Spanier. Die Satire könnte damals in Deutschland als Warnung verstanden worden sein. Die Reformationsbestrebungen der Protestanten kamen ins Stocken und der Jesuitenorden setzte sich mehr und mehr durch. Es mag den heutigen Leser verwundern, dass das erste Manifest alle Reformationsbestrebungen ins Lächerliche zog. Es lief sogar darauf hinaus, dass eine echte Reform mit menschlichem Vermögen gar nicht durchzuführen sei. Der Auftakt der Rosenkreuzer-Manifeste war eine Warnung in satirischer Form. Im zweiten Manifest finden sich literarische Angriffe gegen die Jesuiten und im dritten Manifest wird der Papst als Antichrist beschimpft. Rund ein Jahrhundert nach Beginn der Reformation (1517) befürchteten protestantische Kreise, dass sich die katholische Kirche wieder ihre ungeteilte Macht zurückholen würde. Die Manifeste verstanden sich einem Reformationsgeiste verpflichtet. Ihre Wirkung verpuffte jedoch kurz nach deren Erscheinen. Sie verloren durch den Dreißigjährigen Krieg schnell an Bedeutung.

Während des Dreißigjährigen Krieges gelangten die rosenkreuzerischen Ideen aus den Manifesten nach England. Robert Fludd (1574-1637) brachte sie dorthin. Er war ein begeisterter Verteidiger der Rosenkreuzer. Auch Francis Bacons Roman *Neues Atlantis*, ist von rosenkreuzerischen Ideen inspiriert. In seinem Roman entwirft er eine Idealgesellschaft, die von einer Art Wissenschaftsakademie regiert wird. Diese Akademie nennt er „Haus Salomons". Im Roman beherrschen die Mitglieder des Hauses Salomons wissenschaftlichen Fortschritt und wundersame Techniken. Genauso, wie die rosenkreuzerischen Manifeste von Techniken und Apparaten sprechen, die nur die Bruderschaft der Rosenkreuzer kennt und beherrschen kann. Auch die Geistes- und Naturwissenschaften nehmen in den Mainfesten einen sehr hohen Stellenwert ein. England nahm nicht nur die Ideen der Rosenkreuzer auf, sondern war auch Ziel vieler protestantischer Kriegsflüchtlinge. Die Kirche von England hatte sich schon 1531 von der katholischen Kirche gelöst. Kein anderes Land war so bereit für die Ideen der älteren Rosenkreuzer, wie das vom Papst losgesagte England. Robert

---

[620] Als *Gegenreformation* wird die Reaktion der katholischen Kirche auf die lutherische Reformation bezeichnet.

Fludd ließ britische Steinmetzbruderschaften mit Rosenkreuzermanifesten aus Deutschland zusammenprallen.
Eine Art Freimaurerei bzw. spekulativer Maurerei gab es schon – wie gesagt – vor dem Gründungsjahr 1717 in England. Beispiel hierfür sind die beiden bereits erwähnten Personen: Elias Ashmole (1646) und Christopher Wren (1691). Sie wurden vor dem Gründungsdatum 1717 in die Geheimnisse der Freimaurerei eingeweiht. Die Verbindungen sind verblüffend. Im Jahr 1646 wurde Elias Ashmole Freimaurer und im gleichen Jahr gründete er mit anderen das „Haus Salomonis". Diese Bezeichnung lässt sich auf den zuvor erwähnten Roman von Francis Bacon zurückführen. Es sind wiederum die gleichen Kreise, die 14 Jahre später, die Royal Society ins Leben rufen. Beispielsweise waren Elias Ashmole und Christopher Wren Gründungsmitglieder der Royal Society. Ziel der Royal Society war dasselbe, wie das der Rosenkreuzer, die Förderung wissenschaftlicher Forschung und empirischer Naturbeobachtung. Die Alchemie war damals wissenschaftliches Betätigungsfeld. Die Royal Society widmete sich hauptsächlich der Mathematik und den Naturwissenschaften. Es sind dann wieder die gleichen Kreise, die an der Gründung der Großloge von England maßgeblich beteiligt waren.
Erst nachdem sich England nach dem Dreißigjährigen Krieg zu einem Nationalstaat entwickeln konnte, blühte der Handel auf. Mit dem aufblühenden Handel kam der Aufschwung des liberalen Bürgertums. Die Freimaurerei diente mit der Zeit fortan den Idealen des aufstrebenden Bürgertums. In dieser modernen Form begann sie schließlich 1717 unter dem Dachverband der Großloge von England ihren Weg zurück aufs europäische Festland und kam zwanzig Jahre später (1737) wieder in Deutschland an. In Deutschland angelangt, erregte sie genauso großes Interesse, wie es einst die vier Rosenkreuzermanifeste taten.
Ohne die vier rosenkreuzerischen Manifeste hätte es keine Gesellschaft gegeben, wie das „Haus Salomonis" oder die „Royal Society". Am 24. Juni 1717 entsteht aus diesen geschichtlichen Strömungen ein Dachverband, der auf die organisierten Steinmetzbruderschaften zurückgreifen und sich nun auch alchemistisch-rosenkreuzerischen Zielen widmen kann. Alle diese Ereignisse führten dann zur weltweiten Verbreitung der modernen Freimaurerei. Die ersten Keimzellen auf dem europäischen Festland werden wahrscheinlich Bauhütten der Steinmetze sein, was die schnelle Ausbreitung in Europa erklären könnte.

Fassen wir kurz zusammen: Aus dieser Reihe von Entwicklungen können wir heute die moderne Freimaurerei mit einem anderen Blickwinkel betrachten. Die moderne Freimaurerei schöpft mindestens aus zwei verschiedenen Strömungen. Die eine Strömung sind Steinmetzbruderschaften, die im 17. Jahrhundert mit dem Ende der großen Dombauten um ihre Existenz fürchteten. Um dem Untergang zu entgehen, nahmen sie mehr und mehr nicht-handwerkliche Mitglieder (Adelige, Offiziere, Ärzte, Schriftsteller usw.) auf. Die spekulative Maurerei existierte bereits in England und Schottland vor den vier Rosenkreuzermanifesten. Mit spekulativer Maurerei ist jene Art von Werkmaurerei gemeint, die mit der operativen Maurerei wenig gemeinsam hat. Also das was wir heute gemeinhin als Freimaurerei bezeichnen. Der zweite Strömung sind die Rosenkreuzer und ihre revolutionären Ideen.
Die Freimaurerei bemühte sich ursprünglich auf naturphilosophischer, mystisch-alchemistischer Grundlage darum das Urprinzip der Welt und zugleich das Allheilmittel zu finden. Der Stein der Weisen findet sich noch heute in der modernen Freimaurerei wieder. Dort wurde er aber zum rauhen Stein, den ein Freimaurer für den Tempelbau der Humanität zum Kubus verarbeiten soll. Auch das Allheilmittel ging nicht verloren, es wandelte sich in Selbstveredelung.

A3. Freimaurer-Examine (18. Jahrhundert)

Der nun folgende Text wurde vom englischen Philosophen John Locke (1632-1704) mit Kommentaren versehen, die an den Grafen Thomas Earl of Pembroke gerichtet waren:

My Lord!

Endlich habe ich, mit Hülfe des Herrn Collins, eine Abschrift von der Handschrift in der Bodleianischen Bibliothek besorgt, welche Sie so gern sehen wollten: und, den Befehlen Eurer Herrlichkeit zufolge, schicke ich Ihnen beigehend dieselbe. Die meisten beigefügten Noten habe ich gestern niedergeschrieben, um sie die Lady Masham lesen zu lassen, welche für die Freimaurerei so eingenommen ist, dass sie sagte, sie wünsche jetzt mehr als jemals, Mann zu sein, damit sie fähig wäre, in die Brüderschaft aufgenommen zu werden.

Die Handschrift, wovon dies eine Abschrift ist, scheint an 160 Jahre alt zu sein; jedoch ist jene selbst, (wie Eure Herrlichkeit aus dem Titel ersehen wird,) eine Abschrift von einer noch fast um 100 Jahre älteren Handschrift. Denn die Urschrift soll von der eignen Hand König Heinrich VI. gewesen sein. Wie der König dazu gekommen, ist jetzt ungewiss: aber es scheint mir ein (vielleicht vor dem Könige gehaltenes) Verhör Eines von der Brüderschaft der Maurer zu sein, in welche er, wie erzählt wird, selbst, nach erlangter Mündigkeit, trat; von welcher Zeit an er der Verfolgung Einhalt that, die sich gegen dieselbe erhoben hatte. Doch ich darf Eure Herrlichkeit nicht länger durch meine Vorrede von der Sache selbst abhalten.

1) Frage: Was mag (muss)[1] es sein?
Antwort: Es ist die Wissenschaft der Natur, das Verständnis der Kraft, die in ihr ist, und ihrer besonderen (einzelnen) Wirkungen, besonders die Wissenschaft von Zahlen, Gewichten und Maßen, und die echte Art, alle Dinge zum Gebrauch des Menschen zu bilden und einzurichten, hauptsächlich Wohnungen und Gebäude aller Art, und alle andere Dinge, welche dem Menschen wohltätig sind.

1) Was mag es sein? Das ist: Was mag dies Geheimnis der Maurerei sein? - Die Antwort lehrt, dass es in physikalischen, mathematischen und mechanischen Kenntnissen besteht. Die Maurer behaupten, (wie aus dem

Folgenden erhellet), dass sie einige derselben den übrigen Menschen gelehrt haben; andere aber verbergen sie noch.

2)Frage: Wo fing es an?
Antwort: Es fing an mit den ersten Menschen in Osten[2], welche vor dem ersten Menschen in Westen waren; es kam nach Westen und brachte mit alle Hülfe und Trost für die Wilden und Hilflosen.

[2] Mit den ersten Menschen in Osten u.s.w. Demnach könnte es scheinen, die Maurer wären der Meinung, als habe es im Osten Menschen gegeben vor Adam, welcher der erste Mensch im Westen genannt wird; und als haben die Wissenschaften im Osten ihren Ursprung genommen. Einige Schriftsteller, die für große Gelehrte gelten, sind derselben Meinung gewesen, und es ist gewiss, dass Europa und Afrika, welche in Beziehung auf Asien westliche Länder zu nennen sind, noch wild und ungebildet waren, lange nachdem Künste und feinere Sitten in China und Indien bereits zu hoher Vollkommenheit gebracht worden waren.

3)Frage: Wer brachte es nach Westen?
Antwort: Die Venetianer[3], welche große Handelsleute waren, kamen zuerst von Osten nach Venetia, damit sie bequem, beides nach Osten und Westen, auf dem roten und auf dem mittelländischen Meere Handel treiben könnten.

[3] Die Venetianer: In der Zeit mönchischer Unwissenheit ist es kein Wunder, dass die Phönizier für Venetianer genommen wurden. Vielleicht konnte auch ohne Verwechselung der Völker, selbst der ähnliche Laut den Schreiber täuschen, der zuerst dies Examen niederschrieb. Die Phönizier machten unter den Alten die weitesten Reisen und wurden in Europa für die Erfinder der Buchstabenschrift gehalten, welche sie vielleicht nebst andern Künsten aus Osten brachten.

4)Frage: Wie kam es nach England?
Antwort: Peter Gower[4], ein Grieche, reiste nach Kenntnissen in Ägypten, in Syrien, und in jedes Land, wohin die Venezianer die Maurerei verpflanzt hatten, und nachdem er Zutritt in alle Logen der Maurer erlangt hatte, lernte er Viel, und reiste heim, und wohnte in Großgriechenlandwuchs[5] allda und wurde ein sehr weiser[6] Mann und sehr berühmt und hier stiftete er eine große Loge in Groton[7], und machte[8] viele Maurer. Einige derselben reisten nach Frankreich und machten viele Maurer; von wannen in der Folge der Zeit die Kunst nach England herüber kam.

[4] Peter Gower: Dies muss ein zweiter Missgriff des Schreibers sein. Ich war anfangs sehr verlegen zu erraten, wer dieser Peter Gower sein solle, da der Name vollkommen englisch ist, oder wie ein Grieche zu einem solchen Namen kommen könne; doch, sowie ich nur an Pythagoras dachte, konnte ich mich kaum eines Lächelns enthalten; indem ich wahrnahm, dass dieser Philosoph eine Seelenwanderung erfahren habe, welche er sich nie geträumt hatte. Wir dürfen nur an die französische Aussprache des Namens Pythagoras, nämlich Petagore, denken, um zu begreifen, wie leicht hier ein ungelehrter Schreiber einen Missgriff tun konnte. Dass Pythagoras nach Kenntnissen in Ägypten u.s.w. reiste, ist allen Gelehrten bekannt, und ebenso bekannt ist, dass er daselbst in mehrere unterschiedene Priesterorden eingeweiht wurde, welche damals alle ihre Wissenschaft vor dem Volke geheim hielten. Ebenso machte Pythagoras aus jedem geometrischen Lehrsatze ein Geheimnis und ließ nur diejenigen zur Erkenntnis derselben, welche sich zuvor einem fünfjährigen Stillschweigen unterzogen hatten. Man hält ihn für den Erfinder des 47. Satzes des ersten Buchs des Euklid, wegen dessen er in der Freude seines Herzens eine Hekatombe geopfert haben soll. Auch kannte er das wahre Weltsystem, sowie es neulich von Kopernikus wieder aufgestellt worden ist, und war gewiss ein bewundernswürdiger Mann. Man sehe sein Leben beim Dionysius von Halicarnassus!

[5] Großgriechenland: Ein Teil von Italien, früher so genannt, weil die Griechen eine ausgebreitete Kolonie dort niedergelassen hatten.

[6] Wyseacre (Weissager): Dies Wort bedeutet jetzt einen Einfaltigen; aber früher hatte es eine ganz entgegen gesetzte Bedeutung. Wyseacre heißt im Altsächsischen ein Philosoph, ein Weiser (Wissforscher) oder Wahrsager; nachdem es aber oft spottweise gebraucht war, behielt es den ironischen Sinn als gewöhnliche Bedeutung. So hat Duns Scott, ein wegen seinen feinen und scharfen Verstandes berühmter Mann, weil man seinen Namen ebenfalls spottweise gebrauchte, den neuen Dunsen einen allgemeinen Namen gegeben.

[7] Groton So heißt ein Ort in England; hier aber ist Crotone, eine Stadt in Großgriechenland gemeint, welche zur Zeit des Pythagoras sehr volkreich war.

[8] machte viele Maurer Das Wort „machen" hat vermutlich eine besondere Bedeutung unter den Maurern; vielleicht bedeutet es eingeweiht.

<u>5)Frage: Entdecken die Maurer Andern ihre Künste?</u>
<u>Antwort:</u> Peter Gower, als er reiste, um zu lernen, ward erst gemacht (aufgenommen), und darauf unterrichtet; so sollte es auch mit allen Andern von Rechts wegen gehalten werden. Nichtsdestoweniger haben die Maurer auf alle Weise und immer von Zeit zu Zeit allen Menschen solche von ihren Geheimnissen mitgeteilt[9], welche allgemein nützlich sein konnten. Nur solche haben sie zurückbehalten, welche hätten schädlich werden können, wenn sie in üble Hände gekommen wären; oder solche, die ohne den Unterricht, der in der Loge damit zu verbinden ist, nichts helfen würden; oder solche, welche die Brüder fester zusammen verbinden, durch den Nutzen und die Bequemlichkeit (den Vorteil), die der Brüderschaft daraus erwachsen.

> *[9] Geheimnisse mitgeteilt Dieser Satz hat etwas Merkwürdiges. Er enthält eine Rechtfertigung der Geheimhaltung, welche die Maurer so hoch erheben, Andere aber ebenso sehr tadeln; indem er behauptet, sie hätten in jedem Zeitalter nur nützliche Dinge mitgeteilt und verbergen bloß solche, welche entweder der Welt oder ihnen selbst schädlich sein würden. Was das für Geheimnisse sind, das erfahren wir hernach.*

<u>6)Frage: Welche Künste haben die Maurer den Menschen gelehrt?</u>
<u>Antwort:</u> Die Künste: Ackerbau[10], Baukunst, Astronomie, Geometrie, Rechenkunst, Tonkunst, Dichtkunst, Scheidekunst, Regierungskunst und Religion.

> *[10] Die Künste: Ackerbau, u.s.w. Das scheint mir eine kühne Behauptung in Ansehung der Maurer zu sein, dass sie dem menschlichen Geschlechte diese Künste gelehrt haben sollten. Sie haben dafür Ihre eigene Autorität, und ich weiß nicht, wie wir sie widerlegen wollen. Aber was mir am seltsamsten vorkommt, ist, dass sie Religion unter die Künste zählen.*

<u>7)Frage: Wie werden die Maurer bessere Lehrer, als andere Menschen?</u>
<u>Antwort:</u> Nur sie allein haben die Kunst, neue Künste zu erfinden[11], welche Kunst die ersten Maurer von Gott empfingen; sie finden dadurch welche Künste sie wollen, und den rechten Weg, eben dieselben zu lehren. Was andere Menschen ausfindig machen, kommt nur von ungefähr, und ist daher, denk ich, nur gering.

> *[11] Die Kunst, neue Künste zu erfinden Die Kunst, Künste zu erfinden, muss in der Tat eine sehr nützliche Kunst sein. Lord Bacon´s neues Organon ist ein Versuch von etwas Ähnlichem. Aber ich befürchte sehr, dass, wenn irgend die Maurer diese Kunst einmal hatten, sie dieselbe doch*

jetzt wieder verloren haben, seit in neuem Zeiten so wenige Künste erfunden worden sind und so viele noch vermisst werden. Ich habe von dieser Kunst die Idee, dass sie ebenso etwas allgemein Anwendbares für alle Wissenschaften ist, als die Algebra für die Arithmetik, mit deren Hülfe neue arithmetische Regeln gefunden werden.

8) Frage: Was verbergen und verhehlen die Maurer?
Antwort: Sie verbergen die Kunst, neue Künste zu erfinden, und das ist zu ihrem eignen Nutzen und Ruhm[12]*. Sie verbergen die Kunst, Geheimnisse zu bewahren*[13]*, damit die Welt nichts vor ihnen verbergen könne. Sie verbergen die Kunst, Wunderwerke zu tun und zukünftige Dinge vorherzusagen, und Dies zwar, damit diese Künste nicht von bösen Menschen zu übeln Endzwecken gebraucht werden mögen. Auch verbergen sie die Kunst der Verwandlungen*[14]*, den Weg, die Kraft des Abrac*[15] *zu gewinnen; die Fertigkeit, gut und vollkommen zu werden, ohne die Hülfen der Furcht und der Hoffnung und die allgemeine Sprache der Maurer*[16]*.*

[12] *zu ihrem eignen Nutzen und Ruhm Es scheint, die Maurer sind sehr auf ihr Ansehen und auf den Vorteil ihres Ordens bedacht, indem sie einen Grund, eine Kunst nicht allgemein bekannt zu machen, daher nehmen, dass diese Kunst ihren Besitzern Ehre bringe. Ich denke, in diesem Umstande zeigen sie eine zu große Vorsorge für ihre eigene Gesellschaft und eine zu kleine für alle übrigen Menschen.*

[13] *Die Kunst, Geheimnisse zu verwahren Welche Art von Kunst diese ist, kann ich mir auf keine Weise vorstellen. Doch muss wohl den Maurern eine solche Kunst eigen sein; denn obgleich einige Leute voraussetzen, sie haben ganz und gar kein Geheimnis, so muss doch wenigstens dies ein Geheimnis sein, welches sie, wenn es entdeckt würde, einem nicht geringen Gelächter aussetzen würde, und deswegen wird die größte Vorsicht erfordert, es zu verbergen.*

[14] *die Kunst der Verwandlungen: Ich weiß nicht, was Dies sagen soll, wenn nicht die Verwandlung der Metalle gemeint ist.*

[15] *Kraft des Abrac: Hier bin ich ganz im Dunkel.*

[16] *die allgemeine Sprache der Maurer: Eine allgemeine Sprache ist von den Gelehrten vieler Zeiten sehr gewünscht worden. Es ist eine Sache, die man eher wünschen als hoffen kann. Doch scheint es, dass die Maurer vorgeben, so etwas unter sich zu haben. Wenn dies wahr ist, so vermute*

ich, es müsse etwas der bei den alten Römern gebräuchlichen Pantomimen-Sprache Ähnliches sein, wodurch sie im Stande gewesen sein sollen, bloß mit Zeichen jeden Satz auszudrücken und verständlich zu machen auf eine allen Menschen von allen Nationen und Sprachen fassliche Art. Ein Mensch, der im Besitz aller dieser Künste und Vorteile ist, ist allerdings in einem beneidenswerten Zustande: indes wird uns gesagt, dass dies nicht mit allen Maurern der Fall ist; denn wenn sich gleich alle diese Künste in ihrer Mitte finden, und alle Recht und Gelegenheit haben, sie zu erfahren, so fehlt es doch Einigen an Fassungskraft und Andern an beharrlichem Fleiße, sie zu erlernen. Doch unter allen ihren Künsten und Geheimnissen ist Das, was ich am meisten zu wissen verlange, die Kunst, gut und vollkommen zu werden; und ich wünschte, dass diese der ganzen Menschheit mitgeteilt würde, weil Nichts wahrer ist als der schöne Denkspruch, den die letzte Antwort enthält: „dass Menschen sich desto mehr lieben, je besser sie sind." Denn die Tugend hat an sich selbst etwas so Liebenswürdiges, dass sie die Herzen Aller gewinnt, sie anschauen.

9)Frage: Wollt ihr mir diese Künste lehren?
Antwort: Ihr sollt unterrichtet werden, wenn ihr des würdig, und zum Lernen geschickt seid.

10) Frage: Wissen alle Maurer mehr, als andere Menschen?
Antwort: Das nicht! Sie haben nur mehr Recht und Gelegenheit zu Kenntnissen, als andere Menschen; aber manchen fehlt es an der Fähigkeit, noch mehreren an dem Fleiße, der zur Erwerbung aller Kenntnisse durchaus notwendig ist.

11) Frage: Sind die Maurer bessere Menschen, als andere?
Antwort: Einige Maurer sind nicht so tugendhaft, als einige andere Menschen; aber meistenteils sind sie doch besser, als sie sein würden, wenn sie nicht Maurer waren.

12) Frage: Lieben die Maurer einander so mächtig, als man sagt?
Antwort: Ja gewiss, und es kann nicht anders sein. Denn gute und rechtschaffene Menschen, die einander als solche kennen, lieben sich immer mehr, je mehr sie gut sind.

A4. Esoterik in der Freimaurerei

Am 24. Juni 1717 wurde die Großloge von England durch Zusammenschluss von vier englischen Logen gegründet. Die Gründer sahen sich in der Tradition der alten Steinmetzbruderschaften. Wir wissen, dass es vor dem Gründungsdatum bereits die Freimaurerei gab. Insbesondere in der Zeit der Renaissance (14. bis 17. Jahrhundert), in der die griechisch-römische Antike in Europa wieder auflebte, traten geschichtliche Quellen verstärkt auf, die u. a. zur modernen Freimaurerei geführt haben. Die Freimaurerei, wie wir sie heute kennen, schöpft aus mindestens drei Quellen: Steinmetzbruderschaften, Kabbalah und Rosenkreuzertum.

James Anderson (1678-1739), Reverent der schottisch-presbyterianischen Kirche in London, wurde von der jungen Großloge von England beauftragt die Alten Pflichten und die Geschichte der Freimaurerei zu verfassen (1723). Die Geschichte ist wunderbar ausgearbeitet. Sie wird anhand von Baudenkmälern erzählt. Die Fakten sind hauptsächlich aus der Bibel entliehen aber berücksichtigen gleichwertig große Berühmtheiten der Geschichte. Besonders hervorgehoben wird Vitruvius, römischer Architekturtheoretiker, der um die Zeitwende lebte und ein zehnbändiges Werk zur Architektur verfasst hat. Platon (428-348 v. Chr.), Pythagoras (570-510 v. Chr.) und Archimedes (287-212 v. Chr.) finden sich nicht zufällig in beiden Werken erwähnt.

Freimaurerei und Steinmetzbruderschaften

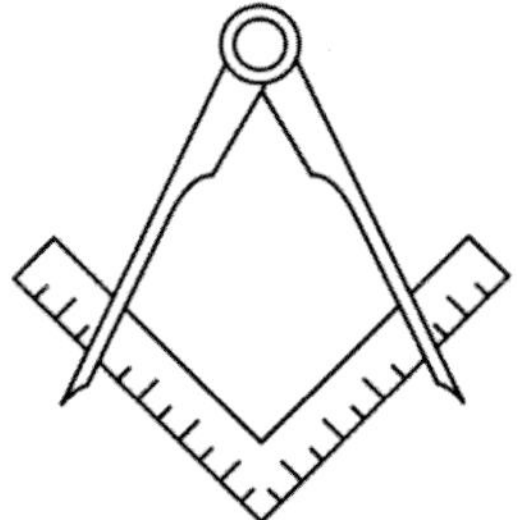

Die erste geschichtliche Quelle sind Steinmetzbruderschaften, die im 17. Jahrhundert mit dem Ende der großen Dombauten um ihre Existenz fürchteten. Um dem Untergang zu entgehen, nahmen sie mehr und mehr nicht-handwerkliche Mitglieder (Adelige, Offiziere,

Ärzte, Schriftsteller usw.) auf. Die nicht-handwerklichen Mitglieder befassten sich mit spekulativer Maurerei. Die spekulative Maurerei existierte bereits in England und Schottland vor dem Zusammenschluss der vier Logen (1717). Unter der spekulativen Maurerei wird jene Kunst verstanden, die wir heute gemeinhin als Freimaurerei bezeichnen. Die Steinmetzwerkzeuge wurden vergeistigt und verwandelten sich von bloßen Werkzeugen zu leuchtenden Sinnbildern. Sie konnten dadurch aus dem Kontext einer Baustelle herausgelöst werden und zu Werkzeuge des geistigen Lebens verwandelt werden. Bestes Beispiel hierfür sind die beiden Hauptsymbole der Freimaurerei: Zirkel und Winkelmaß. Dieses Symbolpaar allein führt schon zu so vielen Spekulationen und übertragenen Auslegungen. Als Werkzeuge dienen sie der Vermessung und Ausrichtung. Manche hingegen interpretieren den Zirkel als Geist und den rechten Winkel (Winkelmaß) als Materie, so dass der Geist über die Materie siegen soll. Anderen zufolge handelt es sich um Pole zwischen denen sich die ganze Schöpfung abspielt. Sie können u. a. Theorie und Praxis, Licht und Schatten, männlich und weiblich symbolisieren.

Pentagramm und Goldener Schnitt in der Freimaurerei

Wir wissen durch Vitruvius, dass die vermeintlichen Vorläufer der Logen, die römischen *collegia*, hohe moralische Forderungen an ihre Mitglieder stellten. Die Mitglieder jener *collegia* sollten nicht nur philosophische Bildung besitzen, sondern auch Tugendhaftigkeit, Rechtschaffenheit und edles Betragen an den Tag legen. Solche moralischen Forderungen, die bis auf die Freimaurer überkommen sind, wurden nach der Römerzeit sicherlich in geistliche Bruderschaften, Orden und Bauhütten (engl. „lodge“) beibehalten. Die erste uns bekannte Steinmetzordnung ist die Straßburger Ordnung aus dem Jahre 1459. Sie zeigt ebenfalls moralische Verhaltensnormen auf. Obwohl sich die Historiker bis heute schwer tun eine durchgehende Verbindung der *collegia* bis zu den Logen der Freimaurer zu finden, so können auch geistige Einflüsse - ohne eine durchgehende Verbindung - auf die Logen überkommen sein. Wenn man zumindest zwei Dinge bedenkt: 1. Die Straßburger Ordnung galt für alle Steinmetze des gesamten damaligen deutschen Reiches und sie stellte ein organisatorisches und moralisches Regelwerk dar. 2. Es war die Zeit der Renaissance (14. bis 17. Jahrhundert) in der die griechisch- römische Antike wieder auflebte. Vitruvs zehnbändiges Werk *De Architectura* war unter gebildeten Architekten und Künstlern dieses Fachs bekannt. Gianfrancesco Poggio Bracciolini (1380-1459) entdeckte es in der Renaissance wieder und ließ es publizieren. Es ist schließlich er, der in seinem Werk die harmonischen Proportionen der Kultstätten mit jenen des menschlichen Körpers vergleicht. Er versucht die Proportionen des menschlichen Körpers mithilfe von mathematischen Verhältnissen, ganzen Zahlen und geometrischen Zeichen (Figuren) aufzuzeigen. Dies könnte der Beginn der Übertragung von Auslegungen und Sinninhalten sein, wie sie heute freimaurerische Methode ist. Er sagt weiter, dass die „Alten" um die Proportionen wussten. Dabei bezog er sich auf die Griechen und ältere Kulturen als die römische.

*Die Betrachtungen der gesamten antiken Bauwerke zeigen, dass es auf den ersten Blick keine Gemeinsamkeit gibt; weder im Aussehen noch in den einzelnen Funktionen. Doch schauen wir uns die Bauwerke genauer an, so gibt es doch mindestens eine. Es ist der Goldene Schnitt: die Zahl phi (**Φ** = 1,61803399).*
[...]
*Die Baumeister der Antike haben ihn als universales Verhältnis benutzt. Sie haben ihr geheimes Wissen auf die genialste Art und Weise versteckt: dort wo es offensichtlich zu sehen ist, aber bis heute niemand erkannt hat. Die antiken Baumeister haben ihr geheimes Wissen um die Zahl **Φ** der Welt offenbart, doch keiner vermochte das Offensichtliche zu sehen. Sie zeigen uns noch heute ihre erlauchten Erkenntnisse über die göttliche Schöpfung und setzten ihr Monumente.*[621]

Der Goldene Schnitt[622] war eine auffällige Gemeinsamkeit. Das Symbol des Goldenen Schnittes ist das Pentagramm, welches ihn in sich enthält. Ein „himmlisches" Pentagramm entsteht bspw. aus den Verbindungslinien der Konjunktion der Venus mit der Sonne. Die Planeten wurden in der Antike für Götter gehalten. Venus war die römische Göttin der Liebe, die von den Griechen unter dem Namen Aphrodite verehrt wurde. Die fünfte Konjunktion der Venus mit der Sonne hat die gleiche Position auf der Ekliptik, wie die erste. Deshalb verwundert es nicht, dass sich das Symbol des Pentagramms bereits in steinzeitlichen Höhlenmalereien auf der ganzen Welt wieder findet.

---

621 Zitat: G. Grippo: *Das Buch der Wächter - Der Henochische Orden.* Oberursel 2011. Kapitel: „Die gemeinsame Verbindung".

622 Der Goldene Schnitt setzt sich aus der Teilung einer Strecke in zwei Abschnitte in der Art zusammen, dass sich die ganze Strecke zu ihrem größeren Abschnitt, wie dieser zu ihrem kleineren Abschnitt verhält.

Himmlische Zeichen und Symbole werden bereits sehr früh in der Menschheitsgeschichte mit einem übertragenen, symbolhaften Sinn und mit rituellen Handlungen verbunden. Dreieck, Quadrat, Pentagramm sind himmlische Zeichen und Schlüsselsymbole der Schöpfung. Das Pentagramm erfährt in der mittelalterlichen Gotik als Rose große Beachtung. Das Rosensymbol wird der Mutter Gottes zugeordnet.

Von Aphrodite kam die Rose auf die Gottesmutter Maria. Im Christentum wurde die weiße Rose zum Symbol ihrer Reinheit und ihrer Keuschheit. […] Die weiße Rose gilt als Symbol ihrer Jungfräulichkeit, während die rote Rose mit der Anteilnahme Marias an der Passion ihres Sohnes und dem Blut Christi assoziiert wird. [623]

Solche übertragenen Auslegungen von geometrischen Zeichen (Figuren) und Sinnbildern lagen nahe. Sie waren Schlüsselsymbole, die die Manifestationen kosmischer Gesetzmäßigkeiten und damit göttlichen Wirkens darstellten. Der eingeweihte und wissende Mensch zeigte durch die Wiedergabe, dass er die Schlüsselsymbole der Schöpfung erkannt und verstanden hatte. Der Mensch hat seit alters her die Geheimnisse der Schöpfung zu ergründen gesucht. Es verwundert also nicht, dass nur solche Menschen um die Geheimnisse der Schöpfung wissen durften, die hohe moralische Anforderungen erfüllten und philosophische Bildung, Tugendhaftigkeit, Rechtschaffenheit und edles Betragen an den Tag legten. Alles Verhaltensnormen, die in den Alten Pflicht von einem Freimaurer gefordert sind.

Freimaurerei und Kabbalah

Die zweite geschichtliche Quelle ist die jüdische Kabbalah. Kabbalah bedeutet zu Beginn: die mündliche Überlieferung religiös-mystischer Ideen des Judentums. «Die Kabbalah ist eine mystische Tradition des Judentums. Die Bezeichnung Kabbalah leitet sich vom hebräischen Wortstamm für Überlieferung oder Weitergabe ab und als Verb kann er auch offenbart oder empfangen bedeuten.» [624] Die Altertumsforschung besagt, dass die Kabbalah erst im 9. Jahrhundert als selbstständige Strömung in Spanien auftritt. Sie hielt nur bis in das

---

[623] Zitat: G. Grippo: *Die Alchemie der Rosenkreuzer - Rosenkreuzertum und Freimaurerei.* Oberursel 2012. Kapitel: „Rose als Symbol des Weiblichen".
[624] Zitat: G. Grippo: *Die Kabbalah - Wege zurück ins Paradies (2007), Band I.* Seite 9.

13. Jahrhundert an. Neben Spanien war das Rheinland ein weiteres Zentrum kabbalistischer Studien im Mittelalter.
Die Ausführungen der kabbalistischen Lehre basieren auf der Thora[625], der heiligen Schrift des Judentums. Wie die Symbole der Freimaurer ist die Thora mehrfach, unterschiedlich und persönlich deutbar. Die Methode der Freimaurer ist die Kontemplation (lt. „innere Betrachtung") im Tempel. Deshalb werden rituelle Zusammenkünfte Tempelarbeiten genannt. In der Kabbalah gibt es ebenfalls Methoden zur Übertragung von Auslegungen. Es gibt zwei Methoden die Thora mehrfach zu deuten: Pardes-Methodik (vierfache Bedeutungen) und Ginat-Methodik (dreifacher Wortsinn):

Die Pardes-Methodik besagt, dass die Thora vierlagig angelegt wurde. PaRDeS setzt sich aus den Anfangsbuchstaben der Worte Pschat, Remez, Drasch und Sod zusammen. Das bedeutet, dass die Thora offensichtlich, hinweisend, deutend und geheim verstanden werden kann. Ein Wort oder ein Satz kann laut der Pardes-Methodik bis zu vier Bedeutungen haben. „Pardes" bedeutet aus dem Hebräischen „Paradies". Die Ginat-Methodik spricht von einem weiteren dreifachen Wortsinn. „Ginat" bedeutet aus dem Hebräischen „Garten". Das Wort GiNaT wird aus den Anfangsbuchstaben der Worte: Gematria, Notarikon und Temura zusammengesetzt. [626]

Diese zwei Methoden und die Kabbalah selbst sind es wert separat und in einem eigenen, gesonderten Artikel erörtert zu werden. Es würde den Rahmen dieses Artikels sprengen.

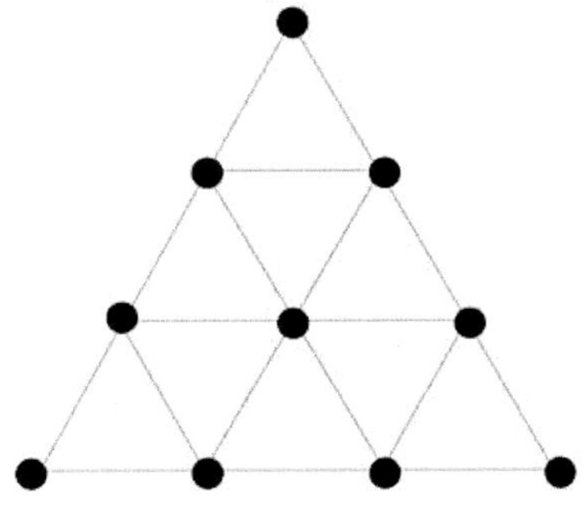

625 Anmerkung: Die Thora ist identisch mit den ersten fünf Büchern des Alten Testaments der christlichen Bibel.
626 Zitat: G. Grippo: *Die Kabbalah - Die Vereinigung vieler Philosophien (2009), Band III.* Seite 62-63.

Die Kabbalah beschäftigt sich neben den beiden erwähnten Methoden (Pardes und Ginat) zudem auch mit Spekulationen zur Schöpfung (Bereschit), ihren göttlichen Gesetzen und Visionen zum Thron Gottes (Merkaba). Wenn es sich beim Doppelsymbol von Zirkel und Winkelmaß, um Pole zwischen denen sich die ganze Schöpfung abspielt, handelt, dann befasst sich die Bereschit-Kabbalah genau damit. Das in den Menschen eingepflanzte Ziel ist das Verstehen des eigenen Lebens und letztendlich der Natur und der Schöpfung. Die religiös-mystischen Ideen der jüdischen Kabbalah finden sich noch heute in der Freimaurerei. Das Selbstverständnis des Menschen in der Schöpfung und seine Fähigkeit den Weg in einen ursprünglichen, paradiesischen und reharmonisierten Zustand wieder zu finden, sind Ideen der jüdischen Kabbalah.
In den Werken zweier Humanisten[627] der Renaissance, Giovanni Pico della Mirandola[628] und Johannes Reuchlin[629], wird die jüdische Kabbalah mit christlichen Inhalten erweitert. Ihre Werke fanden in England großen Anklang. James Anderson kannte höchstwahrscheinlich Pico della Mirandolas und Reuchlins Werke und schöpfte beim Verfassen der Alten Pflichten und der Geschichte der Freimaurerei aus ihnen.

Freimaurerei und Rosenkreuzertum

Die dritte geschichtliche Quelle sind die Rosenkreuzer. In Deutschland erschienen in den Jahren zwischen 1614 bis 1616 vier Manifeste. Es waren Revolutionsaufrufe der bis dahin unbekannten Rosenkreuzer. Eine Bruderschaft, die es bis dahin gar nicht gab, wird über Nacht Gesprächsthema Nummer Eins. Heute unterscheidet man zwischen den älteren und den modernen Rosenkreuzern. Die älteren Rosenkreuzer flammen im 17. Jahrhundert kurz auf. Die modernen Rosenkreuzer stehen in keiner direkten Verbindung zu den älteren Rosenkreuzern und haben sich erst im 20. Jahrhundert etabliert. Die rosenkreuzerischen Einflüsse aus Deutschland auf die moderne Freimaurerei lassen sich nicht leugnen. Wie die in den Manifesten beschriebene rosenkreuzerische Bruderschaft, beschäftigte sich anfänglich die Freimaurerei mit Naturphilosophie,

---

627 Anmerkung: Humanismus ist eine Weltanschauung, die in der Renaissance ausgereift wurde. Zentrale Themen waren die individuellen Interessen, Werte und Würde des Menschen.

628 Giovanni Pico della Mirandola (1463-1494), ital. Humanist und Philosoph.

629 Johannes Reuchlin (1455-1522), deutscher Humanist und Philosoph.

Mystik und Alchemie. Die Alchemie ist vergleichbar mit den Geistes- und Naturwissenschaften in unserer Zeit. Es ist also nicht verwunderlich, dass im Manifest – *Chymische Hochzeit des Christiani Rosencreutz Anno 1459* – das Symbol der *Monas Hieroglyphica*[630] (lat. „verborgene Einheit") von John Dee [631] als alchemistisches Schlüsselsymbol für Eingeweihte und Wissende eingefügt wurde. Die Manifeste waren schließlich an Eingeweihte und Wissende in ganz Europa gerichtet.

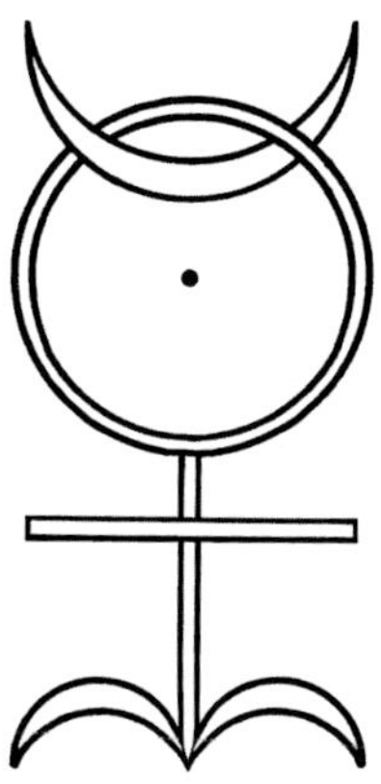

Das letzte Manifest – *Chymische Hochzeit des Christiani Rosencreutz Anno 1459* – wurde 1616 in Straßburg veröffentlicht. Autor dieses Werks war Johann Valentin Andreae (1586-1654). Die im Titel erwähnte Jahreszahl 1459 ist wahrscheinlich eine Anspielung auf die Straßburger Ordnung. Deshalb wird es kein Zufall sein, dass dieses Manifest in Straßburg veröffentlicht wurde. Die Straßburger Ordnung ist nämlich im Jahr 1459 dort beschlossen worden. Für Steinmetze des gesamten damaligen deutschen Reiches war die Straßburger Ordnung ein erster Schritt zu einem gemeinsamen Dachverband. Die Gründer der Großloge von England (1717) sahen sich in der Tradition der alten Steinmetzbruderschaften und hatten sicherlich die Straßburger Ordnung bei ihrem Zusammenschluss vor Augen.

---

630 siehe: *Monas Hieroglyphica von John Dee* - Übersetzt und herausgegeben von Giovanni Grippo nach dem lateinischen Text der Ausgabe von 1564 zu Antwerpen. Oberursel 2011.

631 John Dee (1527-1608), englischer Astronom, Astrologe, Alchemist, Geologe, Mathematiker und Mystiker.

Symbolik, Ritual und Praxis

Aus dem kosmischen Gesetzmäßigkeiten wurde ein unbewusstes und kollektives Symbol, ein Archetyp[632], Geisteserbe des Menschen. Ein unbewusstes und kollektives Symbol wurde zu einer bewussten Interpretation oder zu einer rituellen Handlung. Deshalb wurde durch Mysterienspiele und Rituale versucht, eins mit der Schöpfung zu werden. Die Rituale haben immer schon auf den Menschen eine ursprüngliche, paradiesische und reharmonisierende Wirkung gehabt. Mit dem Hilfsmittel des Rituals vermag sich der Mensch, auf eine nicht rationale Weise, dem Göttlichen zu nähern. Die Freimaurerei bedient sich der Rituale, der vergeistigten Steinmetzwerkzeuge, der geometrische Zeichen (Figuren), der esoterisch-mystischen Lehrinhalte und der Moral.

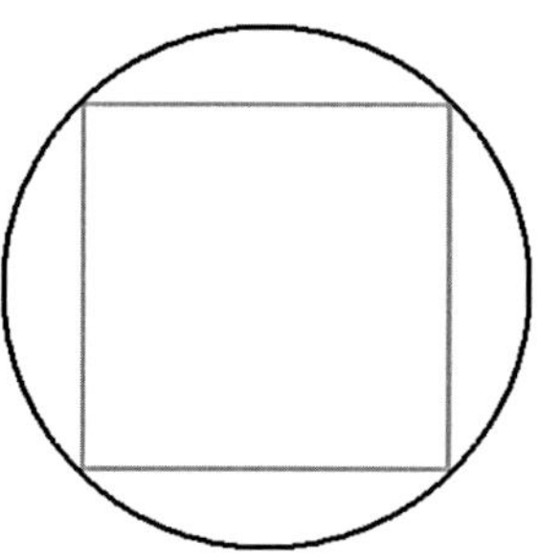

Die Hauptsymbole der Freimaurerei (Zirkel und Winkelmaß) können auch für einen Kreis und ein Quadrat stehen. Der Zirkel bildet einen Kreis, die Grundform der Kugel, und das Winkelmaß bildet ein Quadrat, die Grundform des Würfels (Kubus). Beides führt zur „Quadratur des Kreises". Ein Rätsel der Antike. Verbindet man die jeweiligen Schenkel eines der beiden Symbole miteinander, so erhält man in beiden Fällen ein Dreieck. Wie sinnvoll sich das Symbolpaar zusammenfügt, erkennen wir bspw. wenn wir den Zirkel als Theorie und das Winkelmaß als Praxis wahrnehmen. Nur wenn die Ausführung (die Praxis) dem geistigen Konzept (der Theorie) entspricht, kann das Werk gelingen. Solch ein Werk ist von Dauer, weil es u.a. Geist und Materie, Plus-Pol und Minus-Pol, Licht und Schatten, männlich und weiblich zu vereinen weiß. Eine

632 Als *Archetyp* bezeichnet die Psychologie, die im allgemeinen (kollektiven) Unterbewusstsein angesiedelten Urbilder menschlicher Vorstellungen und Verhaltensmuster.

freimaurerische Tempelarbeit enthält all diese Fülle, die das Denken und Empfinden dazu anregen können, tiefer in die Geheimnisse der Schöpfung einzudringen. Alfried Lehner schreibt in seinem Buch „Die Esoterik der Freimaurer“:

Symbolik und Ritual vermögen Bereiche der menschlichen Seele zu erreichen, an welche Worte nicht mehr heranreichen. Und so erschließen sie uns auch Bereiche, die wir mit Worten nicht wiederzugeben vermögen. Dies ist das viel zerredete Geheimnis der Freimaurer und der Mysterien. [633]

Das in den Menschen eingepflanzte Ziel ist das Verstehen des eigenen Lebens und letztendlich der Natur und der Schöpfung. Der Mensch hat seit alters her die Geheimnisse der Schöpfung zu ergründen gesucht, um sein eigenes Leben besser zu verstehen. Während der Tempelarbeiten, im Wechselspiel zwischen esoterisch-mystischer Symbolik, vergeistigten Steinmetzwerkzeugen, moralischen Lehrinhalten, Licht- und Mysterienspielen vermag ein Freimaurer diesem eingepflanzten Ziel näher zu kommen. Das rituelle Erlebnis kann soziale, humane und karitative Verhaltensweisen fördern.

Die drei hier beschriebenen Quellen der Freimaurerei haben verblüffenderweise dasselbe Ziel. Die alten Steinmetze versuchten durch ihre Bauwerke dem Göttlichen zu huldigen. Die mittelalterlichen Kabbalisten versuchten das Geheimnis der Schöpfung zu ergründen. Die Rosenkreuzer versuchten (laut ihren Schriften) auf mystisch-alchemistischer Grundlage das Urprinzip der Welt zu finden. Alles dies um den Menschen mit seiner göttlichen Natur wieder in Einklang zu bringen. Ist das nicht eines der Ziele der modernen Freimaurerei?

---

633 Zitat: Alfried Lehner. *Die Esoterik der Freimaurer*. Hohenloher Druck- und Verlagshaus. Gerabronn 1990. Seite 49.

A5. Auszug aus dem Buch Jaschar - Kapitel 3

Quelle des Auszugs: *Buch Jaschar - Das Buch, auf welches in Josua und 2. Samuel hingewiesen wird.* Herausgegeben von Holger Grimme. Inspire International 2006. Kapitel 3,1-38.

📖

Henoch regiert über die Erde und etabliert Aufrichtigkeit

Und Henoch lebte fünfundsechzig Jahre und zeugte Methuschelach; und Henoch ging mit Yahweh, nachdem er Methuschelach gezeugt hatte, und er diente Adonai, und verachtete die bösen Wege der Menschen. Und die Seele von Henoch wurde in die Anweisungen Adonais eingewickelt, in Wissen und in Verständnis; und weise zog er sich von den Söhnen der Menschen zurück, und sonderte sich von ihnen für viele Tage ab. Und es geschah, nachdem viele Jahre vergangen waren, während er Adonai diente, als er vor ihm in seinem Haus betete, daß ihn ein Engel Yahwehs vom Himmel aus rief und er sagte: Hier bin ich. Und er sagte: Stehe auf, gehe von deinem Haus fort und von dem Platz, an dem du dich versteckst und erschien vor den Söhnen der Menschen, auf daß du sie in den Wegen unterrichtest, die sie gehen sollten und über die Werke, die sie tun müssen, um in die Wege Jahwehs einzutreten. Und Henoch stand entsprechend Jahwehs Wort auf und ging fort von seinem Haus, von seinem Ort und von der Kammer, in welcher er verborgen war; und er ging zu den Söhnen der Menschen und lehrte sie die Wege Adonais; und versammelte zu jener Zeit die Menschensöhne und machte sie mit den Anordnungen Adonais vertraut. Und er ordnete an, daß dies an allen Orten verkündet wurde, wo die Söhne der Menschen lebten: Wo ist der Mann, der wünscht, die Wege Adonais und gute Werke kennenzulernen? Laß ihn zu Henoch kommen. Und alle Menschensöhne versammelten sich zu ihm, denn alle, die dieses wünschten, gingen zu Henoch; und Henoch regierte die Söhne der Menschen entsprechend dem Wort Adonias, und sie kamen und verbeugten sich vor ihm und hörten seine Worte. Und der Geist Yahwehs war auf Henoch, und er lehrte alle seine Männer Yahwehs Weisheit und seine Wege; und die Söhne der Menschen dienten Adonai alle Tage von Henoch, und sie kamen, um seine Weisheit zu hören. Und alle Könige der Menschenkinder, beide, große und kleine, kamen gemeinsam mit ihren Prinzen und Richtern zu Henoch, als sie von seiner Weisheit hörten; und sie beugten sich vor ihm nieder, und sie forderten auch, daß er über sie regiere, dem stimmte er zu. Und sie versammelten sich alle, hundertdreißig Könige und Prinzen, und sie machten Henoch zum König über sich und waren alle unter seiner Macht uns seinen Befehlen. Und Henoch lehrte sie Weisheit, Wissen und die Wege Adonais; und er machte Frieden unter ihnen, und zu Lebzeiten Henochs war auf der ganzen Erde Frieden. Und Henoch regierte zweihundertdreiundvierzig Jahre über die Söhne der Menschen, und er richtete und übte mit all seinen Leuten Gerechtigkeit, und er leitet sie in den Wegen Yahwehs. Und dies sind die Generationen von Henoch: Methuschelach, Elisa und Elimelech, drei Söhne; und ihre Schwestern waren Melca und Naamah, und Methuschelach lebte achtundfünfzig Jahre und zeugte Lamech. Und es war im sechsundfünfzigsten Lebensjahr Lamechs, als Adam starb, neunhundertdreißig Jahre alt war er bei seinem Tod; und seine beiden Söhne beerdigten ihn mit Henoch und dessen Sohn Methuschelach mit großen Ehren, wie bei der Beerdigung von Königen, in der Höhle, die Yahweh ihm gesagt hatte. Und an diesem Ort erhoben alle Söhne der Menschen ein großes Klagen und Weinen wegen Adam; deswegen ist es bei den Söhnen der Menschen bis zum heutigen Tag ein Brauch geworden. Und Adam starb, weil er von dem Baum der Unterscheidung aß, er und seine Kinder nach ihm, wie Adonai Yahweh gesprochen hatte. Und es war im Jahr von Adams Tod, welches das zweihundertdreiundvierzigste Jahr von Henochs Herrschaft war; in dieser Zeit beschloß Henoch, sich von den Söhnen der Menschen zu trennen und sich wie zuvor abzusondern, um Adonai zu dienen. Und Henoch tat dies, jedoch sonderte er sich nicht total ab, sondern blieb drei Tage von den Menschensöhnen fort und ging dann für einen Tag zu ihnen. Und während der drei Tage war er in seiner Kammer; er betete und pries Adonai Yahweh; und an dem Tag, als er zu seinen Untergebenen ging, lehrte er sie die Wege Yahwehs, und alles, was sie ihn über Yahweh fragten, sagte er ihnen. Und er tat dies für viele Jahre, und anschließend zog er sich für sechs Tage zurück, und erschien seinen Leuten an einem von sieben Tagen. Danach einmal pro Monat, und dann einmal im Jahr, bis all die Könige, Prinzen und Menschenkinder ihn suchten und sich wünschten, das Gesicht Henochs zu sehen und seine Worte zu hören. Aber sie konnten es nicht, weil alle Menschensöhne große Angst vor Henoch hatten, und sie fürchteten sich, mit ihm wegen seines Ehrfurcht einflößenden, Yahweh ähnlichen Angesichts Kontakt aufzunehmen; deswegen konnte ihn kein Mensch ansehen, aus Furcht, er könnte bestraft werden und sterben. Und alle Könige und Prinzen beschlossen, alle Menschenkinder zu versammeln und zu Henoch zu kommen. Sie dachten, dass sie alle zu dem Zeitpunkt, wenn er zu ihnen kommen sollte, mit ihm sprechen könnten, und das taten sie. Und es kam der Tag, an dem Henoch ausging, und das taten sie. Und es kam der Tag, an dem Henochs ausging, und alle versammelten sich und gingen zu ihm, und Henoch sprach zu ihnen die Worte Yahwehs und kehrte sie Weisheit und Wissen, und sie beugten sich vor ihm nieder und sie sagten: Mag der König leben! Mag der König leben! Und einige Zeit später, als die Könige und Prinzen und die Söhne der Menschen zu Henoch sprachen und Henoch sie die Wege Yahwehs lehrte, siehe, da ried ein Engel Yahwehs Henoch vom Himmel, und wünschte, ihn in den Himmel hinauf zu bringen, um ihn dort über die Söhne Yahwehs regieren zu lassen, so wie er auf der Erde über die Söhne der Menschen regiert hatte. Als Henoch dies zu jener Zeit hörte, ging er und versammelte alle Bewohner der Erde und lehrte sie Weisheit und Wissen und gab ihnen prophetische Instruktionen, und er sagte zu ihnen: Ich wurde dazu abberufen, in den Himmel hinauf zu kommen, deshalb kenne ich den Tag nicht, wann ich gehen werden. Und deshalb werde ich euch jetzt, bevor ich euch verlasse, Weisheit und Wissen lehren und werde euch darin unterweisen, wie man sich auf der Erde verhält und dadurch leben kann, und das tat er. Und er lehrte sie Weisheit und Wissen und gab ihnen Unterweisung, und wies sie zurecht, und unterbreitete ihnen die Statuten und Richtsprüche für die Erde, und er machte Frieden unter ihnen, und er lehrte sie das ewige Leben und lebte unter ihnen, während er sie alle diese Dinge lehrte. Und zu jener Zeit waren die Söhne der Menschen bei Henoch, und Henoch redete zu ihnen, und sie erhoben ihre Augen, und das Ebenbild eines großen Pferdes kam vom Himmel herab, und das Pferd schritt durch die Luft. Und sie sagten Henoch, was sie gesehen hatten, und Henoch sagte zu ihnen: Das Pferd kommt meinetwegen zur Erde herab; die Zeit ist gekommen, wo ich von euch gehen muß und ich werde von euch nicht mehr gesehen werden. Und das Pferd kam zu dieser Zeit herab und stand vor Henoch, und alle Menschensöhne, die bei Henoch waren, sahen es. Und Henoch befahl noch mal einer Stimme, eine Proklamation zu machen, die sagte: Wo ist der Mann, der erfreut ist, die Wege seines Adonai Yahweh zu kenne, der soll an diesem Tag zu Henoch kommen, bevor er von uns genommen wird. Und alle Söhne der Menschen versammelten sich und kamen an jenem Tag zu Henoch; und alle Könige der Erde blieben an jenem

Tag zu Henoch mit ihren Prinzen und Ratgebern bei ihm; und Henoch lehrte die Söhne der Menschen Weisheit und Wissen und gab ihnen göttliche Unterweisung; und er gebot ihnen, Yahweh zu dienen und ihr ganzes Leben in seinen Wegen zu wandeln; und er fuhr damit fort, unter ihnen Frieden zu stiften. Und nachdem dies geschah, erhob er sich und ritt auf dem Pferd, und er ritt fort und alle Söhne der Menschen folgten ihm nach, ungefähr achthunderttausend Männer; und sie gingen eine Tagesreise mit ihm. Und am zweiten Tag sagte er zu ihnen: Geht zu euren Zelten zurück, warum wollt ihr weitergehen? Vielleicht werdet ihr sterben; und einige von ihnen gingen von ihm fort, und jene, die blieben, gingen sechs Tagesreisen mit ihm, und Henoch sagte jeden Tag zu ihnen: Kehrt zu euren Zelten zurück, sonst könntet ihr sterben; aber sie wollten nicht umkehren und gingen mit ihm. Und am sechsten Tag blieben einige der Männer und hielten an ihm fest und sagten zu ihm: Wir werden mit zu dem Platz gehen, zu dem du gehst; so wahr Yahweh lebt, nur Tod soll uns scheiden. Und sie drängten so sehr, mit ihm zu gehen, daß er aufhörte, mit ihnen zu reden, und sie folgten ihm und wollten nicht umkehren; Und als die Könige zurückgekehrt waren, ließen sie ein Volkszählung machen, um die Zahl der verbliebenen Männer herauszufinden, die mit Henoch gegangen waren; und es war am siebten Tag, als Henoch in einem Wirbelsturm mit Pferden und Streitwagen aus Feuer in den Himmel auffuhr. Und am achten Tag sandten alle Könige, die bei Henoch gewesen waren, um die Anzahl jener Männer zurückzubringen, die bei Henoch an jenem Ort geblieben waren, von wo er in den Himmel hinauffuhr. Und alle jene Könige gingen zu dem Platz und fanden die Erde mit Schnee bedeckt, und auf dem Schnee waren große Steine aus Schnee, und einer sagte zum andren: Kommt, laßt uns den Schnee aufbrechen und nachschauen, vielleicht sind die Männer tot, die bei Henoch blieben und liegen nun unter den Steinen aus Schnee; und sie suchten, konnten ihn jedoch nicht finden, weil er in den Himmel aufgefahren war.

🕮

A6. Die mystische und jetzige Zeitrechnung

H	1.	1.	J
O	2.	2.	A
S	3.	3.	N
U	4.	4.	U
	5.	5.	A
	6.	6.	R
	7.	7.	
	8.	8.	
	9.	9.	
	10.	10.	
	11.	11.	
	12.	12.	
M	1.	13.	
A	2.	14.	
D	3.	15.	
A	4.	16.	
I	5.	17.	
	6.	18.	
	7.	19.	
	8.	20.	
	9.	21.	
	10.	22.	
	11.	23.	
	12.	24.	
	13.	25.	
	14.	26.	
	15.	27.	
	16.	28.	
	17.	29.	
	18.	30.	
	19.	31.	
M	1.	1.	F
E	2.	2.	E
S	3.	3.	B
U	4.	4.	R
N	5.	5.	U
U	6.	6.	A
M	7.	7.	R
I	8.	8.	
	9.	9.	
	10.	10.	

	11.	11.	
	12.	12.	
	13.	13.	
	14.	14.	
R	1.	15.	
E	2.	16.	
H	3.	17.	
A	4.	18.	
M	5.	19.	
	6.	20.	
	7.	21.	
	8.	22.	
	9.	23.	
	10.	24.	
	11.	25.	
	12.	26.	
	13.	27.	
K	1.	28.	
A	2.	29.	
D	3.	1.	M
M	4.	2.	Ä
I	5.	3.	R
E	6.	4.	Z
L	7.	5.	
	8.	6.	
	9.	7.	
	10.	8.	
	11.	9.	
	12.	10.	
	13.	11.	
	14.	12.	
	15.	13.	
	16.	14.	
	17.	15.	
S	1.	16.	
O	2.	17.	
B	3.	18.	
E	4.	19.	
C	5.	20.	
K	6.	21.	

	7.	22.	
	8.	23.	
	9.	24.	
	10.	25.	
	11.	26.	
	12.	27.	
	13.	28.	
	14.	29.	
	15.	30.	
	16.	31.	
A	1.	1.	A
N	2.	2.	P
A	3.	3.	R
T	4.	4.	I
H	5.	5.	L
O	6.	6.	
T	7.	7.	
	8.	8.	
	9.	9.	
	10.	10.	
	11.	11.	
	12.	12.	
	13.	13.	
	14.	14.	
	15.	15.	
N	1.	16.	
A	2.	17.	
H	3.	18.	
U	4.	19.	
N	5.	20.	
	6.	21.	
	7.	22.	
	8.	23.	
	9.	24.	
	10.	25.	
	11.	26.	
	12.	27.	
	13.	28.	
B	1.	29.	
O	2.	30.	

Z	3.	1.	M
R	4.	2.	A
A	5.	3.	I
N	6.	4.	
	7.	5.	
	8.	6.	
	9.	7.	
	10.	8.	
	11.	9.	
	12.	10.	
	13.	11.	
	14.	12.	
M	1.	13.	
A	2.	14.	
H	3.	15.	
E	4.	16.	
R	5.	17.	
T	6.	18.	
Z	7.	19.	
	8.	20.	
	9.	21.	
	10.	22.	
	11.	23.	
	12.	24.	
	13.	25.	
	14.	26.	
	15.	27.	
	16.	28.	
	17.	29.	
B	1.	30.	
I	2.	31.	
L	3.	1.	J
G	4.	2.	U
A	5.	3.	N
Y	6.	4.	I
	7.	5.	
	8.	6.	
	9.	7.	
	10.	8.	
H	1.	9.	
O	2.	10.	
R	3.	11.	
L	4.	12.	
E	5.	13.	

M	6.	14.	
	7.	15.	
	8.	16.	
	9.	17.	
	10.	18.	
	11.	19.	
	12.	20.	
	13.	21.	
	14.	22.	
	15.	23.	
	16.	24.	
	17.	25.	
	18.	26.	
	19.	27.	
	20.	28.	
	21.	29.	
A	1.	30.	
H	2.	1.	J
I	3.	2.	U
A	4.	3.	L
	5.	4.	I
	6.	5.	
	7.	6.	
	8.	7.	
	9.	8.	
	10.	9.	
	11.	10.	
	12.	11.	
	13.	12.	
	14.	13.	
	15.	14.	
	16.	15.	
B	1.	16.	
E	2.	17.	
N	3.	18.	
I	4.	19.	
O	5.	20.	
T	6.	21.	
H	7.	22.	
	8.	23.	
	9.	24.	
	10.	25.	
	11.	26.	
	12.	27.	

	13.	28.	
C	1.	29.	
O	2.	30.	
R	3.	31.	
S	4.	1.	A
A	5.	2.	U
M	6.	3.	G
	7.	4.	U
	8.	5.	S
	9.	6.	T
	10.	7.	
	11.	8.	
	12.	9.	
	13.	10.	
	14.	11.	
	15.	12.	
	16.	13.	
O	1.	14.	
T	2.	15.	
H	3.	16.	
O	4.	17.	
N	5.	18.	
	6.	19.	
	7.	20.	
	8.	21.	
	9.	22.	
	10.	23.	
	11.	24.	
	12.	25.	
	13.	26.	
	14.	27.	
	15.	28.	
	16.	29.	
H	1.	30.	
A	2.	31.	
R	3.	1.	S
I	4.	2.	E
M	5.	3.	P
	6.	4.	T
	7.	5.	E
	8.	6.	M
	9.	7.	B
	10.	8.	E
	11.	9.	R

	12.	10.	
	13.	11.	
G	1.	12.	
E	2.	13.	
T	3.	14.	
A	4.	15.	
Y	5.	16.	
A	6.	17.	
	7.	18.	
	8.	19.	
	9.	20.	
	10.	21.	
	11.	22.	
	12.	23.	
	13.	24.	
	14.	25.	
	15.	26.	
	16.	27.	
	17.	28.	
	18.	29.	
S	1.	30.	
U	2.	1.	O
M	3.	2.	K
M	4.	3.	T
U	5.	4.	O
S	6.	5.	B
	7.	6.	E
	8.	7.	R
	9.	8.	
	10.	9.	
	11.	10.	
	12.	11.	
	13.	12.	
	14.	13.	
S	1.	14.	
A	2.	15.	
R	3.	16.	
U	4.	17.	

M	5.	18.	
	6.	19.	
	7.	20.	
	8.	21.	
	9.	22.	
	10.	23.	
	11.	24.	
	12.	25.	
	13.	26.	
	14.	27.	
	15.	28.	
R	1.	29.	
E	2.	30.	
L	3.	31.	
O	4.	1.	N
V	5.	2.	O
A	6.	3.	V
	7.	4.	E
	8.	5.	M
	9.	6.	B
	10.	7.	E
	11.	8.	R
	12.	9.	
	13.	10.	
	14.	11.	
	15.	12.	
	16.	13.	
	17.	14.	
K	1.	15.	
A	2.	16.	
D	3.	17.	
E	4.	18.	
P	5.	19.	
H	6.	20.	
	7.	21.	
	8.	22.	
	9.	23.	
	10.	24.	

	11.	25.	
	12.	26.	
	13.	27.	
	14.	28.	
	15.	29.	
B	1.	30.	
E	2.	1.	D
Z	3.	2.	E
A	4.	3.	Z
L	5.	4.	E
E	6.	5.	M
T	7.	6.	B
H	8.	7.	E
	9.	8.	R
	10.	9.	
	11.	10.	
	12.	11.	
E	1.	12.	
L	2.	13.	
U	3.	14.	
R	4.	15.	
	5.	16.	
	6.	17.	
	7.	18.	
	8.	19.	
	9.	20.	
	10.	21.	
	11.	22.	
	12.	23.	
	13.	24.	
	14.	25.	
	15.	26.	
	16.	27.	
	17.	28.	
	18.	29.	
	19.	30.	
	20.	31.	

www.grippo-verlag.de
www.henochorden.de

Literaturverzeichnis

– Der Talmud. Ausgewählt, übersetzt und erklärt von Reinhold Mayer. Orbis Verlag. München 1999.
[ISBN 978-3-572-00986-2]

– Die Bibel nach der Übersetzung Martin Luthers mit Apokryphen. Deutsche Bibelgesellschaft. Stuttgart 1999.
[ISBN 978-3-438-01521-1]

– Der Jerusalemer Talmud, übersetzt, kommentiert und eingeleitet von Hans-Jürgen Becker, Philipp Reclam jun. Stuttgart 1995.
[ISBN 978-3-150-01733-3]

– Blaise Pascal, Gedanken – Über die Religion und einige andere Themen, Jean Armogathe, Philipp Reclam jun. - Stuttgart 1997.
[ISBN 978-3-150-01622-0]

– Kommentar zum Neuen Testament aus Talmud und Midrasch, H. L. Strack und Paul Billerbeck. Beck Verlag. München 1983.
[ISBN 978-3-406-02725-3]

– Al-Qur´an – übersetzt von Abur Rida Muhammad Ibn Ahmad Ibn Rassoul. 23. erweiterte und verbessere Auflage nach der neuen Rechtschreibung. IB Verlag – gemein. GmbH. Köln 2000.
[ISBN 978-3-93239-914-5]

– Das Buch Bahir: Ein Schriftdenkmal aus der Frühzeit der Kabbala auf Grund der kritischen Neuausgabe von Gerhard Scholem, Reprografie Nachdruck der 1. Auflage, Leipzig 1923, 4. Auflage, Wissenschaftliche Buchgesellschaft, Darmstadt 1989.
[ISBN 3-534-05049-5]

– Wunder der Kabbalah – okkulte Praxis der Kabbalisten von Erich Bischoff, D. Rüggeberg Verlagsbuchhdlg. Wuppertal 1999.
[ISBN 978-3-921-33828-5]

– *Des verbesserten Konstitutionenbuchs der alten ehrwürdigen Brüderschaft der Freimaurer – zweiter Theil – Verordnungen, Gesetze, Pflichten, Satzungen und Gebräuche nebst historischer Nachricht von dem Ursprung des Ordens* aus den Wellmundischen Urkunden gesammelt von dem Bruder Kleinschmidt. Andreäische Buchhandlung. Frankfurt 1784.

– Buch der Wunder - Jüdische Spiritualität für junge Leute, Lawrence Kushner, Jüd. Verlagsanstalt Berlin, Oktober 2003.
[ISBN 978-3-934658-47-9]

– Der Talmud – in seinen haggadischen Bestandteilen von August Wünsche. Voltmedia GmbH. Paderborn 2005.
[ISBN 978-3-93722-978-2]

– Das Buch der Engel - Das Henoch´sche System. Giovanni Grippo. Frank Jaspers Verlag. Bawinkel 2005.
[ISBN 978-3-938-09012-1]
– Was wirklich in der Bibel steht. Manfred Barthel. Ullstein Taschenbuch Verlag. Düsseldorf 2001.
[ISBN 978-3-54836-684-5]
– Biblia Hebraica Stuttgartensia. Karl Elliger, Wilhelm Rudolph und Adrian Schenker. Deutsche Bibelgesellschaft. Stuttgart 1997.
[ISBN 978-3-438-05222-3]
– Lexikon der Numerologie und Zahlenmystik. Helmut Werner. KOMET MA-Service Verlagsgesellschaft mbH. Frechen 2001.
[ISBN 978-3-898-36132-3]
– Der Sohar - Das heilige Buch der Kabbala - Aus dem hebräischen übertragen und herausgegeben von Ernst Müller, Diederichs Gelbe Reihe, München 2005.
[ISBN 978-3-72052-643-2]
– Die Kabbala. Herausgegeben von Werner Helmut. KOMET Verlag GmbH. Köln 2001.
[ISBN 978-3-898-36165-1]
– Gematria, Buchstabenberechnung, Tora und Schöpfung im rabbinischen Judentum von Richard Weißkopf, Tübingen 1975.
– Religion in der Geschichte der Menschheit, Karl-Heinz Ohlig, Wissenschaftliche Buchgesellschaft, Darmstadt 2002.
[ISBN 978-3-534-15212-4]
– Keine Posaunen vor Jericho - Die archäologische Wahrheit über die Bibel. Israel Finkelstein und Neil A. Silberman. Deutscher Taschenbuchverlag. München 2004.
[ISBN 978-3-423-34151-6]
– Buch Jaschar - Das Buch, auf welches in Josua und 2. Samuel hingewiesen wird. Herausgegeben von Holger Grimme. Inspire International. Steinhausen, Schweiz 2006.
[ISBN 978-3-938159-33-0]
– Eros und Bekehrung: Anthropologische und religionsgeschichtliche Untersuchungen zu Joseph und Aseneth von Christian Wetz; Vandenhoeck & Ruprecht; 1. Auflage 2010.
[ISBN 978-3-525540-07-7]
– Die Wundertätigen Könige. Marc Bloch.C.H. Beck Verlag, München 1998.
[ISBN 3-406-47519-1]

– Die Salbung. Kenneth E. Hagin. Durchbruch Verlag Augsburg, 4. Auflage März 2006.
[ISBN 3-924054-14-2]
– Religionsgeschichte Israels. Rainer Albertz. Vandenhoeck&Ruprecht, Göttingen 1992.
[ISBN 3-525-51676-2]
– Ein Gott allein? JHWH-Verehrung und biblischer Monotheismus im Kontext der israelitischen und altorientalischen Religionsgeschichte. Walter Dietrich, Martin A. Klopfenstein (Hrsg.). Universitätsverlag, Schweiz 1994.
[ISBN 3-525-53774-3]
– Jahwe – ein patriarchaler Gott? Traditionelles Gottesbild und feministische Theologie. Erhard S. Gerstenberger. Kohlhammer, Stuttgart-Berlin-Köln 1988.
[ISBN 3-17-009947-7]
– Theologien im Alten Testament. Pluralität und Synkretismus alttestamentlichen Gottesglaubens Kohlhammer. Erhard S. Gerstenberger. Stuttgart 2001.
[ISBN 3-17-015974-7]
– Biblische Theologie des Alten Testaments. Antonius H. J. Gunneweg. Kohlhammer, Stuttgart-Berlin-Köln 1993.
[ISBN 3-17-012199-5]
– Grundriss der alttestamentlichen Theologie. Walter Zimmerli. Kohlhammer, Stuttgart-Berlin-Köln 1985 (5. Aufl.).
[ISBN 3-17-008956-0]
– Theologie des AT. Bd 1. Grundlegung. Otto Kaiser. Vandenhoeck&Ruprecht, Göttingen 1993.
[ISBN 3-8252-1747-7]
– Alttestamentlicher Glaube in seiner Geschichte. Werner H. Schmidt. Neukirchener Verlag 1982 (4. Aufl.).
[ISBN 3-7887-0655-4]
– Die Kabbala von Papus. Gérard Encausse. Deutsche Übersetzung Julius Nestler. Marix, Wiesbaden 2004.
[ISBN 3-937715-61-4]
– Jüdisches Leben und Sterben im Namen Gottes. Studien über die Heiligung des göttlichen Namens (Kiddusch HaSchem). Verena Lenzen. Pendo Verlag, Zürich 2002.
[ISBN 3-85842-460-9]

- Der Talmud – Ausgewählt, übersetzt und erklärt von Reinhold Mayer – Orbis Verlag - München 1999.
[ISBN 978-3-572-00986-2]
- Kommentar zum Neuen Testament aus Talmud und Midrasch, Herrmann L. Strack und Paul Billerbeck, C.H. Beck Verlag – München 17.11.1983.
[ISBN 978-3-406-02725-3]
- Die Kabbala - Eine kleine Einführung von Joseph Dan, Philipp Reclam jun. - Stuttgart 2007.
[ISBN 978-3-15-018451-6]
- Die Mythen der Ägypter. Walter Beltz. München 1991.
[ISBN 978-3-881997-36-2]
- Handlexikon der magischen Künste von der Spätantike bis zum 19.Jahrhundert. Hand Biedermann. Graz 1990.
[ISBN 978-3-201013-03-1]
- Zauber und Magie im alten Ägypten. Robert Brier. Bern/München 1996.
[ISBN 978-3-548348-24-7]
- Die Riesen und der Ursprung der Kultur. Louis Charpentier. Stuttgart 1972.
[ISBN 978-3-774600-91-1]
- Das Alphabet in Mystik und Magie. Franz Dornseiff. Leipzig/Berlin 1925. Reprint Leipzig/Wiesbaden 1998.
[ISBN 978-3-826204-00-5]
- Die elementaren Formen des religiösen Lebens. Emile Durkheim. Frankfurt am Main 2007.
[ISBN 978-3-458720-02-7]
- Bauformen der Esoterik. Herbert Kessler. Freiburg i. Br. 1986.
[ISBN 978-3-591081-85-6]
- Die Gnosis. Hans Leisegang. Kröners Taschenausgabe Bd. 32. Stuttgart 1985.
[ISBN 978-3-520032-05-8]
- Internationales Freimaurerlexikon. Eugen Lennhoff, Oskar Posner und Dieter A. Binder. Reprint München 2006.
[ISBN 978-3-776650-07-5]
- Lexikon der Götter und Dämonen: Namen. Funktionen. Symbole/Attribute. Manfred Lurker. Stuttgart 1989.
[ISBN 978-3-520463-02-9]

- Wörterbuch der Symbolik. Manfred Lurker. Kröners Taschenausgabe Bd. 464. Stuttgart 1991.
  [ISBN 978-3-520464-05-7]
- Splendor Solis. Das Purpurbad der Seele. Zweiundzwanzig Pforten der initiatischen Alchemie. Gabriele Quinque. Druck und Verlag Pomaska-Brand GmbH. Schalksmühle 2005.
  [ISBN 3935937-26-1]
- He Who Saw Everything: Verse Translation of the Epic of Gilgamesh. Robert Temple. Random House UK 1991.
  [ISBN 0712647988]
- Uriels Auftrag. Das Buch Henoch, die Freimaurer und das Geheimnis der Sintflut. Christopher Knight und Robert Lomas. Scherzverlag. München 1999.
  [ISBN 3502153-79-5]
- Frick, Karl. R.: Die Rosenkreuzer als erdichtete und wirkliche Geheimgesellschaft. In: Hrsg. Kaltenbrunner, Gerd-K.: Geheimgesellschaften und Mythos der Weltverschwörung. (Herder TB). München 1987.
  [ISBN 3-451-09569-6]

Die Kabbalah – Wege zurück ins Paradies (Band I)

von Giovanni Grippo

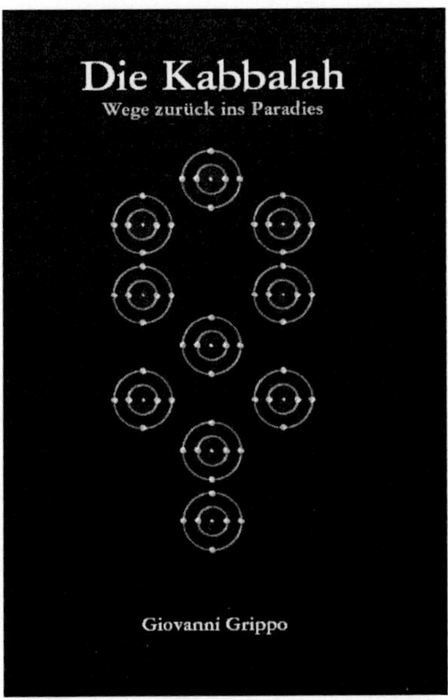

Das Buch „Die Kabbalah – Wege zurück ins Paradies" ist Teil einer Trilogie, die als einzelne Säulen bezeichnet werden. Es ist die erste Säule der Kabbalah-Trilogie von Giovanni Grippo. Die erste Säule widmet sich dem Hebräischen Alphabet, dem Judentum, den drei wichtigsten Büchern des Judentums und insbesondere Abraham und seiner Funktion als perfektes Vorbild für die Gesellschaft. Die Umstände die zur Entstehung der Kabbalah führten, werden aus einem geschichtlichen Blickwinkel erläutert.

Die Aufgabe der Kabbalah und in Folge dessen der Lew Kaspi Lehrart ist die Bewahrung des Paradieses (Eden) in einem selbst. Die Aufgabe der Kabbalah ist es, den ursprünglichen paradiesischen Urzustand erst in einem selbst und dann durch das Verhalten eines Kabbalisten in der Welt wiederherzustellen.

ISBN 978-3-9810622-05

Gebunden, Preis 12.95 Euro

72 Seiten, 5 schw.-w. Abbildungen, 11 schw.-w. Tabellen

2. Auflage 16.01.2010

Die Kabbalah - Die Schöpfung neuer Sichtweisen (Band II)

von Giovanni Grippo

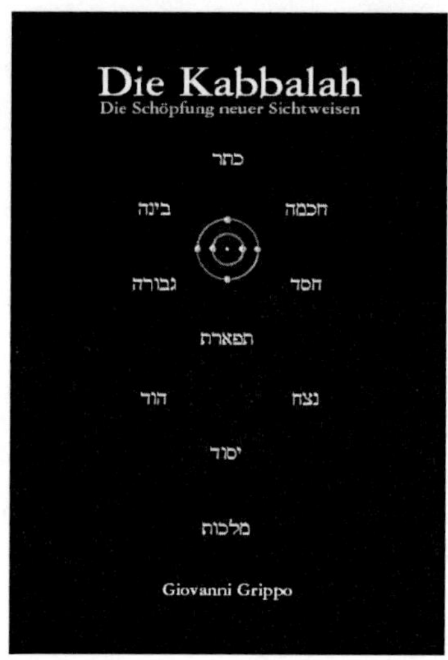

Das Buch der Schöpfung ist eines der ältesten rabbinischen Traktate der kabbalistischen Lehrtradition. Dieses Buch wird meist als das älteste kabbalistische Werk überhaupt bezeichnet, aber es entstand mindestens 300 Jahre bevor die Kabbalah eine selbstständige Strömung wurde! Die Bezeichnung Kabbalah bezog sich vor dem 9. Jahrhundert n.u.Z. auf mündliche Überlieferungen, die parallel zur Tora existierten. Die Tora ist vielfältig auslegbar und die verschiedenen Auslegungen befinden sich im Talmud und in der Kabbalah. Die Kabbalah ist somit ein Sammeltrog verschiedener Auslegungen, meist mystischer Art. Der Talmud ist eher Sammeltrog praktischer Art. Das Sepher Jetzira ist somit ein Buch das eine Auslegung in sich birgt. Diese Auslegung ist aber nicht nur eine kabbalistische...
Der erste Druck wurde erst 1552 in Paris gefertigt. Es liegen heute verschiedene Versionen vor, die teilweise auch Kommentare umfassen.

ISBN 978-3-9810622-1-2
Gebunden, Preis 13.50 Euro
72 Seiten, 10 schw.-w. Abbildungen, 7 schw.-w. Tabellen
2. Auflage 22.02.2011

Die Kabbalah – Die Vereinigung vieler Philosophien (Band III)

von Giovanni Grippo

Das Verwirrende an der Kabbalah ist es, dass sie keine feste Lehre mit einem starren Gerüst ist. Jeder neue Gedanke bereichert ihre Tradition. Jeder neue Schüler ist eine neue Welt, die gerne von der universellen Lehre empfangen wird. Wenn man sich entscheidet Kabbalist zu werden, so wird man ein theoretischer, meditativer oder praktischer. In diesem Buch wird detaillierter die Seele des Menschen besprochen.

Im diesem Buch wird der fünfte und höchste Zustand der Seele erörtert. Er ist so selten und heilig, dass man deshalb meistens nur von den vier Zuständen der Seele spricht. Jene Kabbalisten erfahren ihn, die durch ihre Arbeit an sich selbst Gott schauen durften. Der fünfte Zustand ist die endgültige Vereinigung. Im Buddhismus wird dieser Schritt Nirwana genannt. In der christlichen Mystik spricht man von der unio mystica.

ISBN 978-3-9810622-2-9
Gebunden, Preis 13.95 Euro
72 Seiten, 9 schw.-w. Abbildungen, 3 schw.-w. Tabellen
2. Auflage - 16.01.2009

Das Buch der Schöpfung – Sepher Jesirah (dt./ hebr.)

von Giovanni Grippo

Auf dem deutschen Buchmarkt hat das Buch der Schöpfung keine starke Präsenz, obwohl es einen großen Beitrag zum Bibelverständnis und Schöpfungsverständnis bildet. Dies wird sich sicherlich in den nächsten Jahren ändern.

Die meisten Übersetzungen ins Deutsche stammen aus dem 19. Jahrhundert und sind grammatisch fragwürdig. Darin wird Gott und nicht der Mensch als handelndes Prinzip dargestellt. Die grammatische Form ähnelt aber eher dem Imperativ, also der Befehlsform, und zeigt dadurch - aus dem jüdischen Verständnis heraus - dass das Buch der Schöpfung ein meditatives Lehrbuch ist. Im aktuellen Buch wurde die Imperativübersetzung gewählt. Dadurch verändert sich nicht nur der Textinhalt, sondern auch die Aufgabe des Buches der Schöpfung …

ISBN 978-3-9810622-3-6
Gebunden, Preis 11.50 Euro
100 Seiten, 5 schw.-w. Abbildungen, 2 schw.-w. Tabellen
4. Auflage 15.05.2011

Sepher Raziel: Das Buch des Raziel (dt./ hebr.)

von Giovanni Grippo

Es gibt unterschiedliche Versionen des „Buches des Erzengels Raziel" auch „Sepher Raziel" oder „Sepher Raziel Ha-Malach" genannt. Die meisten Exegeten datieren das Buch in das 13. Jahrhundert und in die literarisch-esoterischen Kreise von König Alfonso X. Er wird auch Alfonso der Weise genannt. Das „Sepher Raziel" soll aus Alfonsos Übersetzungsakademie stammen. Es wäre demnach ca. acht Jahrhunderte alt.

Der diesem Buch von Giovanni Grippo zugrunde liegende hebräische Text, weist ältere Quellen auf. Es hat eine große Ähnlichkeit mit dem Tora-Text, obwohl nur wenige Zitate aus dem Tanach benutzt werden. Es hat insgesamt sieben Kapitel, so wie alle anderen Versionen des Sepher Raziel Gott beruft durch den Erzengel Raziel Adam auf einen Berg und verpflichtet ihn ein Buch zu schreiben.

ISBN 978-3-9810622-4-3
Softcover, Preis 14.85 Euro
94 Seiten, 33 schw.-w. Abbildungen, 11 schw.-w. Tabellen
2. Auflage - 16.01.2010

Gott, Schöpfung und Mensch - Judentum, Christentum und Islam

von Giovanni Grippo

Die weltpolitische Lage macht es notwendig, die Gemeinsamkeiten und nicht die Unterschiede zwischen den drei Religionen hervorzuheben. Die vorliegenden Bände sollen diesen Weg des Friedens bereiten und vorgehen. Der erste Schritt ist die Suche nach jenen Urschriften. Sie könnten Frieden und Einheit zwischen Juden, Christen und Moslems herstellen, weil sie einander ergänzen, ja, sogar vervollständigen.
Auf der Suche nach jenen Urschriften wurden hauptsächlich neun Bezugsquellen genutzt. Wenn Sie sich auf diese Suche einlassen und offen sind für den verbindenden Geist, den die vorliegenden Bände erzeugen möchten, so werden sie erfreut und überrascht über die Ergebnisse sein. Zusammenhänge zu zeigen, soll Aufgabe meiner Arbeit sein.

ISBN 978-3-9810622-5-0
Softcover, Preis 16.75 Euro
84 Seiten, 8 schw.-w. Tabellen
1. Auflage - 21.04.2009

Einweihung in die Henochische Magie - Die Henochische Matrix

von Adeleir Steward Kelcrow

Nach über 420 Jahren nach John Dee und über 100 Jahre nach Aleister Crowley, hat ein Team die Geheimnisse der Henochischen Sprache und Magie sowie des Henochischen Systems entschlüsselt und sie niedergeschrieben. In diesem Buch „Einweihung in die Henochische Magie – Die Henochische Matrix“ finden sich Einzelheiten und Angaben zu den Ritualen, Offenbarungen und Visionen des Neuen Äons: Das Zeitalter des Wassermanns ... Aleister Crowley, der 320 Jahre nach John Dee das Henochische System wieder entdeckt hat, lässt im Jahre 1904 verkünden: „Tue was du willst, sei das ganze Gesetz …“ Er hat sich intensiv mit der Henochischen Matrix beschäftigt. Dennoch sind ihm Aussprache, Anwendung und Geheimnis des Henochischen fremd geblieben. In I. Henochischen Schlüssel ist nun endlich nach über 420 Jahren nach John Dee und über 100 Jahre nach Aleister Crowley die Henochische Sprache entschlüsselt worden.

ISBN 978-3-9421870-15
Softcover, Preis 12.50 Euro
120 Seiten, 10 schw.-w. Tabellen, 5 Abbildungen
1. Auflage - 11.01.2010

Einweihung in die Henochische Magie - Rituale der Mächte

von Adeleir Steward Kelcrow

Mit dem Henochischen System zu arbeiten, bedeutet in Kontakt mit den Äthyren zu treten. Ein Äthyr ist eine Art Paralleldimension, Zone oder Ebene, die bei Verwendung des Henochischen Systems bereist, betreten bzw. aktiviert werden kann. Ein Äthyr ist zugleich auch ein Geistwesen oder eine Wesenheit. Er beherrscht die Vorhalle, den Äthyr-Raum selbst und das Verborgene Innerste. Manche nennen den Aufenthaltsort des Innersten deshalb das Allerheiligste. Äthyre sind Dimensionen, Zonen, Ebenen oder Bereiche, die nicht nur jenseits von Raum und Zeit, sondern auch jenseits der vorbelasteten Symbole, Vorstellungen und Ideen der einzelnen Religionen und Philosophien liegen. In ihnen ist die Synthese des Universums, die Essenz des Menschlichen und die Existenz von Transzendenz Realität. Es gibt aber dennoch beabsichtigte Schnittstellen zu anderen Systemen.

ISBN 978-3-942187-09-1
Softcover, Preis 17.50 Euro
124 Seiten, 8 schw.-w. Tabellen, 8 Abbildungen
1. Auflage - 22.02.2012

Der Salomonische Tempel im Wandel von 3000 Jahren

von Giovanni Grippo

Der Tempel in Jerusalem war das israelitische Nationalheiligtum schlichtweg. Es war eine große Kopie eines „Bauwerks", das ca. vier Jahrhunderte zuvor erbaut wurde. Der Vorläufer des Tempels war die Stiftshütte oder das Stiftszelt. Jenes Zelt, das die Israeliten durch die Wüste Sinai begleitet hat.
Wann der Tempelbau wirklich stattfand, ist umstritten. Doch die biblischen Angaben und die archäologischen Befunde besagen, dass er ab dem Jahr 951 v. Chr. rituell genutzt wurde. Das erste steinerne Gebäude, das die Israeliten für ihren Gott gebaut haben, war drei Stockwerke hoch. Hiram, der König von Tyrus, half mit phönizischen Baumeistern beim Errichten des Tempels. Der Leiter der Baustelle war ein gewisser Adonhiram. Die Legende des Baumeisters Adonhiram wird zu einem zentralen Thema der Freimaurerei. Lange Zeit glaubte man, dass diese Legende eine Erfindung der Freimaurer aus dem 18. Jhdt. war. Man kennt die Rituale des 17. Jhdts. bis heute nicht; sie sind verschollen. Im Jahre 1964 hat der Autor Idries Shah entdeckt, dass die Legende des Baumeisters Adonhiram bereits im 9. Jhdt. n. Chr. existiert hat.

ISBN 978-3-9810622-6-7
Ringbindung, Preis 7.95 Euro
58 Seiten, 10 schw.-w. Abbildungen, 1 schw.-w. Tabellen
1. Auflage 27.07.2009

Gleichnis von der Rose: Interpretationen zum Sohar: I. fol. 1a

von Giovanni Grippo

Kapitel I. fol. 1a: Das „Gleichnis von der Rose" ist das erste von Giovanni Grippo interpretierte Kapitel aus dem Buch des Glanzes (Sohar). Hierbei wird erst der Originaltext in seiner Gänze wiedergegeben. Daraufhin die deutsche Übersetzung und die jeweilige Versinterpretation.

Der Sohar erläutert verschiedene Stellen des Alten Testaments (Tanach), wie auch der Talmud. Aber der Sohar - im Gegensatz zum Talmud - erläutert meist den Text bezogen auf die Seelen- und die Sephirothlehre. Giovanni Grippo hat mit der Interpretation jedes einzelnen Kapitels begonnen. Hierbei war ihm Verständlichkeit und Klarheit in den kabbalistischen Tiefen dieses heiligen Buches wichtig.

ISBN 978-3-9810622-81

Ringbindung, Preis 4.95 Euro

35 Seiten, 6 schw.-w. Abbildungen, 8 schw.-w. Tabellen

1. Auflage 07.11.2009

Das Tarot der Rosenkreuzer - Der Weg des Eingeweihten

von Giovanni Grippo

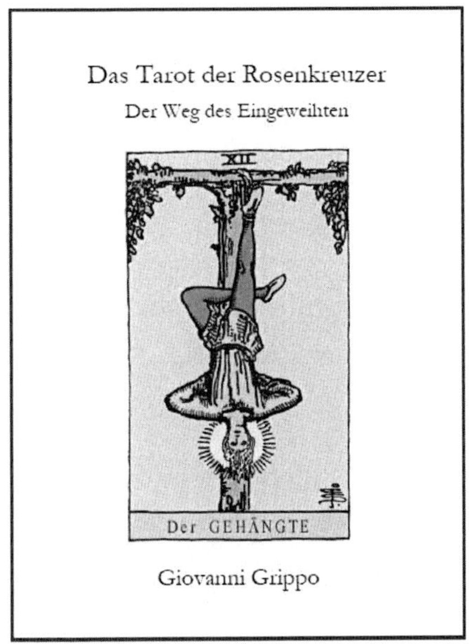

Seit der Veröffentlichung des Rider-Waite-Kartendeck 1910 wird das Tarot nicht nur zum Wahrsagen, sondern eher als initiatorisches System wahrgenommen. Dieser Aspekt wurde erst in der Neuzeit stark betont und lässt sich anhand des Rider-Waite-Tarots tatsächlich erleben. Die Idee der Einweihung, der so genannten Initiation, ist eine uralte Idee. Sie ist ganz unabhängig vom Tarot. Die Einweihung und das Tarot ergeben zusammen eine explosive Mischung. Wir haben das Handbüchlein «Das Tarot der Rosenkreuzer» aufgrund der Erlebnisse des Christian Rosencreutz so genannt. Im Jahr 1614 erschien in Deutschland das erste und zweite Manifest der damals unbekannten Bruderschaft der Rosenkreuzer. 1615 erschien das dritte Manifest und ein Jahr später erschien das Werk: Chymische Hochzeit des Christiani Rosencreutz.

ISBN 978-3-942187-03-9
Softcover, Preis 14.99 Euro
140 Seiten, 11 schw.-w. Tabellen, 29 Abbildungen
1. Auflage - 25.05.2011

Jechida

Einführung in Rituale der Kabbala-Meditation

von Giovanni Grippo

Meditationen und Kontemplationen haben seit jeher auf den Menschen eine harmonisierende Wirkung. Sie vermögen ihn emporzuheben, um einen Meditierenden dem Göttlichen näher zu bringen. Mit Hilfe von Meditationen, aber auch von Kontemplationen und Ritualen vermag er sich an das Geheimnis des Seins anzunähern. Ein Geheimnis, das mit dem Verstand allein nicht zu erfassen ist. Dieser Weg ist zugleich aber auch ein Weg nach innen, ein Weg der Selbsterkenntnis. Eine harmonisierende Wirkung führt auch zur Einheit mit Gott (hebr. „jechida") – aber nicht automatisch. Sie sind großartige Hilfestellungen, denn sie können nachweislich zur Harmonisierung der Persönlichkeit und zur Selbstfindung beitragen.

ISBN 978-3-942187-07-7
Gebunden, Preis 11.75 Euro
60 Seiten, 13 schw.-w. Abbildungen, 2 schw.-w. Tabellen
1. Auflage - 16.01.2013